해결중심 가족상담

| 정문자 · 이영분 · 김유순 · 김은영 공저 |

학지사

이 책을 김인수 선생님과 드 세이저 선생님께 바칩니다.

2017년 8월

저자 일동

머/리/말

우리나라에 해결중심 가족상담이 소개된 지 30여 년이 되었다. 해결중심상담은 내담자에 대한 무조건적인 수용과 존중을 가지고 내담자와 협동적으로 긍정적인 목표를 설정하고 해결책을 모색하는 모델이다. 또한 내담자의 문제를 병리적으로 보며 깊이 파고들어 분석하고 해석하기보다는 내담자가 원하는 것을 성취할 수 있도록 내담자의 강점과 자원을 최대한 활용한다. 지금은 고인이 된 김인수 선생님과 드 세이저 선생님 부부가 국내 가족상담사들을 위해 워크숍과 슈퍼비전을 지속적으로 실시한 결과, 해결중심 가족상담은 오늘날 국내에서 가장 많이 사용되며 효율성이 높은 가족치료 모델로 인정받고 있다.

현재 '한국단기가족치료연구소'의 전신인 <가족치료연구모임>은 해결중심단기치료를 국내 최초로 임상 현장에서 팀 접근으로 시도하였으며, 팀과 함께 치료적 메시지를 만들고 이를 내담자에게 전달하여 치료적 효과를 높였다. 이러한 임상적 시도 이외에 이 모임이 주체가 되어 해결중심상담에 대한 번역서들을 출판하고, 이 접근으로 상담한 사례들을 한국가족치료학회지에 발표하기 시작하였다. 해결중심상담이 국내에 널리 알려지긴 하였으나 이 모델에 대한 이해는 많은 부분 원서에 의존해 온 까닭에 저자들은 그동안 축적해 온 지식과 임상적 경험에 기초하여 이 책을 집필하게 되었다.

이 책은 총 2부 12개 장으로 구성되어 있으며 해결중심 가족상담의 역사, 이론적 배경, 원리와 가정, 해결지향적 질문기법, 다양한 임상 실제에서의 적용 등 해결중심 가족상담의 핵심 부분을 구체적이며 깊이 있게 다루고자 하였다.

제1부 '해결중심 가족상담의 이론과 기법'은 이 모델의 개념, 원리, 기법 등을 이해하는 데 필요한 내용을 담고 있으며, 1장에서 6장까지 여섯 장으로 구성된다. 1장에서는 해결중심 가족상담의 배경이 되는 역사를 간략하게 소개한다. 2장에서는 해결

중심 가족상담의 기초가 되는 가정과 원리를 기술하며, 상담자의 자세와 사례개념화를 설명한다. 3장에서는 상담 첫 회에서 중요하게 다루고 있는 목표 설정의 원칙을 살펴본다. 4장에서는 해결책 구축에 도움이 되는 다양한 질문을 설명한다. 5장에서는 이 모델이 다른 가족치료 모델들과 차별화되는 치료적 피드백인 메시지에 대해 기술한다. 그리고 6장에서는 첫 회 상담 이후에 다루어야 하는 질문기법들을 설명한다.

제2부 '해결중심 가족상담의 실제'는 이 모델을 다양한 문제와 대상에 적용한 것으로 7장에서 12장까지 여섯 장으로 구성된다. 7장은 아동과 청소년, 8장은 중독문제, 9장은 배우자의 외도 문제, 10장은 이혼 문제, 11장은 부모집단 프로그램의 해결중심상담 활용에 대한 것이다. 12장은 해결중심 슈퍼비전에 대한 것이다.

1장의 집필은 저자 모두가 참여하였으며, 2, 12장은 정문자 교수가, 3, 5, 8장은 이영분 교수가, 4, 6, 11장은 김유순 교수가 그리고 7, 9, 10장은 김은영 교수가 집필하였다.

저자들은 드 세이저, 김인수 선생님 부부의 헌신적인 사랑과 지도에 힘입어 해결중심 가족상담을 지속적으로 강의하고 슈퍼비전을 해 왔다. 저자들의 오랜 임상경험을 통하여 내담자의 자원 활용이 내담자의 문제해결에 매우 도움이 됨을 알고 있기 때문에 이 책이 해결중심 가족상담의 이해와 실천에 활력제가 되리라 믿는다. 이 책이 해결중심 가족상담에 관심을 가진 모든 사람과 임상활동을 하고 있는 상담사와 가족상담사들에게 좋은 지침으로 사용될 수 있기를 바란다.

끝으로 이 책의 출판을 격려해 주신 학지사의 김진환 사장님과 편집으로 수고해 주신 이세희 선생님께 진심으로 감사드린다.

2017년 8월

저자 일동

차/례

■ 머리말 _ 3

제1부 해결중심 가족상담의 이론과 기법

제1장 해결중심상담의 발달 배경 / 11

1. 가족치료 패러다임 변화와 해결중심상담의 발달 … 12
2. 가족체계론적 관점 … 15
3. MRI의 단기치료 모델 … 21
4. 밀턴 에릭슨의 상담적 접근 … 26
5. 사회구성주의 … 31
6. 강점관점 … 38
7. 한국의 해결중심상담 … 42

제2장 해결중심상담의 가정과 원리 / 47

1. 해결중심상담의 가정 … 47
2. 해결중심상담의 원리 … 62
3. 해결중심상담자의 자세와 기술 … 65
4. 해결중심상담 사례개념화 … 72

제3장 첫 회 상담과 목표 설정 / 79

1. 내담자와의 관계 형성 … 79
2. 문제 해결에 대해 다양한 입장을 취하는 내담자와의 관계 형성 … 82

3. 첫 회 상담 구성과 상담적 과업 … 89
4. 목표 설정의 원칙 … 95

제4장 해결책 구축을 위한 질문기법 / 105

1. 해결책 구축을 위한 질문기법의 발전과 활용목적 … 105
2. 첫 상담 전의 변화에 관한 질문 … 109
3. 보람질문 … 110
4. 예외질문 … 111
5. 기적질문 … 113
6. 척도질문 … 117
7. 대처질문 … 120
8. 관계성 질문 … 122
9. 기타 질문기법 … 124

제5장 치료적 피드백의 메시지 / 131

1. 메시지의 기능 … 131
2. 메시지의 구조 … 135
3. 메시지의 작성 … 140

제6장 첫 회기 후의 상담 / 155

1. 변화 끌어내기 … 155
2. 변화가 발견되는 경우 … 158
3. 변화가 발견되지 않는 경우 … 163

4. 악화된 경우 … 166
5. 종결을 위한 준비 … 168
6. 유용한 개입기술 … 170

제2부 해결중심 가족상담의 실제

제7장 아동과 청소년을 위한 해결중심상담 / 179

1. 아동과 청소년을 위한 해결중심상담의 기본 원리 … 179
2. 아동 · 청소년과 부모에 대한 해결중심상담의 가정 … 186
3. 아동을 위한 해결중심상담의 적용 … 187
4. 청소년을 위한 해결중심상담의 적용 … 200

제8장 중독과 해결중심상담 / 211

1. 중독의 개념과 치료적 관점 … 212
2. 해결중심상담의 적용 … 216
3. 특별한 상담 … 222
4. 가족 자원 … 228
* 부록–중독 체크리스트 … 234

제9장 외도와 해결중심상담 / 239

1. 외도에 대한 이해 … 240
2. 외도상담에서 해결중심상담 접근 … 247
3. 상담자의 역할 … 249

4. 외도상담에서 적용할 수 있는 해결중심상담 기법 … 250

제10장 이혼과 해결중심상담 / 267

1. 이혼에 대한 이해 … 268
2. 이혼과 가족 레질리언스 … 272
3. 이혼 단계에 따른 해결중심상담의 적용 … 277

제11장 해결중심 부모집단상담 / 299

1. 해결중심 집단상담의 특성 … 300
2. 해결중심 집단의 일반적 단계 … 303
3. 부모집단 프로그램의 개념 … 310
4. 해결중심 부모집단상담 프로그램 … 312

제12장 해결중심 가족상담 슈퍼비전 / 327

1. 가족상담 슈퍼비전 … 327
2. 해결중심상담 슈퍼비전 … 333
3. 한국 가족상담 슈퍼비전의 실제 … 342

* 부록 1-해결중심단기치료 슈퍼비전: 상담에 대한 슈퍼바이지의 평가 … 354
* 부록 2-해결중심단기치료 슈퍼비전: 슈퍼바이지의 자기평가 … 356
* 부록 3-슈퍼바이지에 대한 슈퍼바이저의 평가 … 358
* 부록 4-한국가족치료학회 부부가족상담 슈퍼바이저의 역할 … 360

■ 참고문헌 _ 361
■ 찾아보기 _ 375

| 제1부 |

해결중심 가족상담의 이론과 기법

이 책의 제1부에서는 해결중심 가족상담의 발달 배경, 가정과 원리, 상담 과정과 기법 등 해결중심 가족상담에 관한 이론을 살펴본다.

해결중심 가족상담은 1978년 미국의 밀워키에 단기가족치료센터가 설립되면서 개발되었고 주요 인물로 드 세이저와 버그 부부가 있다. 이 상담은 가족체계론적 관점, 미국 MRI(정신건강연구소)의 단기치료 모델, 에릭슨의 상담적 접근 영향을 일부 받았으며, 사회구성주의와 강점관점과 맥을 같이한다.

해결중심 가족상담이 다른 상담적 접근과 확연히 구별되는 점은 문제에 대해 많은 이야기를 나누는 대신 해결에 초점을 맞추는 데 있다. 상담자는 '알지 못함'의 자세를 갖고 내담자와의 관계를 잘 형성하며 내담자가 간과하였지만 문제 해결에 필요한 강점과 자원을 이끌어 낸다. 변화는 항상 일어나고 있고 내담자에게 문제가 없었던 예외 상황이 존재한다고 믿기 때문에 예외를 찾아내어 확장하는 것에 집중한다.

해결중심 가족상담은 내담자와의 관계 형성과 목표 설정을 중시하며 이들은 상담이 단기에 끝나는 데 도움이 된다. 목표는 내담자가 성취 가능하고 구체적이며 긍정적인 행동을 하는 것으로 정한다. 목표의 설정과 달성을 위해 다양한 해결지향적 질문들을 사용하며 매 상담 끝부분에 메시지를 전달한다.

첫 회 이후 상담은 해결지향적인 질문 외 변화를 이끌어 내는 질문들을 많이 사용한다. 내담자가 긍정적인 변화를 한 것으로 믿고 아주 작은 변화라도 발견하고 이를 확대함으로써 내담자의 성공경험과 강점을 강화한다.

제1장

해결중심상담의 발달 배경

이 장에서는 해결중심상담에 대한 이해를 높이기 위하여 해결중심상담이 발달하게 된 배경과 해결중심상담에 영향을 미친 관점과 접근에 대해 살펴본다. 해결중심상담을 개발한 드 세이저(Steve de Shazer)와 버그(Insoo Kim Berg), 이 접근의 발전에 영향을 미친 가족체계론적 관점, MRI(Mental Research Institute, 정신건강연구소)의 단기치료 모델의 개념과 가정, 에릭슨(Milton Erickson)의 치료적 접근에 대해 설명한다. 또한 사회구성주의 및 강점관점과 해결중심 접근의 통합적 적용과정을 살펴보며 한국의 해결중심상담의 역사와 현황에 대해 알아본다.

1. 가족치료 패러다임 변화와 해결중심상담의 발달

1) 가족치료 패러다임의 변화

1980년대 포스트모더니즘(postmodernism)의 등장으로 가족치료는 문학, 예술 분야와 함께 패러다임의 변화를 겪게 되었다. 포스트모더니즘은 절대적, 객관적 사실을 강조한 모더니즘에 대한 반응으로 생겨났다. 모더니즘이 본질주의, 보편주의, 이분법적 사고를 강조한다면, 포스트모더니즘은 다양성, 차이, 비본질주의를 강조한다(정문자, 정혜정, 이선혜, 전영주, 2012). 포스트모더니즘은 현실은 사회적으로 구성된다는 사회구성주의(social constructionism)[1]와도 일맥상통한다. 이전까지 가족치료를 지배했던 체계론적 사고가 가족치료에서 구조적, 객관적 측면에 초점을 맞춘 것과는 달리, 포스트모더니즘과 사회구성주의의 영향을 받은 후기 가족치료는 내담자의 주관적 현실 세계와 언어적 상호작용에 따라 실재가 달라질 수 있음을 강조한다. 패러다임의 변화와 함께 후기 가족치료 모델로 등장한 것이 해결중심상담, 이야기치료 그리고 협동적 접근이다.

해결중심상담과 이야기치료에 대한 논의가 20세기 말에 활발하게 이루어진 것은 두 모델이 기존의 가족치료 모델과는 여러 면에서 다른 접근을 제시하고 있기 때문이다. 이 두 모델은 내담자에 대한 새로운 시각과 구체적인 접근방법을 제시하였으며, 패러다임 변화의 선두에 서게 되었다. 해결중심상담은 상담 과정에서 언어적인 측면을 중시하며, 내담자와 상담자의 협동적 관계를 강조하고, 문제가 아닌 해결에 관심을 두며, 내담자가 가지고 있는 강점에 초점을 둔다. 해결중심상담에서 상담의 초점을 문제중심에서 해결중심으로 돌린 것은 분명 시각의 큰 변화다. 최근 해결중심 접근은 다양한 개인, 집단, 지역사회, 조직체에서 사용되고 있으며 연령이나 문제의 성격에 한정되지 않고 다양하게 사용되고 있다.

---

1) 우리의 현실이란 객관적 실재라기보다 사회적 상호작용을 통해 생성된 사회적 산물이라고 보는 이론이다.

해결중심상담은 이론체계보다는 실제적인 접근법에 관심을 두고 발전되어 왔으나 이 모델의 발전에 영향을 미친 개념과 이론적 근거를 먼저 살펴보는 것이 해결중심상담을 충분히 이해하는 데 도움이 될 것이다.

2) 해결중심상담의 발달

해결중심상담의 산실인 단기가족치료센터(Brief Family Therapy Center: BFTC)는 1978년 미국 위스콘신 주의 밀워키에 설립되었다. 이곳에서 개발된 상담 모델을 1982년에 해결중심상담(solution-focused brief therapy)이라고 부르기 시작했는데, 이 이름은 내담자에게 이미 '문제가 나타나지 않는 예외 상황', 즉 해결된 상황이 있었음을 발견하면서 붙여졌다.

해결중심상담의 핵심에는 드 세이저(Steve de Shazer, 1940~2005)와 버그(Insoo Kim Berg; 한국 명: 김인수, 1934~2007) 부부가 있다. 드 세이저는 미국 위스콘신 주의 밀워키에서 출생하였으며 위스콘신 대학교에서 사회사업학 석사학위를 받았다. 그는 팰로앨토(Palo Alto)에 있는 MRI의 단기치료센터에서 수련받았으며 다양한 악기연주에 능했다. 버그는 한국의 이화여자대학교에서 약학을 전공하다가 미국으로 건너가 1969년 위스콘신 대학교에서 사회사업학 석사학위를 받았으며, 그 후 시카고 가족연구소와 메닝거 재단 그리고 MRI의 단기치료센터에서 훈련을 받았다.

해결중심상담은 효과적인 상담기술이 무엇이며 상담 회기에서 무엇을 해야 하는지를 알려고 했던 드 세이저(de Shazer, 1985; 1988), 버그(Berg, 1994a) 그리고 동료들(Berg & De Jong, 1996; Berg & Miller, 1992; Cade & O'Hanlon, 1993; Lipchik, 2002; Murphy, 1996)이 일방경 뒤에서 상담자의 기술을 관찰하고 상담 과정에 대해 의논하면서 내담자가 도움이 된다고 한 것들을 탐색하고 발견하는 귀납적 과정에 의해 발전되었다.

일반적으로 전통적인 상담 모델들은 내담자가 고통을 계속 겪고 있음에도 불구하고 내담자의 문제의 원인을 분석하고 설명하는 데 많은 노력과 시간을 들였다. 단기가족치료센터의 치료팀은 내담자가 문제가 없었거나 적었던 경험을 잊어버

렸거나 중요시하지 않음을 알게 되었으며, 문제란 항상 일어나는 것이 아니고 적게 일어나거나 일어나지 않을 때도 있음에 관심을 두기 시작하였다. 그 결과 드 세이저, 버그와 그 동료들은 내담자의 문제를 발견하는 데 초점을 두기보다는 문제가 되지 않는 예외 상황을 발견하는 데 더 주의를 기울이게 되었다(de Shazer, 1985).

따라서 내담자들이 그들의 성공적 경험을 자각하고 이 경험을 더 많이 하도록 하여 더욱 행복하고 성공적인 삶을 살도록 돕기 시작하였다. 그뿐 아니라 이러한 해결책은 이미 내담자 자신들이 소유하고 있는 것이어서 이를 발견하여 반복적으로 사용하게 하는 것이 새로운 행동양식을 학습하게 하는 것보다 더 효과적이라는 것도 발견하게 되었다. 이런 방법은 노력이 적게 들 뿐 아니라 성공적인 행동을 반복하려는 마음을 더 갖게 하여, 결과적으로 짧은 시간 안에 행동이 변화하게 되므로 단기라는 이름을 붙이게 되었다.

해결중심상담은 강점에 기초한 개입 모델로 내담자가 자기 문제 해결에 필요한 지식과 자원뿐 아니라 해결책도 갖고 있다고 믿는다. 여기서 해결책이란 지각과 상호작용의 변화를 의미하는데, 이는 상담자가 혼자 작업하는 것이 아니라 내담자와 함께 협동하여 구성하는 것이다(Berg & De Jong, 1996). 즉, 상담자와 내담자가 함께 내담자의 문제에 가장 좋은 답을 찾기 위해 대화하는 것이다. 상담자는 내담자가 현 상황을 다른 각도에서 볼 수 있도록 도와주고 이미 내담자의 생활에서 일어나고 있는 해결책의 실마리를 찾도록 해결중심 기법을 사용한다(Franklin & Jordan, 1999).

▶ 스티브 드 세이저(1940~2005)와 인수 김 버그(1934~2007) 부부

지난 20여 년 동안 오핸런(Bill O'Hanlon), 크랄(Ron Kral), 립칙(Eve Lipchik), 돌런(Yvonne Dolan), 밀러(Scott Miller) 등의 임

상가들이 단기가족치료센터에서 드 세이저, 버그와 함께 공부하고 훈련받았으며 이 모델의 발전에 크게 공헌하였다. 해결중심상담은 정신질환, 알코올 중독, 학교와 관련된 행동문제 등 다양한 문제들을 다루는 데 사용되고 있다(Franklin, Biever, Moore, Clemons, & Scamardo, 2001).

해결중심상담의 발달과 관련된 가족체계이론, MRI의 단기치료 모델, 에릭슨의 전략적 치료, 사회구성주의적 관점 및 강점관점에 대해 살펴보기로 한다.

2. 가족체계론적 관점

앞 절에서 포스트모더니즘의 영향을 받은 상담 모델로서의 해결중심상담의 발달에 대해 기술하였는데, 포스트모더니즘의 영향이 있기 전 가족치료의 지적 기반이 된 가족체계이론이 해결중심상담에 미친 영향에 대해서 살펴본다.

1) 가족체계이론

가족치료의 이론 정립에 크게 공헌한 인류학자 그레고리 베이트슨(Gregory Bateson)은 1950년대에 노버트 위너(Norbert Wiener) 등 사이버네틱스 학자들의 연구를 접하게 되었다. 그는 사이버네틱스의 개념이 인간의 상호작용과 관련성이 있다고 생각하여 자신의 인류학적 관찰에 적용하였다. 그뿐 아니라 일반체계이론의 기본 전제에서 체계 내의 관련 개체 사이에 규칙이 존재한다는 것을 발견하면서 체계 내의 상호작용 패턴, 과정, 의사소통으로 연구의 초점을 옮겼다. 가족과 가족의 의사소통 패턴에 대한 연구는 베이트슨 연구의 일부에 불과하였지만, 가족체계에 관한 그의 생각은 가족치료에 독특하고 영구적인 공헌을 한 것으로 인정받고 있다(Guttman, 1991: 41).

사이버네틱스는 매사추세츠 공과대학(MIT)의 노버트 위너가 군사용 포격장치의 목표물 조준 시스템을 개발하는 과정에서 만든 이론이며, 강조점은 자기교정 피드백(self-corrective feedback)과 항상성 유지에 있었다(Nichols, 2010: 32). 쉬운 예로 난방을 위한 보일러가 켜지거나 꺼지는 것도 자기교정 피드백을 통해 항상성이 유지되는 현상이다. 위너는 이 자기교정 현상에 대한 과학적 탐색을 사이버네틱스라 이름하였다. 한편 치료사들은 사이버네틱스를 심리치료에 적용하여 가족 내의 피드백 고리 또는 가족 역기능의 원인이 되는 의사소통 패턴에 개입의 초점을 두게 되었다.

일반체계이론은 1940년대 오스트리아의 생물학자인 루트비히 폰 버탈란피(Ludwig von Bertalanffy)가 체계론적 사고와 생물학을 결합시켜, 체계는 외부환경과 상호작용하면서 자신을 유지한다는, 살아 있는 모든 체계에 적용할 수 있는 보편적 이론을 개발한 것이다(Nichols, 2010). 지금은 당연한 명제이지만, 버탈란피는 모든 체계는 보다 큰 체계의 하위체계라고 보았다. 또한 하나의 체계는 그 부분들의 합 이상이며, 체계를 구성하는 부분들 사이에서는 상호작용이 발생한다는 주장을 하였다. 이 주장은 가족치료에서 가족체계는 가족원의 합 이상이며, 치료사들은 개인의 성격보다 가족 구성원들 사이의 상호작용에 초점을 두어야 한다는 가족치료 분야의 중요한 신념이 되었다.

위와 같이 사이버네틱스와 일반체계이론에 관심을 갖게 된 그레고리 베이트슨은 일반 가족과 조현병 가족의 의사소통과정 연구를 위한 프로젝트를 위해 1952년에 정신과 의사인 돈 잭슨(Don Jackson), 윌리엄 프라이(William Fry)와 커뮤니케이션

▶ 팰로앨토 연구팀(1955년)
좌로부터 윌리엄 프라이, 존 위크랜드, 그레고리 베이트슨, 제이 헤일리

을 공부한 제이 헤일리(Jay Haley), 인류학 전공의 존 위크랜드(John Weakland)를 팰로앨토에 초청하였고 이 팰로앨토 연구팀(Palo Alto group)은 가족에 관한 획기적인 이론들을 발표하였는데, 예를 들면 사이버네틱 체계로서의 가족, 항상성을 유지하려는 체계로서의 가족, 가족의사소통과 메타의사소통, 이중구속이론 등이다.

사이버네틱 체계로서의 가족이란, 부적 피드백(error-activated feedback)이 가족체계를 원래의 상태로 돌아가게 하기 때문에 가족은 스스로를 다스리는 체계라는 것이며, 이 개념은 가족체계론적 관점에 중요한 개념이 되었다. 체계로서의 가족은 새로운 정보 입력으로 인해 생기는 일탈(deviation)을 부적 피드백이 감소시킴으로써 가족체계 내에 항상성을 유지한다는 원리에 기반한다. 팰로앨토 연구팀은 1962년에 해체되기까지 10년간 유지되었다.

2) 가족체계론적 관점과 해결중심 가족상담

"모든 가족치료 모델은 개인, 가족, 사회현상에서 상호연결성을 인식한다는 면에서 체계론적이다"(Guttman, 1991: 51)라는 주장처럼 해결중심모델도 예외는 아니다. 앞 절의 말미에 제시되었듯이 해결중심상담의 개발자인 드 세이저는 가족체계이론의 기반을 닦은 그레고리 베이트슨의 영향을 받았으며(Guttman, 1991: 60) 해결중심상담은 베이트슨의 가족체계이론의 여러 측면을 공유하고 있다(Lipchik, Derks, Lacourt, & Nunnally, 2012).

드 세이저와 버그를 비롯한 해결중심모델의 대표적 인물들은 해결중심상담이 체계론적 치료라는 이유를 다음과 같이 설명한다(Berg, 1994a; de Shazer, 1982; de Shazer, 1988; de Shazer, Dolan, Korman, Trepper, McCollum, Berg, 2007: 3; Quick, 2012: 18). 첫째, 해결중심상담은 개인뿐 아니라 부부와 가족 등의 체계를 치료하기 때문이다. 둘째, 상담 과정에서 모색되는 해결책에서 빠짐없이 가족 구성원, 직장 동료, 친구 등 중요한 타인을 포함하는 상호작용을 중시하기 때문이다. 셋째, 작은 변화가 일어나게 하여 더 큰 변화가 뒤따르게 하는데, 이런 변화가 어김없이 관계에 영향을 미치기 때문이다.

MRI는 그레고리 베이트슨이 조직한 팰로앨토 연구팀이 돈 잭슨을 중심으로 가족체계이론의 적용을 시도한 연구소다(Lynn, 1991: 173). 따라서 MRI 모델은 이론적으로는 가족체계이론을 바탕으로 하였고 치료기법으로는 밀턴 에릭슨의 영향을 많이 받았다. MRI에서 훈련을 받은 드 세이저와 버그는 밀턴 에릭슨의 기법과 베이트슨의 가족체계이론의 영향을 받았으며, 이러한 측면들이 해결중심모델에 반영되어 있다.

버그(Berg, 1994a)는 자신의 상담이 가족상호작용적 관점과 체계론적 사고에 기반하고 있는데, 가족의 문제란 가족원 중 특정 개인의 문제가 아니라 가족 상호작용 체계의 부분이기 때문이라고 하였다. 예를 들면, 어느 아내가 잔소리를 하면 남편이 술을 마시고 남편이 술을 마시면 아내가 잔소리를 한다. 이 경우 관찰자는 아내가 잔소리를 하면 남편은 술을 마시고 남편이 술을 마시면 아내는 잔소리를 한다는 규칙이 있는 것 같다고 말할 것이다. 이 경우에 대하여 경계선을 넓혀서 생각해 본다면 문제란 단순히 '아내가 잔소리쟁이' 라거나 '남편은 술꾼'이 아니며 따라서 문제의 '원인' 과 '결과'를 분명히 말할 수 없으며, 문제는 잔소리와 음주 사이의 상호작용으로 볼 수 있다.

이러한 상호작용적 시각은 가족 구성원 중 한 명이 변화하면 나머지 가족이 영향을 받게 된다는 관점으로의 전환을 가져왔다. 즉, 아내가 잔소리하는 것을 멈추면 아마도 남편이 술 마시지 않을 것이라거나 남편이 술을 마시지 않는다면 아내가 잔소리하는 것을 멈추게 될 것이라는 생각을 하게 되었다. 그러나 바람직하지 않은 행동을 멈추는 일은 쉽지 않다. 그러므로 해결중심상담에서는 아내와 남편이 잔소리를 하거나 술을 마시지 않고 상호작용하는 때에 주목하여 이를 활용함으로써 잔소리-음주 패턴의 변화를 가져온다(Berg, 1994a).

앞의 사례는 가족체계이론의 중요한 개념 중 하나인 순환적 인과성(circular causality) 개념을 잘 보여 준다. 순환적 인과성은 단선적 인과관계와 대치되는 개념으로, 일의 결과를 해석할 때 단순히 한 가지의 원인을 찾기보다는 결과에 이르기까지 관련된 사람들 간의 상호작용을 중심으로 상황을 이해하는 방법이다. 가족 구성원들 간의 행동은 서로 긴밀하게 연결되어 있으므로 그 원인과 결과를 정확히 식

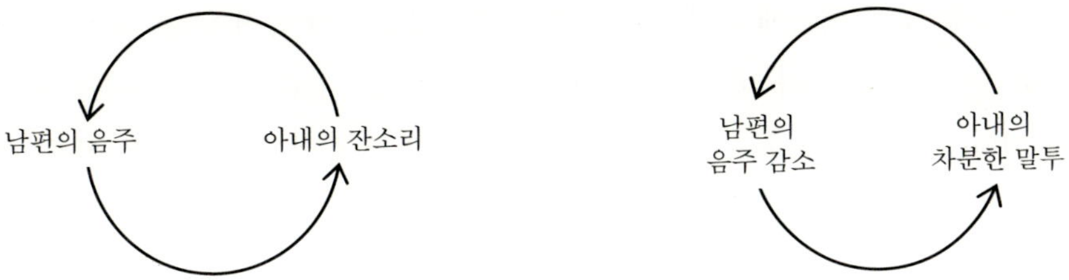

그림 1-1 순환적 인과성의 예

별해 내는 것은 불가능하며, 서로 영향을 미치고 있는 것으로 본다. [그림 1-1]은 부부의 순환적 인과성을 보여 준다.

이 순환적 인과성 개념과 관련된 해결중심상담의 기법으로 관계성 질문이 있다. 해결중심상담의 관계성 질문을 통하여 내담자가 다른 사람과 어떻게 상호작용하는지를 알 수 있다. 예를 들면, 이 부인이 남편과 좀 더 차분하게 얘기하고 싶어 한다고 하자. 상담자는 이 부인이 원하는 변화를 상호작용적 관점에서 구체화시키기 위해 "만약 남편에게 '부인이 요즘 잔소리를 하지 않고 대신에 어떻게 얘기하시나요?' 라고 물어본다면 남편 분은 뭐라고 답하실까요?"라고 물어볼 수 있다. 부인이 "좀 차분하고 조용하게 말한다고 할 것 같네요."라고 답한다면 "부인이 그렇게 말씀하시는 방법을 바꾸면 남편은 어떻게 다르게 할까요?"라고 질문한다. "남편도 이전과 달리 술을 덜 마실 것 같아요."라고 답할 수도 있을 것이다. 계속해서 "부인이 이렇게 계속하시면 남편과의 관계는 어떻게 달라질까요?"라고 질문할 수 있다. 또한 "그렇게 되면 두 분의 모습을 보면서 따님은 부모님이 이전과 어떻게 달라졌다고 할까요?"라고 질문할 수도 있다. 이렇게 딸의 관점에 관해서까지 질문하는 것은 부부 사이에 일어나는 변화는 다른 가족원에게도 영향을 미치기 때문이며 이는 부부관계에서뿐만 아니라 내담자가 생활의 다른 부분에서 무엇을 다르게 할지 결정하는 데 도움이 된다. 이렇게 내담자에게 중요한 사람을 포함한 상호작용 맥락을 묻는 질문이 관계성 질문인데 이는 가족의 상호작용 행동은 순환적 인과성의 특성을 가지고 있다는 사실을 보여 준다.

해결중심상담에서는 내담자의 문제에 대한 진단과 평가보다는 내담자가 원하는 것에 초점을 두기 때문에 가계도와 같은 사정도구를 사용하지 않을 것이라고 흔히 생각할 수 있다. 그러나 버그(Berg, 1994a)는 가계도와 같은 도구를 사용하여 자료를 수집하고 임상에서 활용하는 것에 대한 결정은 유용성의 관점에서 이루어져야 한다는 입장이다. 가계도는 내담자 가족의 역사를 보여 주는 자료이므로 이로부터 얻는 정보가 내담자와 상담의 목표와 관련하여 유용하다면 활용 가능하다는 것이다. 버그는 가족이라는 체계의 특성 이해에 가계도가 도움이 된다고 보았다. 다만 가계도를 사용하더라도 다른 상담가들보다는 좀 더 강점을 발견하려는 데 관심을 가졌다.

가족체계이론 정립기에는 이론가들 사이에 이견과 토론이 많았는데 이 중에는 가족의 항상성(homeostasis)과 형태발생(morphogenesis)에 대한 토론도 있었다. 초기 가족치료자들은 가족치료 중 가족 변화의 어려움을 관찰하면서 체계이론의 '항상성' 개념을 사용하여 가족의 안정성을 설명했으며, 이 개념은 가족이 오랫동안 문제를 지녀오는 것에 대해 적절한 설명을 제공하였다(de Shazer, 1982). 그러나 드 세이저는 초기 이론가들이나 치료자들이 놓친 것이 있는데, 그것은 '가족연구'와 '가족치료연구'는 명백히 다른 것으로 전자는 안정성에 대한 연구(study of stability)인 데 반해 후자는 변화성에 대한 연구(study of changing)라는 점을 지적하였다. 즉, '체계로서의 가족'이 연구의 초점일 때는 항상성이 가치 있는 개념이지만 '치료상황이라는 개방체계'가 관심일 때는 변화성(changing), 즉 형태발생이 관심의 초점이어야 한다는 것이다. 형태발생이란 체계는 구조에 있어서 변화하는 경향성을 가진다는 것이다. 이와 같이 드 세이저가 가족체계이론 중에서도 변화를 포함하는 형태발생 개념에 관심을 둔 것은 해결중심모델의 가정 중 하나인 '변화는 끊임없이 일어난다'는 명제와 관련이 있다고 보아야 할 것이다.

3. MRI의 단기치료 모델

1) MRI 단기치료 모델

미국 캘리포니아 주의 팰로앨토(Palo Alto)에 위치한 MRI(Mental Research Institute)는 미국 가족치료의 근원지로서 조현병 환자와 가족에 대한 상호작용적-체계적 연구, 심리치료 그리고 가족치료의 대명사로 불린다. 이 연구소는 시간이 지나면서 단기치료를 표방하였고 그 영향은 전 세계로 확산되었다. 정신건강연구소는 1959년에 정신과 의사 잭슨(Don Jackson)의 지도하에 여러 명의 사회과학자들이 인간의 의사소통과 가족 내에서의 의사소통 효과에 대해 관심을 가지면서 창립되었다. 초기에 활약한 인물로는 피쉬(Richard Fisch), 헤일리(Jay Haley), 리스킨(Jules Riskin), 사티어(Virginia Satir), 바츨라비크(Paul Watzlawick) 그리고 위크랜드(John Weakland)가 있다. 이들은 치료의 기법 측면에서는 실용적이고 문제해결에 초점을 두는 밀턴 에릭슨의 영향을 받아서 전략적 치료를 수행하였으며(Nichols, 2010: 194) 이론적 측면에서는 사이버네틱스의 피드백 고리 개념과 일반체계이론의 가족규칙을 자신들

▶ 미국 팰로앨토에 위치한 MRI

의 가족치료 모델의 가장 중요한 개념으로 삼았다(Guttman, 1991: 54). 사실상 MRI의 목표는 가족체계이론의 개념을 가족치료에 적용해 보는 것이었다(Lynn, 1991: 173).

MRI는 조현병 환자와 가족의 의사소통 연구에 기초한 이중구속이론(double-bind hypothesis)[2]으로 잘 알려져 있다. 이 이론은 특히 문제를 만들고 그 문제를 유지하는 데 있어서 인간체계의 영향을 강조한 새로운 상담적 개입을 제시하였다. 피쉬가 1965년에 MRI 안에 단기치료센터(Brief Therapy Center)를 개설한 이후 피쉬, 바츨라비크와 보딘(Bodin)이 단기치료센터의 주 멤버로 활동해 왔다.

단기치료는 대부분의 다른 상담에 비해 회기만 짧은 것이 아니다. 짧은 상담시간에 최고의 효과를 내기 위해 개인과 가족의 생활주기와 관련된 증상에 가장 적합한 변화를 일으키는 대안적인 방식을 발견하려 하였다(Peake, Borduin, & Archer, 1988). MRI의 단기치료자들은 전략에 초점을 맞추고 상호작용에 기초하면서 불안, 결혼 부조화, 성적 역기능, 가족갈등, 정신·신체 질환 및 약물과 알코올 의존을 포함하는 다양한 임상적 문제들을 상담하기 위해 수많은 전략들을 발달시켰다(Fisch, Weakland, & Segal, 1982; Watzlawick, Weakland, & Fisch, 1974).

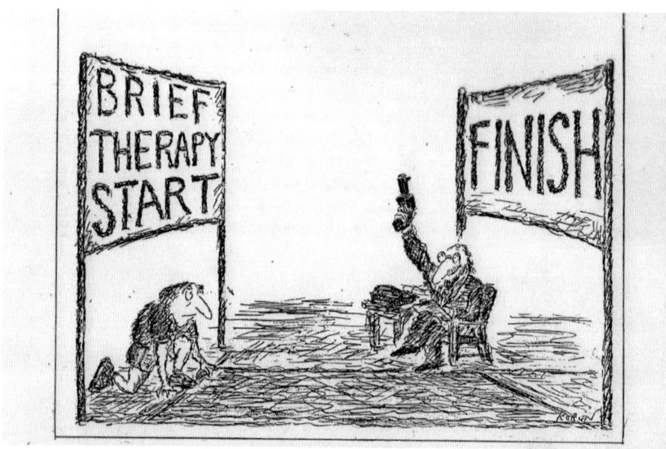

아니 벌써? 끝!

2) MRI 의사소통 연구에서 도출된 개념으로 대화의 발신자가 수신자에게 논리적으로 상호 모순되어 일치하지 않는 두 가지 메시지를 동시에 전달하는 역기능적 의사소통을 의미한다(정문자 외, 2012).

MRI의 단기치료 접근은 전통적으로 기간이 많이 걸리는 정신역동치료와는 달리 10회 이내의 짧은 기간 동안 내담자의 문제를 해결하려 한다. 단기 접근을 사용했던 이유는 초기의 연구들(예: Gurman, 1981)이 상담자들이 계획한 것과는 달리 내담자들의 평균 상담 회기가 6~10회 정도에서 그쳤기 때문이다(de Shazer, 1985). 그러나 중요한 것은 상담이 단기에 끝나는 것이 아니라 상담 효과가 단기에 나타나는 것이다. 상담자들은 내담자들이 가능한 빨리 자신들의 문제로부터 해방되고 싶어 한다고 믿었으므로 제한된 상담시간을 가장 잘 활용하는 것이 윤리적인 의무라고 생각하였다. 이처럼 MRI의 상담자들은 내담자들의 편의를 위하여 상담 횟수를 더 적게 하는 것이 필요하다고 믿었기 때문에 문제의 원인을 파악하고 이해하기보다 문제에 대해 효과적으로 생각하는 방법과 그것을 다루는 실용적인 방법을 찾는 데에 초점을 두었다(Furman & Ahola, 1994). MRI의 상담자들은 힘겨루기를 피하기 위해 권위적인 입장을 취하지 않는 대신 '한 단계 아래의 자세(one down position)'[3]를 취함으로써 내담자의 근심과 저항을 감소시킨다.

3) 내담자의 비난이나 불평에 대해 반박하거나 변명하기보다는 진심으로 수용하며 인정하는 자세를 취함으로써 내담자보다 한 단계 아래의 위치에 있어 보이는 것이다.

MRI 단기치료 접근의 기본 전제는 다음과 같다.

MRI 단기치료의 기본 전제

① 사람들이 의사소통을 하지 않는 순간은 없으며 모든 행동은 의사소통이다.
② 모든 의사소통에는 '내용'과 '관계'의 두 차원이 있는데, 내용 차원은 정보를 전달하고 관계 차원은 정보가 받아들여지는 방법을 규명한다.
③ 모든 체계는 '규칙'에 의해 규정되며 이러한 규칙으로 인해 '항상성'이 유지되고 그 결과 체계가 보존된다.
④ 모든 행동과 의사소통은 '맥락(context)' 안에서 검토되어야 한다.
⑤ 의사소통은 순환적 상호작용의 연속이다.
⑥ 의사소통이 일어나는 상황 내의 피드백으로 인해 의사소통 유형이 반복되고 이러한 과정을 통해 문제가 유지된다.

이러한 기본 전제를 기초로 MRI 단기치료 접근은 다음과 같은 전략을 사용한다.

MRI 단기치료의 상담 전략

① 시도된 문제해결 방법의 중지
② 시도된 문제해결 방법을 공격하지 않음
③ 대립되는 해결책 제시
④ 문제의 재정의
⑤ 천천히 진행하기
⑥ 좋은 의도의 태업(sabotage)
⑦ 개선은 위험하다는 인식
⑧ 문제를 악화시키기

2) MRI의 단기치료와 해결중심상담

1975년 드 세이저는 문제의 구성에 있어 내담자와 가족 구성원들을 포함시킴으로써 더 종합적인 단기치료 모델을 발전시켰다(de Shazer, 1985). 그는 MRI를 떠나 동료들(Insoo Kim Berg, Elam Nunnally, Eve Lipchik, Alex Molnar)과 함께 1978년 밀워키에 단기가족치료센터(Brief Family Therapy Center: BFTC)를 설립하였으며(de Shazer, 1985), 그들이 발전시킨 모델을 1982년부터 해결중심 단기치료라고 칭하기 시작하였다(de Shazer & Berg, 1997). 이 임상전문가 집단은 자문을 하고 다른 기술들을 실험해 가면서 상담에 도움이 되는 것을 계속 탐색하였다. 이러한 과정을 통해 문제 상황에서 뭔가 다른 행동을 하는 것이 내담자가 만족할 만한 긍정적인 변화를 이끌어 내는 데 충분하다는 것을 깨달았다(de Shazer, 1985). 그리하여 단기가족치료센터 연구팀은 문제를 해결하는 방법보다 내담자와 함께 해결책에 도달할 수 있는 방법에 초점을 맞추었다. 이 팀은 MRI와는 달리 내담자와 작업을 할 때 문제가 아닌 해결책에 초점을 맞추기 위한 노력을 의식적으로 하였으며, 해결책 모색을 돕기 위해 기적질문과 예외질문과 같은 기법들을 개발하였다. 해결중심상담이 해결지향적 질문과 대화를 사용하는 것도 다른 단기치료와 차별화되는 점이다.

드 세이저와 버그의 MRI 경험은 해결중심상담의 중심 철학에 영향을 미쳤는데(de Shazer & Berg, 1995) 구체적으로 살펴보면 다음과 같다.

해결중심상담의 중심 철학

① 내담자가 문제 삼지 않는 것은 건드리지 않는다.

② 효과가 없다면 그것을 하지 않고 대신 무언가 다른 것을 한다.

③ 효과가 있는 것을 알면 그것을 더 많이 한다.

4. 밀턴 에릭슨의 상담적 접근

1) 밀턴 에릭슨의 상담

▶ 밀턴 에릭슨 (1901~1980)

밀턴 에릭슨(Milton Erickson, 1901~1980)은 미국의 정신과 의사로서 고정관념을 뛰어넘는 치료방법을 사용한 혁신적인 치료자로, 상담 역사에서 가장 뛰어난 사람 중 한 명으로 꼽히고 있다. 에릭슨은 삶을 위협하는 심각한 전신마비 증상을 극복하는 과정에서 인간의 한계는 극복될 수 있다는 신념과 삶에 대한 적극적이고 굳은 의지를 갖게 되었다. 이러한 신념이 그의 상담에 크게 영향을 미쳤는데, 주요 개념은 다음의 세 가지로 요약된다.

첫째, 내담자의 준거틀에 맞춘 창의적인 상담, 둘째, 내담자와 협력체계를 구축하여 행동의 변화유도, 셋째, 내담자의 강점과 자원 활용이다(Zeig, 1980).

에릭슨은 저항하는 내담자를 설득하는 기술을 발달시키는 데 초점을 두었다. 그는 최면적 저항을 탐색하는 동시에 상담에서 인간 문제를 다루는 방법을 발달시켰다. 최면술에서의 기술은 내담자의 저항을 다루어 변화를 가져오는 것인데, 이는 저항의 문제를 효과적으로 해결하는 상담기술이기도 하다. 에릭슨의 상담적 접근(Haley, 1973)은 전략적 치료로 간주되며, 해결중심상담뿐 아니라 가족치료 전반에 지대한 영향을 미쳤다. 여기에서는 일반적으로 많이 사용되는 에릭슨의 상담기술에 대해 살펴보기로 한다.

밀턴 에릭슨의 상담기술

① 저항의 격려
② 더 나쁜 대안 제시
③ 은유를 사용한 변화 유발
④ 재발의 격려
⑤ 반응의 좌절로 반응 촉진
⑥ 공간과 위치의 이용
⑦ 긍정적인 측면의 강조
⑧ 씨 뿌려 두기
⑨ 일탈행위의 증폭
⑩ 자기 탐색 회피
⑪ 가족의 생활주기 고려

이를 구체적으로 설명하면, 첫째, 저항을 격려하는 것으로 내담자의 저항을 수용할 뿐 아니라 오히려 격려함으로써 저항에 대처하는 방법이다. 에릭슨은 이를 강물에 비유해 강을 막으면 강물이 넘치지만 강물의 힘을 수용하면 다른 방향으로 전환시킬 수 있고 그 힘이 새로운 운하를 만들 수 있다고 했다. 저항을 격려하는 기술은 일종의 역설기법이다. 예를 들면, 고함을 치는 사람에게 계속 더 많이 고함치게 함으로써 고함치는 것을 멈추게 하는 것이다.

둘째, 내담자에게 더 싫어하는 대안을 제시함으로써 덜 싫어하는 제안을 선택하도록 유도하는 방법이다. 예를 들면, 끼니를 거르고 노는 데 정신이 팔린 아이에게 엄마가 "밥 먹으러 들어올 거야 말 거야?"라고 말하는 대신 "지금 들어올 거야, 아니면 5분 있다가 들어올 거야?"라고 말하면 두 개의 대안 중 하나를 선택해야 하는 것이다.

셋째, 은유를 사용하여 변화를 유발하는 것으로 내담자가 A에 저항할 때 상담자는 A를 은유적으로 표현하는 B를 이야기한다. 이때 A와 B가 관계가 있으면 내담자는 자연적으로 그 둘을 연결시켜 반응하게 된다. 내담자는 제안받고 있다는 것을 의식하지 못하므로 그 제안에 저항할 수 없다. 예를 들면, 성관계로 갈등상태에 있으나 그 문제를 직접 논의하기를 꺼리는 부부를 상담할 때 에릭슨은 상담 과정뿐 아니라 정보를 얻어 내는 방법에서도 은유적으로 대화하였다. 즉, 부부에게 직접적으로 성문제에 대해 물어보거나 논의하는 대신 식당에서 식사하는 방법과 전채요리, 주 요리, 후식 중 어느 것을 더 좋아하는지에 대해 물어보는 은유적 대화를 사용한다. 부인이 '전채요리'라고 답하고 남편은 '주 요리'라고 답하면, 부부가 성관계에서 중점을 두는 것이 다르다는 것을 알게 되어 '다음에 외식을 할 때는 부인이 원하는 식당에서 부인이 원하는 음식을 시켜 부인이 원하는 방식으로 식사를 해 보라'는 과제를 준다.

넷째, 재발을 격려하는 것으로 내담자가 너무 협조적이어서 일어날 일들을 미리 기대하고 예측하여 갑자기 협조를 중단할 가능성이 있을 때, 내담자로 하여금 처음 상담자에게 왔을 때의 문제점을 진지하게 생각해 보고 상담받고 싶은 것 중에 아직 남아 있는 것이 있는지 생각해 보라고 지시한다. 이때 내담자가 저항할 수 있는 유일한 길은 재발하지 않고 계속 개선하는 길뿐이다. 다시 말해, 재발을 지시함으로써 재발을 막는다.

다섯째, 반응을 좌절시켜 반응을 촉진시키는 것으로 변화에 저항하는 내담자에 대한 역설적 접근이다. 예를 들어, 소극적으로 반응하는 내담자에게 어떤 행동을 지시한 후 내담자가 조금씩 반응하기 시작하면 그 반응을 저지시키고 다른 방향으로 전환시킨다. 그 후 다시 지시를 하면 내담자는 조금 전에 반응할 준비가 되자마자 좌절당한 경험이 있으므로 좀 더 적극적인 반응을 보인다. 예를 들면, 상담 장면에서 상담자의 질문에 반응을 보이지 않는 가족이 응답할 기미를 보이면 재빨리 다른 질문을 함으로써 가족이 응답할 기회를 좌절시키는 것이다. 이러한 경험은 가족이 더 적극적으로 응답하게 한다.

여섯째, 공간과 위치를 이용하는 것으로 가족의 공간과 위치의 변화가 가족의 상호관계 유형을 변화시킨다. 공간의 적절한 배치가 한 구성원의 다른 구성원에 대한 간섭을 막아 주며 다른 구성원에 대해 객관적인 견해를 갖게 한다. 예를 들어, 아이와 상당히 밀착되어 있는 엄마와 자녀를 상담할 때 상담자가 자녀와 엄마를 떨어뜨려 앉히고 그 사이에 자신이 앉는다면 자녀가 얘기할 때 엄마의 간섭을 중재하고 막을 수 있다.

일곱째, 긍정적인 측면의 강조로 인간에게는 자연적인 성장의 욕구가 있으며 인간은 긍정적인 면을 강조할 때 더 협조적이 된다는 가정을 전제로 한 것이다. 정신분석이 개인의 무의식 속에는 끌어내어야 할 적대적인 것이 있다고 가정하는 것과 달리, 에릭슨은 인간의 긍정적인 면을 발견하는 것이 변화하도록 격려하는 방법이라고 생각한다.

여덟째, 씨 뿌려 두기로 정보수집 단계에서 상담자가 내담자에게 어떤 생각들을 소개하거나 강조해 두고 후에 적절한 상황에서 그 생각들을 강화하고 보충한다.

아홉째, 일탈행위의 증폭으로 작은 반응의 변화를 가지고 목표를 달성할 때까지 그 반응을 확대시켜 체계를 변화시킨다. 변화가 중요한 부분에서 일어난다면 작은 변화도 전체 체계를 변화시킬 수 있다. 에릭슨은 이를 댐의 작은 구멍에 비유하면서 전체 댐의 구조를 변화시키는 데 반드시 구멍이 커야 할 필요는 없다고 하였다. 체계의 변화를 유도하는 데는 두 가지 방법이 있다. 하나는 체계를 불안정하게 하는 위기를 유발해서 그 가족이 다른 패턴으로 재형성되도록 하는 방법이다. 예를 들면, 집에서 엄마의 역할을 맡은 딸에게 무슨 일이 일어난다면 가족에게 어떤 변화가 있을지 탐색하게 하는 것이다. 다른 하나는 체계의 한 패턴을 선택해서 그 패턴을 일탈하여 체계 전체가 재구조화될 때까지 그 일탈을 격려하고 확장시키는 것이다. 예를 들면, 부모의 갈등 사이에서 희생양이 된 아이에게 마음대로 행동하도록 권하는 것이다.

열째, 자기 탐색 회피하기로 행동의 원인에 대해 해석하지 않는다. 내담자의 무의식적 통찰에 기초하거나 대인 관계의 문제점을 이해하도록 하지 않으며, 행동의 동기를 탐색하거나 해석하지 않는다. 변화는 내담자의 지각 범위 밖에서 상담자와의 상호적 영향력에 기초하여 행동변화를 유발하는 지시와 은유를 사용한 의사소통에 의해 생긴다.

열한째, 가족의 생활주기를 고려하는 것으로 가족의 발달과정과 가족생활주기의 한 단계에서 다음 단계로 이동할 때 일어나는 위기를 주시한다. 그러므로 내담자와 가족이 어느 생활주기에 있는가에 따라 상담목표와 개입방식이 달라진다.

2) 밀턴 에릭슨의 상담과 해결중심상담

드 세이저는 더 효율적인 상담을 하기 위해 에릭슨의 단기 최면치료의 접근방법과 기법을 공부하였다. 그는 에릭슨의 기법 중에서 내담자가 가지고 있는 자원을 활용하는 것과, 심리적 장애의 원인을 규명하기보다는 해결책과 새로운 행동 유형을 구축하는 것을 자신의 상담에 사용하였다. 이 두 요소는 해결중심상담의 주요 원리인 내담자의 강점과 자원을 인정하는 것과, 과거는 변할 수 없으므로 현재와 미래에 초점을 맞추는 것이 되었다(Kim, 2006).

에릭슨의 상담과 마찬가지로 해결중심상담에서는 내담자의 생활 속에서 자연스럽게 일어나는 변화를 발견하고 그 변화를 해결방안으로 활용한다. 해결중심상담에서는 '인간의 삶은 끊임없이 문제가 발생하고 해결되는 과정의 연속선상에 놓여 있다'고 본다. 이 두 상담 모델은 상호 협조적인 상담관계를 강조한다. 즉, 내담자 스스로 자신의 문제해결 능력을 인식하고 행동 패턴을 변화시키려는 의지를 갖고 있다고 보기 때문에 상담자는 내담자에게 무엇을 해야 하는지를 지시하지 않는다. 상담자의 역할은 내담자로 하여금 자신의 목표를 인식하게 하고 자신의 강점과 자원을 활용하여 목표를 성취하도록 도와주는 데 있다.

에릭슨의 수정 구슬(crystal ball) 기법과 최면술 또한 드 세이저가 해결중심상담 모델을 발전시키는 데 영향을 미쳤다. 에릭슨은 내담자가 최면상태에서 불만이 모두 없어진 미래로 갈 수 있게 하기 위해 1954년에 '수정 구슬' 기법을 발전시켰다. 드 세이저는 최면술을 전통적인 최면상태의 유도 대신에 최면술사와 내담자 간 상호작용의 부분으로 보았다. 그는 내담자가 자신만의 해결책을 구성할 수 있게 해주는 이 기법을 사용함으로써 에릭슨의 작업을 좀 더 확장시켰다(de Shazer, 1985). 드 세이저의 '수정 구슬' 기법은 다음과 같은데, 이는 해결중심상담에서 많이 사용하는 '기적질문'의 원형이다. 또한 수정 구슬 기법은 문제 대신 해결에 초점을 맞추고 예외 상황을 찾는 해결중심상담의 주요 원칙으로 발전하였다.

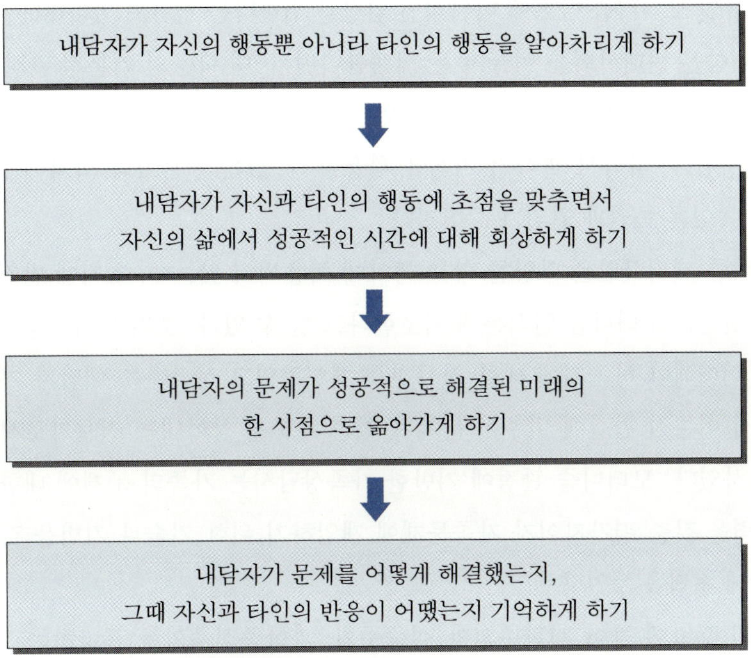

그림 1-2 드 세이저의 수정 구슬 기법

5. 사회구성주의

1) 포스트모더니즘과 사회구성주의

포스트모더니즘(postmodernism)과 사회구성주의(social constructionism)는 1980년대 이후 가족상담 분야에 중요한 영향을 미치며 상담의 이론과 실제에 있어서 패러다임 전환을 이끌고 있다. 포스트모더니즘은 탈근대주의 혹은 후기근대주의로 번역이 되며, 1950년대에 문학에서 등장한 이후 건축, 예술, 철학, 사회과학 등 광범위한 분야에서 사용되고 있는 개념이다. 포스트모더니즘이란 명칭하에 제 학문 분야의 다양한 이론적 접근들이 포함되기 때문에 포스트모더니즘을 간단명료하게 정의하기는 어렵다. 이러한 면에서 포스트모더니즘 이론'들'의 유일한 공통점은 현대사회의 주류인 모더니즘 담론에 비판적인 입장을 취한다는 평가도 있다(Kim, 1995).

모더니즘은 현대사회를 이끌어 온 세계관이며, 근대 학문의 기본적 관점이다. 모더니즘에서는 이성적인 것, 과학적인 것, 객관적으로 설명될 수 있는 지식만이 진리로 인정된다. 따라서 과학적 지식을 활용할 수 있는 전문가와 학자에게 진리를 발견할 수 있는 특권과 권위가 주어진다.

모더니즘 패러다임은 다양한 학문 분야에 적용되어 왔는데, 초기에 발전한 가족상담 모델들은 모더니즘 인식론에 기초한다고 할 수 있다. 초기의 가족상담 모델은 가족이 어떠해야 하는지에 대한 청사진을 제시하였고 상담자는 내담자 가족을 관찰하면서 이론적 관점에 비추어 문제가 있는 부분을 찾아내는 전문가로서의 역할을 담당하였다. 모더니즘 관점에 기반한 가족상담사는 가족의 문제에 대한 객관적 평가능력을 갖춘 평가자이자 가족문제에 개입하기 위한 기술과 기법을 갖춘 전문가 역할에 초점을 두었다.

20세기 후반에 들어 객관주의와 실증주의, 과학중심주의를 표방하는 모더니즘에 대해 비판적 관점이 대두되고, 학문, 예술, 사회 등 전 분야에서 포스트모더니즘 패러다임으로의 전환이 이루어지기 시작하였다. 인간과 사회와 자연현상을 설명할 수 있는 보편적 진리는 있는가, 경험주의와 실증과학만이 보편적 진리와 현실에 대한 통찰에 이르게 하는 방법인가, 이성을 가진 인간만이 이 세계의 주체인가에 대한 질문이 나왔으며(Kim, 1995), 이러한 질문은 가족상담의 접근 모델에도 변화를 가져왔다.

사회심리학 분야에서는 포스트모더니즘의 인식론과 궤를 같이 하는 사회구성주의가 등장하며 해결중심상담과 이야기치료 등 가족상담의 이론과 실천에 중요한 영향을 미치게 되었다. 사회구성주의는 세상과 현실을 어떻게 바라보고 어떻게 생각하며, 어떻게 이야기할지에 대한 하나의 철학적 관점, 즉 인식론이다(de Shazer, 1991). 사회구성주의는 '세계를 객관적인 정확성을 가지고 인식할 수 있다'는 모더니즘 관점에 의문을 표한다. 왜냐하면 '우리가 실재라고 여기는 모든 것이 사회적으로 구성된 것'이기 때문이다(Gergen, 2009). 객관적으로 실재를 인식하는 것이 가능하지 않다면 과학적 관찰에 기반한 객관적, 전문적 지식의 절대적 권위는 사라지게 되고, 문제를 객관적으로 파악하고 해결책을 제시하는 상담자의 특권 또한 사라진다. 이를 통해 상담자와 내담자의 관계도 동등한 협력적 관계로 변할 수 있는 공간이 생긴다. 앤더슨과 굴리시안(Anderson & Goolishian, 1992)의 말대로 상담자는 '모든 것을 아는 전문가이기보다는 내담자에게 정보를 구하는 학습자'가 된다.

사회구성주의가 보다 중요하게 여기는 것은 사람들이 사회적 상호작용을 통해 의미를 만들어 내고 현실을 구성하는 과정이다. 사람들의 신념이나 정체성, 현실에 부여하는 의미는 사회적 관계와 언어적 상호작용 속에서 형성되고 지속적으로 변화한다. 이러한 측면에서 볼 때 상담에서 중요한 것은 실재에 대한 관찰과 평가 또는 기법을 통한 개입이라기보다 상담자와 내담자가 함께 실재에 대한 새로운 의미를 구성해 내는 과정이다.

2) 사회구성주의와 해결중심상담

사회구성주의는 해결중심상담이 진행되며 해결책이 구축되는 과정에서 내담자의 인식과 정의가 전환되는 측면을 가장 잘 설명해 주는 이론적 관점이다(De Jong & Berg, 2012). 드 세이저(de Shazer, 1991)는 자신이 1970년대 중반부터 '치료적 실재를 구성하는 것'에 대해 언급해 왔으며, 사회구성주의의 인식론적 관점이 1930년대에 이루어진 비트겐슈타인의 작업과 1960년대 후반에 발전된 데리다의 후기구조주의 작업에도 포함되어 있다고 한다.

사회구성주의는 상담이론이나 상담 모델이 아니며 사람들의 경험과 세상을 보는 관점에 대해 다루는 하나의 철학적 인식론이다. 따라서 사회구성주의라는 인식론적 관점이 임상적으로 적용되기 위해서는 구체적으로 상담에서 일어나는 언어적 구성 과정이 중요하다는 것이 드 세이저의 입장이다(de Shazer, 1991). 드 세이저는 사람들이 사실이라고 생각하는 것은 언어적인 합의 과정에서 만들어진다고 보고 이를 해결중심 접근에 적용하였다. 버그와 드용(Berg & De Jong, 1996)은 사회구성주의와 해결중심 접근에서 강조하는 것은 생활하고 있는 상황 속에서 의미를 구성하는 것과 해결방안을 구축하는 것, 상담 과정에서 언어를 사용하는 것, 내담자와의 협동적인 관계, 내담자의 강점을 발견하여 활용하는 것 그리고 내담자와 함께 해결방안을 구축하는 것이라고 하였다.

해결중심상담은 이론에서 연역된 것이 아니므로 사회구성주의적 관점에 기초해 상담 방식을 고안해 낸 것이 아니다. 해결중심상담은 수년간에 걸친 상담 경험과 결과에 대한 관찰, 상담 과정에 대한 비판적인 사고로부터 생겨났다. 그럼에도 불구하고 메타이론인 사회구성주의와 귀납적 방법으로 개발된 해결중심상담 사이에는 연결된 지점들이 많이 있다. 해결중심상담의 사회구성주의적 특성을 요약하면 다음과 같다.

해결중심상담의 사회구성주의적 특성

① 실재는 사회적으로 구성된다.
② 내담자와 상담자는 언어를 사용하여 현실을 구성한다.
③ 상담자와 내담자의 협력을 중요시한다.

(1) 실재는 사회적으로 구성된다

해결중심상담은 내담자의 문제와 불평은 인간관계의 맥락 속에서 발전된 것으로 보며 해결책 또한 내담자와 가족 구성원들의 새로운 의미 부여 행위를 통해 구성될 수 있는 것으로 본다(de Shazer, 1991). 문제와 해결에 대한 이러한 가정은 진리와 지식이란 역사와 사회 속에서 구성된다고 보는 사회구성주의의 입장과 일치한다. 사회구성주의 관점에서 볼 때 비역사적, 비문화적, 비맥락적인 개인은 존재하지 않는다(Gergen, 2009).

실재가 사회적으로 구성되는 과정을 다음의 상담 사례에 비추어 살펴보고자 한다.

사례

심각한 우울 증세를 겪는 한부모가족의 어머니를 한 복지기관에서 상담에 의뢰하였다. 최근 하나뿐인 딸이 일반고에 진학하지 못하고 특성화고에 가게 되어 우울증이 심해졌다는 것이 의뢰 사유였다. 내담자는 자신이 경제적으로 어려워 남들처럼 딸을 뒷받침해 주지 못했기 때문에 일반고 진학이 어려워졌고 딸의 미래가 암울해졌다며 크게 자책을 하였다.

이 사례에서 어머니가 호소하는 문제 이야기는 '일반고에 가지 못하는 것은 실패한 것이고 일반고를 나와 대학 진학을 하는 것이 곧 인생의 성공'이라는 우리 사회의 지배적인 담론 속에서 구성된 것이라고 할 수 있다. 상담자는 어머니와 함께 예외 상황을 탐색하면서 딸이 가진 다른 잠재력, 즉 학교 교사나 친구들과 잘 지내는 능력에 대해 이야기를 나누었고, 이 과정에서 어머니는 딸의 대인 관계 능력이 졸업 후 사회에 나가 일을 할 때에는 매우 중요한 장점이 될 것이라는 생각을 하게 되었다. 또한 대학을 졸업해도 취업이 어려운 현실을 고려할 때 특성화고에 가는 것이 결코 비관적인 것만은 아니라는 점도 인식하게 되었다. 상담이 끝난 후 내담자는 얼굴에 미소를 띠었고 자기 가족에 대해 희망을 갖게 되었다며 상담자에게 고마움을 표하였다.

상담자가 상담을 통해 내담자의 딸이 일반고에 가도록 만들 수는 없다. 하지만 이 사례는 상담이 내담자로 하여금 현실에 대해 다른 측면에서 바라볼 수 있도록 돕고 새로운 의미를 구성할 수 있는 사회적 장이 될 수 있다는 점을 보여 준다.

(2) 내담자와 상담자는 언어를 사용하여 현실을 구성한다

해결중심상담은 내담자와 상담자가 현실을 구성하기 위해 언어를 사용한다는 철학을 갖고 있다(Franklin, 1998). 객관적인 사실과 실재를 믿는 과학적 경험주의와는 달리 사회구성주의는 현실이란 개인에 의해 사회적, 심리적으로 구성된 것이라 주장한다. 타인과 상호작용하는 사람들을 관찰하면서, 개인은 새로운 의미 구성의 발달을 통해 일어나는 변화에 근거하여 무엇이 진실인지에 대한 사고구조를 형성한다. 해결중심상담에서 상담자는 설득이나 설명보다 질문을 사용하여 내담자와 함께 목표를 세우고, 내담자의 강점을 활용하여 문제를 협력적으로 해결하려고 노력한다. 해결중심상담은 내담자가 문제중심적인 언어게임[4]에서 벗어나 해결중심적인 언어게임을 구성하도록 돕는 데 초점을 맞춘다. 사회구성주의에서는 현실을 객관적으로 파악할 수 있는 실재가 아니라 대화에 참여하는 사람들이 만들어 내는 언어적 해석으로 구성된다고 본다. 특정 현실에 대한 의미는 고정된 것이 아니라 사회적 상호작용을 통해 생성되고 유지된다. 이때 언어는 단순한 의사소통 도구가 아닌 사고가 형성되는 기초로 언어게임의 형식과 구조를 결정하는 주요 요인이 된다.

해결중심상담에서 사용하는 질문기법은 내담자가 문제중심의 이야기에서 벗어나 자신에 대한 새로운 이야기를 만들 수 있도록 돕는다. 문제가 해결된 상황을 상상하고 구체적인 목표를 설정하게 하는 기적질문, 상호작용의 상황적 요소와 대안에 대해 생각하게 하는 관계성 질문, 내담자의 문제가 일어나지 않는 상황과 성공적인 경험을 발견하기 위한 예외질문 등은 내담자가 자신의 이야기에 새로운 의미를 언어로 구성하여 변화가 일어나도록 돕는다.

드 세이저는 문제에 대한 대화는 문제를 만들고 해결에 대한 대화는 해결책을 만든다고 하였다(한국단기가족치료연구소 역, 2011, de Shazer, Dolan, Korman, Trepper, McCollum, & Berg, 2007). 앞서 예를 든 한부모가족 어머니 사례에서 상담자가 어머니의 심각한 우울증에만 초점을 맞추었다면, 내담자의 우울증이 얼마나 심각한지 아는 것에는 도움이 되었겠지만 내담자가 원하는 변화, 즉 우울에서 벗어나는 것에는 별로 도움이 되지 않았을 것이다. 해결중심상담이 내담자의 우울을 가볍게 여기거나 간과하는 것은 결코 아니지만 우울함으로부터 벗어나 있는 또 다른 일상 세계

4) 언어게임이란 독일의 철학자 비트겐슈타인(Wittgenstein)이 언어를 말하는 것이 어떤 활동이나 생활양식의 일부라는 것을 강조하기 위해 사용한 개념이다. 비트겐슈타인은 언어의 의미는 대화 참여자들 사이에서 언어가 사용되는 사회적 맥락에 따라 달라질 수 있음을 강조한다. 이러한 측면에서 드 세이저는 상담의 과정 또한 언어게임이 이루어지는 실천의 장으로 간주한다(de Shazer, 1991).

에 대해 대화를 나누는 것은 새로운 언어게임을 구성할 수 있는 가능성을 열어 준다. 딸이 잘 해내고 있는 부분들에 대해 상세히 이야기를 나눔으로써 가족의 미래에 대한 희망이야기, 즉 해결중심적인 언어게임이 구성되었으며 이를 통해 내담자가 원하는 변화가 시작되는 계기가 마련되었다.

(3) 내담자와 상담자의 협력을 중요시한다

해결중심상담에서 상담자는 '한 발짝 뒤에서' 이끌며 상담을 진행한다. 즉, 내담자가 자신의 일상세계에 대해 갖고 있는 지식과 경험을 존중하며 내담자의 세계에 대해 '알지 못함의 자세'와 진정한 호기심을 갖고 상담에 임한다(Berg & De Jong, 1996). 상담자는 내담자가 문제를 스스로 해결할 수 있는 지식과 강점, 기술과 통찰력을 갖고 있다고 믿는다. 해결중심 접근을 사용하는 상담자는 내담자의 다양성을 인정하고, 내담자를 분석의 대상이나 상담받아야 할 객체가 아니라 함께 대화를 하며 미지의 세계를 탐색해 가는 탐험의 동반자로 본다. 상담자는 내담자와 함께 목표를 설정하고 내담자 문제의 해결책과 성공방법을 발견하도록 도움으로써 내담자의 변화를 도모한다. 이는 상담이란 내담자와 협력하여 공동으로 의미를 구성해 가는 협력적인 과정으로 보는 사회구성주의 입장과 일맥상통한다.

한부모가족 사례에서 만약 상담자가 어머니의 우울은 딸의 상황에 대해 지나치게 비관적인 관점에서 오는 것이고, 딸이 일반고를 가지 못하더라도 앞으로의 사회는 학력보다 다양한 능력이 중시되는 사회이니 딸의 인생은 희망적일 수 있다고 자신의 지식과 경험을 활용해서 교육적인 차원에서 이야기했다고 가정해 보자. 어머니가 듣기에 이러한 이야기는 한부모가족의 곤궁을 이해하지 못하는 상담자의 공허하고 섣부른 위로로 들릴 것이고 상담자와 내담자의 거리감은 더 커졌을 것이다. 또한 상담자는 자신의 경험에 비추어 봤을 때 성적이 낮은 내담자의 자녀가 학교에서 선생님의 관심과 귀여움을 받으며 즐겁게 잘 지내고 있다는 사실을 상상하기 어려웠을 것이기에 이러한 '예외적' 이야기는 상담 장면에 등장하지도 않았을 것이다. 하지만 상담자가 자녀의 학교생활은 어떠한지, 잘 해내는 것은 무엇인지 질문하지 않았다면 마찬가지로 이러한 성공적인 경험에 대한 이야기는 나오지 않았을 것이다.

따라서 상담자가 '알지 못함의 자세'를 갖고 현실에 새로운 의미를 구성할 수 있는 질문을 던지고 내담자가 이에 대해 자신의 경험을 이야기하는 과정은 양측이 협력하여 새로운 의미를 구성하는 과정이며, 함께 해결책을 구축하는 과정이다.

6. 강점관점

1) 강점관점의 개념

강점관점은 문제, 결핍, 병리보다 강점, 능력, 잠재력에 초점을 맞추는 접근 방법이다. 강점관점은 의료 모델에 기반한 전통적인 병리적 접근 대신에 내담자와 지역사회의 강점에 초점을 둔 접근방식으로 만성정신장애가 있는 클라이언트를 돕는 데 효과적이라는 점이 나타나면서 정신보건사회복지 영역에서 처음 발전하기 시작하였다(Saleebey, 2009).

강점관점은 '내담자가 자신의 목적을 달성하고 꿈을 실현하며 자신의 어려움과 사회적 지배로부터 벗어나도록 돕는 데 있어서 내담자의 강점과 자원을 발견하고 탐색하며 활용'하려는 접근 방식을 말한다(Saleebey, 2009). 이에 반해 전통적인 접근은 '과거를 앎으로써 현재를 충분히 알 수 있다.'는 신념과 '원인을 알아야 상담이 가능하다.'는 신념에 근거한다. 전통적 접근을 하는 상담자들은 문제를 해결하기 위하여 상담자 또는 전문가가 먼저 그 문제가 무엇인지를 알아야만 한다고 본다(Weick, 1992).

강점관점의 핵심 개념으로는 변화가능성, 임파워먼트, 소속감, 레질리언스, 치유, 대화와 협력, 불신의 중단을 들 수 있다(Saleebey, 2009: 9-15).

(1) 변화가능성

변화가능성 혹은 가소성(plasticity)이란 인간이 신체기능, 감정, 행동 등을 수정하고 확대하며 재형성할 수 있는 능력이 있다는 것을 의미한다. 과거에 사람들은 청소년기 이후에는 뇌가 거의 변하지 않는다고 생각했지만 근래에 와서 뇌는 지속적으로 변화한다는 사실이 뇌과학자들에 의해 밝혀지고 있다. 그리고 이러한 변화는 경험과 학습 혹은 현재의 마음 상태에 따른 결과다. 그러므로 인간의 삶은 변화가능성이 지속적으로 열려 있는 과정으로 볼 수 있다.

(2) 임파워먼트

임파워먼트(empowerment)는 개인, 집단, 가족, 지역사회가 자신의 내부 혹은 환경에 있는 자원을 스스로 발견하고 확대하도록 도우려는 의도와 과정을 의미한다. 이를 위해서는 선택할 수 있는 대안들이 환경 내에 마련되어야 하고 내담자는 선택할 수 있는 권한을 가질 수 있어야 한다.

(3) 소속감

강점관점은 모든 내담자가 어떤 공동체의 구성원이며 소속감(membership)에 따르는 존엄, 존경, 책임감을 가진 존재라는 것에서 출발한다. 사람들은 공동체 내에서 책임 있고 가치 있는 구성원이 되고자 하는 욕구가 있다. 소속감이 없을 때 사람들은 소외감을 느끼고 주변화되는 위험에 처한다. 소속감은 임파워먼트의 기초가 된다.

(3) 레질리언스

강점관점의 기본적인 가정은 인간이 레질리언스(resilience), 즉 탄력성을 갖고 있다는 것이다. 월시(Walsh, 1998)와 셀리비(Saleebey, 2002)는 레질리언스를 '심각한 문제와 역경을 극복하고 이겨 낼 수 있는 능력'으로 정의하였다. 레질리언스는 이 세상의 도전과 요구 속에서 지속적으로 자신의 능력, 지식, 통찰력을 결합하고 성장하는 과정을 의미한다.

(4) 치유

치유(healing)란 장애, 질병 등에 직면해 회복하고 재생할 수 있는 신체와 정신의 선천적인 기능이다. 치유는 개인과 사회적 · 물리적 환경과의 관계가 편안하고 유익할 때 잘 이루어진다. 즉, 치유는 대부분 관계에 기초하고 있으며, 지지적인 환경에서 일어난다.

(5) 대화와 협력

사람은 대화를 통해 타인의 중요성을 확인하게 되며, 자신과 타인 그리고 기관 사이에 있는 틈새들을 메워 나갈 수 있다. 상대의 다름을 인정하고 받아들이는 겸손하고 배려 깊은 대화는 평등한 관계를 가능하게 한다. 협력은 실천가와 내담자의 평등한 관계 속에서 이루어질 수 있다. 협력이 이루어지기 위해서는 내담자의 관점과 열망의 정당성을 인정하는 태도와 열려 있는 자세가 필요하다.

(6) 불신의 중단

전문가중심주의 문화에는 내담자를 불신하는 관점이 확산되어 있다. 객관적이고 과학적인 전문지식이 현실을 정확하게 설명할 수 있다는 믿음은 내담자의 이야기를 신뢰하지 못하는 경향으로 이어졌다. 그러나 강점관점은 전문가의 지식, 정보, 관점을 우위에 두고 내담자를 불신하는 것으로부터 벗어나서 내담자가 자신이 열망하는 삶을 살 수 있도록 협력하는 문화를 지향한다.

2) 강점관점과 해결중심상담

해결중심상담과 강점관점은 역사적으로 볼 때 각기 독립적으로 발전해 왔다. 강점관점은 기존 사회복지실천의 문제점을 지적하면서 대안적인 실천의 원리와 철학을 정립하는 데 관심이 많았으며, 사회복지실천 과정에서 개인과 가족의 강점뿐 아니라 지역사회와 조직 등 내담자를 지원하는 환경의 강점과 자원을 더 강조한다. 이에 비해 해결중심상담은 가족상담 영역에서 내담자들이 원하는 변화를 효과적으로 이루어 내는 것에 도움이 되는 실용적인 방법들을 귀납적으로 개발하면서, 내담자가 변화를 만들어 낼 수 있는 자원과 능력이 있는 존재이면서 자신의 삶에 대한 전문가라는 인식론을 발전시켰다(정문자 외, 2012). 초기에 서로 다른 과정을 거치면서 발전되어 오던 해결중심상담과 강점관점은 이후 서로 영향을 주고받는데, 이 둘은 원리와 철학에 있어서 다음과 같이 공통점이 많다.

- 내담자의 병리적인 측면에 초점을 둔 전통적인 의료 모델에 대해 비판적이다.
- 내담자가 원하고 열망하는 것에 초점을 둔다.
- 변화를 강조한다.
- 내담자의 강점과 자원의 활용을 중시한다.
- 역경 속에서 회복할 수 있는 인간의 레질리언스를 중요하게 본다.
- 내담자와의 협력을 중시한다.
- 내담자의 지식과 경험을 존중한다.

이와 같은 공통점이 있으나 강점관점은 구체적인 개입 모델이라기보다는 인간의 삶을 다른 방식으로 보는 하나의 렌즈(Saleebey, 2009)이며 실천 철학이라는 측면에서 해결중심모델과는 차이가 있다. 즉, 강점관점은 기반이 되는 원리와 철학에 대해 체계적으로 제시하고 있으나, 개입 방법을 구체적으로 제시하는 데 있어서는 제한적이다. 이에 비해 임상 현장에서 실용적인 측면에서 귀납적인 방법으로 개발된(de Shazer et al., 2007) 해결중심모델은 강점관점을 구현할 수 있는 구체적인 실천 방법과 과정을 제시하고 있다. 이에 따라 강점관점과 해결중심모델을 접목하여 적용하려는 시도들이 임상실천 장면에서 증가하고 있다(노혜련, 김윤주, 2014; 송성자, 2003; Weick, Kreider, & Chamberlain, 2009).

7. 한국의 해결중심상담

1) 한국의 해결중심 가족상담의 발달

해결중심 가족상담이 한국에 소개된 것은 1987년이다. 이 모델은 1991년에 가족상담 교수들과 정신과 의사가 결성한 '가족치료연구모임'에서 심도 있게 연구하고 가족 사례에 적용하면서 발전 · 보급되기 시작하였다. '가족치료연구모임'의 구성원들이 1996년에 '단기가족치료센터 한국지부'를 설립하였고, 2002년에 '한국단기가족치료연구소(Korean Institute of Brief Family Therapy)'로 개명하였다. 한국단기가족치료연구소는 개인과 가족의 문제를 해결중심적으로 단기에 접근하며 가족상담 전문가를 양성하기 위해 해결중심 모델 워크숍, 가족상담 전문가 과정, 슈퍼비전 과정 등을 운영하고 있다.

▶ 한국단기가족치료연구소(www.brieftherapy.kr)

2) 해결중심상담의 임상 현황

한국가족치료학회는 1988년에 창립한 이래 워크숍을 통해 가족치료의 기법을 익히고 훈련하는 장을 마련해 왔다. 1990년대 이르러 미국 단기가족치료센터의 드세이저와 버그에 의해 해결중심모델이 널리 알려지기 시작하였고 버그 소장의 지원으로 발행된 「한국가족치료학회지」 제1집(1995)에 해결중심 가족상담 모델이 본격적으로 소개되었다.

이영분의 한국 가족복지실천 영역에서의 활용 모델/접근법에 대한 활용 정도에 관한 연구에 의하면 11개의 이론과 모델 중 해결중심모델의 활용도가 가장 높게 나타났다(최성재, 조홍식, 한인영, 김경미, 이영분, 윤현숙, 유수현, 김성천, 최혜지, 2013: 183).

서진환, 이선혜, 신영화(2004)는 상담 관련 기관 167개에 근무하는 상담 인력을 대상으로 한국의 가족치료 임상현장을 조사하였다. 조사 결과, 응답자 79명 중에서 가장 많은 교육과 훈련을 받은 접근법은 해결중심 접근(65명, 82.8%)으로 나타났다(〈표 1-1〉 참조).

표 1-1 가족치료 접근별 교육 및 훈련경험 (N=79)*

순위	접근방법	경험자(명)	%
1	해결중심 접근	65	82.8
2	보웬 접근	60	75.9
3	경험적 접근	54	68.4
4	구조적 접근	50	63.3
5	정신역동 접근	48	60.8
6	전략적 접근	34	43.0
7	행동주의 접근	32	40.5
8	MRI 접근	24	30.4
9	이야기치료	23	29.1

10	다세대 접근	18	22.8
11	실존 치료	16	20.3
12	밀란 모델	14	17.7

* 중복 응답

다음으로 응답자 스스로 현재까지 교육이나 훈련을 받은 기법에 있어서 자신의 가족치료 기술 숙달 정도를 평가하도록 하였다. 응답자의 50% 이상이 교육이나 훈련을 받았다고 보고한 기법은 24가지였으며, 이 가운데 응답자 79명 중에서 52명(65.8%)이 주로 적용한다고 보고한 가족치료 접근은 해결중심 접근이었다(〈표 1-2〉 참조).

표 1-2 주로 적용하는 가족치료 접근 (N=79)*

순위	접근방법	경험자(명)	%
1	해결중심 접근	52	65.8
2	보웬 접근	39	49.4
3	경험적 접근	25	31.6
4	구조적 접근	34	29.1
5	정신역동 접근	18	22.8
6	전략적 접근	6	7.6
7	행동주의 접근	12	15.2
8	MRI 접근	6	7.6
9	이야기치료	5	6.3
10	다세대 접근	4	5.1
11	실존 치료	5	6.3
12	밀란 모델	0	0

* 중복 응답

기법별로 교육훈련 경험과 숙달 정도를 알아본 결과, 숙달 정도의 상위 10위 안에 든 기법 중 해결중심 접근의 기법이 7가지(◆) 포함되어 있었다(〈표 1-3〉 참조). 구체적으로 살펴보면, 척도질문, 기적질문, 예외질문, 재구조화, 대처질문, 면담 전 변화에 대한 질문, '알지 못함'의 자세가 있었다.

표 1-3 기법별 교육 훈련경험 및 숙달정도 (N=79)*

기법명칭	교육 및 훈련경험(명)			숙달정도	
	응답자 수	%	순위	평균	순위
가계도 분석	72	91.1	1	2.81	3
◆척도질문	65	82.3	2	2.73	7
◆기적질문	60	75.9	3	2.79	5
◆예외질문	58	73.4	5	2.81	3
재구조화	58	73.4	5	2.73	7
가족지도 작성	57	72.2	7	2.83	2
◆대처질문	56	70.9	8	2.76	6
◆면담 전 변화질문	52	65.8	11	2.92	1
◆긍정적 암시	44	55.7	17	2.73	7
◆알지 못함의 자세	31	39.2	31	2.73	7

* 중복응답
◆ 해결중심 질문

요약

드 세이저와 버그는 1978년에 단기가족치료센터를 설립하였으며 자신들이 개발한 상담 모델을 1982년부터 해결중심상담이라고 부르기 시작했는데 이는 내담자에게 '문제가 아닌 예외 상황'이 있음을 발견하면서 붙인 이름이다.

해결중심상담은 가족체계론적 관점에 근거하며, 가족체계이론은 사이버네틱스와 일반체계이론에 기반하고 있다. 가족체계이론에 기반한 해결중심상담의 구체적인 특성으로 순환적 인과성 개념과 해결중심상담의 기법 중 하나인 관계성 질문을 들 수 있다.

1970년대 후반 MRI의 단기치료센터에서 활동한 드 세이저와 동료들의 경험이 해결중심상담의 중심 철학에 영향을 미쳤다. MRI의 단기치료접근은 10회기 이내의 짧은 시간에 내담자의 문제를 해결하려 하였고, 문제의 원인을 파악하고 이해하기보다는 문제에 대해 효과적으로 생각하는 방법과 그것을 다루는 실용적인 방법을 찾는 데 상담의 초점을 두었다.

드 세이저는 에릭슨이 중시한 내담자의 자원 활용과 심리적 장애의 원인을 찾아내거나 교정하려 하지 않는 것을 해결중심상담에 사용하였다. 이것이 내담자의 강점과 자원을 인정하는 것과 과거는 변할 수 없으므로 현재와 미래에 초점을 맞춘다는 해결중심상담의 주요 가정이 되었다.

해결중심상담은 언어가 내담자의 현실을 구성한다는 철학을 갖고 있기 때문에 사회구성주의와 맥을 같이한다. 해결중심상담에서 상담자는 내담자와 함께 목표를 세우고, 내담자의 강점을 활용하여 문제를 내담자와 협력적으로 해결하려 노력한다. 강점관점은 해결중심 접근과 상호 보완적인 개념과 관점 그리고 접근기술을 갖고 있다.

한국에 해결중심상담이 소개된 것은 1987년부터다. 1996년에 단기가족치료센터 한국지부가 설립되었으며, 2002년에 한국단기가족치료연구소로 개명되었고 가족상담을 비롯하여 해결중심상담 워크숍 및 가족상담 전문가 양성을 위한 다양한 교육과 훈련을 실시하고 있다.

제2장

해결중심상담의 가정과 원리

이 장에서는 해결중심상담 모델의 일반적인 가치와 철학에 대해 설명하고 상담 작업을 용이하게 하는 원리와 가정에 대해 기술한다. 해결중심상담 모델이 다른 상담 방법들과 어떤 차이가 있으며 추구하는 바가 무엇인지에 대해 살펴본다. 그리고 해결중심상담 모델의 기초가 되는 가정과 원리가 실제 상담에 어떻게 적용되며, 해결중심상담자가 지향하는 관점과 자세 및 기술에 관해 설명한다. 마지막으로 문제중심 상담의 사례개념화와 차별되는 해결중심 사례개념화에 대해 살펴본다.

1. 해결중심상담의 가정

해결중심상담 모델의 발달 초기에 드 세이저와 인수 버그를 비롯한 치료팀은 문제를 찾는 데 초점을 두었으며 문제를 탐색하고 기술하는 데 많은 시간을 보냈다. 이처럼 문제에 초점을 두다 보니 문제가 도처에서 발견되었다. 그러던 중 문제를 탐색하고 찾아내는 것에 관심을 적게 갖게 되었고, 대신 내담자에게 효과가 있었던 상담 내용과 기술을 알아내기 위한 목록을 만들기 시작했다. 내담자들에게 효과적인 것이 무엇인지를 발견해 나가는 과정에서 사람들이 어떻게 변화할 수 있고, 어떻게 원하는 목표에 도달하며, 상담자와 내담자의 상호작용 속에서 문제에 대한 해결책을 어떻게 구축할 수 있는지에 대한 가정을 세울 수 있게 되었다.

해결중심상담의 가정들은 상호 연관되며 개인의 사고를 도와 해결책을 구축하는 데 도움이 되며(Walter & Peller, 1992, 가족치료연구모임 역, 1996) 인간의 사고와 행동에 지침을 제공한다. 이러한 가정들이 바탕이 되어 해결중심상담은 상담 기술의 나열과 조합이 아닌 영향력 있는 상담 모델로서 기능할 수 있으며, 상담자가 상담 과정에서 난관에 부딪힐 때 길잡이가 되어 상담이 본궤도로 돌아갈 수 있게 한다.

해결중심상담의 가정

① 긍정적인 측면에 초점을 둔다.
② 예외 상황은 해결의 실마리를 보여 준다.
③ 변하지 않고 그대로 머무는 것은 아무것도 없다.
④ 작은 변화는 큰 변화로 이끈다.
⑤ 사람은 문제를 해결할 능력과 자원을 갖고 있다.
⑥ 의미와 체험의 변화는 상호작용 속에서 일어난다.
⑦ 의미는 반응 속에 있다.
⑧ 내담자가 전문가다.
⑨ 상황에 대한 정의는 행동과 순환한다.
⑩ 협동작업은 있게 마련이다.
⑪ 치료팀은 상담목표와 상담 노력을 공유하는 사람들이다.

앞의 가정들을 구체적으로 설명하면 다음과 같다.

1) 긍정적인 측면에 초점을 둔다: 긍정적이고 문제 해결이 가능한 측면에 초점을 맞출 때 바람직한 변화가 일어나기 쉽다

어느 동계올림픽에서의 일이다. 썰매의 일종인 봅슬레이 경기장에서 동독의 여자선수들이 언덕을 내려갈 준비를 하면서 모두 눈을 감고 있었다. 이상한 것은 선수들이 모두 눈을 감은 채 목을 앞, 뒤, 옆으로 흔들고 곡예를 부리면서 내려가는 몸동작을 하는 것이었다. 선수들이 자기 머릿속에 그려진 지도에 따라 눈을 감은 채 달리는 상상을 하였다는 것을 나중에 알게 되었는데, 이 기이한 몸동작은 그들의 머릿속에 그려져 있는 지형에 따라 속도가 늦춰지고 빨라지는 상상을 통한 몸의 반응이었다(Berg & Miller, 1992). 이러한 기술은 『최고의 성과(Peak Performance)』(Garfield, 1984)라는 책에 설명되고 있는데, 선수들은 상상 속에서 자신들이 원하는 방식대로 공을 치고 받는 연습을 하면서 게임을 간접적으로 체험한다.

상담자가 내담자와 해결중심 맥락에서 대화를 나눌 때도 이러한 과정이 일어난다. 내담자에게 효과가 있는 것은 무엇이며 앞으로 무엇을 할 것인가에 대하여 대화하는 동안, 내담자는 머릿속으로 스스로 문제를 해결해 나가는 그림을 그린다. 상담과정에서 내담자의 언어가 암시적인 언어로 변해 간다는 것은 내담자 자신이 스스로 암시하는 과정에 몰입되고 있다는 뜻이다.

내담자의 긍정적인 측면에 초점을 맞추는 것은 내담자와 상담자의 관계 형성에도 도움이 된다. 전통적인 상담에 익숙한 상담자는 가족의 문제점에 초점을 맞추어 문제를 더 많이 파악하고 이해하려 한다. 그러면 그럴수록 내담자는 움츠러들고 의기소침해지며 반응하지 않으려 한다. 이는 마치 '보라색 코끼리를 절대로 생각하지 마라.'고 하면 오히려 '보라색 코끼리'(즉, 문제)가 내담자의 머리에서 떠나지 않는 것과 같은 이치다.

해결중심상담 모델에 있어서 문제에 대한 논의는 무의미하다. 문제중심적 사고는 내담자들이 사용해 왔거나 미래에 사용할 수 있는 효과적인 해결책을 인식하는 데 걸림돌이 된다고 보기 때문이다. 따라서 이 모델의 목표는 내담자가 자신의 언어를 문제중심적 대화에서 해결중심적 대화로 바꾸는 것이며, 이를 위해 상담자는 내담자가 성취 가능하고 분명한 목표를 설정하도록 돕는다.

2) 예외 상황은 해결의 실마리를 보여 준다: 모든 문제에는 예외 상황이 있기 마련이며 목표 설정에 활용될 수 있다

해결중심상담에서는 내담자와 라포가 형성되면 곧 내담자에게 문제가 없었거나 문제시되지 않는 예외 상황에 초점을 맞춘다. 내담자의 성공적인 경험에 초점을 맞출 때, 내담자는 이러한 경험을 더 찾게 되며 자신감을 갖게 된다. 예를 들어, 싸움이 잦은 형제가 싸움 끝에 화해했던 때를 떠올리면서 그때에는 상대방이 자기 말에 귀 기울여 주었음을 발견하게 된다면, 싸움을 줄일 수 있다는 자신감을 가질 수 있다. 이러한 성공적인 경험은 상담 과정에서 더 찾아볼 수 있다.

배우자의 외도 때문에 불쾌감과 배신감을 주제로 계속 싸우는 부부에게 해결중심상담자가 그들이 싸우지 않을 때가 언제인지 묻는 예를 살펴보자.

사례[1)]

(부부는 싸우지 않고 자전거를 타러 갔던 얘기를 한다.)

상담자: 상대방에 대해 감정도 별로 좋지 않은데 어떻게 자전거를 타러 함께 나갈 수 있었지요? 둘이서 자전거를 타면서 얘기를 나눌 때와 감정이 좋지 않은 상태에서 얘기를 나눌 때에 무엇이 다르던가요?

부부: 자전거를 함께 탈 때 상대방을 더 신뢰하는 분위기예요.

대화를 통해 상담자는 '싸우지 않는 시간' 자체가 부부에게 중요한 의미를 가지며 해결점을 찾을 수 있는 잠재력이 있다고 보았다. 부부가 자전거를 타

1) 2장에 제시된 사례들은 Walter & Peller (1993), 가족치료연구모임 역(1996)에서 발췌 수정한 것임.

러 가는 것처럼 함께 있는 시간을 많이 가질수록 상대방에 대한 신뢰가 더 커질 것이며, 신뢰가 쌓일수록 지난날 불신에 대해 이야기하던 것이 초점이 달라지거나 지난날의 문제를 단지 과거의 문제로만 보게 되는 것이다.

예외 상황을 찾아내고 구축하는 작업은 상담자와 내담자의 협동작업이다. 문제 상황에서 예외를 찾아내고 그런 예외 상황이 자주 일어나도록 도와줌으로써 상담자는 내담자로 하여금 자신에게 크게만 보이던 문제를 어느 정도 스스로 조정해 갈 수 있다는 자신감을 심어 줄 수 있다.

3) 변하지 않고 그대로 머무는 것은 아무것도 없다: 변화는 항상 일어나고 있다

그리스의 철학자 헤라클레이토스(Heracleitos)는 "우리가 보는 강물은 이미 같은 강물이 아니며 같은 강물에 두 번 발을 담글 수는 없다."라고 했다. 즉, 변하지 않으면서 같은 상태에 머무르는 것은 아무것도 없다는 뜻으로 모든 것은 매 순간 변하고 있다는 의미다. 상담자는 변화가 항상 일어나고 있다는 믿음을 가지고 긍정적인 변화를 염두에 두고 내담자가 원하는 방향으로 움직이며 변화 가능한 것을 찾도록 도와야 한다.

상담자들은 '매우 어렵고' '복잡한 문제'를 가진 사례에 대해 질문을 받을 때가 있지만, 해결중심 접근에서 볼 때 '복잡한 문제'를 가진 사례는 없다고 본다.

사례

어느 기관에서 '매우 어려운' 내담자로 알려진 한 여성은 자살 시도 후 병원에서 우울증과 자살 시도 성향이라는 진단을 받고 퇴원했으나 상담 의뢰인이 염려하여 다시 상담을 받게 되었다. 해결중심상담의 첫 면접에서 내담자는 '분노를 적절히 표현하는 법을 배운다.' '강박적인 생각의 패턴을 바꾼다.' '미래의 인간관계에 대해 긍정적으로 느낀다.'와 같은 몇 가지 목표를 세웠다. 내담자가 언급한 목표들 중에 지금 현재 그렇게 되어 가고 있는 것이 있다면 언제 그런지에 대해 물어보았다. 내담자는 자기가 '괜찮은 때' 그렇게 된다고 얘기하였다. 나머지 상담시간에는 내담자가 '괜찮다'라고 하는 때에 초점을 맞추어 그것을 지속하고 확장시킬 수 있는 방법과 그 '괜찮은 때'를 바탕으로 행동할 수 있는지에 대해 이야기하였다. 내담자는 점차 자신이 의미하는 '괜찮은 때'를 지속하며 확장시켜 나갔고 자신의 목표도 자연스럽게 달성되어 가고 있었다.

'변화는 항상 일어나고 있다.'와 '문제 상황에서도 예외는 있다.'라는 가정들을 생각한다면 상담자는 내담자가 우울하지 않거나 덜 우울한 상태에서 무엇을 하는가를 찾아낼 수 있게 된다. 우울하지 않은 순간이 있다는 사실은 내담자에게 문제가 없는 상황에서 행동하도록 도와주는, 즉 우울하지 않게 도와주는 그 무엇이 있음을 의미한다. 그러므로 상담자는 내담자의 예외 상황과 그 상황에서의 행동을 관찰할 수 있는 유연하고 민감한 귀와 눈을 발달시켜야 한다. 그림의 전경과 배경에서 어느 쪽을 보느냐 하는 것은 관찰자에 따라 달라진다. 예를 들어, [그림 2-1]에서는 꽃병만 볼 수도 있고 마주 보고 있는 두 사람의 얼굴만 볼 수도 있다. 그러나 이 두 가지 모양을 보기 위해서는 그림에 익숙해져야 한다. 마찬가지로 내담자는 그림의 한 쪽에 초점을 두고 이야기할 수 있으나 상담자는 내담자가 다른 그림으로 눈을 돌릴 수 있도록 초대할 수 있다.

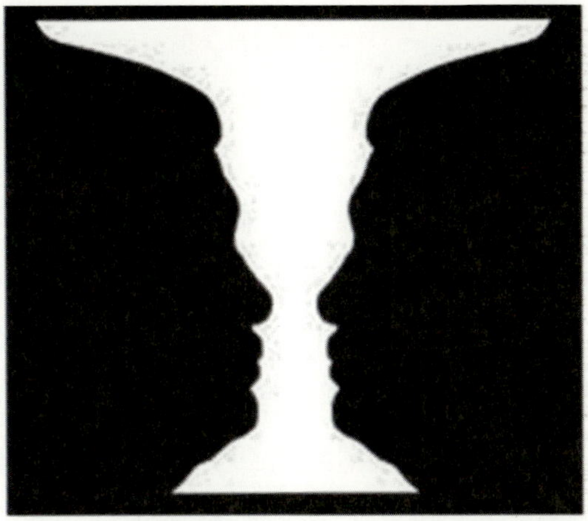

그림 2-1 Gleitman, 루빈의 컵

4) 작은 변화는 큰 변화로 이끈다: 작은 변화는 큰 변화를 유도해 낸다

상담자들은 '문제가 복잡한 가족'이나 '매우 역기능적인 내담자'를 다루기 힘들어 하면서도 이러한 사례들을 포기할 수 없는 경우가 종종 있다. 그러나 문제가 복잡하다고 해서 해결방법도 복잡한 것은 아니다. 문제를 해결하는 방향으로 작은 변화를 시도할 때, 내담자는 동시다발적으로 다른 부분에서도 변화를 일으킬 수 있다.

작은 변화는 큰 변화를 가져오게 마련이다. 작은 변화가 재생적이라는 말은 내담자가 작은 문제를 해결해 본 성공적 경험을 상기할 수 있다면 다른 문제도 해결해 보려는 의지를 가질 것이라고 가정하는 것이다. 문제를 크게 보는 사람에게는 작은 문제도 큰 문제로 보이듯이, 누가 어떻게 문제에 대해 정의를 내리는가에 따라 문제의 크기와 심각성이 규정된다. 댐을 무너뜨리기 위해서 구멍이 커야 하는 것은 아니다. 아주 작은 구멍이라도 일단 생기면 언젠가 그 댐은 무너지게 마련이다.

큰 변화는 작은 변화부터 시작된다는 가정은 내담자가 용이하고도 색다르게 문제 해결에 접근할 수 있도록 도와준다. 다음의 사례에서 작은 변화가 큰 변화의 시발점이 되는 것을 볼 수 있다.

사례

'의사소통이 없는 부부'가 마지막 해결책으로 상담실을 찾아왔다. 초기 면접에서 이 부부는 결혼 15년 차인데 최근 몇 년은 서로 말을 하지 않았다고 했다. 그들은 서로 말을 하지 않는 것이 고질적인 문제라고 생각했고 이것이 부부싸움을 가중시킨다고 보았다. 상담자는 부인에게 언제 부인이 남편에게 소위 '긍정적인 반응'을 보였으며 남편이 평소처럼 방어적이거나 공격적이지 않았는지에 대한 예외질문을 하였다. 부인에게 '긍정적인 반응'이란 즉시 방어적이 되기보다 남편에게 공감을 가지고 반응하는 것이라고 하였다. 그래서 집에 돌아가면 이 긍정적인 반응을 연습하도록 하였고, 그렇게 했을 때 남편과 자신에게 어떤 변화가 일어나는지를 관찰하도록 하였다. 부인은 행동변화란 표면적일 뿐 부부갈등의 저변에 있는 감정들을 다룰 수는 없을 것으로 생각하였으나 숙제를 한번 해 보기로 하였다. 그런데 다음 상담에서 부부에게 극적인 변화가 발견되었다. 부부는 서로를 이해할 뿐 아니라 어려움 없이 의사소통을 하고 있었다. 세 번째 상담 이후 부인은 "이렇게 오래된 문제들이 이처럼 빨리 해결되고 있다니 믿을 수가 없어요. 그렇지만 어쨌든 계속해 보겠습니다."라고 말하였다.

5) 사람은 문제를 해결할 능력과 자원을 갖고 있다: 사람은 자기 문제를 해결하기 위해 필요한 모든 것을 가지고 있다

이것은 에릭슨(Milton Erickson)이 가정한 것으로, 인간의 정신병리적 측면이 아닌 건강한 측면을 강조하는 하나의 신념이다(Gilligan, 1987; Lankton & Lankton, 1983; O'Hanlon, 1987). 해결중심상담자는 개인이나 가족이 자기 문제를 해결할 능력이 있으며 변화를 위해 행동할 것으로 믿는다. 이는 마치 내담자가 하나의 그림을 완성하는 데 필요한 퍼즐 조각을 모두 갖고 있으나 잠시 그 그림을 완성시키지 못하고 있는 것에 비유할 수 있다. 내담자가 자기 문제를 해결해 나갈 자원과 능력에 눈뜨게 하고 이를 활용하게 함으로써 문제를 해결할 수 있다. 여기에서 개인이나 가족의 능력에 유연하게 맞추어 나갈 책임은 상담자에게 있다. 문제라는 것은 사람들이 정의를 내리는 관점에 따라 달라지는 것으로 상담자는 문제가 문제가 아니라 잘못된 해결책을 적용시키는 것이 문제라고 본다.

6) 의미와 체험의 변화는 상호작용 속에서 일어난다: 사람은 체험에 의미를 부여하며, 동시에 체험은 사람의 것이 된다

어떤 행위에 대한 의미는 행하는 자와 관찰하는 자의 지각에 달려 있다. 예를 들어, 어떤 사람이 오른손을 들고 있는 모습은 상황에 따라 여러 가지 의미로 해석될 수 있다. 만약 어떤 사람이 공항에서 오른손을 흔들고 있다면 그 사람은 떠나는 사람을 배웅하는 것으로 볼 수 있다. 이런 모습은 연인이나 친구와 헤어질 때도 볼 수 있다. 놀이터에서의 그런 자세는 위험한 놀이기구에 오르려 하는 아이를 어머니가 금지하는 모습으로 보일 것이다. 어떤 사람이 길거리에서 그런 자세를 하고 있다면 누군가에게 자신의 존재를 알리는 것으로 볼 수도 있다. 이처럼 오른손을 들고 흔드는 자세는 같을지라도 당사자나 관찰자가 부여하는 의미는 그 자세가 취해지는 맥락에 따라 다르다. 의미란 사건의 관찰자나 참여자에 의해 부여되는 것이며 또한 그 사건을 전달하는 사람에 따라 달라진다. 의미는 사람들의 언어와 상징 속에서 그리고 체험을 함께 나누는 사람들과의 대화 속에서 진화하고 변화한다. 이러한 의미의 변화는 행동의 변화를 가져올 수 있다. 변화란 내담자에게 문제가 더 이상 존재하지 않는 것일 수도 있고, 내담자가 원하는 것을 향해 나아가는 것일 수도 있으며, 뭔가 좀 다르게 해 보는 것일 수도 있다.

한 가지 예를 들면 동사섭(同事攝)에서 진행하는 집단상담은 보는 눈과 보이는 모습에 의미를 부여하고 있다.

> 눈-모습-나눔
>
> 보는 눈을 책임진다-제1원리
>
> 보이는 모습을 책임진다-제2원리
>
> '보는 눈'을 책임짐으로써 내 마음이 평화롭고, '보이는 모습'을 책임짐으로써 상대방의 마음을 편안하게 한다. … 그 원리 자체는 대단히 좋지만 인간관계에서 수준 높게 눈과 모습을 책임진다는 것이 쉬운 일이 아님을 깨닫게 되었다. 한동안의 탐색 끝에 여기에 첨부해야 할 중대한 원리를 발견했다. 바로 교류[대화]다.
>
> 교류[대화]한다-제3원리
>
> 교류가 위의 두 원리에 보완됨으로써 세 원리가 어우러져 묘하게 현실성 있는 덕목으로 드러나게 되었다. … 보는 눈을 책임지고 보이는 모습을 책임진다. 그리고 교류한다.
>
> 〈재단법인행복마을 '동사섭'〉에서 발췌

7) 의미는 반응 속에 있다: 우리의 세계는 상호작용 속에서 의미를 갖는다

일상생활에서 우리가 말하는 것을 관찰자인 상대방이 잘못 해석하는 경우가 많다. 해결중심상담에서는 분명한 의사소통의 책임이 내담자보다는 상담자에게 있다고 본다. 만약 내담자가 상담자의 의도를 다르게 받아들인다면 그 상황에 대해 무엇인가 해야 할 책임은 상담자 자신에게 있다는 의미다.

어머니의 행동은 딸에 대한 반응이며, 상담자의 행동은 내담자에 대한 반응이다. 만약에 내담자에게 도움이 될 것으로 예상했으나 내담자가 다른 반응을 보인다면, 상담자는 전과는 다른 방식으로 의미를 전달해야 한다. 만약 내담자가 '그래요. 그렇지만….' 하는 반응을 계속한다면 무엇인가 다른 것을 해야 한다.

사례

열세 살인 딸의 행동을 걱정하는 어머니가 있었다. 그 어머니는 딸이 펑크 스타일의 머리 모양을 하고 담배를 피우고 성적이 떨어지는 것이 걱정되었다. 어머니는 딸에게 흡연은 나쁜 짓이라는 것과 성적이 떨어지고 있다는 사실을 상기시키면서 단지 '도움'을 주고자 했으나, 딸은 어머니가 전하려는 메시지의 의미를 전혀 다르게 받아들였다. 즉, 어머니의 메시지를 '도움'보다는 자신의 자유와 독립성에 대한 '구속'이라고 느꼈다. 그래서 딸은 자기가 얼마나 독립적인지 보여 주기 위해 더 많이 흡연하고 친구와 더 많이 놀았다. 이러한 행동으로 자신의 의도를 어머니에게 전달한 것이다. 이런 행동을 본 어머니는 나쁜 행동에 대해 벌을 주어야 한다고 생각하여 벌을 주었는데, 이것은 어머니의 의도가 자기를 길들이고 속박하려는 것이라고 본 딸의 생각을 확인시켜 주었다. 딸은 더욱더 자신의 행동을 강화시켰고, 그리하여 딸과 어머니는 더욱더 부정적으로 상호작용을 하게 되었다.

8) 내담자가 전문가다: 내담자가 자기 문제에 대해 가장 많이 알고 있으며 많은 해결책을 시도했을 것으로 본다

내담자는 자신을 위해 무엇을 변화시키고 싶으며 어떤 노력을 해야 하는지를 가장 잘 아는 전문가다. 내담자를 전문가로 보며 목표지향적으로 상담하는 해결중심상담에서 내담자가 상담실에 온 것이 자의인지 또는 타의인지를 아는 것은 중요하다. 자의로 온 내담자에 대한 상담자의 주된 역할은 목표 설정이다. 그러나 타의로 온 내담자는 상담 시작부터 상담목표가 없거나 모른다고 하는 경우가 많다. 만약 상담자가 자의로 온 내담자와 타의로 온 내담자를 구분하지 않고 상담자로서 책임을 다하려는 뜻에서 내담자가 말하는 것과는 다른 전문가적인 입장에서 설정한 목표를 따르게 한다면 내담자의 저항이 있을 수 있다. 해결중심 접근에서는 자의 또는 타의로 왔는지에 따라 상담 과정의 초점이 달라진다.

해결중심상담자는 필요한 해결점으로 나아가는 방향이 내담자 자신의 경험에서 나온 것이며 내담자는 스스로 해결점을 찾을 수 있는 능력이 있다고 믿는다. 해결중심상담의 입장에서 상담은 교육과정이 아니므로 내담자가 기술이 부족하다고 해서 교육을 권하지 않으며 상담과 지지를 혼동하지 않는다. 단순한 지지는 내담자의 의존심을 조장할 뿐 문제 해결에 도움이 되지 않는다고 보므로 지지를 상담목표로 하기에는 충분하지 않다. 만약 내담자가 지지를 원한다면 그 지지를 받으면서 무엇을 할 수 있을 것인지, 친구나 친지로부터 필요한 지지를 받는 것이 가능한지를 상담목표로 정하여 알아볼 수 있다. 상담이라는 것은 내담자를 전문가로 보고 목표를 향해 해결중심적으로 노력해 가는 과정이기 때문이다.

9) 상황에 대한 정의는 행동과 순환한다: 내담자가 어떻게 목표를 설정하고 무엇을 하는가에서의 작은 변화는 타인과의 상호작용에도 영향을 미친다

사람은 문제를 자신이 부여하는 의미의 맥락 속에서 개념화한다. 상담에 있어서 목표나 해결책은 사람 간의 상호작용, 즉 자신의 생각, 지각, 피드백의 맥락에서 묘사된다. 이와는 달리 해결중심의 관점에서 문제란 개인의 성격 혹은 가족이나 부부관계 구조상의 역기능이라고 본다. 그러나 이 상담 모델은 문제의 소재를 구조에 두면서 초점을 맞추기보다, 내담자가 자기 상황을 어떻게 정의하고 그 상황에서 무엇을 하는가에 대한 정의를 어떻게 내리는가 하는 순환적인 과정에 초점을 둔다. 이런 관점에서 보면 과정 중의 어떠한 변화도 다른 변화와 관계가 있게 된다.

해결중심상담에서 부부의 한쪽이 변하면 두 사람의 상호작용도 변하게 되는 한 가지 예를 살펴보자.

사례

어떤 남편은 부인이 자신감을 더 갖도록 여러 가지 제안을 해도 부인이 받아주지 않아 부인이 자신을 방어한다고 생각하면서 부인을 매우 답답하게 생각한다. 그럴 때 상담자는 남편에게 부부 사이에 문제가 해결된 미래에 초점을 맞춘다. 남편은 마음이 좀 더 편해지면서 부인이 자신감을 가지고 자신을 돌보리라는 믿음이 생긴다고 말한다. 이것은 남편이 부인은 자신을 생각할 줄 모른다고 믿으며 별다른 효과 없이 충고하고 제안하던 것과는 다른 접근방법이다.

해결중심상담 접근에서는 남편에게 문제가 해결된 미래에 행동하는 것처럼 지금 행동해 볼 것을 제안한다. 남편 쪽에서 간단한 변화를 시도한 것이 부인에게 이전과는 다르게 반응하게 하였고, 부인의 그런 반응은 남편이 시도한 작은 변화를 가치 있게 하여 계속 그 방향으로 행동하게 하였다. 이 사례를 통해 남편 한 사람이 상담 과정에서 다른 관점을 갖고 행동하는 것을 배움으로써 부부간의 갈등 해결이 가능하다는 것을 볼 수 있다.

10) 협동작업은 있게 마련이다: 내담자는 항상 협조하고 있으며 변화에 대한 자신의 생각을 보여 준다

해결중심상담에서 내담자가 보이는 반응은 곧 어떻게 해야 변화가 일어날 수 있는지를 보여 주는 내담자의 생각이다. 만약 내담자가 과제를 하지 않는다거나 과제가 아닌 것을 할 때, 그것은 '저항'이 아니라 단지 그 상황에서 내담자가 그렇게 하는 것이 최선이라고 보았기 때문이다. 즉, 상담자는 내담자가 진정으로 문제 해결점을 찾고 싶어 하며 나름대로 해결책을 찾기 위해 최선을 다하고 있음을 믿는다 (정문자, 송성자, 이영분, 김유순, 김은영, 어주경, 2006).

사례

어느 날 불안공포증을 가진 한 내담자가 두려움에 떨면서 상담실을 찾아왔다. 그는 불안 때문에 주로 집에서 시간을 보내고 있었지만 집을 떠나려는 시도를 한 적은 있었다. 그는 아들이 학교에서 야구게임을 하는 것을 보러 갔다고 했다. 초기 면접에서 상담자는 그의 예외적인 변화에 대해 놀라워하고 그런 일을 더 하도록 용기를 북돋아 주었다. 그러나 용기를 북돋아 주고 지지해 줄수록 그는 오히려 행동하기를 망설이면서 그렇게 하는 것이 별로 도움이 되지 않는 이유들을 나열하였다. 그의 반응을 통해 변화에 대한 그의 생각이 상담자와는 다르다는 것을 알 수 있었다. 만약 상담자가 자신의 견해를 중시하여 내담자에게 계속 실천에 옮기도록 강요했다면 그에게서 변화는 덜 일어났을 것이다.

이 사례의 내담자는 상담자와는 다른 자기 나름대로의 변화 속도를 가지고 있었다. 그것은 단지 상담자가 생각하는 속도와 다를 뿐이지 나쁘거나 틀린 것은 아니다. 사례에서 상담자는 내담자가 자신의 방향으로 나아가는 모습이 매우 인상적이라고 해 주면서 그의 방향을 지지해 주었다. '지나치게 빠르다'고 생각되는 과제들을 상담자가 계속 밀고 나갔다면 상담자는 그 내담자를 분명히 '저항하는 내담자'로 만들었을 것이다. 그러나 해결중심 접근에서는 저항하는 내담자가 있는 것이 아니라 유연성이 결여된 상담자가 있을 뿐이다(Bandler & Grinder, 1979). 만약 상담자가 내담자의 말과 내담자가 문제 해결을 원하고 있다는 것을 믿는다면 내담자가 문제 해결을 위해 나름대로의 최선의 방법으로 노력하고 있다는 것을 가정해 볼 수 있다. 사람들이 자신의 문제를 어떻게 생각하는지를 알아내는 것과 그에 따라 유연해져야 할 필요성과 책임은 상담자에게 있다. 그러므로 상담자와 내담자의 관계는 상호 협동적이어야 한다.

11) 치료체계의 구성원은 상담목표와 상담 노력을 공유하는 사람들이다: 이들은 상담목표를 함께 나누고 목표 달성을 위해 노력할 의사를 가진 모든 사람들이다

치료체계의 구성원은 해결을 시도하는 것에 동의한 사람들이므로 상담자와 내담자가 포함된다. 치료체계란 문제 해결이라는 목적을 공유하는 사람들로 정의를 내림으로써 상담에 응하지 않으려는 사람을 치료체계의 구성원으로 포함시켜 상담과정을 복잡하게 만들지는 않는다. 따라서 어떤 사람이 전화를 해서 누가 상담을 받으러 와야 하는지를 물으면, 누구든 지금 상황에 관심이 있는 사람이면 모두 오라고 한다.

사례

학교 선생님으로부터 딸의 생활이 부진하다는 말을 듣고 어머니가 상담자에게 전화를 걸었을 때, 상담자는 딸의 문제에 관심이 있는 가족들을 모두 데려오라고 하였다. 어머니는 열두 살 난 딸과 동생인 아들을 데리고 왔으며, 담임선생님도 딸의 학교생활에 관심이 있다고 하였다. 이 경우에 딸의 학교문제로 엮이는 관계망은 네 사람으로 어머니, 딸, 아들 그리고 담임선생님이다. 즉, 이 네 사람은 '학교문제'라는 의미를 둘러싸고 형성된 내담자 집단이 된다.

여기서 학교문제를 해결하고자 하는 목표에 상담자가 개입함으로써 치료체계에 상담자가 포함된다. 치료체계는 상담목표에 따라 정의되는데 여기에서는 내담자의 학교생활 개선이라는 공동목표를 가진 상담자를 포함한 다섯 사람으로 구성된다.

2. 해결중심상담의 원리

해결중심상담은 내담자와 협력하여 내담자의 성공과 강점에 초점을 맞추고, 그의 자원을 충분히 활용하고, 문제(problem)가 아닌 해결(solution)에 중점을 두는 특징을 가지고 있다. 앞에서 설명한 가정들에 기초하여 제시된 원리들은 다음과 같다.

해결중심상담의 원리

① 병리적인 것 대신 건강한 것에 초점을 둔다.
② 내담자의 강점, 자원, 심지어 증상까지도 발견하여 상담에 활용한다.
③ 탈이론적, 비규범적이며 내담자의 견해를 존중한다.
④ 간단하고 단순한 방법을 먼저 사용한다.
⑤ 변화는 불가피하다.
⑥ 현재에 초점을 맞추며 미래지향적이다.
⑦ 내담자와의 협력관계를 중요시한다.

1) 병리적인 것 대신 건강한 것에 초점을 둔다

해결중심상담은 병리적인 것 대신 성공한 것과 성공하게 된 구체적인 방법을 발견하는 데 관심을 둔다. 성공적으로 해결한다고 해서 문제와 반드시 연계되어야 할 필요는 없다(de Shazer, 1988). 내담자가 자기 문제를 다루는 데 있어서 내담자의 경험, 강점과 자원 그리고 능력에 일차적인 초점을 두며, 결함이나 장애는 되도록 다루지 않는다. 어떠한 증상이나 불평에도 예외는 있기 마련이다.

해결중심상담의 맥락에서 대화를 나눌 때는 내담자와 더불어 그들에게 효과가 있는 것이 무엇이며 앞으로 무엇을 할 것인가에 대해 이야기한다. 그런 과정에서 내담자는 머릿속에 스스로 문제 해결을 해 나가는 그림을 그린다. 이 모델에서는 내담자의 긍정적인 측면에 초점을 맞출 때 내담자와 상담자의 관계 형성에 도움이 되며 내담자의 성공적인 과거 경험들은 앞으로의 행동에 긍정적인 영향을 미친다고 본다.

2) 내담자의 강점, 자원, 심지어 증상까지도 발견하여 상담에 활용한다

해결중심상담은 내담자의 강점, 자원, 능력, 성공적인 경험 등을 끌어내고 확인하며 지지함으로써 제시된 문제의 해결에 활용한다. 잘못된 것이나 과거의 실패를 고치려고 노력하기보다는 과거의 성공이나 장점을 찾아내어 그것을 활용하고 확대시키는 것이 더 수월하다.

즉, 내담자가 바라는 결과를 성취하기 위해 내담자가 이미 갖고 있는 자원, 지식, 믿음, 행동, 사회적 관계망, 개인과 환경적 특성은 물론 내담자의 증상까지도 활용한다. 증상의 활용은 일반적이거나 쉽지 않으나 증상을 자원으로 활용하여 문제를 해결한다. 예를 들어, 한쪽 팔을 앞뒤로만 움직일 수 있는 장애 성인에게 사포가 달린 막대기를 팔에 부착하여 목공소에 취업한 경우를 들 수 있다.

3) 탈이론적, 비규범적이며 내담자의 견해를 존중한다

해결중심상담은 이론을 강조하지 않는다. 그 이유는 그리스 신화에 나오는 도둑 프로크루스테스(Procrustes)[2]의 이야기에서처럼 경직된 사고의 틀과 이론은 상대방을 있는 그대로 이해하고 수용하는 데 걸림돌이 되기 때문이다. 또 다른 이유는 이

2) 그리스 신화에서 키가 크고 교활하며 잔인한 인물로 묘사된다. 아테네 교외의 케피소스 강가에 살면서 지나가는 나그네를 집에 초대한다고 데려와 쇠 침대에 눕히고는 침대 길이보다 다리가 짧으면 잡아 늘이고 길면 잘라 버렸다. 이 신화에서 '프로크루스테스의 침대'라는 말이 생겼는데, 융통성 없이 자기가 세운 일방적인 기준에 다른 사람들의 생각을 억지로 맞추려는 아집과 편견을 비유하는 말로 쓰인다.

론에 매이지 않는 학생들이 상담을 더 잘하며 해결중심상담을 더 잘 배우는 경향을 보이기 때문이다(Berg & Miller, 1992). 따라서 해결중심상담은 내담자가 경험하는 문제에 대해 어떠한 가정도 하지 않을 뿐 아니라 내담자에 관한 것을 특정한 이론적 틀에서 해석하거나 설명하지 않는다.

대신 내담자가 호소하는 불평과 내담자의 특성에 기초하여 개별화된 해결책을 발견한다. 이처럼 내담자의 의견과 관점이 액면 그대로 수용되므로 진정한 내담자 중심의 접근이 가능하다.

4) 간단하고 단순한 방법을 먼저 사용한다

해결중심상담은 상담목표를 달성하기 위해 상담방법의 경제성을 추구한다. 내담자의 불평을 그대로 수용하고, 가장 단순하고 최소한으로 개입한다(Kral, 1988). 또한 문제가 복잡하기 때문에 해결방법도 복잡해야 한다는 가정은 잘못된 것으로 본다.

작은 변화가 또 다른 변화를 가져오며, 더 나아가서는 더 큰 변화를 가져올 수 있다. 그러므로 내담자가 달성할 수 있는 작은 것을 목표로 정해야 한다. 상담은 파급효과를 가져온다고 믿기 때문에 상담개입은 가장 단순하며 하기 쉬운 것부터 시작한다.

5) 변화는 불가피하다

누구에게나 변화는 삶의 일부이기 때문에 변화를 막을 수는 없다(de Shazer, 1985). 어떠한 것이라도 문제가 발생할 때가 있는가 하면 발생하지 않을 때가 있다. 다시 말해, 인간의 삶 속에서 변화는 끊임없이 일어나고 있는 하나의 연속적인 과정이며 안정은 착각에 불과하므로, 상담에서는 자연스럽게 일어나는 변화를 확인하고 그 변화를 해결책으로 활용할 필요가 있다. 여기에서 상담자의 역할은 긍정적인 변화가 일어나도록 돕고 이를 해결책의 구축으로 이어지게 하는 것이다.

6) 현재에 초점을 맞추며 미래지향적이다

내담자의 과거를 깊이 연구하여 결손되었거나 병리적인 면을 찾기보다는 내담자로 하여금 현재의 상황에 적응하며 변화의 가능성이 있는 미래에 관심을 두게 한다. 그러므로 상담 과정은 문제가 되었던 과거에서 벗어나 현재와 미래에 초점을 맞추며, 특히 미래의 모습을 시각화 · 구체화시키고 해결책을 찾는다.

7) 내담자와의 협력관계를 중요시한다

내담자와 라포를 형성하며 해결방안을 발견하고 구축하는 상담 과정에 있어 내담자와의 협력은 중요하다. 진정한 협력적인 상담관계는 내담자가 상담자에게 협력할 때뿐 아니라 상담자도 내담자에게 협력할 때 이루어진다고 믿기 때문에 상담자는 내담자가 상담에 협력할 수 있도록 의식적인 노력을 기울인다.

3. 해결중심상담자의 자세와 기술

1) 해결중심상담자의 '알지 못함'의 자세

'알지 못함'의 자세는 앤더슨과 굴리시안(Anderson & Goolishian, 1992)에 의해 발달된 매우 사려 깊고 협동적인 상담적 접근이다. 해결중심상담에서 상담자는 '알지 못함'의 자세를 갖고 상담에 임한다. '알지 못함'의 자세란 상담자가 내담자에 대해 아는 바가 없기 때문에 내담자에게 알려 달라는 것으로, 불확실성의 태도로 상담적 질문과 새로운 생각을 내담자에게 제공하는 것을 말한다(De Jong & Berg, 2012, 노혜련, 허남순 역, 2015).

그러므로 상담자는 진실한 호기심을 가져야 하고 내담자가 변화되어야 한다고 생각하거나 기대하기보다 내담자의 행동과 말에 대해 보다 많이 알고 싶어 하는 의향을 보여야 한다. 상담자는 내담자로부터 항상 '더 많은 정보를 얻고자 하는' 자세를 취하는 것이 중요하다. '알지 못함'의 자세에서 나오는 대화적 질문은 가족이 '아직 말하지 못한 것'을 말해도 괜찮겠다고 안전감을 느끼는 하나의 시작점을 만들 수 있으며, 정서적 · 내면적 차원의 억압을 제거할 수 있도록 돕는다. 이러한 억압이 제거된다면 새로운 의미와 새로운 이야기들이 만들어질 수 있고, 이러한 것들이 가족으로 하여금 극적인 변화를 가져오게 할 수 있다.

2) 해결중심상담기술

해결중심 단기가족상담자의 '알지 못함'의 자세에 도움이 되는 구체적인 의사소통 기술은 다음과 같다.

기본적인 면접기술

① 경청
② 상담자의 비언어적 행동
③ 내담자가 사용하는 핵심 용어의 반복
④ 개방형 질문의 사용
⑤ 요약
⑥ 바꾸어 말하기
⑦ 침묵의 사용
⑧ 내담자의 비언어적 행동에 대한 주목
⑨ 상담자의 자기 개방
⑩ '과정'에 대한 주목
⑪ 칭찬
⑫ 내담자의 지각에 대한 확인

⑬ 공감
⑭ 내담자에게 초점 돌리기
⑮ '해결중심적 대화'의 확대

(1) 경청

경청은 상담자가 내담자의 이야기를 주의 깊게 들으면서 내담자가 중요하게 여기는 사람은 누구이며 내담자가 원하는 것이 무엇인지를 알아내는 기술이다. 진정한 경청은 내담자의 준거틀의 중요한 부분에 초점을 맞추게 하고, 내담자의 이야기를 평가하려는 경향을 막아 주며, 상담자의 입장에서 섣불리 문제를 해결하고자 하는 것을 예방하는 데 도움이 된다.

(2) 상담자의 비언어적 행동

내담자는 상담자의 언어적 반응뿐 아니라 비언어적 행동을 보고 상담자가 자신의 말을 진지하고 주의 깊게 들으며 자신을 존중해 주는지를 판단한다. 일반적으로 비언어적인 행동이 언어보다도 의사소통의 전달력이 크므로 상담자는 자신의 언어와 비언어를 일치시키도록 한다.

(3) 내담자가 사용하는 핵심 용어의 반복

내담자는 자신의 준거틀을 전달하기 위해 일차적으로 언어를 사용한다. 그러므로 내담자가 사용하는 용어에 대한 경청과 탐색은 내담자의 준거틀을 알 수 있게 할 뿐 아니라 해결책 구축에도 결정적인 역할을 한다. 내담자의 용어를 탐색하고 사용하는 것은 내담자에게 존중을 표현하는 의미 있는 일이다. 내담자가 사용하는 핵심 용어를 전문적인 용어로 재명명하는 것은 내담자에게 실례이며 내담자의 자신감을 약화시킬 수 있으므로 가능한 내담자가 사용한 표현 그대로를 사용하도록 한다.

내담자가 "내 생활은 엉망진창입니다."라고 말할 때 그 의미를 좀 더 알고 싶다면 상담자는 "엉망진창?" 하며 그대로 모방하여 말할 수도 있고, "엉망진창이라고 하신 말이 무슨 의미이지요?"라고 물어볼 수도 있다. 이때 대부분의 내담자는 그러한 용어를 사용해야 했던 자신의 생활사에 대해 좀 더 이야기할 수 있다는 신호로 받아들인다.

(4) 개방형 질문의 사용

개방형 질문을 통해 내담자의 지각에 대해 더 많이 알 수 있다. 개방형 질문은 '누가' '언제' '어디서' '어떻게' '무엇을' 질문하여 내담자가 자유롭게 대답할 수 있게 하는 것이며, 폐쇄형 질문은 '예' 혹은 '아니요'로만 대답할 수 있는 질문이다. 개방형 질문은 내담자의 인지영역을 확대시켜 주며 내담자의 태도, 사고, 느낌에 대해 이야기하게 하는 반면, 폐쇄형 질문은 내담자의 초점을 한정시키고 사실에 대한 답만을 요구하는 경향이 있다. 또한 개방형 질문은 내담자의 준거틀을 보다 많이 반영하며, 폐쇄형 질문은 상담자의 준거틀을 더 반영한다. 개방형 질문과 폐쇄형 질문의 예는 〈표 2-1〉과 같다.

표 2-1 개방형 질문과 폐쇄형 질문의 예

개방형 질문	폐쇄형 질문
ㅇㅇ씨는 부모님의 어떤 점들이 마음에 드세요? 만약 ㅇㅇ씨가 부모님과의 관계가 좋아진다면 무엇이 어떻게 달라질까요?	ㅇㅇ씨는 부모님이 ㅇㅇ씨와 대화하는 방식이 마음에 드세요? ㅇㅇ씨는 부모님과 관계가 좋아질 것으로 보세요?

(5) 요약

요약이란 상담자가 내담자의 생각, 행동, 느낌에 대해 알게 된 바를 정리하여 내담자에게 재진술하는 것이다. 요약은 상담자가 내담자의 이야기를 주의 깊게 경청하고 있을 뿐 아니라 내담자의 말을 정확하게 듣고 있다는 것을 확인시켜 준다.

(6) 바꾸어 말하기

바꾸어 말하기란 내담자의 견해를 다른 말로 표현함으로써 이야기된 내용의 본질을 내담자에게 명확하게 피드백하는 것이다. 바꾸어 말하기는 요약보다 간결하나 요약처럼 내담자의 핵심 용어를 사용하는 것이 중요하다. 이 기술은 내담자에게 자신의 생각을 명료화하거나 확장할 수 있는 기회를 제공한다.

(7) 침묵의 사용

침묵은 내담자뿐 아니라 초보 상담자를 특히 불편하게 만든다. 내담자의 침묵의 의미는 다양하다. 때로는 내담자가 자신의 생각을 정리하고 있는 중이기 때문에, 때로는 자신이 설명한 상황에 대해 혼란스럽거나 화가 나 있기 때문에, 때로는 상담 과정에서 잠깐 '휴식'을 취하고 있기 때문일 수 있다. 따라서 상담자는 내담자의 침묵을 존중하여 기다려 주는 것이 중요하다.

(8) 내담자의 비언어적 행동에 대한 주목

내담자도 상담자와 마찬가지로 비언어적인 의사소통을 사용하기 때문에 상담자는 내담자의 미소, 눈을 치켜뜨거나 허공을 쳐다보는 행동, 의자에 축 늘어져 있는 자세, 다리를 떠는 행동, 깊은 한숨, 어조의 변화, 침묵에 빠지는 행동 등의 변화에 주의를 기울여야 한다.

(9) 상담자의 자기 개방

상담자의 자기 개방이란 상담자가 자신의 사적인 경험, 견해, 생각들을 내담자와 나누는 것이다. 해결중심 접근에서는 상담자가 내담자에게 자신의 경험을 이야기하는 것을 권장하지 않는데, 이유는 내담자가 자신의 고유한 해결책을 구축해 나가는 데 방해가 될 수 있다고 보기 때문이다. 해결책을 찾기 위해서는 가능한 한 내담자의 준거틀과 과거 경험을 알아보는 것이 필요하다고 본다. 그러나 상담에 대한 내담자의 경험을 이해하고 내담자의 자기 삶에 대한 지각을 명료화하는 데 도움이 된다면 상담자의 견해를 내담자에게 말하는 것이 필요할 수 있다.

(10) '과정'에 대한 주목

상담에서 상담자가 내담자를 이해한다는 것은 대화의 내용과 과정을 모두 이해한다는 의미다. 내용이란 내담자의 고통, 중요한 사건이나 사람에 관한 정보이며, 과정이란 내담자가 정보를 표출하는 방법으로 내담자가 이야기할 때 보여 주는 감정이나 표정 등을 말한다. 때때로 내담자의 내용과 과정이 일치되지 않는 경우가 있는데, 이 경우 요약이나 상담자의 자기 개방 등을 통해 지적할 수 있다.

예를 들어, 남편과의 관계가 소원한 어느 부인이 남편은 더 이상 자신에게 '아무런 의미가 없다.'고 말하면서 눈물을 글썽거린 경우다.

(11) 칭찬

칭찬은 상담장면에서 설정된 목표를 성취하기 위해 내담자의 강점과 과거의 성공을 중심으로 상담자가 내담자에게 제공하는 찬사와 지지를 말한다. 칭찬은 내담자에게 친절하거나 잘해 주기 위해 하는 것이 아니며, 내담자가 말이나 '과정'을 통해 전달한 것을 근거로 해야 하며 '현실에 기초한' 것이어야 한다.

(12) 내담자의 지각에 대한 확인

지각이란 개인이 자신과 삶의 여러 양상에 대해 종합적으로 갖고 있는 인식을 말한다. 지각은 느끼고 생각하는 능력과 직관 등에 의해 획득되는 것으로 개인의 사고, 감정, 행동과 경험 등을 포함하는 전체적 성격을 띤다. 상담자는 내담자 문제의 성격, 문제 해결을 위해 시도한 노력, 자신의 삶 속에서 달라지기를 원하는 것, 문제 해결을 위해 효과가 있었거나 없었던 것 등에 대해 내담자가 갖고 있는 '지각'에 관해 물어볼 필요가 있다.

(13) 공감

공감은 동정과 구별되어야 한다. 동정은 상담자가 내담자와 동일시하여 내담자와 동일한 감정과 관심을 가지고 있는 것을 말한다. 반면, 공감은 '내담자의 개인적인 세계를 마치 자신의 것처럼 지각하되 자기 고유의 속성은 결코 잃지 않는 것'(Rogers, 1959: 101)과 '내담자의 분노, 두려움이나 혼란을 느끼되 그것에 의해 속박되지 않는 것'(Rogers, 1959: 210-211)을 말한다. 즉, 상담자가 내담자가 의사소통하는 것을 인지적으로 이해하는 것에 그치는 것이 아니라 내담자의 감정과 사고를 가슴으로 '이해'하는 것을 의미한다.

(14) 내담자에게 초점 돌리기

내담자는 종종 자신의 문제에 대해 무기력하게 느끼고 다른 사람에 의하여 문제해결의 가능성이 좌우된다고 말한다. 상담자는 무기력한 내담자를 북돋아 주기 위해 그가 자신의 상황이나 다른 사람에 대해 갖고 있는 불평에 대해 '이 상황에서 무엇이 달라지기를 원하는지' 그리고 '그 자신은 그 해결책에 어떻게 참여할 것인지'를 질문함으로써 내담자의 시각을 전환하도록 한다. 드 세이저는 이러한 과정을 '문제중심적 대화에서 해결중심적 대화로의 전환'이라고 하였다. 문제중심적 대화가 "우리 집 아이들은 게을러요. 아침에 일어나려 하지도 않고 하루 종일 TV만 보면서 뒹굴어요. 그 애들은 내가 도움이 필요할 때가 많다는 것을 모르는 것 같아요."라면 해결중심적 대화는 "무엇이 당신에게 이 문제가 해결될 수 있다는 희망을 줍니까?" "문제가 나아져 가고 있을 때는 무엇이 달라지게 될까요?"다.

(15) '해결중심적 대화'의 확대

'해결중심적 대화'란 상담자와 내담자가 자신의 생활에서 달라지기를 원하는 것과 그러한 일이 일어날 가능성에 초점을 두는 것이다. 해결중심적 대화의 확대를 위해서 상담 초기에 내담자의 문제가 무엇인가, 내담자가 바라는 것이 무엇인가, 그러한 일이 일어난 적이 있었는가(예외 탐색), 그리고 그러한 일이 일어날 가능성은 어떠한가에 대해 자세하게 이야기할 때, 내담자는 더욱 희망을 가지게 되고 문제 해결의 가능성에 대해 자신감을 갖게 된다.

4. 해결중심상담 사례개념화

상담자는 가족을 볼 때 개념적 틀을 갖는 것이 유용하다. 개념적 틀은 개입의 청사진으로 사례개념화를 의미한다. 사례개념화는 "내담자에 대한 정보를 모아서 조직화하고, 내담자의 상황과 부적응적 패턴을 이해하고 설명하며, 상담을 안내하고 초점을 맞추고, 도전과 장애를 예상하고, 성공적인 종결을 준비하기 위한 방법 및 임상적 전략"(Sperry & Sperry, 2012, 이명우 역, 2015: 24)이다. 사례개념화는 상담자에게 내담자와 접촉하고 상담의 과정을 진행하기 위한 틀을 제공하기 때문에 사례개념화를 적절하게 적용하는 것은 상담의 효과에 중요한 영향을 미친다.

사례개념화는 상담자에게 두 가지 측면에서 중요하다. 첫째, 사례개념화는 내담자가 문제를 어떻게 발전시켰고, 또 증상은 현재 어떻게 유지되고 있는지를 생각하게 하는 틀을 제공한다. 둘째는 상담자가 상담 시 내담자에게 어떻게 개입하여 더 이상 문제가 존재하지 않게 하는지에 대한 틀을 제공한다. 본질적으로 사례개념화는 상담자에게 문제형성 이론 및 문제해결 이론에 대한 이해를 제공한다(Reiter, 2014, 정혜정 역, 2016: 36).

상담자가 사용하는 모델에 따라 사례개념화는 다를 수 있기 때문에 어떻게 개념화해야 한다는 단정적인 생각이나 특정한 개념화를 가족의 문제에 관계없이 일반화하여 적용하는 것은 무리일 수 있다. 그뿐 아니라 동일한 이론을 사용할지라도 상담자에 따라 문제 형성에 대한 관점이나 문제 해결의 방법은 다를 수 있기 때문이다.

게하트(Gehart, 2010)는 전체 가족을 대상으로 유용하게 사용할 수 있도록 체계론적 사례개념화를 제시하고 있으며 이는 여섯 개의 구성요소로 되어 있다(Reiter, 2014, 정혜정 역, 2016: 34).

첫 번째 구성요소는 '내담자에 대한 파악'으로 인구학적 정보를 얻으며 이에 기초하여 누가 내담자이며 차후 회기에 참석할 가족을 정한다.

두 번째 구성요소는 '제시된 문제의 기술'이다. 문제에 대한 개인, 가족, 상위체계의 관점을 끌어내며, 문제의 발생, 유지 그리고 시도된 해결책 등에 대한 정보를 파악한다.
세 번째 구성요소는 '배경 정보'로 최근의 것과 역사적인 것을 포함한다. 최근 배경 정보는 증상의 발현 시기, 증상과 관련된 사건, 최근의 생활사건 등이다. 역사적 배경 정보는 가족사, 과거 상담 경험, 내담자(들)의 다른 증상 등을 포함한다.
네 번째 구성요소는 '체계론적 사정'으로 개념화의 기초가 된다. 상담자는 가족의 상호작용 패턴과 관계 패턴(핵가족외 세대 간 관계 포함)을 확인한다. 가족은 하나의 전체로 이해되며, 부부, 부모, 자녀 하위체계를 통해 이해된다. 여기서는 개인과 가족의 강점과 자원에 초점을 둔다.
다섯 번째 구성요소는 '가계도'다. 가계도는 가족에 대한 정보와 관계의 역동성을 시각적으로 보여 준다.
여섯 번째 구성요소는 '내담자의 관점'이다. 상담자가 사례개념화의 핵심 구성요소를 내담자와 함께 논의하면서 내담자에 관한 정보를 확인할 수 있으며 정보에 관한 새로운 의미가 나오는지 볼 수 있게 한다.

해결중심상담의 사례개념화는 문제중심 상담의 사례개념화와는 확연히 다르다. 그 이유는 문제중심 상담의 사례개념화는 문제에 초점을 두기 때문에 문제의 발생, 원인, 이유, 배경에 대한 분석과 해석에 많은 시간과 에너지를 사용하고, 임상적 준거에 따라 문제를 진단하며, 내담자와 가족을 기능적으로 만드는 것을 상담목표로 한다. 반면에 해결중심상담의 사례개념화는 문제의 탐색에 비교적 적은 시간을 보내며 문제를 병리적으로 보거나 임상적 진단을 하지 않는다. 대신 문제가 없었거나 문제시 되지 않는 상황을 탐색하여 상담목표와 연결시키며, 내담자가 원하는 것과 현재와 미래에 일어났으면 하는 일들에 대해 내담자와 함께 해결책을 모색하며 해결책 실천에 더 많은 시간과 에너지를 사용한다. 이처럼 해결중심상담 사례개념화는 통상적으로 알려져 있는 사례개념화와 차별되기 때문에 이를 염두에 두면서 해결중심상담 사례개념화에 기초가 되는 철학, 원리, 개념적 정의 그리고 과정에 대해 서술한다.

1) 해결중심상담 사례개념화의 기초

해결중심모델의 핵심은 임상적 실제에 대한 제시보다는 사람이 어떻게 생각하고 어떻게 존재하는가에 대한 세계관에 대한 철학적 성찰에 있다. 내담자는 자기 삶의 전문가이고, 자신의 문제를 해결하기 위한 능력, 자원, 강점을 충분히 갖고 있다고 믿는다. 내담자는 자신의 퍼즐 조각판을 완성하는 데 필요한 퍼즐 조각을 모두 갖고 있는데, 조각을 맞추는 데 어려움이 있어 도움을 필요로 한다고 본다. 그러므로 상담자는 내담자가 해결책을 찾도록 지원한다.

이 모델은 이름에서 알 수 있듯이 상담자는 내담자가 원하는 목표를 협동하여 수립하고 내담자가 효과적인 해결책을 찾는 데 초점을 둔다. 문제 해결을 위하여 내담자의 단점보다는 강점, 자원, 성공적 경험을 찾아 활용한다. 사람은 심리적 문제를 하루 종일 가지고 있는 것이 아니기 때문에 문제가 없거나 문제시 되지 않은 예외적 상황에 주목하는 것이 문제 해결의 열쇠로 보는 점이 이 모델의 특징 중 하나다. 예외 탐색을 통하여 목표를 세우는 것이 가능하며 예외 상황의 반복은 곧 해결책이 된다. 이처럼 예외 상황의 모색과 활용을 통하여 목표의 설정과 달성이 용이해지므로 문제를 단기에 해결하는 것이 가능하다. 상담이 단기로 끝나는 데 도움이 되는 요소들로는 상담자와 내담자 간의 빠른 라포 형성, 실현 가능한 구체적인 목표 설정, 목표 달성에 도움이 되는 해결지향적 질문과 전략의 사용 및 메시지이며 이 모든 요소의 기초에는 상담자의 '알지 못함의 자세'가 있다. 내담자와 협력적 관계 유지는 내담자에 대한 무조건적인 수용, 존중, 배려뿐 아니라 내담자의 능력과 해결 의지에 대한 믿음이 있기에 가능하다.

해결중심모델의 관점은 포스트모더니즘 관점으로 사람을 객관적인 준거로 평가하지 않고, 각자의 주관적 진실을 수용한다. 사람은 각자 특별하며, 문제와 증상도 특별하다고 보며 공식적인 진단을 내려서 사람을 '병리적'으로 다루는 것을 거부한다. 그러므로 문제나 병리에 초점을 두는 다른 많은 상담의 사례개념화와 달리 내담자에 대한 정보 수집에서 문제 관련 기술은 최소화하고, 내담자의 강점, 자원, 성공적 경험에 초점을 맞추는 것이 해결중심 사례개념화의 또 다른 특성이다.

위의 설명에 기초하여 해결중심상담 사례개념화를 정의하자면, '내담자에 대한 정보 수집에서 문제 관련 기술 외 내담자의 강점, 자원, 성공적 경험을 포함하며, 내담자와 협동적인 관계를 통하여 긍정적인 목표를 함께 설정하고 내담자가 상담에 가져오는 모든 것과 해결지향적 질문 및 전략을 사용하여 목표의 달성 과정을 보여 주는 해결지향적 임상 지도'(정문자, 2015)다.

2) 해결중심 사례개념화 과정

1) 정보 수집: 문제 경청과 강점 탐색	2) 상담목표 설정: 존중에 기초한 협동작업	3) 상담목표 달성: 해결지향적 개입

(1) 내담자에 대한 정보 수집: 문제 경청과 강점 탐색

① 문제와 불평을 경청

내담자가 상담실에 오는 이유는 대부분 내담자의 삶에서 일어나는 일에 대해 불만이 있거나 원하지 않은 일들이 일어나고 있기 때문이다. 불평은 주로 내담자의 사회적 관계와 상호작용의 맥락에서 발생하며 불평은 문제가 될 수 있다. 문제는 개인이 가지고 있는 세계관에 기초하거나 문제에 대한 자신의 해결방법이 합리적이라는 신념에서 온다. 해결중심상담에서는 불평 청취에만 치중하기보다는 문제의 윤곽이 잡히면 그다음 단계로 이동하는 것이 바람직하다.

② 장점, 자원, 성공적 경험 파악

내담자가 갖고 있는 장점, 강점, 자원 그리고 성공적인 문제 해결 경험을 탐색하고 발견하며 이를 인정하고 강조한다. 특히 초기 단계에서는 내담자와의 좋은 라포 형성이 중요한데 강점 탐색과 인정은 라포 형성에 도움이 된다.

③ 체계론적 사정과 이해

내담자를 둘러싼 가족 환경과 사회 · 문화적 배경을 이해하는 것은 문제의 발생과 해결에 중요할 수 있다. 가계도를 반드시 작성해야 하는 것은 아니지만 가계도의 활용은 여러 측면에서 유용하다. 가계도를 작성하는 경우 라포를 형성한 후 상담 과정을 통하여 자연스럽게 완성하는 것이 바람직하다.

④ 상담에서 원하는 것

위의 주제들이 어느 정도 다루어지면서 상담에서 원하는 내담자의 목표가 나오게 되면 상담자는 내담자와 협의하여 구체적이고 현실 가능한 작은 목표를 설정한다.

(2) 상담목표의 설정: 존중에 기초한 협동 작업

드 세이저(de Shazer, 1985)에 의하면 상담의 목표는 '증상의 제거가 아니라 내담자가 말한 목표를 자발적으로 성취할 수 있는 어떤 상태를 만들도록 돕는 것'이다. 변화는 항상 일어나는 것으로 긍정적인 변화를 기대할 때 변화가능성이 커진다.

해결중심상담의 목표는 문제의 소거보다는 원하는 것을 구체적, 긍정적인 언어로 재구성하며 해결 가능한 것으로 정한다. 문제의 소거가 해결책이 되지 않는 경우의 예로 드 세이저(de Shazer, 1982)는 어떤 가족과의 상담에서 가족의 문제가 27개로 나타났으나 '일어났으면 하는 일이 일어나면 잘 관찰한 후 알려 달라'는 과제를 주고 2주 후에 확인한 결과 해결책은 문제와 전혀 관계가 없었다고 하였다. 또한 목표가 현실적으로 실현 가능하며 작은 것이면 달성하기가 쉽다. 목표는 내담자와 협동하여 설정한다.

(3) 상담목표의 달성: 해결지향적 개입

상담실의 대화를 문제중심적 대화에서 해결중심적 대화로 바꾼다. 내담자의 생활에서 달라졌으면 하는 것과 그러한 일이 일어났거나 일어나게 할 가능성을 부각하여 '해결중심적 대화'를 확장한다. 목표의 달성을 위하여 다양한 해결지향적 질문과 메시지를 사용하며 내담자의 강점과 자원이 십분 활용되도록 한다.

상담의 종결 시점은 시간적 여유를 두고 내담자와 함께 결정한다. 종결 시 상담의 전체 과정에 대해 간략히 요약하고 내담자의 노력과 성공적인 실천을 부각하여 인정하며, 위기 상황이나 문제 재발 시 대처에 대한 안내를 한다. 상담의 시작이 중요한 만큼 좋은 마무리는 내담자에게 자신감과 안도감을 주며 대처 능력을 강화한다.

요약

해결중심상담은 인간이 가지고 있는 긍정적인 측면에 초점을 맞추며, 내담자의 자원과 강점을 발견하고 이를 활용하여 문제를 해결한다. 변화는 항상 일어나고 있다고 가정하므로 내담자의 삶 속에는 문제 상황뿐만 아니라 문제가 해결되었던 예외 상황도 있다고 믿는다. 따라서 이미 일어났던 예외 상황을 찾고 이를 확장하며 작은 변화를 촉진하면서 문제 해결을 향해 나아간다. 내담자는 자기 문제에 대한 전문가로서 이미 해결에 필요한 자원을 갖고 있다고 믿으며 내담자의 강점, 자원뿐 아니라 증상까지도 상담에 활용한다. 상담자는 내담자의 방식과 속도에 맞추어 내담자와 함께 목표를 세우고 목표 달성을 위해 노력한다.

해결중심상담은 과거보다는 현재와 미래에 초점을 맞추며, 문제의 원인을 탐색하기보다는 내담자가 원하는 해결책 구축에 주력한다. 상담자는 '알지 못함'의 자세를 갖고 내담자의 준거틀을 살피며 내담자와의 협력관계를 존중한다. 해결중심상담의 사례개념화는 문제중심 상담의 것과는 다르다. 내담자에 대한 정보 수집에서 문제 관련 정보에 심취하기보다는 내담자의 강점과 성공적 경험을 많이 청취하는데, 이는 라포 형성에도 도움이 된다. 이 과정에서 상담목표가 협동적으로 설정되며 다양한 해결지향적 질문과 메시지가 활용되어 결과적으로 단기에 상담 효과를 얻을 수 있다.

제3장
첫 회 상담과 목표 설정

해결중심상담은 내담자 중심의 접근방법이다. 이 접근에서 상담자는 내담자 자신이 원하는 것을 달성할 수 있도록 도와주는 역할을 한다. 내담자가 해야만 하는 것 대신 그가 진정으로 원하는 것에 초점을 맞춘다. 이러한 상담 접근의 철학을 배경으로, 이 장에서는 상담자와 내담자가 어떻게 관계를 만들어 가는지 그리고 내담자가 갖고 있는 비전과 목표를 어떻게 발전시키고 이를 상담에 어떻게 활용하는지를 살펴본다. 또한 첫 회 상담이 어떤 절차로 수행되고 각 단계의 과업은 무엇이며 내담자가 원하는 목표는 어떤 원칙에 의해 만드는 것이 바람직한지에 대해 서술한다.

1. 내담자와의 관계 형성

상담 상황에서의 관계란 일반적으로 상담자와 내담자의 관계를 의미한다. 이러한 관계는 두 사람 간의 상호작용의 산물로서 '라포(rapport)'라는 말로 표현되기도 한다. 상담자와 내담자가 좋은 관계를 발전시키는 것은 상담 노력의 필수 부분으로 간주되고 있다(이영분, 김기환, 윤현숙, 이원숙, 이은주, 최현미, 홍금자, 2001).

관계란 본질적으로 지적이라기보다는 정서적이다. 그러므로 내담자는 상담자와의 좋은 관계 속에서, 즉 편하고 따뜻한 정서적 분위기 속에서 마음을 쉽게 개방하고 방어의 벽을 허물 수 있다. 이러한 분위기에서 상담자와 내담자는 함께 목표를 향해 협동적인 노력을 하게 된다. 이와 같은 상담자와 내담자의 상호작용이야말로 상담에서 실천 노력의 핵심이며, 이에 관련된 지식 기반은 상담 과정의 전 영역에서 활용된다.

1) 공감적 관계

여러 상담 모델들은 각각 관계 형성과 감정이입에 대해서 상이하게 정의하고 서로 다른 점을 강조해 왔다. 로저스(Carl Rogers)는 내담자 중심 접근방법에서 감정이입의 정서적인 측면을 강조하였다. 그는 상담자가 자신의 느낌을 어떻게 언어적 또는 비언어적으로 반영하여야 하는지를 강조하였다. 내담자가 이해받고 있다는 느낌 자체가 변화를 촉진시키기에 충분하다고 생각하였다(Walter & Peller, 1992, 가족치료연구모임 역, 1996).

공감적 관계는 의식적이건 무의식적이건 내담자와 동일한 정보처리 과정 속에서 이루어진다. 사람들은 서로 다른 정보처리 과정을 갖는다. 일반적으로 사람들은 정보를 처리하는 과정에서 주로 하나의 지각방식을 사용하는 경향이 있다. 어떤 사람은 눈으로 보는 것을 더 잘 이해하지만 또 다른 사람은 언어와 소리에 보다 더 의존하는 경우가 있다. 신체적 접촉에 민감한 사람도 있고, 감정적 차원에서 정보를 처리하는 사람도 있다. 문제에 대한 정서적인 반응이 다르고, 정보처리 방법이 다르고, 그들의 생각이나 행동을 지배하는 세계관이 다르다. 여러 내담자와 공감적 관계를 형성하기 위해서 상담자는 내담자의 독특한 생각과 느낌에 보조를 맞추도록 한다. 그렇게 하기 위해서는 내담자의 언어, 즉 그가 처한 상황에 대한 나름대로의 독특한 생각이나 정서적 반응을 반영하기 위해 반복해서 쓰는 중요한 단어들을 상담자도 사용한다.

초기에 상담자가 내담자의 언어를 사용하고 그의 정서를 반영해 주는 것은 그러한 행동이 내담자를 언어적 또는 비언어적으로 인정해 주는 것이 되기 때문이다. 사람은 자신의 신념이 인정받고 있다고 생각할 때 자신의 신념이나 행동, 심지어는 자신이 매우 굳게 믿는 것까지도 변화시킬 가능성이 높다. 내담자는 자신의 견해가 무시되거나 도전을 받는다고 인식하는 경우 움츠러들거나 도전에 맞서려고 한다. 상담자는 내담자가 이러한 행동반응을 하지 않도록 유의해야 한다.

2) 협조적 관계

내담자 스스로 자신의 목표를 세우고 이를 성취하도록 상담자가 허용하는 협조적인 분위기가 만들어졌을 때 상담의 진전이 아주 빠르다는 사실을 다양한 연구들은 지적하고 있다(Hester & Miller, 1989; Metzger, 1988). 해결중심상담이 매우 중시하는 협조적인 관계와 분위기는 긍정적인 결과를 가져오는 기초가 된다.

협조적 분위기는 상담자와 내담자의 상호작용으로 만들어진다. 이 상호작용이야말로 상담자와 내담자가 노력해야 하는 고유한 핵심 영역이다. 내담자와 상담자 간의 관계와 상호작용을 강조하는 이유는 상담의 효과가 내담자와 상담자 양측에 달려 있다는 사실을 상담자에게 상기시키기 위한 것이다. 이런 상호작용적 관점은 상담 결과가 내담자의 특성과 관계되는 것으로 생각하는 전통적인 모델과는 아주 대조적이다.

해결중심상담에서 상담관계와 상호작용을 강조하는 또 다른 이유는 내담자와 상담자가 함께 상담관계를 만들어 나간다는 믿음이다. 상담자를 상담전문가로만 생각할 때는 서로 만들어 나가는 관계의 책임을 상담자가 더 많이 지게 된다. 그러나 해결중심상담에서는 상담자가 내담자와 협력해서 가장 좋은 상담관계를 만들어 나간다고 믿고 그 점을 강조하고 있다.

2. 문제 해결에 대해 다양한 입장을 취하는 내담자와의 관계 형성

해결중심상담에서는 그간 내담자와 상담자 간의 관계 유형을 분류하여 이를 고객형, 불평형 그리고 방문형(Berg, 1989; de Shazer, 1988; Miller & Berg, 1991)의 세가지로 분류해 왔다. 이 세 가지 관계 유형은 내담자와 상담자 사이에 일어나는 상호작용의 본질을 서술하고 목록화한다. 단순한 서술만을 읽을 때는 이러한 개념이 내담자에게만 해당되는 것으로 착각하기 쉽다. 실제로 우리는 편의를 위해서 내담자를 '방문형' '불평형' '고객형'으로 부르지만, 이는 상담 상황에서 내담자와 상담자 간에 맺어지는 관계의 유형을 서술하는 것이지 내담자의 개인적인 특성, 장점 또는 특질을 의미하는 것은 결코 아니다(정문자, 송성자, 이영분, 김유순, 김은영, 2008). 그럼에도 불구하고 많은 상담자들은 내담자와의 관계 유형을 마치 내담자 유형인 것처럼 오용하고 있는 실정이다.

최근의 상담현장은 내담자의 유형에 따라 실천방법도 유형화할 수 있다고 믿고 이를 체계화하는 데 몰두해 있는 듯하다. 모든 상담영역에서 내담자의 특성과 유형을 파악해 내는 사정도구를 개발하는 것이 거의 유행처럼 이루어지고 있다. 그리고 그러한 사정도구를 통해 같은 유형으로 분류한 내담자에게 가장 잘 맞는 서비스를 계획해서 똑같이 제공하면 문제가 해결될 것이라고 믿는다. 그러나 해결중심모델은 전혀 다른 철학을 갖고 있다. 이 세상에 똑같은 사람은 단 한 명도 없으므로 상담자는 각 내담자가 원하는 변화를 자신이 원하고 가능한 방법으로 이루어 가도록 도와야 한다고 믿는다. 그리고 그렇게 하는 과정에서 도움을 주려고 고안한 내담자와의 관계 유형을 오히려 내담자 유형으로 고정화해 해결중심모델의 기본 철학과는 전혀 다른 방법으로 잘못 사용하고 있다.

또한 버그(Berg)가 밝혔듯이 해결중심상담에서 활용하던 고객형, 불평형, 방문형 등 내담자나 내담자와 상담자의 관계를 사정하는 개념틀이 아직도 많이 활용되고 있는 것을 보는데, 이것은 해결중심상담자가 멀리하고자 하는 '아는 자세'를 보여 주는 것으로 주의하여야 한다고 토머스는 주장하고 있다(Thomas, 2007).

이런 배경으로 인수와 드 세이저는 더 이상 고객형, 불평형, 방문형의 관계 유형을 사용하지 않는다. 대신에 내담자와의 관계 유형을 파악하는 것보다 내담자가 자신이 원하는 미래 비전과 관련된 목표를 얼마나 발전시켰는지에 주의를 기울이는 것이 내담자를 존중하면서도 훨씬 더 간단하게 그다음에 무엇을 알아볼지를 결정하는 데 도움이 되는 방식이라는 것을 깨달았다고 주장한다(De Jong & Berg, 2012, 노혜련, 허남순 역, 2015).

내담자가 원하는 미래 비전을 어떻게 이루어 나가야 하는지에 관한 구체적인 방법은 다음과 같다.

1) 내담자가 변화에 무관심할 때

이 경우 내담자가 상담에 비자발적으로 참여한다고 생각하고 상담목표, 과업 그리고 해결책이 자신이 원하는 것과는 다른 것들이라고 생각한다. 이런 때 내담자는 종종 '동기화되지 않은' 혹은 '저항하는' 사람으로 오해를 받기도 한다. 그러므로 이 관계에서 상담자와 내담자는 함께 작업해야 할 불평이나 목표를 공동으로 확인할 수 없다(Berg & Miller, 1992). 내담자는 자신이 상담자와 함께 다루어야 하는 문제가 있다고 생각하지 않고, 다른 사람에게 문제가 있다고 생각한다. 예를 들어, 학교 선생님이 의뢰한 경우, 보호관찰소에서 의뢰한 경우, 부모에게 억지로 끌려온 경우의 내담자는 상담자를 만나는 것 등에 당황해하고 분노할 수도 있다.

이 경우 상담자와 내담자가 함께 공동의 목표를 설정하기도 어렵고 내담자는 상담자의 어떤 제안이나 과제도 받아들이지 않는다. 이 단계에서의 상담적 과업은 내담자가 상담에 옴으로써 그가 무엇을 찾고 있는지를 분명히 하는 것과 같은, 실행가능한 목표를 만드는 것이다. 예를 들어, 다른 사람들(선생님, 보호관찰사 혹은 부모 등)에 의해 강제로 상담에 오게 된 내담자가 의뢰기관의 목표에 동의하지 않는다면, 상담자는 내담자로 하여금 의뢰기관의 제안을 따르게끔 요구 또는 강요를 되풀이하지 않도록 해야 한다. 대신에 상담자는 내담자가 하고 있는 것에 대해 자주 긍정적인 반응을 하여 내담자가 상담에 더 많은 관심을 가지도록 하는 것이 바람직하다. 때때로 상담자는 아주 작은 일을 탐색해야 한다. 내담자가 상담에 온 것이 자신의 생각이 아니었다고 하더라도 상담에 오는 것을 선택한 사람은 바로 내담자 자신이었음을 잊지 않아야 한다. 상담자는 작지만 성공하는 데 의미 있는 첫 단계를 수행한 점에 대해 칭찬할 필요가 있다. 크든 작든 성공을 찾고 이에 대한 의미를 부여해야 한다. 그리고 내담자가 이러한 성공을 계속하도록 이끌어야 한다.

사례를 통해 이러한 경우의 내담자와 어떻게 상담을 진행해 가야 하는지를 살펴본다.

사례 절도행위 때문에 판사로부터 상담을 받도록 처분 받은 학생

이 경우 내담자는 상담에 올 어떤 이유도 없다고 생각하며 상담에 대한 동기도 낮다. 그런 경우 내담자를 상담에 보낸 제3자를 활용하면 내담자와의 관계 형성이 좀 더 쉽다. 결국 이러한 과정을 통해 내담자를 상담에 들어오게 할 수 있다. 또한 목표를 만들고 이를 수행하기 위한 구체적 과업을 만들어 갈 수 있다.

상담자는 언제나 내담자가 자신이 원하는 것을 생각하고 이야기할 수 있는 능력이 있고, 자신이나 자기 주변에서 해결책을 만드는 데 필요한 강점과 자원들을 생각하고 끌어낼 수 있는 능력이 있다고 믿어야 한다.

상담자: 오늘 나와 만나서 이야기하고 난 후 뭐가 좀 좋아지면 나를 만나기를 잘했다고 생각하게 될까요?

내담자: 별 생각 없어요. 판사님이 선생님하고 상담해야 된다고 해서 왔어요.

상담자: 응, 그랬군요. 그렇지요, 판사님이 가라고 해서 왔군요. 현진이 생각에 판사님은 현진이가 뭐가 좀 좋아지기를 바라시면서 이곳에 현진이를 보내셨을까요? 나를 만나서 무슨 얘기하기를 판사님은 바라실까요?

내담자: 음, 사실 내가 나쁜 짓을 했는데…. 애들과 어울려서….

상담자: 애들과 어울려서…. 나쁜 짓을 했고…. 그런데 판사님은 현진이가 그렇게 하지 않기를 바라시는 건가요?

내담자: 그렇겠지요. 그래서 상담받고…. 또 다른 벌도 안 받고 할 텐데….

상담자: 애들과 어울려서 그랬군요. 어떻게 하면 판사님이 바라시는 것을 할 수 있을까요?

내담자: 애들과 어울리지 않아야지요.

상담자: 아 그래요? 애들과 어울리지 않아야 하는군요. 그건 참 어려운 일일 텐데…. 어떻게 해야 현진이가 원하는 대로 그렇게 될 수 있을까요?

내담자: 사실 몇 가지 방법은 있어요.

상담자: 그래요? 어떤 방법인데요? (호기심을 가득 갖고 질문한다.)

내담자: 내 전화기에 있는 애들 번호를 다 없애 버릴 수도 있고…. 내가 애들에게 연락하지 말라고 할 수도 있고…. 또 엄마가 울면서 나가지 말라고 하면 안 나간 적도 있었어요.

상담자: 그래요? 어쩜 그렇게 좋은 생각들을 많이 하고 있어요?

2) 내담자가 다른 사람이 변화해야 한다고 할 때

이러한 경우의 내담자는 불평이나 문제를 함께 확인하지만 그 문제를 해결하기 위해 자신이 무엇인가를 해야 한다고는 생각하지 않는다. 가장 일반적인 예는 부모나 배우자 혹은 가족이 다른 사람의 문제에 대해 불평을 하는 경우다. 내담자는 해결책이 주로 다른 누군가(배우자, 자녀, 고용주, 친구, 동료 등)의 변화를 통해 이루어질 수 있다고 믿는다.

이 경우 내담자는 문제를 야기한다고 생각하는 사람(예: 문제가 되거나 골치 아픈 남편이나 아내, 자녀 또는 애인)을 상담자가 변화시켜 주기를 바란다. 만일 문제가 되는 사람이 상담실에 오지 않는 경우라면 내담자는 종종 상담자가 그 사람과 만날 것을 요구한다. 한마디로 내담자는 상담자가 그 사람들을 고쳐 주기를 바라는 것이다. 그러나 많은 경우에 문제를 일으키는 당사자가 상담을 받으러 오는 일은 아주 드물다. 이러한 상황에서 내담자는 상담자가 자신에게 문제 있는 사람을 변화시키는 방법을 가르쳐 주기를 바라기도 한다. 어떤 경우에는 자신과 가까운 다른 사람들에 대해 느끼는 좌절과 실망을 토로하기만을 원하며, 정말 누군가 또는 무엇이 변화되기를 기대하지 않기도 한다. 내담자는 상담자가 자신의 이야기를 경청해 주기만을 원하기도 한다.

이런 내담자에게 때로 '상호 의존적'이라는 잘못된 이름이 붙여지기도 한다. 또한 '바람직하지 않은 것'으로 생각할 수 있고 과도하게 돌보는 역할에 대한 욕구를 살펴보라는 요구를 받기도 한다(Berg, 1994b). 어쨌건 이 단계에서 상담적 과업은 문제와 해결에 대한 내담자의 지각을 바꾸는 것이다. 그 결과 내담자는 자신만이 문제를 해결하기 위해 무엇인가를 할 수 있는 사람임을 깨닫게 된다.

이러한 내담자에게 그동안 문제 있는 가족을 돕기 위해 끊임없이 노력해 온 것을 칭찬할 수 있다. 상담이 필요한 사람을 돕기 위해 노력하는 의지에 대해 칭찬한다면 내담자는 자신이 더욱 가치 있고 지지적인 사람이라고 느끼게 된다. 결국 이 과정에서 내담자는 좀 더 협조적이 된다. 내담자가 스스로 다른 사람의 문제로 희생되었다고 생각하기 때문에 상담자가 자신을 이해해 준다고 느낄 수 있다. 내담자는 다른 사람의 문제를 분석하기 위해 많은 에너지를 소모했기 때문에 다른 사람의 문제 행동을 예리하게 관찰할 수 있는 능력이 있다는 것을 상담자는 고려해야 한다. 그리고 이러한 내담자의 태도를 상담의 방해라고 생각하기보다는 상담의 자원으로 탐색해야 한다. 가장 바람직한 일은 내담자를 격려해서 과거와는 다르게 생각하고 관찰하게 하는 것이다. 내담자가 계속 노력해도 자신이 원하는 결과를 얻을 수 없었기 때문에, 그는 이 시점에서 자발적으로 상담자의 제안에 따르게 된다. 더욱이 내담자는 자신의 노력을 상담자가 지지한다고 느끼기 때문에 더욱 쉽게 상담자의 제안을 받아들이게 된다.

다음의 예는 내담자가 문제를 해결하려는 의지를 갖게 하는 것을 보여 준다.

사례 남편의 술 문제로 상담에 온 아내

내담자: 남편이 술을 많이 마셔요. 거의 매일 술을 먹고 만취가 되어 집에 오지요.

저는 남편에게 애들 얘기도 해야 하고 또 집안 얘기도 해야 하는데….

어떻게 우리 남편이 술 먹는 것을 좀 고칠 수 있을까요?

선생님이 어떻게 좀 도와주세요.

상담자: 아내분이 정말 오랫동안 남편의 술 문제로 어려움을 겪으셨군요. 그간 얼마나 힘드셨어요? 이런 저런 노력을 해 오셨는데, 참 대단한 힘을 갖고 계시네요.

아내분은 힘이 있으시기에 남편을 도와 남편의 술 문제를 해결할 수 있다고 생각합니다.

아내분이 어떻게 남편을 도우면 남편이 술을 좀 덜 마실까요?

내담자: 글쎄요… 그래서 선생님께 찾아왔지요.

상담자: 혹시 남편이 술 드시지 않고 귀가하는 날이 있다면 그런 날 남편은 아내분이 어떻게 해 주길 원하실까요?

내담자: 사실 제가 잔소리를 많이 한다고 남편이 불평을 해요.

남편은 제가 잔소리를 좀 안 하길 원하겠지요….

상담자: 그렇군요. 남편에게 잔소리 하는 대신 뭘 하실 수 있을까요?

내담자: 술 안마시고 오는 날에는 제가 잔소리 하지 않고 저녁상을 잘 차려 줄 수 있을 것 같아요.

상담자: 아 ! 그렇군요. 그럼 한번 그렇게 시도해 보시겠어요?

3) 내담자가 원하는 변화가 있고 또 자신이 변화를 하고자 할 때

이 경우의 내담자는 자신과 관련된 상담목표를 표현하고, 또 다양한 방법으로 자신의 행동을 변화시킬 준비가 되어 있다. 더 나아가서 내담자는 자기 자신을 문제 해결의 한 부분으로 보며, 문제 해결을 위해 무엇인가 할 의지를 보인다. 이러한 내담자는 상담을 통해 얻고자 하는 것을 알고 있고 자신이 상담목표를 달성하기 위해 노력해야 한다는 것도 알고 있다.

이 단계에서 상담자가 해야 할 중요한 상담적 과업은 내담자와 더불어 내담자가 제일 먼저 행하고자 하는 적극적이며 행동적인 조치가 무엇인가를 밝히는 것이다. 이런 경우 내담자에게는 흔히 상담 전에 어떤 변화나 의도적 예외가 있다. 그러므로 상담자는 그 예외를 지지하고 강화해야 한다.

내담자를 자발적 혹은 비자발적이라거나 협조적 혹은 비협조적이라고 생각하는 것은 상담자의 마음속에 다양한 내담자들의 문제 해결 능력에 대해 부정확한 기대를 설정하게 할 수 있다. 내담자를 그 같은 범주로 분류하지 않을 때, 내담자의 가능성에 대해 좀 더 희망을 갖게 된다. 내담자와 상담자는 함께 내담자가 원하는 것을 이해하고 또 그것이 내담자에게 어떤 의미를 갖고 있는지를 인식할 때에 이것이야말로 내담자에게 도움 되는 일이며 상담자에게도 보다 많은 힘을 부여해 준다.

사례 딸과 잘 지내고 싶어 하는 어머니

내담자: 딸애랑 좀 잘 지냈으면 해요.

상담자: 딸과 잘 지낸다는 것을 어떻게 알 수 있을까요?

내담자: 딸이 저를 좀 이해해 주면….

상담자: 혹 딸의 어떤 모습을 보면 딸이 어머니를 이해해 준다고 생각하실까요?

내담자: 내가 아픈 것도 좀 알아주고 날 좀 배려해 주고….

상담자: 혹시 딸이 그렇게 하면 어머니는 딸에게 어떻게 반응하실 것 같으세요?

내담자: 나도 딸에게 부드럽게 대하고 딸 얘기도 좀 듣고….

상담자: 최근 혹시 그런 적이 있었는가요? 서로 얘기도 좀 하고….

내담자: 내가 감기로 힘들어할 때 딸이 귤껍질로 차를 만들어 주었어요. 정말 좋았어요. 그때 우리가 서로 얘기를 좀 했어요. 딸이 원하는 학원 가는 것 등 등….

3. 첫 회 상담 구성과 상담적 과업

일반적으로 처음 내담자가 상담에 오게 되면 상담실에 준비된 접수지에 기록을 하게 한다. 그 후에 상담자가 내담자에게 상담의 진행방법과 절차에 대해 설명을 하는 것으로 상담은 시작된다.

미국 밀워키의 단기가족치료센터(BFTC)에서는 다음과 같은 내용으로 첫 회기 상담을 구성하고 각 단계의 과업을 수행하고 있다(de Shazer, Berg, Lipchik, Nunnally, Molnar, Gingerich, & Weiner-Davis, 1986).

상담의 진행방법과 절차

① 상담 구조와 절차 소개

② 문제 진술

③ 예외 탐색

④ 상담목표 설정

⑤ 해결책 정의

⑥ 메시지 작성

⑦ 메시지 전달

이러한 모든 것이 매회 고려되는데, 각 단계에서의 과업은 다음과 같다.

1) 상담 구조와 절차 소개

내담자가 도착하면 내담자에게 상담 과정과 일방경 뒤의 자문팀에 대한 간단한 설명을 하며 녹음이나 비디오 녹화에 대해 허락을 구한다.

첫 상담이 시작되기 전에 선입견을 최소화하기 위해 상담자는 내담자에 대한 최소한의 정보를 얻는다. 물론 의뢰한 경위를 더 잘 알 필요가 있는 경우는 예외다. 상담자는 내담자에게 팀이 상담에 참여하는 것과 상담과 관련된 상담센터의 기능, 절차 등을 간단히 설명하고 녹화에 대한 허락을 받는다. 내담자가 일방경 뒤의 팀을 만나고 싶어 하는 경우 일반적으로 상담의 마지막에 하는 것이 바람직하다. 초기에 이런 만남을 가지는 것은 상담에 방해가 될 수도 있기 때문이다.

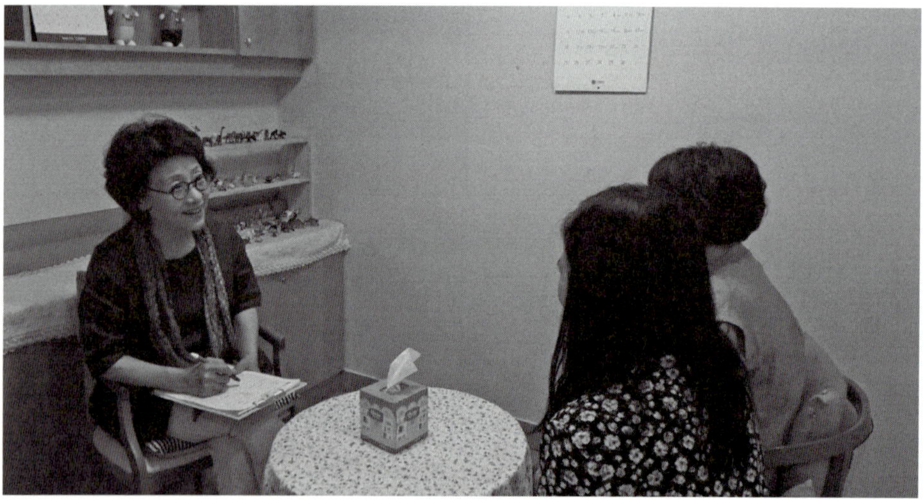

▶ 상담하는 모습

2) 문제 진술

내담자 가족 중에서 누가 일하고 누가 어떤 학교를 다니는지 등에 대해 간단히 이야기한 후 상담이 시작된다. 상담자는 불평에 관해 간단히 질문한다.

- "제가 어떻게 선생님을 도울 수 있을까요?"
- "어떤 어려움으로 오시게 되었나요?"

내담자의 반응은 다음과 같다.

- "부부싸움을 할 때 남편이 폭력을 행사해요."
- "아이가 학교에서 왕따당해요."
- "아이가 인터넷 게임에 빠져 있어요."

상담자는 좀 더 구체적으로, 상세하게 질문한다. 상담자는 이러한 것들이 어떻게 문제가 되는지를 묻는다. 이런 질문은 내담자의 문제를 파헤치려는 것이 아니고 문제를 근거로 어떤 도움을 줄 수 있는가를 알아보기 위한 것이다. 또한 내담자의 문제에 관한 진술을 목표로 전환할 수 있는 기회가 되기도 한다. 문제가 하나 이상일 때에는 어느 것을 가정 우선적으로 다루고자 하는지를 묻는다.

- "하나씩 하나씩 정확하게 어떤 일이 일어나나요?"
- "그러한 것이 어머니에게 어떻게 문제가 되나요?"
- "그 문제는 누가 관여하거나 관여하지 않는가에 따라 어떻게 달라지나요?"

내담자가 문제에 대해 좀 더 구체적으로 말할수록 개입 가능성과 목표는 더 많아진다. 즉, 문제가 해결된다는 것을 내담자가 알게 하는 방법이 더욱 많아진다는 의미다. 심지어 "내가 진정 누구인지 잘 모르겠어요."와 같이 모호하게 표현된 문제나

"우리는 의사소통을 할 수 없을 뿐이에요."라고 하는 문제도 구체화시키고 내담자에게 초점을 맞추며 상담을 진행할 수 있다.

- "수영 씨가 누구인지를 안다는 것을 어떻게 알 수 있나요?"
- "수영 씨가 누구인지를 안다면 무엇을 할까요?"
- "수영 씨가 누구인지를 정말 알게 되면 수영 씨 친구는 그것을 어떻게 알까요?"

이 단계에서 나타나는 것은 전반적으로 다른 단계에서도 나타날 수 있다.

3) 예외 탐색

이 단계에서는 문제가 일어나지 않을 때 어떤 일이 일어나는지, 가족이 어떻게 예외가 일어나게 하는지를 찾는다.

- "부부싸움이 폭력적이 되지 않는 경우에 어떤 일이 일어나나요?"
- "아이가 인터넷 게임을 하지 않을 때는 무엇을 하는가요?"
- "어머니가 거기 계시고 아버지가 안 계실 때 무슨 일이 일어나나요?"
- "그들이 의사소통할 때는 무슨 일이 일어나나요?"
- "어떻게 해서 의사소통이 되나요?"

상담자와 내담자 모두 내담자가 이미 무엇을 효과적으로 하고 있는지를 알아야 한다. 내담자가 효과적인 무엇인가를 하고 있다는 것을 알게 되면 문제해결을 위한 개입계획을 세울 수 있다. 예외란 적어도 내담자에게 어떤 새로운 변화를 제공한다. 즉, 어떤 것이 잘되거나 잘되지 않는 것에 대한 차이를 알게 한다. 많은 경우 사람들은 처음 상담을 받기 위해 예약을 한 시점에서 첫 상담시간에 오기까지 이미 어떤 차이점을 찾곤 한다.

- "어떤 것이 좋아졌는지 알고 계신가요?"
- "이러한 변화가 영숙 씨가 여기 상담에 온 이유와 관련이 있나요?"
- "이러한 변화는 영숙 씨가 계속해서 일어나기를 원하는 것인가요?"

내담자는 문제가 일어나지 않을 때 어떤 일이 일어나는지에 대해 더 많이 알고자 하기 때문에 이 단계에서 자연스럽게 목표를 설정하게 된다. 문제가 일어날 때도 있고 일어나지 않을 때도 있기 때문에 문제가 발생하지 않는 예외적인 상황에 초점을 두고 탐색하는 것은 미래에 문제가 일어나지 않을 가능성이 있다는 기대를 할 수 있다.

4) 상담목표 설정

상담의 목표를 구체적으로 설정하는 일은 내담자의 성장과 변화, 즉 상담의 효과성을 측정할 수 있는 기초를 준비하는 것이다. 목표를 설정하지 않고 상담을 진행하는 경우 상담효과를 평가하고 측정할 수 있는 근거가 없기 때문에 더 많은 시간과 에너지가 소모될 수 있으며, 더 중요하게는 상담결과에 대한 만족도가 상대적으로 낮을 수 있다. 구체적인 목표는 상담자가 평가를 할 때 매우 중요한 부분이며 추후 서비스와 결과연구에도 필요한 부분이다.

5) 해결책 정의

내담자는 일반적으로 구체적인 목표를 물었을 때에도 모호하고 광범위하게 답을 한다. 그런 경우 상담자는 내담자에게 문제가 해결되는지를 어떻게 알 수 있는지에 대해 이야기하는 것이 바람직하다. 문제가 과거에 일어난 것이었다면 앞으로 무엇이 다르게 될 것인지에 관해 이야기하는 것이 좋다. '목표가 성취된다면 어떤 일이 일어날까?' '문제가 해결된다면 삶이 어떻게 될까?' 미래에 대한 대안과 해결책이 많을수록 내담자의 변화에 대한 기대는 더욱 커질 것이다. 상담목표는 상호 간의 대화를 통해 문제가 없는 상황에 초점을 두는 것이다. 사람들은 똑같은 나쁜 일이 반복해서 일어난다고 생각하기 때문에 불평 자체가 지속되는 것처럼 보인다. 문제가 더 이상 문제가 아닐 때, 가능한 대안적 미래에 대해 이야기함으로써 변화가 가능할 뿐 아니라 그 변화는 불가피하다는 기대를 할 수 있게 된다.

6) 메시지 작성

40~45분 정도의 상담 후에 상담자는 팀과의 자문을 위해 내담자에게 양해를 얻는다. 팀이 없이 혼자 일할 때에는 상담에 대한 것을 정리하기 위해 내담자에게 양해를 얻는다. 5~10분 정도 휴식시간을 갖는 목적은 무엇을 그리고 어떻게 할 것인가를 결정하기 위한 것이다. 해결책에 관심을 갖고 있으므로 문제에 대해서는 거의 이야기하지 않는다. 어떻게 문제가 유지되는지, 내담자가 실패한 원인이 무엇인지 혹은 가설의 원인론에 대해 언급하지 않는다. 대신에 다음의 것들에 초점을 두고 이야기한다.

- 내담자가 자신에게 도움이 되는 어떤 것들을 했는지를 탐색한다.
- 문제 상황에 대한 예외를 찾는다.
- 팀은 문제가 이미 지나간 것이라면 내담자가 앞으로 무엇을 할 것인지를 상상한다.
- 팀은 상담자와 함께 내담자에게 줄 메시지를 만든다.

7) 메시지 전달

팀과 5~10분 정도 의견을 나눈 후에 상담자는 다시 공식적인 개입을 한다. 때때로 이 메시지는 상담자가 읽을 수 있도록 기록한다. 휴식시간 동안 상담자를 기다렸기 때문에 내담자의 관심은 증가된다. 이러한 메시지는 5분 이내로 짧게 하는 것이 좋다. 다음 약속을 하는 등의 행정 관련 일은 다른 장소에서 하도록 한다. 그리고 상담자는 신속하지만 예의를 지켜서 상담을 끝낸다.

이상의 내용은 미국 BFTC에서의 상담 진행방법과 절차다. 그러나 우리나라의 상담 상황에서는 몇 가지 차이가 있을 수 있다. 즉, 녹화를 한다거나 상담 팀을 운영하는 것이 어려울 수 있다. 일반적으로 상담을 녹화하는 경우는 흔치 않지만 기록을 위해 녹음을 하는 경우는 자주 있다. 이때는 필히 내담자의 동의를 받아야 한다. 또한 상담팀의 운영이 어려운 경우에 상담자는 팀과의 논의 대신에 상담에 대한 정리의 시간을 갖도록 하는 것이 바람직하다. 내담자에게 이와 같은 정리의 단계를 설명하고 메시지 작성을 위해 정리시간을 활용한다.

4. 목표 설정의 원칙

해결중심상담은 내담자 중심의 모델이다. 상담자는 내담자 자신이 원하는 것을 달성할 수 있도록 도와주는 역할을 한다. 그러기 위해 상담자는 내담자와 함께 목표를 잘 만들어 가야 한다. 이는 상담의 효과와도 직결되어 있다.

버그와 밀러(Berg & Miller, 1992, 가족치료연구모임 역, 2001)가 제시한 목표 설정의 원칙과 월터와 펠러(Walter & Peller, 1992, 가족치료연구모임 역, 1996)가 제안한 잘 정의된 목표를 근거로 재정리한 목표 설정의 지침을 다음과 같이 제안한다.

1) 목표 설정의 지침

- 내담자에게 중요한 것을 찾기
- 작고 구체적이며 행동적으로 표현하기
- 과정형으로 표현하기
- 없는 것보다는 있는 것에 관심을 두고 긍정적으로 표현하기
- 지금-여기에서의 목표로 시작하기

- 내담자가 성취 가능한 현실적인 것으로 하기
- 목표 수행을 힘든 것으로 인식하기

(1) 내담자에게 중요한 것을 찾기

이 지침은 상담자 자신을 점검하게 하는 기능을 한다. 해결중심상담은 상담자가 원하는 목표나 내담자에게 필요하다고 생각하는 목표를 중시하지 않고 내담자가 원하는 목표를 지향한다. 대부분의 상담자는 내담자의 진술에 어떤 가정 및 해석을 하여 자칫하면 내담자가 원하는 것에 초점을 맞추기보다 내담자를 위해 목표를 정의해 주려는 경향이 있다. 그러나 상담목표가 내담자에게 중요할 때 내담자가 목표를 성취하기 위하여 훨씬 더 몰두한다는 사실을 인식해야 한다.

내담자와 상담자가 함께 내담자에게 중요한 것을 상담목표로 설정하는 것은 협조의 원칙을 근거로 한다. 이런 원칙의 맥락에서 상담자의 목표나 프로그램의 목표를 주장하기보다는 내담자의 목표를 수용하면서 진행하는 것이 더 도움이 된다. 실제로 상담자가 내담자에게 접근하면서 협조할 때, 내담자는 상담자에게 협조적이 되어 상담 과정이 훨씬 쉽게 진행된다.

목표가 무엇인지 분명히 하기 위해서 내담자가 원한다고 이야기하는 것을 내담자의 언어 그대로 기록해야 한다. 내담자가 처음에 원한다고 말한 내용과 상담 과정 중간에 원한다고 하는 것이 다른 경우도 흔히 있다. 목표에 대한 이야기를 나누고 목표를 명료화하면서 목표의 형태는 충분히 바뀔 수 있다. 내담자는 목표를 정의하는 과정에서 그가 다른 사람을 변화시킬 수 없다는 점을 깨닫거나 상담의 목표가 자신이 처음에 말한 것과는 다른 것일 수도 있다는 점을 발견할 수 있다. 최종적인 형태의 목표가 내담자가 원하는 것이고 내담자의 언어로 표현되어 있는지에 관하여 분명히 해야 한다.

한편, 목표를 설정하는 과정에서 다양한 내담자들, 상담전문가들 혹은 내담자를 상담하기 위한 서비스 기관들(예: 지역사회복지관, 사법처리기관, 의료서비스 기관 등)이 관여할 경우 상담목표를 협상하는 상황에서 어려움이 발생할 수 있다. 이와 같은 경우에 상담 과정에 관련된 개인, 서비스 제공자, 기관 등은 상담을 위한 다른 목표를 가지고 있을 수 있다.

한 가족의 경우에도 가족 구성원 각자가 자신에게 중요하다고 생각하는 것이 다르므로 각 가족 구성원의 목표가 다를 수 있다. 아버지, 어머니, 자녀들이 원하는 것에 차이(예: 아버지는 아들의 행동수정, 어머니는 아들의 순종, 아들은 부모의 친밀 등)가 있을 수 있다. 이와 같은 경우에 각자의 견해를 말하게 하여 서로의 목표를 알도록 하고, 참여자들 사이에 동의할 수 있는 영역을 찾아내는 것이 유용하다.

(2) 작고 구체적이며 행동적으로 표현하기

내담자가 설정하는 목표는 작은 것이어서 내담자가 쉽게 성취할 수 있는 것이어야 한다. 상담목표가 작을 때 내담자는 쉽게 성공할 수 있다. 목표를 성취하는 것은 내담자에게 성공하고 있다는 확신을 주고 희망을 갖게 해 주며 변화하고자 하는 동기를 증가시킨다.

구체적인 대답을 이끌어 내는 주된 방법은 직접적으로 묻는 것이다. 예를 들면, "아버지께서 어떻게 아들의 말을 더 잘 들어주실 것인지에 대해 보다 구체적으로 말씀해 주실 수 있겠습니까?" "무엇을 다르게 하실 겁니까?" "아버지께서 아들의 말을 잘 들어주신다면 아들은 아버지에게서 어떤 것들을 볼 수 있을까요?"

내담자는 자신이 원하는 것을 모호하고 추상적으로 표현하기도 한다. 이 경우 구체적인 행동에 대한 설명을 하게 해야 한다. 행동적 용어로 표현해야 다른 사람이 변화를 관찰하고 인식할 수 있다.

다음의 예는 모호한 목표를 구체적이고 행동적인 목표로 만드는 과정을 잘 보여준다.

사례 중학생 아들의 과의존적 태도를 호소하는 내담자

내담자: 아들이 스스로 했으면 합니다.

상담자: 아들이 스스로 한다는 것은 어떤 의미인가요?

내담자: 자기가 알아서 하는 것이지요.

상담자: 아버지는 아들의 어떤 모습을 보면 아들이 자기가 알아서 하고 있다고 생각하실까요?

내담자: 자기가 알아서 공부도 하고….

상담자: 스스로 공부하는 것이 쉬운 일은 아니지요. 그것은 좀 시간이 걸릴 듯하네요. 그렇게 되기 위해 첫 단계에서 아들이 할 수 있는 일은 무엇일까요?

내담자: 책가방도 혼자 알아서 싸고, 손톱도 자기가 알아서 깎고, 머리도 좀 스스로 감고, 아침에도 한 번 깨워 주면 혼자 스스로 일어나고, 옷도 상황에 맞게 혼자 좀 알아서 입고…. 이런 것들이지요.

상담자: 아, 그런 일들을 첫 단계에서 할 수 있다는 것이군요. 그런 많은 것들 중 가장 쉽게 할 수 있는 것이 무엇일까요?

내담자: 손톱을 깎는 것, 옷도 혼자 골라 입을 수 있을 것 같습니다.

첫 상담에서 상담자와 내담자는 잘 성취할 수 있는 작은 목표를 함께 설정한다. '손톱을 깎는다.' '옷을 혼자 골라 입는다.'와 같은 것은 내담자가 처음에 언급한 '자기가 알아서 공부하고….'보다는 훨씬 성취하기 쉽다. 목표들을 구체적으로 설명하면 목표가 성취된 것을 확인하기 쉽다. 그러나 내담자가 처음에 언급한 '스스로 하기'와 같은 목표는 너무 애매모호하기 때문에 잘 설정되었다고 할 수 없다. 이와 같이 애매모호하게 목표를 설정할 때의 문제는 상담자와 내담자의 상담 과정이 제대로 이루어지고 있는지를 파악하기가 어렵다는 것이다. 추상적이고 내담자 각자가 생각하는 의미가 서로 다를 수 있는 목표가 상담의 초점이 되었을 때 상담은 필요 이상으로 길어질 가능성이 많다. 목표를 명확하게 설명하는 것의 유익한 점은 상담자와 내담자가 상담에서 진행되고 있는 과정을 쉽게 평가할 수 있고 나머지 목표도 알 수 있다는 것이다. 임상경험을 통하여 알 수 있는 것은 목표를 분명히 하는 상담 과정을 거칠 때 상담이 좀 더 효과적이고 효율적이라는 점이다.

목표를 분명한 단어로 설명하였을 때, 내담자와 상담자가 진행과정을 평가하는 데 도움이 되며 내담자의 성공을 즉각적으로 인정할 수 있는 기회가 증가한다. 목표를 성취하지 못하였을 때에도 분명하게 설명된 목표는 내담자가 목표를 성취하기 위하여 좀 더 필요한 것을 파악하는 데 도움이 된다. 이런 방법으로 내담자는 목표성취에 대하여 인정을 받을 수 있고, 목표를 성취할 수 없었던 사건들 때문에 스트레스를 받았던 것으로부터 해방될 수 있다.

(3) 과정형으로 표현하기

과정형으로 하라고 말하는 것은 목표에 관한 묘사가 마치 하나의 고정된 사진이라기보다 영화와 같은 과정으로 되어야 한다는 의미다. 과정형의 표현을 이끌어 내기 위해서는 '어떻게'란 단어를 사용한다. 아마도 내담자는 무엇이 진행되어 가고 있는 상황을 기술하든지 자신의 행동들이 어떤 순서로 이루어질 것인지를 설명하게 될 것이다. '무엇'이라는 질문에 대한 답은 주로 명사를 유도하고 과정에 대한 묘사를 끌어내기에는 유용하지 않다.

사례 부부 갈등으로 상담에 온 아내

내담자: 남편이 다정했으면 좋겠어요.

상담자: 남편이 그렇게 하기 위해 아내가 어떻게 도울 수 있을까요?

내담자: 제가 먼저 남편에게 다가가면….

상담자: 그러면 남편은 어떻게 반응할까요?

내담자: 마음 편해하고 제게 더 따뜻하게 해 줄 것 같아요.

상담자: 그러면 아내분은 남편이 다정하다고 느낄 것 같으세요?

내담자: 네, 그렇지요.

(4) 없는 것보다는 있는 것에 관심을 두고 긍정적으로 표현하기

상담을 받고 무엇이 성취되기를 바라느냐고 질문하면, 내담자들은 문제가 제거되거나 문제로부터 해방되기를 원한다고 대답한다. 즉, 성공적인 상담결과에 대한 내담자의 생각은 문제가 없어지는 것을 의미한다.

목표를 언어적으로 표현할 때 일반적으로 '아니다, 싫다, 절대로 안 된다, 할 수 없다, 해서는 안 된다, 하지 마라, 하기 싫다'와 같이 부정적인 단어를 사용한다. 그러나 임상경험에 의하면 문제시되는 것을 없애는 것보다 있는 것에 관심을 두고 부정적인 단어를 사용하지 않는 목표들이 좀 더 효과적이고 효율적인 것을 알 수 있다.

목표를 언어상 긍정적인 방법으로 진술하는 이유는 내담자로 하여금 자신의 생각과 경험 속에서 목표의 표현을 전개해 나가길 원하기 때문이다. 여기서 중요한 것은 이러한 표현은 어떤 것이 있거나 없는 상태가 아니라는 점이다. 목표는 내담자가 하지 말아야 하는 것 대신에 해야 하는 것에 관하여 긍정적으로 표현되어야 한다.

사례 우울함을 호소하는 내담자의 경우

내담자: 지금처럼 우울하지 않았으면 좋겠어요.
상담자: 우울한 대신 어떻게 지내기를 바라세요?
내담자: 많이 웃고 활기차게 생활했으면 좋겠어요.

사례 아이에게 화를 많이 내서 걱정하고 있는 내담자의 경우

내담자: 아이에게 화를 내지 않는 엄마가 되고 싶어요.
상담자: 아이에게 화를 내는 대신 어떻게 대하고 싶으세요?
내담자: 아이에게 따뜻하게 대해 주고 소리 지르지 않고 부드럽게 얘기할 수 있는 엄마가 되고 싶어요.

상담자는 내담자가 '~하지 않았으면' '하지 않는'과 같은 부정적인 단어 대신에 '하고 싶은' '했으면'과 같은 긍정적인 단어를 사용하여 진술하도록 돕는다.

(5) 지금-여기에서의 목표로 시작하기

지금-여기의 과정이란 내담자가 해결책을 즉시 시작하거나 해결을 위한 행동을 지속할 수 있다는 것을 의미한다. 내담자들은 자신들이 원하는 것에 관한 이야기를 할 때 마치 목표가 먼 미래의 어떤 물건인 것처럼 말한다. 옛말에 '천리 길도 한 걸음부터'라는 말이 있다. 이것은 목표의 크기나 복잡한 것이 문제가 아니고 결과보다는 시작에 초점을 두어야 한다는 의미다. 마찬가지로 목표란 여행의 목적지라기보다는 내담자가 성취하고자 하는 첫 시작 단계가 되어야 한다. 내담자들은 처음에 상담받으러 올 때 완전한 것, 절대 행복한 것 등과 같은 목표를 설명한다. 다른 말로 하면, 그들의 목표는 성취하고자 하는 최종의 것을 말한다.

목표가 너무 먼 미래에 속해 있을 때의 문제는 그것이 달성하기에 너무 멀리 있다는 점이다. 목표가 너무 멀리 떨어져 있기 때문에 내담자가 목표 달성을 위해 일하기에는 너무 힘들다. 내담자가 즉시 제 궤도에 올라 달성할 수 있는 지금-여기의 과정형으로 목표를 만들면, 내담자는 그가 지금 곧 할 수 있는 일 또는 이미 하고 있을지도 모르는 일에 초점을 맞추게 된다. 상담자는 내담자의 목표에 대한 견해를 수용하는 한편, 원하는 결과를 성취하기 위하여 처음 단계에서 필요한 것을 명확하고 구체적으로 묘사할 수 있도록 도와야 한다.

예를 들어, 내담자는 고등학생 딸이 학교 중퇴를 하지 않고 잘 졸업해서 시집을 잘 가는 것을 원하는 경우, 이것을 상담자가 목표로 받아들인다면 이 목표는 너무나 먼 미래의 것이 된다. 그러므로 지금 여기서 달성할 수 있는 것을 찾을 수 있도록 질문해야 한다. "그건 좀 먼 미래의 것이군요. 그것을 위해 지금 여기서 좋아지길 원하는 것은 무엇인가요?"라는 질문을 통해 지금 여기서의 목표를 만들어야 한다.

(6) 내담자가 성취 가능한 현실적인 것으로 하기

내담자의 문제를 다룰 때 내담자의 목표를 달성하기 위해 중요한 것은 상담자가 내담자의 생활환경에서 어떠한 것이 현실적이고 성취 가능한지 혹은 비현실적이고 성취 불가능한지를 결정하는 것이다. 즉, 내담자가 원하는 변화는 그 자신이 할 수 있는 것이어야 한다. 예를 들어, 내담자들 중 다수는 다른 누군가가 달라지기를 원하거나 그들이 어떻게도 할 수 없는 그 무엇이 좋아지길 원한다고 호소한다. 만약 상담자가 다른 누군가를 변화시키거나 다른 누군가가 변화하도록 하는 목표를 갖고 내담자와 관계한다면, 상담자는 끝이 없고 무익한 놀이에 참여하게 될 것이다.

내담자와 다른 사람 간의 관계에 어떤 변화가 일어나도록 돕는 일은 다른 사람이 상담에 직접 오지 않더라도 가능하겠지만 다른 사람이 먼저 변화해야만 한다고 생각하는 내담자를 돕는 것은 어려운 일이다. 이는 내담자 자신이 관여할 수 없는 영역의 것을 목표로 하기 때문이다.

내담자가 비현실적이고 성취 불가능한 목표를 가지고 있을 때, 상담자는 내담자가 실제로 실행할 수 있는 목표를 설정하도록 조정해야만 한다. 대부분의 내담자들은 상담을 위한 자신의 초기 목표가 성취 불가능한 것을 이미 알고 있거나 재빨리 재조정하고 좀 더 현실적인 것으로 바꾸어 협상하기도 한다. 예를 들면, 홀어머니와의 갈등문제로 찾아온 내담자의 경우 '돌아가신 아버지가 살아 계시는 것'을 바란다면 이 목표는 비현실적인 것이다. 그러나 상담자가 내담자의 고통을 경험하고 공감해 주면 많은 경우 내담자들은 사실을 인식하고 좀 더 현실적인 목표로 협상하게 된다. 예를 들면, '어머니가 조금 덜 고생하고 자신이 어머니를 좀 더 도와주는 것'을 자연스럽게 생각하게 된다.

(7) 목표 수행을 힘든 것으로 인식하기

목표란 '힘든 일'이라고 인식해야 한다. 상담목표를 협상할 때 '힘든 일'을 강조하는 것은 내담자와 상담자가 성공적인 상황에 있게 하는 일이다. 결과가 어떠하든지 간에 내담자와 상담자는 그들의 노력을 성공으로 볼 수 있다. 만일 내담자가 목표에 도달하지 못하였다면 이것은 단지 좀 더 열심히 해야 하는 일이 남아 있다는 신호다. 우연히 내담자가 매우 빨리 문제를 해결할 수 있었다면 상담자는 내담자를 특별히 인정해 주어야 하고, 짧은 기간에 매우 어려운 문제를 어떻게 해결했는지를 설명할 때 칭찬해 주어야 한다. 마지막으로 내담자가 천천히, 안정감 있게, 규칙적으로 문제 해결을 진행한다면 이를 정상적인 것으로 인정하고 내담자가 열심히 한 것을 칭찬해 주어야 한다.

2) 목표 설정 지침의 점검표

〈표 3-1〉은 잘 정의된 목표를 점검하기 위한 표다. 이것은 월터와 펠러(Walter & Peller, 1992, 가족치료연구모임 역, 1996)가 만든 표를 재구성한 것이다.

이 점검표는 목표가 계속해서 발전되고 있는지를 확인하는 데 유용한 도구다. 내담자가 언급한 진술을 각각 이 기준과 비교해 볼 수 있다. 여기서 '주요 용어'들은 내담자의 각 진술이 기준을 충족시키는지에 대한 힌트나 어떤 행동을 취해야 하는지에 대한 간단한 단서를 제공해 줄 것이다. 진술이 아직 잘 정의되지 않은 상태라면 내담자가 잘 정의된 목표의 기준에 따라 자신이 원하는 것을 표현할 수 있도록 돕기 위해 오른쪽에 제시된 질문 중 하나를 활용할 수 있다.

표 3-1 **목표 설정 지침의 점검표**

기준	주요 용어	질문의 예
1. 내담자에게 중요한 것으로	'내담자의 언어 사용'	"어머니로 받아 주면…."
2. 가능한 구체적으로	'구체적으로'	"구체적으로 이것을 어떻게 하고 있을 것입니까?"
3. 과정의 형태로	'어떻게'로 표현되는 동사	"그것을 어떻게 하고 있을 것입니까?"
4. 긍정적인 형태로	'그 대신'	"그 대신 무엇을 하고 있을 것입니까?"

5. 지금-여기	'즉각적 궤도에 오르면'	"오늘 이곳을 떠나 지금 바로 당신이 원하는 궤도에 오르게 되면 당신은 무엇을 다르게 하고 있을 것입니까? 혹은 무엇을 다르게 말할 것입니까?"
6. 내담자의 현실 속에	'당신'	"그런 일이 일어나면 당신은 무엇을 하고 있을 것입니까?"
7. 힘든 것으로 인식	'힘든 일'	"그렇게 하는 것은 쉬운 일이 아닌데…. 어떻게 그렇게 할 수 있었습니까? 대단하군요."

요약

해결중심상담에서 상담자는 내담자와 공감적이며 협조적인 관계를 만들어 간다. 첫 회 상담은 상담 구조와 절차 소개, 문제 진술, 예외 탐색, 상담목표 설정, 해결책 정의, 메시지 작성, 메시지 전달의 단계로 구성된다. 상담목표는 내담자 자신이 원하는 것에 초점을 두고 있기 때문에 상담자는 내담자와 함께 목표를 만들어 간다. 목표를 잘 설정하고 정의하기 위한 지침은 내담자에게 중요한 것을 찾기, 작고 구체적이며 행동적으로 표현하기, 과정형으로 표현하기, 없는 것보다는 있는 것에 관심을 두고 긍정적으로 표현하기, 지금-여기에서의 목표로 시작하기, 내담자가 성취 가능한 현실적인 것으로 하기, 목표수행을 힘든 것으로 인식하기이다. 목표 설정 지침의 점검표는 목표가 계속 발전되고 있는지를 확인할 수 있는 유용한 도구다.

제4장

해결책 구축을 위한 질문기법

해결중심상담에서 사용되는 질문들은 해결책 구축을 위하여 매우 전략적으로 개발된 기법들이다. 이 장은 해결중심상담에서 상담 초기에 목표를 설정하고 그것을 성취하기까지의 진행과정에서 사용되는 기법으로서 첫 상담 전 변화에 관한 질문, 보람질문, 예외질문, 기적질문과 가상질문, 척도질문, 대처질문, 관계성 질문, 기타 질문기법에 관하여 설명한다. 각 질문기법의 사용목적과 구체적인 사용 상황 그리고 질문의 예를 들어 소개한다.

1. 해결책 구축을 위한 질문기법의 발전과 활용목적

드 세이저와 버그는 정신건강연구소(MRI) 중심으로 발전한 단기 전략적 가족치료를 기초로 밀워키에서 해결중심 접근을 발전시키면서 해결책을 명확하고 구체적으로 구축하는 것에 관심을 두었다. 그 결과 1984년에는 구체적인 기법으로 예외질문, 기적질문, 척도질문, 대처질문의 4개 질문기법을 개발하였으며(Cade & O'Hanlon, 1992), 그 이후 계속해서 첫 상담 전의 변화에 대한 질문의 중요성을 인식하고 발전시켰다.

상담에 대한 규정 드 세이저(de Shazer, 1988), 버그와 밀러(Berg & Miller, 1992) 외 많은 해결중심 접근 학자들은 상담을 내담자가 문제와 그 해결을 제시하는 과정에 능동적으로 참여하도록 개입하며 치유를 목적으로 하는 대화로 규정하였다. 해결중심상담의 핵심은 내담자가 원하는 것과 중요하게 여기는 것을 중심으로 상담 목표를 설정하고(de Shazer, 1985), 목표를 성취하기 위해 상담자와 내담자가 협력해서 해결책을 구축해 가는 과정이다(de Shazer, 1988). 해결책을 구축하는 과정은 질문하고 응답하는 과정을 의미한다. 드 세이저와 버그는 내담자가 질문을 받고 응답하는 치유적 대화에서 문제의 개념 규정과 해결에 대한 견해에 영향을 받아 관점을 변화시킬 수 있다(De Jong & Berg, 2012)는 확신을 갖고 있었다.

해결책 구축 질문기법의 기능 해결책 구축 질문은 해결중심 접근의 전제 가치와 기본 원리를 실천하는 기술이라고 할 수 있다. 따라서 해결중심 접근의 기본 원리인 병리적인 것보다는 건강한 것에 초점 두기, 작은 변화를 중요시하기, 문제가 발생하지 않는 것에 관심 두기, 현재와 미래 지향하기, 내담자 상담자 간의 협력적 관계 유지하기 등의 기본 원리는 실제 상담 과정에서 질문기법을 통하여 실현된다. 드용과 밀러(De Jong & Miller, 1995)는 해결지향적 질문기법을 사용함으로써 면접에서 특히 내담자의 건강한 측면과 강점, 문제가 발생하지 않는 것을 발견하여 활용하는 것을 중요시했다. 해결중심 접근은 문제가 발생할 때보다는 발생하지 않을 때 무엇을 어떻게 하는지에 관심을 두고, 문제가 발생하지 않는 예외적인 상황을 찾아내는 치료적인 대화의 중요성(De Jong & Berg, 2012)을 강조하며 예외질문을 발전시켰다. 작은 변화를 중요시하는 것은 해결중심상담의 전제 가치다. 작은 변화를 중요시하기 때문에 작은 변화를 탐색하고 작은 변화가 발생하도록 동기를 강화시키기 위해 척도질문과 '무엇이 좋아졌습니까?'라는 질문을 발전시켰다. 이 질문들은 내담자가 현재와 미래를 지향하는 것에 관심을 두게 하며, 목표 설정과 해결책 구축과정에 능동적으로 참여하게 만든다.

목적이 분명하게 개발된 질문들은 치료적인 변화를 위한 매체로서 언어와 의미를 사용한다. 내담자와 상담자는 함께 구축하기를 원하는 해결책에 관하여 질문과 응답으로 이어지는 이야기를 계속할 때 이야기의 진실, 사실, 의미에 대하여 신뢰하게 된다. 이것은 자연스럽게 언어와 의미의 재구성을 사용하는 접근이다(Berg & de Shazer, 1993).

해결책 구축 질문기법의 특성 상담 또는 가족상담과 관련된 모든 접근에서는 질문을 사용하지 않을 수 없다. 그러나 해결책 구축을 위한 질문기법은 해결중심모델을 다른 상담 모델과 차별화하는 주요한 요인이라고 할 수 있다. 드 세이저와 버그는 상담 과정에서 문제에 대한 내담자의 견해나 잠재적 해결능력이 변화할 수 있다는 신념을 가지고 내담자가 문제를 보는 견해에 영향을 주는 질문기법을 발전시켰다(Berg, 1994a). 그들은 질문과 응답을 하는 상담 과정에서 내담자의 인식과 의미규정이 변화한다고 믿었다(Berg & De Jong, 1996). 해결중심상담에서 최상의 전략은 질문기법을 사용하는 상담 과정에서 내담자의 견해와 관점이 변화하고 자신의 힘과 자원을 이용할 수 있도록 돕는 것이라고 할 수 있다.

해결중심모델의 대표적인 기술로서 발전된 질문기법은 심리학, 언어학, 체계이론, 의사소통이론, 대인관계이론, 사회구성주의의 측면에서 많은 관련 학자들이 수정하고 보완해 온 것이며, 효과성이 반복 연구된 매우 전략적인 질문들이다(Franklin, Trepper, Gingerich, & McCollum, 2012; O'Connell, 2003). 따라서 해결중심모델 질문기법의 특성은 내담자의 참여와 반응을 촉진하며, 질문을 받고 응답하는 상담과정에서 내담자가 자신의 강점과 자원을 발견하고 활용하여 스스로 해결책을 구축해 가는 성장과정을 경험하도록 돕는다는 점이다.

해결책 구축 질문의 활용목적 해결중심상담의 질문은 고도로 구조화되어 있어 그 자체가 치료적이다. 내담자가 목표를 설정하고 성취하도록 돕는 것이 질문의 기능이며 목적이라고 할 수 있다(Berg & Miller, 1992). 상담 과정에서 질문의 목적은 분명해야 하고, 질문은 내담자의 감정과 생각을 자연스럽게 이끌어 낼 수 있어야 한다. 또한 질문은 해결중심상담의 기본 원리와 일치하는 내용을 반영해야 하며, 내담자가 목표를 성취하는 것에 초점을 두는 것이어야 한다.

사람들은 긍정적인 시각으로 미래를 이야기함으로써 희망을 느낄 수 있으며, 장애물의 극복 가능성과 변화의 가능성을 인식함으로써 현 시점에서 변화를 만들어 내기도 한다(Cade & O'Hanlon, 1992). 이처럼 해결중심상담의 질문기법들은 내담자가 좀 더 밝은 미래를 보도록 이끌고, 동시에 내담자가 자신이 원하는 것이 무엇인지를 인식하고, 문제를 해결할 수 있는 방법을 탐색하도록 돕는 것을 목적으로 한다.

질문의 구체적인 활용목적은 다음과 같다.

내담자는 상담목표에 맞는 질문을 받고 응답을 준비하는 과정에서 문제와 해결에 대한 견해와 의미를 변화시키면서 피해의식에서 벗어나고, 자신의 강점과 자원 그리고 변화를 발견함으로써 동기가 강화되고 자신감을 회복하게 된다. 그리고 상담자의 적절한 질문과 내담자의 탐색과정을 거치면서 두 사람 사이에 점차 협력적 관계가 형성되며, 내담자는 해결책을 구축하여 문제를 해결하고 증상이 감소되는 경험을 하게 된다.

질문기법의 종류 해결중심상담에서 질문들은 상담 과정과 목적에 따라 개발하여 발전시킨 기법들이며 종류가 다양하다. 상담 과정에서 사용되는 질문기법에는 첫 상담 전의 변화에 대한 질문, 보람질문, 예외질문, 기적질문, 척도질문, 대처질문, 관계성 질문, 무엇이 좋아졌습니까 질문 등이 있다. 또 둘째 회기부터의 상담을 위한 질문, 내담자의 상태가 후퇴 또는 악화되었을 때 사용하는 질문들이 있다.

다음에 제시하는 질문기법들은 한 회기 상담에서 모두 사용해야 하는 것은 아니며 어떠한 질문을 반드시 사용해야 된다는 공식은 없다. 그러나 목표 설정을 하는 과정에서 기적질문과 예외질문이 사용되며 목표성취를 위한 진전을 촉진하는 데에는 척도질문이 유용하다. 관계성 질문과 대처질문은 상담 과정에서 매우 치유적인 효과를 가져 올 수 있다. 해결책 구축으로 이끄는 질문기법들에 대한 상세한 설명은 다음과 같다.

2. 첫 상담 전의 변화에 관한 질문

많은 내담자들이 상담기관이나 주변 사람들에게 도움을 요청하는 시기에 문제의 정도가 가장 심각한 경향이 있다. 따라서 1주나 며칠 후 약속한 시간에 상담을 받으러 왔을 때는 긴장이나 불안이 감소되었거나 문제의 심각성 정도가 감소한 것을 발견할 수 있다. 드 세이저와 버그는 첫 상담 전의 변화에 관하여 매우 관심을 가지고 관찰하고, 이것을 근거로 내담자의 잠재능력을 발견하고, 내담자 자신이 의식하고 있지 못하는 해결책을 탐색하는 것을 강조했다(De Jong & Berg, 2012, 노혜련, 허남순 역, 2015).

과거에 상담자들은 내담자들이 첫 상담에서 "상담을 신청할 때에 비해 최근에는 문제가 좀 나아져서 더 이상 올 필요가 없는 것 같다."라고 말하는 경우 이것을 저항이나 상담에 대한 거부로 해석하기도 하였다. 그리고 상담약속을 하고 문제가 좀 나아져서 약속을 취소하겠다는 연락을 하는 사람들도 적지 않은데 많은 상담자들은 이것에 큰 관심을 두지 않았으나 드 세이저와 버그는 첫 상담 전의 변화에 관심을 두었다.

사람들은 일상생활을 중심으로 발생하는 문제를 해결하기 위해 계속적인 노력을 하고 있으며, 그 방법의 하나로 상담약속을 하게 되는 것이다. 상담약속은 매우 적극적이고 긍정적으로 해결 방법을 모색하는 것이다. 상담약속은 내담자로 하여금 상담실에서 무엇이 어떻게 전개될 것인지를 생각하게 하며, 문제에 관하여 좀 더 구체적이고 객관적으로 생각하는 계기가 된다. 그리고 상담자에게 가면 무엇인가 좋은 해결책이 있을 것이라는 희망과 기대로, 암담하기만 하였던 상태에서 어느 정도 벗어나는 경험을 하게 된다.

상담자는 어떻게 문제의 심각성 정도가 완화되었는지를 내담자가 파악할 수 있도록 질문을 하며, 의도적으로 혹은 우연히 실시한 방법에 관하여 인정하고 칭찬을 해 준다. 그리고 다른 사람의 도움 없이 스스로 노력한 것과 해결능력을 인정하고, 그러한 사실을 강화하고 확대할 수 있도록 격려한다.

첫 상담 전의 변화에 관한 질문 예

"전화로 약속하고 오늘 오기까지 어떤 변화가 조금이라도 있었나요?"
"말씀을 들으니 변화가 있었는데 어떻게 그렇게 하셨나요?"
"그런 방법을 계속 사용하면 무엇이 달라질까요?"

3. 보람질문

보람질문은 한국에서 해결중심모델을 교육하고 실무에 적용하는 과정에서 명명된 질문이다. 외국에서 수입된 상담 모델을 토착화한 산물이라고 할 수 있다.

상담의 결과로 어떠한 상태가 된다면 상담이 보람 있다고 생각하게 될지를 내담자에게 질문한다. 즉, 내담자가 상담을 통해 어떠한 긍정적 변화를 하기 원하는지를 질문한다. 이 질문은 내담자로 하여금 문제가 해결된 상황을 구체적으로 생각해 보도록 돕고, 상담자는 내담자의 기대와 욕구를 명확하게 파악할 수 있게 되어 그것을 바탕으로 상담목표를 구체적으로 설정하는 데 도움이 된다.

보람질문의 예

"무엇이 좀 좋아지면 여기 와서 상담을 받은 것이 보람 있었다고 말할 수 있을까요?"
"상담의 결과로서 무엇이 좋아지면 여기 온 것이 보람 있었다고 말할 수 있을까요?"

4. 예외질문

사람들이 문제에 처했을 때 다른 일을 제쳐두고, 문제의 원인과 발생과정, 그 문제의 심각성, 문제로 인한 피해 등에 대하여 골몰히 생각하는 데 시간을 쏟는 경우가 있다. 이렇게 되면 그 문제는 실제보다 더 크고 심각하게 여겨지곤 한다. 그러나 사람들은 문제에 관하여 여러 측면에서 이미 해결책을 시도했고 이 시도에 의하여 성공적인 경험을 했으며, 이런 경험을 가능케 하는 강점과 자원을 가지고 있는 경우가 많다. 그럼에도 불구하고 이런 긍정적 경험을 잊은 채로 문제에 골몰함으로써 문제중심적인 사고를 하게 된다. 드 세이저와 버그는 이와 같이 내담자들이 문제중심적인 사고에서 벗어나지 못하는 것이 성장과 변화에 장애가 됨을 발견하였다. 내담자들이 이미 효과적인 해결책을 사용하고 강점과 자원을 갖고 있으면서도 의식하지 못하기 때문에 문제해결책을 구축하지 못하는 것에 관심을 둔 것이며 이 점에 초점을 두고 발전시킨 것이 예외질문이다.

드 세이저와 버그는 해결중심상담의 주요한 특성으로 내담자의 문제중심적 사고를 해결중심적 사고로 전환하는 것을 강조했다. 따라서 문제와 병리적인 것보다는 강점, 자원, 성공적 경험 등을 탐색하고 이에 대해 인정하고 강화하며 확대하는 것에 초점을 두고자 했다. 실제적인 상담에서 처음에 관계를 형성할 때에 내담자의 관심, 취미, 장점 등 건강한 측면에 관하여 표현하도록 질문하며 진행하고, 어느 정도 문제가 파악되면 예외질문을 통하여 구체적으로 예외에 관한 탐색을 시작한다. 예외질문은 매회 사용하며, 첫 회 이후 상담부터는 지난 회기 이후에 성장하고 변화한 것을 탐색하는 것에 초점을 두고 사용한다.

예외질문의 목적은 문제 해결을 위해 우연히 성공적으로 실시한 방법을 탐색하여 의도적으로 실시하도록 돕는 것이다. 이것은 사람들이 일상생활에서 이미 성공적으로 잘하고 있으면서도 의식하지 못하거나 가치를 두지 못하는 것이 적지 않고, 우연히 효과적인 행동을 하는 경우가 많기(Berg, 1994a) 때문이다. 일반적으로 문제해결을 위해 무언가를 새롭게 배워서 행동하는 것보다 이미 성공적으로 실시한 것을 탐색하여 의미를 부여하고 의도적으로 실시하는 것이 효과적이며 지속성이 있다고 본다.

사람들이 일단 자신의 강점을 인식하면 문제 해결에 그것을 더욱 효과적으로 활용할 수 있기 때문에(De Jong & Miller, 1995) 예외질문의 효과성이 높다고 보며, 이에 관해서는 실무자와 내담자의 경험을 통하여 파악할 수 있다. 내담자들이 문제에 관련된 부정적인 생각과 문제를 제거하고 감소시키는 것에 몰두할 때에는 피해의식이 강하며 자아존중감이 낮아지는 경향이 있다. 그러나 자신의 강점, 자원, 성공한 경험에 대하여 예외질문을 통하여 계속 탐색하고 인정과 지지를 받는 상담 과정에서는 자아존중감이 회복되고 향상되는 것을 발견할 수 있다(송성자, 김유순, 어주경, 정윤경, 최중진, 2013). 예외질문은 개인적인 것은 물론 가족과 지역사회와의 관계 속에서 이루어지는 일상생활에 관한 긍정적이며 자랑스러운 것을 이야기하도록 격려하면서 강점과 자원을 탐색하기 때문에 내담자와의 협력적인 관계를 발전시키는 데 도움이 된다(송성자, 최중진, 2003).

내담자가 자신의 문제와 어려움을 상담자에게 솔직하게 털어놓는 것은 힘든 일이며 부정적인 자아상에 영향을 준다. 그러나 예외질문을 반복하는 과정에서 내담자들은 자신의 강점과 자원을 발견하게 되고 문제에 대해 새로운 의미를 부여하면서 자신감을 회복하며 긍정적인 자아상을 갖게 된다. 결과적으로 내담자는 자아존중감이 회복되는 과정에서 기능이 회복되고, 해결책을 구축하며 상담의 목표를 성취하게 된다.

문제의 원인적 요인, 발생과정, 문제에 대한 책임, 피해 등에 몰두하는 내담자는 문제중심적인 사고방식에 익숙하여 반복적으로 문제를 이야기하는 경향이 있다. 이러한 내담자에게 예외질문은 문제보다는 해결책을 모색하는 것으로 관심을 전환시키도록 돕는 데 효과적이다. 예를 들면, 가정폭력 피해여성들이 피해 사건을 중심으로 이야기하며 문제중심에서 벗어나지 못하는 경향이 있을 때, 문제중심에서 벗어나도록 돕기 위하여 반복적으로 강점과 자원 중심의 대화를 하도록 예외질문을 하는 것이 도움이 된다(송성자 외, 2013).

예외질문의 예

"문제가 발생하지 않은 것은 언제였나요?"

"본인의 강점과 자원은 무엇이라고 생각하세요?"

"문제가 발생하는 상황과 발생하지 않는 상황에 어떠한 차이점이 있나요?"

"문제가 발생하지 않을 때 무엇을 하시나요?"

"남편의 강점은 무엇인가요?"

"최근에 보람된 일이 있었다면 무엇인가요?"

"문제를 성공적으로 극복한 경험에 대해 말씀해 주시겠어요?"

5. 기적질문

배우자나 자녀의 문제가 절대로 변화하지 않을 것이라고 믿으며, 희망이 없다고 보는 내담자를 상담해야 하는 상황은 상담자를 난감하게 만든다. 특히, 약물남용이나 알코올중독과 같은 중독 문제가 있는 경우 현실적으로 변화나 치유가 불가능하다고 생각하면서도 상담을 요청하는 내담자가 있다. 드 세이저와 버그는 1984년에 내담자를 상담하는 과정에서 내담자가 삶의 희망이 없다며 낙심하고 하루도 더 살 수 없다고 하면서 "기적이라도 일어난다면 모를까 문제가 해결될 것이라고 기대하진 않아요."라고 말하는 것을 듣고 공감하여 기적질문으로 명칭을 붙이고 발전시켰다.

기적질문의 목적을 살펴보면, 첫째, 내담자가 변화의 가능성에 대하여 제한 없이 자유롭게 생각할 수 있게 한다. 둘째, 내담자가 과거와 현재의 문제에서 벗어나 좀 더 만족스러운 삶을 살 수 있는 미래로 관심을 돌리게 한다(De Jong & Berg, 2012, 노혜련, 허남순 역, 2015). 즉, 기적질문은 문제가 해결된 상태를 상상해 보고, 해결하기 원하는 것들을 구체화하고 명료화하며, 상담목표를 현실적이고 구체적으로 설정하기 위해 사용된다.

내담자가 자신에게는 성공적인 경험과 강점이 없다고 생각할 때, 문제중심적 대화를 계속할 때, 미래에 대하여 부정적으로 생각하여 목표 설정이 어려울 때 기적질문을 사용한다. 기적질문은 문제중심적이고 희망이 없다고 생각하는 사람들이 문제가 모두 해결된 상태를 상상하고 자신과 가족원의 변화된 행동과 그 행동을 할 때의 감정과 생각, 변화된 상호작용 등을 생생히 상상하는 과정에서 자기문제를 인식하고 해결책을 발견하는 데 도움이 된다.

기적질문은 문제를 제거하거나 감소시키지 않고, 문제와 분리하여 해결된 상태를 상상하도록 하는 것이다. 기적질문을 통하여 변화하기 원하는 것을 스스로 발견하게 하고 문제에 대한 집착으로부터 벗어나게 한다. 이러한 경험은 내담자에게 강력하고 새로운 경험이 되며 희망과 가능성의 꿈을 갖게 한다. 내담자는 기적질문에 응답하는 과정에서 기적을 만드는 사람은 바로 자신임을 깨닫게 되고, 작은 일부터 시작해야 한다는 것을 차츰 인식하게 되며, 변화된 생활을 구체적으로 상상해 보고 상상 속의 그 생활이 바로 자신의 상담목표가 이루어진 상황임을 재인식하게 된다. 이러한 내적 과정은 변화 동기를 갖게 하는 근거가 된다.

기적질문에 이어 적절한 관계성 질문을 함으로써 대인 관계 속에서의 강점을 확인하고 강화하도록 돕는다. 그리고 가족관계 또는 인간관계 속에서 문제 해결을 위하여 현실적이고 구체적인 방안을 탐색하며 목표를 설정하게 된다. 내담자들은 기적질문에 대한 답을 생각하면서 가족원들이 상호 간에 영향을 미치는 상호작용에 대한 통찰력과 관계능력, 가족원에 대한 배려, 자기통제 등의 능력이 향상된다. 결과적으로 내담자는 문제중심적 사고와 절망적인 감정에서 벗어나게 되고 꿈과 희망을 갖기 시작한다.

기적질문을 사용할 때에 주의할 것은 "어떻게 달라질까요?" "기적의 표시는 무엇일까요?"와 같이 미래에 관한 질문이어야 한다는 것이다. 그리고 그 상황은 당연히 일어날 상황인 것처럼 '일어날 때'라고 질문해야 하며, '만약에 기적이 일어난다면'이라는 식으로 가정을 해 보자는 자세로 질문하지 않도록 주의해야 한다. 처음에는 가정의 의도를 가지고 질문하더라도 점차로 내담자가 무엇을 다르게 할 것인지 내담자의 의지에 관해 질문한다. 계속되는 질문에 내담자가 긍정적으로 응답하도록 질문하는 것이 중요하며, 질문을 통해 내담자가 기적을 현실화하기 위해 새롭게 행동을 해야 한다는 것을 암시해야 한다.

기적질문은 시작에 불과하다. 내담자가 좀 더 만족할 만한 미래에 대한 방향과 목표를 표현하도록 돕는 질문들을 계속해야 한다. 그리고 현재의 생활에서 실행할 수 있는 것은 무엇인가에 관하여 질문함으로써 실제생활과 연결시켜 나가야 한다.

기적질문의 예

"밤에 잠자는 동안에 기적이 일어나서 지금 여기 가지고 온 문제가 해결되었다고 상상합시다. 그렇지만 잠자는 동안에 기적이 일어났기 때문에 무슨 일이 생겼는지 아무도 모릅니다. 내일 아침 기적이 일어났다는 것을 어떻게 알 수 있을까요?"

"무엇이 달라져 있을까요?"

"어머님이 그것을 어떻게 해 내셨을까요?"

"세 분 사이에 뭐가 또 달라져 있을까요?"

"어머님이 그렇게 할 때 가장 놀랄 사람은 누구일까요?"

"그다음은 누구죠?"

"기적이 일어난 후 제가 파리가 되어 댁의 거실 벽에 붙어서 세 분을 관찰한다면 세 분이 함께 무엇을 하고 있는 것을 보게 될까요?"

"네 동생이 여기 앉아 있다면, 기적이 일어난 후에 너와 엄마의 사이가 어떤 식으로 달라졌다고 말할까?"

"그렇게 변한 것은 너에게는 어떤 차이가 있니?"

"지금 말씀하신 기적들 중에 조금이라도 이미 일어난 것이 있는지 궁금한데요."

가상질문 해결중심모델의 개발자들이 가상질문을 별도로 개발한 것은 아니며 기적질문을 개발하고 활용하는 과정에서 가상적으로 생각하는 것에 초점을 두면서 기적질문의 테두리 안에서 사용하게 되었다. 가상질문의 사용 목적과 사용 시기, 기적질문과의 차이점에 관하여 간략하게 설명한다.

기적질문이 초점을 두는 것은 예외적인 것을 발견하도록 돕고 내담자에게 문제가 해결된 상태, 즉 긍정적인 장면을 상상하도록 하여 상담목표를 설정하고자 하는 것이다. 기적질문은 일반적으로 상담목표를 설정하기까지 상담 초기에 사용하고, 상담 과정에서 반복적으로 사용하지는 않는다. 그러나 가상질문은 기적이 일어난 상황은 아니지만 특정한 사건이나 관계를 가상하고 현실과 연결시키도록 돕는다. 현실적으로는 불가능하다고 생각하는 것도 가상적으로 생각해 보도록 질문함으로써 이전에 생각해 보지 못한 장면을 상상하고 강점과 자원을 발견하거나 목표설정을 가능하게 한다. 예를 들면, "만약 여기 가져온 문제가 다 해결된다면 무엇이 다를까요?" "아버지가 살아 계신다면 어떻게 성장하기를 기대하실까요?" "어머니가 아들의 변화를 알아본다면 어떻게 반응할까요?" "돌아가신 어머니가 하늘에서 너를 보고 계시고 염려를 한다면 네가 어떻게 행동하기를 원하실까?" 이와 같은 질문은 초기 상담에서 주로 사용하는 기적질문과는 달리 상담 과정에서 필요하면 언제든지 사용할 수 있다. 가상질문의 예로서 "만약 여기 가져온 문제가 다 해결된다면 무엇이 다를까요?"라고 질문하는 것은 문제가 모두 해결된 상황을 상상해 보도록 하는 것이다. 이러한 질문은 문제가 해결된 상황을 상상해 봄으로써 미래 삶의 방향과 행동을 생각하도록 돕는다.

기적질문과 가상질문은 문제가 해결된 가족관계 속에서 상호 간에 영향을 미치는 것과 자신과 가족원의 위치, 존재가치, 역할 등에 관하여 새롭게 인식하고 가족과의 관계에서 해결책을 발견하도록 돕는다. 기적질문을 통하여 사람들은 일반적으로 생각하지 못했던 미래의 자신에 대한 긍정적인 자아상을 만드는 데 관심을 둠으로써 희망을 갖게 되고, 상담자와의 협력적 관계에서 현실적으로 희망하는 바를 실현하는 방안을 구축하게 된다.

> **가상질문의 예**
>
> "만약 여기 가져온 문제가 다 해결된다면 무엇이 다를까요?"
>
> "만약 아버지가 살아 계신다면 어떻게 성장하기를 기대하실까요?"
>
> "부인이 남편에게 분명하게 의사를 표현하고 전달한다면 남편은 어떻게 반응하시겠습니까?"
>
> "남편이 마음속으로 미안하게 생각한다고 가정할 때에 무엇이라고 말을 하겠습니까?"
>
> "돌아가신 어머니가 하늘에서 너를 보고 계시고 염려를 한다면 네가 어떻게 행동하기를 원하실까?"

6. 척도질문

일반적으로 사람들은 감정과 느낌의 정도를 주관적으로 표현한다. 실제로 자신의 감정과 느낌을 객관적으로 설명한다는 것은 매우 힘든 일이다. 많은 경우 내담자들은 문제에 관하여 애매모호하고 추상적으로 설명하며, 생각과 감정의 변화에 관하여 표현하는 것을 어려워한다. 척도질문은 이러한 것들에 관하여 좀 더 명확하고 현실적으로 설명할 수 있도록 돕기 위해 개발되었다. 많은 연구자들이 척도질문을 실제로 사용하면서 다양하고 창의적으로 발전시켜 나가고 있다.

척도질문은 1점부터 10점까지의 척도 위에 내담자가 인식하는 문제의 정도, 해결 가능성, 상담의 진전 정도를 숫자로 표시하도록 질문한다. 예를 들면, "1부터 10까지 있는 척도에서 10은 문제가 해결되었다고 확신하는 것을 말하고, 1은 문제가 가장 심각할 때를 말합니다. 오늘은 몇 점에 해당하시나요?"와 같은 질문이 해당한다. 버그와 돌런(Berg & Dolan, 2001)은 척도질문은 특히 정서적으로 힘든 상황에 있는 사람들이 미래를 향해 나아갈 수 있도록 하며, 현재의 상태를 유지할 수 있는 힘과 자원이 자신에게 있다는 사실을 인식하게 하는 데 도움이 된다고 하였다. 코코란(Corcoran, 2001)은 척도질문이 내담자가 조금 더 희망적인 미래를 볼 수 있도록 도와주며 내담자의 강점을 발견해 내는 유용한 도구로 활용될 수 있다고 강조했다.

일반적으로 사람들은 생각과 감정의 정도를 구체적이며 명확하게 설명하는 것을 어려워한다. 그러나 생각과 감정의 정도를 표현할 때 임의로 정한 수치를 사용하면 좀 더 구체적으로 표현하게 되고 사실적으로 설명할 수 있게 된다. 척도질문은 특히 내담자가 원하는 상태를 향해 가는 데 있어서, 한꺼번에 많은 진전이 아니라 한 단계 진전된 상황을 구체적으로 생각하고 설명하는 데 도움이 되고, 그 단계로 진전하기 위해 무엇을 해야 할지 탐색하는 데 도움이 되며 그럼으로써 변화에 대한 동기 강화를 가능하게 한다.

척도질문의 목적은 숫자를 사용하여 내담자가 현실적이며 구체적으로 생각을 정리하고, 점수의 근거를 구체적인 행동으로 제시하고, 자신의 구체적 기대와 목표, 성장과 변화의 상태를 확인할 수 있도록 돕는 것이다. 척도질문은 막연했던 생각을 명확하게 하며, 자신의 성장과정을 발견하고 인정하도록 하며, 내담자가 질문과 응답에 집중하고 협동하도록 이끈다.

내담자가 응답한 숫자에 기초해 내담자가 어떻게 그 점수까지 도달할 수 있었는지, 그리고 그 점수의 근거가 무엇인지를 탐색하도록 하고, 목표로 하는 점수에 도달하기 위해 자신이 할 수 있는 것을 탐색하도록 돕는다. 현재의 상태, 성장, 변화에 대한 구체적이며 행동적인 것은 일반적으로 강점과 예외적인 것을 근거로 한다. 따라서 척도질문에 응답하는 과정에서 자신의 강점과 예외적인 것을 새롭게 인식하며, 작은 변화와 성장에 새로운 의미를 부여하는 과정에서 자신의 능력을 재인식하게 된다.

척도질문은 다양하게 사용할 수 있으며 사용 영역에는 문제의 우선순위, 성공 가능성, 정서적 가족관계, 자아존중감, 문제 해결 가능성에 대한 확신, 변화를 위해 투자할 수 있는 노력, 변화를 위한 동기, 진행에 관한 평가 등이 포함된다. 그리고 척도질문은 문제의 심각한 정도를 사정하고, 상담목표 성취 정도를 측정하고, 결과를 구체적으로 평가하는 데 있어 매우 유용하다. 이외에도 내담자의 상태와 상담자의 능력에 따라 얼마든지 창의적으로 사용할 수 있다.

척도질문은 매우 단순해서 어린이로부터 노인에 이르기까지 쉽게 사용할 수 있다. 특히 아동과 청소년은 숫자에 많은 관심을 표현한다. 척도질문을 사용할 때 주의할 것은 '오늘' '지난주' '지난달' 과 같이 시간을 제한해 주어야 하며 그렇게 하지 않으면 내담자가 혼돈하기 쉽다. 그리고 현재와 미래에 관하여 초점을 두고, 과거에는 관심을 적게 둔다. 척도질문을 주로 사용하는 측면과 구체적인 예는 다음과 같다.

척도질문의 예

1. 문제해결에 관한 전망에 관련된 척도질문

"1점부터 10점까지 있는 척도에서 10점은 문제가 해결되었다고 확신하는 것을 말하고, 1점은 문제가 가장 심각할 때를 말합니다. 오늘은 몇 점에 해당하나요?"

"문제가 해결될 가능성은 몇 점이라고 생각하시나요?"

"오늘의 상태가 4점이라고 했는데 무엇이 달라지면 5점이 될 것 같으세요?"

"남편이 여기 있다면 이 문제가 해결될 가능성을 몇 점이라고 할까요?"

"목표가 7점이라고 했는데 7점의 상태는 어떤 것인가요?"

2. 동기에 관련된 척도질문

"최선을 다해 노력하는 것을 10점, 전혀 노력을 하지 않는 것을 1점으로 할 때에 문제 해결을 위해 몇 점쯤 노력할 수 있으시겠어요?"

"남편은 당신이 몇 점 정도 노력할 것이라고 말할까요?"

"1점을 높이기 위해 무엇을 다르게 행동할까요?"

"어머니는 당신이 1점 높이기 위해 무엇이 필요하다고 말씀하실까요?"

"어머니는 무엇을 보면 당신이 1점 향상되었다고 생각하실까요?"

3. 자기존중 감정에 관련된 질문

"10점을 어머님이 최상으로 생각하는 상태라고 하고, 1점은 최악의 상태라고 한다면, 지금 어머님의 상태는 어느 정도인가요?"
"1점이 향상되었을 때, 어머니는 당신에게서 무엇이 달라졌다고 하실까요?
"당신이 1점 향상된 것을 어머니가 아신다면, 어떻게 다르게 반응하실까요?"

4. 진전 상태를 평가하는 척도질문
"10점을 상담목표가 성취된 상태라고 하고, 1점을 처음 상담받으러 왔을 당시의 상태라고 한다면, 오늘의 상태는 몇 점이라고 하시겠어요?"
"1점을 높이기 위해 무엇을 다르게 행동해야 할까요?"
"1점이 올라간다면 누가 변화를 가장 먼저 알 수 있을까요?"
"어머니가 당신의 변화를 안다면 당신에게 어떻게 다르게 행동하실까요?"

5. 관계를 평가하는 척도질문
"당신은 결혼을 지속하기 원하는 것이 몇 점입니까?"
"남편은 결혼생활을 지속하고 싶은 정도가 몇 점이라고 할까요?"
"남편은 당신이 결혼을 지속하기 원하는 것이 몇 점이라고 말할까요?"
"결혼생활을 유지하기 위해 희생하고 노력한 것은 몇 점 정도입니까?"
"현재의 관계를 4점 정도라고 한다면 무엇이 달라지면 1점이 올라갈까요?"

7. 대처질문

많은 내담자들은 매우 낙담하고 절망하고 좌절하는 비관적인 상황에서 상담자에게 온다. 내담자는 문제에 압도당한 기분이거나 문제가 너무 복잡하고 심각하여 희망이 없다고 생각하기도 한다. 그러나 대부분의 내담자들은 실제로는 예외적인 경험을 갖고 있을 뿐만 아니라 어려운 문제를 성공적으로 대처한 경험을 가지고 있다. 단지 인식을 제대로 하지 못하고 있다. 버그와 밀러(Berg & Miller, 1992)는 내담자가 어려운 상황에서 성공적으로 대처한 방법에 관하여 재인식하게 될 때에 힘을 얻게 되는 것에 관심을 갖고 대처질문을 발전시켰다. 대처질문은 내담자가 어려움과 위기를 어떻게 극복하고 생존해 왔는지 그리고 희망을 버리지 않고 유지해 올 수 있었는지에 관하여 질문하는 동시에 생존능력을 인정하고 간접적으로 칭찬하는 것이다. 내담자는 어려운 상황에서 간신히 지탱해 온 방법, 가까스로 대처해 온 방법, 어쩔 수 없이 한 것, 그런대로 지속적으로 유지하고 있는 것, 문제와는 별도로 지속하고 있는 것 등에 관하여 이야기하는 과정에서 성공적인 것을 발견하고 자신의 능력을 확인하게 되며, 계속해야 하는 해결책을 구축할 수 있는 근거를 형성하게 된다.

대처질문의 목적은 내담자가 어려운 상황에서 견디어 내고 더 나빠지지 않은 것을 강조하고, 위기에서 살아남기 위해 대처해 온 방법을 발견하고, 자신의 자원과 강점을 발견하여 인식하도록 돕고, 인정하고 칭찬하는 것을 통하여 능력을 강화하고 확대하는 것이다. 상담자의 역할은 내담자가 어려운 상황에서 견디어 내고 더 나빠지지 않은 것을 강조하고, 위기에서 살아남기 위해 노력해 온 방법을 발견하고, 그것을 인식 · 강화 · 확대하기 위한 근거로 활용하는 것이다. 상담자는 내담자가 힘든 상황에서도 실행한 일들이 문제 해결에 도움이 되었다는 점을 칭찬하고 격려해 주고, 내담자 자신이 어려움을 극복할 수 있는 능력을 갖고 있다는 사실을 확인하게 한다. 때로는 "어떻게 더 나빠지지 않았나요?"라는 질문을 하기도 한다. 이 질문은 내담자에게 자신의 대처능력이나 성공적인 경험을 인정하거나 깨닫지 못하는 것을 간접적으로 지적하는 것이다(Berg & Miller, 1992).

대처질문은 대처기술과 관련된 강점을 발견하고 인식하는 것을 돕는 질문을 하고 대답하는 과정에서 내담자가 자기존중 감정과 자신감을 회복할 수 있도록 도와준다(De Jong & Miller, 1995). 대부분의 내담자들은 역경을 극복한 것에 큰 의미를 부여하고 있지 않으며, 생존하기 위해 무의식적으로 행동하였기 때문에 대처질문을 할 경우 그 반응은 매우 크고 긍정적이다. 특히 가정폭력 피해자들의 경우, 해결중심 접근의 상담을 받았을 때 대처질문이 가장 인상적이며 이 질문으로 인해 또 다른 자신을 발견하게 되었다고 말한다(송성자 외, 2013).

대처질문의 특징은 내담자가 역경을 극복한 사실에 관하여 진술하는 것을 전적으로 수용하며, 역경을 통하여 터득한 지식과 지혜를 포함하는 강점을 인정하고 존중하는 것이다. 역경을 극복할 수 있었던 능력과 가족과 자신에 대한 애정이나 책임감을 강조하고, 자신의 행동이 치유에 어떻게 영향을 주었는지 인식하도록 돕는다. 대처질문은 내담자가 의식하지 못하고 있는 생존능력, 대처능력, 의지력과 책임감 등의 강점을 발견하여 지적하고 인정하며 새로운 가치를 부여함으로써 내담자가 자신감과 능력을 회복하고, 긍정적인 자아상을 갖도록 돕는다.

대처질문의 예

"어머니 말씀대로 아주 힘든 상황 속에서 그렇게 고생을 하면서도 자녀들이 건강하게 성장할 수 있도록 잘 돌보았는데 어떻게 그렇게 할 수 있으셨나요?"
"그와 같이 대처하면 도움이 될 것이라는 것을 어떻게 아셨나요?"
"어머니는 대단한 의지력과 강한 책임감이 있고 극한 상황을 대처할 수 있는 지혜가 많습니다. 이러한 것을 누구에게서 배우셨나요?"
"역경을 극복한 경험이 본인과 자녀들에게 어떻게 도움이 될 것 같으세요?"
"어떻게 모든 것을 포기하지 않고 오늘까지 지탱해 오셨나요?"
"오늘까지 지탱하도록 한 힘은 무엇인가요?"
"지금까지 해 온 것을 유지하기 위해 무엇을 해야 할까요?"

8. 관계성 질문

일반적으로 사람들은 정서적으로 불안정한 상태에서 자신의 문제에 집중하다 보면 다른 사람의 입장과 의견에 관하여 생각하지 못하는 경향이 있다. 많은 경우 인간관계에서 발생하는 갈등은 다른 사람의 입장과 의견을 알거나 이해하는 것만으로도 해결 가능하게 된다.

관계성 질문이란 내담자와 중요한 관계에 있는 사람의 생각, 의견, 가치관, 반응

등에 관하여 질문하는 것이며 목적은 다른 사람의 의견, 생각, 가치관 등에 관하여 생각하고 이해하도록 돕기 위한 것이다. 해결중심 가족상담에서는 관계성 질문을 통하여 내담자가 다른 가족원의 생각, 의견, 가치관, 반응을 관찰하도록 하며, 다른 가족원의 입장이 되어서 자신의 행동을 바라보게 하고, 가족관계 속에서 자기의 위치와 역할을 의식하도록 한다. 관계성 질문의 목적은 상담 현장에 참석하지 않은 사람의 생각, 의견, 가치관, 반응 등에 관하여 질문함으로써 자기중심적 생각에서 벗어나고, 가족관계 속에서 문제를 생각하고, 좀 더 현실적이며 객관적으로 판단하도록 돕는 것이라고 할 수 있다.

관계성 질문은 예외질문, 기적질문, 척도질문 등과 병행하여 사용하는 경우가 많은데, 이는 해결중심상담에서 사용하는 질문기법들이 가족관계에서 사용되는 것이며, 질문을 통하여 가족관계에서 발생되는 문제를 해결하기 때문이다.

관계성 질문의 예

"남편이 여기에 있다면 부부관계에서 어떠한 점이 변화되면 부부관계가 회복되는 데 도움이 될 것이라고 말 할까요?"

"남편의 입장에서는 결혼생활을 지속하려는 의지가 몇 점이라고 할 수 있을까요?"

"어머니가 아들에게 잔소리하는 대신에 조금이라도 노력하고 변화한 것을 관찰하여 지적하고 칭찬한다면 어떻게 반응하시겠어요?"

"아들이 아침에 일찍 일어난다면 어머니는 어떻게 반응하시겠어요?"

"남편은 아들이 상담을 통하여 무엇이 가장 변화되었다고 말씀하시나요?"

"부인은 부부관계가 5점으로 회복되었다고 보는데 남편은 몇 점으로 회복되었다고 보실까요?"

"남편 분은 무엇을 근거로 7점으로 설정한 목표가 성취되었다고 보시나요?"

9. 기타 질문기법

해결중심상담의 질문기법은 위에서 설명한 것 이외에도 많이 있다. 그리고 각 질문기법들의 목적이 있지만 때로는 두 개의 질문기법을 혼합하여 사용하기도 한다. 특정한 질문기법의 명칭을 붙여서 사용하지는 않지만 수시로 반복적으로 사용되는 질문들이 있고, 자주 사용하지는 않지만 특별한 상황에서 유용하게 사용하는 질문들도 있다. 이러한 질문들은 상담이 시작되면서부터 사용된다.

상담은 전화로 예약할 때부터 시작된다고 할 수도 있고, 내담자가 상담실에 들어서는 순간부터 시작된다고 할 수도 있다. 상담자들은 상담의 목적과 상황에 따라 많은 질문을 한다. 그러나 상담이 언어적인 질문만으로 이루어지는 것이 아니며 상담자의 태도, 비언어적인 메시지, 상담실의 분위기 등이 내담자에게 영향을 준다. 예를 들면, 접수하는 직원의 태도, 내담자에게 하는 정중한 인사, 차를 마시도록 안내하는 것, 긴장을 풀 수 있는 편안한 상담실 분위기 등은 상담자가 적절하게 질문을 만들고 내담자가 응답을 준비하도록 돕는 중요한 요인들이다. 여기서는 앞에서 다루지는 않았지만 중요하다고 판단되는 질문들에 관하여 소개한다.

1) 초기 관계 형성을 위한 질문

상담 초기에 관계 형성을 위한 질문은 매우 중요하다. 대부분의 내담자들은 상담기관에 올 때에 불안해하며 낯설고 어색한 분위기에서 긴장한다. 특히, 잘 모르는 상담자에게 자신의 고민과 문제에 관하여 터놓고 이야기하는 것은 쉽지 않은 일이다. 따라서 상담자는 내담자가 편안하고 친근감을 느낄 수 있으며 긴장감과 불안감을 덜 수 있는 대화로 시작하기 위해 일상생활과 관련된 질문, 긍정적인 측면에 관한 질문, 원하는 것과 희망에 관한 질문 등으로 시작하는 것이 관계 형성에 도움이 된다. 사람들은 처음 만나는 사람에게 자신의 긍정적인 측면을 이야기하고 좋은 인상을 주고 싶어 하기 때문이다.

초기 관계 형성을 위한 질문의 예

1. 일반적인 질문 내용
   이름, 가족관계, 직업, 사는 지역, 교통편 등에 관한 질문과 관심 표현
2. 긍정적이고 성공적으로 성취한 것에 관한 질문과 관심 표현
   - 좋아하는 학과목, 친구관계, 취미, 관심을 갖고 있는 것 등
   - 성공적으로 성취한 것, 보람을 느꼈던 것
3. 원하는 것과 상담에 대한 기대

2) 문제 파악을 위한 질문

해결중심상담에서는 문제에 관하여 질문을 하지 않는 것으로 잘못 알고 있는 사람들이 있다. 문제중심상담에서 문제 자체에 초점을 두고 질문하는 데 반해 해결중심상담에서는 해결해야 하는 문제가 무엇인지를 파악하는 데 초점을 두는 질문을 한다. 문제중심상담은 문제, 문제의 원인, 발생과정, 심각정도, 문제가 미치는 영향, 문제로 인한 기능장애 등을 파악하는 데 관심을 둔다.

해결중심상담을 하는 상담자는 문제를 파악하고 이해하는 동시에 내담자가 해결하기 원하는 것에 관심을 갖고 질문을 하기 때문에 문제에는 관심이 적은 것으로 보일 수 있다. 오히려 해결중심상담에서는 내담자가 원하는 것에 초점을 두기 때문에 원하는 것을 탐색하는 과정에서 그동안 내담자가 생각했던 것보다 좀 더 핵심적인 문제를 발견하기도 한다. 예를 들면, 자녀의 행동이 문제인 것으로 생각했으나 실제로는 부부관계에 문제가 있는 것을 발견하는 것 등이다.

문제 파악을 위한 질문의 예

"상담받기 원하는 것이 무엇인가요?"
"상담을 받고 해결하려는 것이 무엇인가요?"
"문제를 해결하기 위해 무엇을 시도해 보셨는지요? 그것이 어떻게 도움이 되었나요?"
"남편은 이 문제를 어떻게 해결하려고 하시나요?"

3) 시작을 위한 질문

시작을 위한 질문은 관계 형성과 문제 파악을 위한 질문들을 모두 포함한다고 할 수 있다. 시작을 위한 질문은 치유과정을 시작하는 것에 초점을 둔다. 내담자에게는 불안과 긴장감이 있기 때문에 상담자가 어떻게 신뢰하는 관계를 형성하고, 문제와 원하는 것을 파악하면서 치유적인 과정을 시작하는지가 매우 중요하다. 따라서 책임 추궁과 과정을 무시하는 인상을 줄 수 있는 '왜'를 사용하는 질문은 적절하지 않다. 폐쇄형 질문은 내담자의 응답을 단순하게 만들어서 내담자의 생각, 견해, 감정 등을 파악할 수 있는 정보를 얻기 힘들게 한다.

상담을 시작하는 단계에서 개방형 질문으로서 '누가, 무엇을, 언제, 어디서, 어떻게'와 같은 질문들을 사용하면 내담자의 생각, 태도, 견해 등에 관한 이야기를 이끌어 내는 데 도움이 된다. 문제에 대한 내담자의 감정이나 생각을 말해 줄 것을 요청하거나 문제에 대한 견해가 배우자와 다른 것에 관하여 이야기해 줄 것을 요청할 수도 있다.

다음의 질문들은 해결중심상담의 시각으로 '해결을 위한 면접'을 시작할 때 유용하다. 물론 관계 형성을 위한 질문과 응답이 있은 이후에 사용하는 질문이다. 관계 형성도 되지 않은 상태에서 다음과 같은 질문을 사용하는 것은 편안한 관계 형성에 장애가 될 수도 있기 때문에 주의가 필요하다.

시작을 위한 질문의 예

"어떻게 상담받을 생각을 하셨습니까?"

"오늘 상담의 결과로서 무엇이 좀 달라지기를 원하시나요?"

"사정이 어떻게 달라지기를 원하세요?"

"부부간의 갈등을 해결하기 위해 어떠한 노력을 하셨나요?"

"노력한 것이 도움이 된 것은 무엇인가요?"

"그렇게 하는 방법을 어떻게 아셨나요?"

"지금까지 많이 고생하셨는데 버틸 수 있는 힘은 무엇이었나요?"

"자신의 가장 강한 힘이 무엇이라고 생각하세요?"

"적극적으로 노력했고 강한 의지를 갖고 있는데 누구를 닮았습니까?"

"함께 의논한 사람은 누구인가요? 도움이 된 것은 무엇인가요?"

4) 악몽질문

이 질문은 해결중심상담에서 기적질문과 유사하나 특수한 형태의 문제중심적 질문이다. 목표 설정을 위하여 첫 상담 이전의 변화에 대한 질문, 예외질문, 기적질문 등이 효과가 없을 때 이 질문을 사용할 수 있다. 내담자에게 뭔가 더 나쁜 일이 일어나야만 내담자가 무엇인가를 하려고 하거나 문제에서 벗어날 수 있을 것으로 상담자가 판단할 때 다음의 질문을 사용한다.

이 질문은 치료적 역설을 사용할 때처럼 내담자와의 관계가 잘 형성된 후에 사용하는 것이 좋다.

악몽질문의 예

"오늘 밤에 잠자리에 들었다고 가정해 봅시다. 한밤중에 악몽을 꾸었어요. 오늘 여기에 가져온 모든 문제들이 갑자기 더 많이 나빠진 거예요. 이것이 바로 악몽이에요. 그런데 이 악몽이 현실이 되었어요. 내일 아침에 무엇을 보면 악몽 같은 인생을 살고 있다는 것을 알 수 있을까요?"
"어떻게 더 나빠지지 않았나요?"
"더 나빠지지 않도록 무엇을 했나요?"
"그렇게 하는 것이 도움이 될 것이라고 어떻게 아셨나요?"
"상황이 어떻게 변화되기를 원하세요?"

5) 간접적인 칭찬: "어떻게 그렇게 할 수 있었나요?"

내담자의 특정한 대처방법이 긍정적임을 암시하는 질문이다. 간접적인 칭찬의 질문 형태는 내담자가 자신의 강점이나 자원을 발견하도록 이끄는 것으로 직접적인 칭찬보다 더 효과적일 수 있다. 내담자가 이야기한 바람직한 결과에 대해 관심을 가지고 관계성 질문을 통하여 긍정적인 면을 암시하는 질문을 할 수도 있다. 즉, 상담자는 내담자가 다른 사람의 입장에서 긍정적인 반응을 생각하고 응답하도록 질문할 수 있다. 질문은 내담자에게 가장 좋은 것이 무엇인가를 내담자가 이미 알고 있다는 것을 암시한다.

간접적인 칭찬의 예

"어떻게 아들을 그렇게 건강하게 키울 수 있으셨어요?"
"만약 자녀들에게 제가 이런 질문을 한다면 무엇이라고 대답할까요?"

'엄마가 좋은 엄마가 되기 위해 어떻게 한 것 같아요?'

'엄마가 지금까지 희생적으로 가정을 지킨 것에 대해서 어떻게 생각해요?'

"자녀가 충동적으로 행동할 때에 흥분이 가라앉은 이후에 조용히 이야기하는 것이 서로에게 도움이 된다는 것을 어떻게 아셨어요?"

6) "그 외에 또 무엇이 있나요?" 질문

해결중심상담의 개발자들은 예외적인 것을 발견하고, 장점, 자원, 성공적 경험 등 긍정적인 것을 이끌어 내어 해결책 구축을 위해 활용할 수 있는 다양한 질문기법을 발전시켰다. 특히 첫 회 상담 이후의 상담에서 성장과 변화를 집중적으로 발견하는 것에 관심을 둔다. 상담 이후 어떠한 변화나 성장한 것이 있다는 것을 전제로 하는 "그 외에 또 무엇이 있나요?"라는 질문을 반복적으로 사용하여 내담자의 기억을 촉진하고 격려한다. 질문을 하면서 아주 작은 것이라도 성장과 변화는 중요하다는 점을 강조한다. 내담자는 반복되는 질문을 받으면서 성장과 변화를 계속 탐색하게 되고, 작은 성장과 변화의 의미에 대하여 새롭게 인식하게 된다.

"그 외에 또 무엇이 있나요?" 질문의 예

"아주 조금이라도 변화한 것이 또 무엇이 있을까요?"

"또 다른 좋은 생각이 없을까요?"

"이전에 말한 것과 연결시켜서 또 다른 변화가 무엇이 있을까요?"

요약

해결책 구축 질문은 해결중심상담의 전제 가치와 기본 원리를 실천하는 기술이라고 할 수 있다. 드 세이저와 버그는 상담 과정에서 문제에 대한 내담자의 인식, 견해, 의미 규정, 잠재적 해결능력이 변화할 수 있다는 신념을 갖고 질문기법들을 발전시켰다. 대표적인 질문기법으로 첫 상담 전의 변화에 대한 질문, 보람질문, 예외질문, 기적질문, 척도질문, 대처질문, 관계성 질문 등이 있다.

보람질문은 내담자로 하여금 문제가 해결된 상황을 생각해 보게 함으로써 상담목표를 구체적으로 설정하는 데 도움이 되는 질문이다. 예외질문은 문제와 병리적인 것보다는 강점, 자원, 성공적 경험 등을 탐색하는 목적으로 사용된다. 강점을 인정, 강화, 확대하는 상담 과정에서 내담자는 해결중심적 사고를 발전시키게 된다. 기적질문은 예외적인 것을 발견하지 못하고 목표 설정이 어려울 때에 문제가 해결된 것을 상상하여, 해결책을 발견하도록 돕는다. 척도질문은 감정, 느낌, 문제, 변화 등에 관하여 좀 더 명확하게 표현하고, 문제의 우선순위, 문제해결 가능성, 변화에 관한 평가 등을 측정하는 목적으로 사용된다. 그리고 대처질문은 어려운 상황에서 내담자가 성공적으로 대처한 것을 재인식하여 힘을 얻게 하며, 관계성 질문은 타인의 견해에 대해 이해하도록 돕는 질문이다. 이외 목적은 다르지만 두 개의 질문기법을 혼합하여 사용하거나 특정한 명칭 없이 수시로 반복하여 사용하는 질문도 있고, 자주 사용하지는 않지만 특별한 상황에서 유용하게 사용하는 질문도 있다.

제5장

치료적 피드백의 메시지

긍정적인 강화와 평가는 많은 치료적 접근에서 볼 수 있지만, 특히 해결중심상담에서는 핵심이 되는 부분이다. 해결중심상담에서 면접 종료시기의 피드백은 매우 독특한 것으로 '메시지'라는 형태로 제시된다. 상담자가 면접 종료 시에 내담자에게 메시지를 제공할 때에는 해결책을 구축하는 데 도움이 될 수 있는 정보를 체계화하고 강조한다. 이 장에서는 칭찬, 연결문, 과제로 구성되는 메시지의 작성방법과 공통 메시지에 대해 서술한다.

1. 메시지의 기능

내담자는 변화에 대한 두려움과 혼란의 감정을 갖게 되는데, 문제와 관련되지 않은 제3자의 지지와 격려를 통해 이러한 감정을 해소할 수 있다. 내담자는 면접 종료 시 피드백 메시지를 통해 자신의 강점과 성공적 경험에 대해 확신을 갖게 되며, 이것은 상담목표를 확실히 하는 데 도움이 된다. 메시지는 교육적 기능, 정상화 기능, 새로운 의미의 기능, 과제의 기능(Walter & Peller, 1992, 가족치료연구모임 역, 1996)을 갖고 있으며, 메시지를 작성할 때 내담자가 원하는 것과 할 수 있는 것 중에 적절한 것을 선택해서 사용할 수 있다.

1) 교육적 기능

교육적 기능을 하는 메시지는 어떤 것에 대한 의미에 차이가 있음을 시사하며 이것이 궁극적으로 행동의 차이를 만들게 된다. 일반적으로 메시지는 연구결과나 전문가의 의견에 관한 내용이다. 메시지를 통해 내담자는 자신의 처지나 해결에 관해 다른 관점을 가지며 자신이 이미 믿고 있는 것을 인정하게 된다.

사례 자녀 문제로 상담소에 온 부모

"어떤 아이는 연령에 따라 행동 지향적이 되기도 하고 사고 지향적이 되기도 합니다. 행동 지향적인 아동은 결과를 가장 중시합니다. 사고 지향적인 아동에게 무엇을 하라고 지시할 때는 그것을 왜 해야 하는지 이유를 밝혀 주는 것이 중요합니다. 두 가지 지향성이나 반응 중 어느 한쪽이 다른 한쪽보다 나은 것은 아닙니다. 아이들은 그저 다를 뿐이고 자라면서 지향성이 뒤바뀔 수도 있습니다. 우리가 보기에 어머니의 자녀는 행동 지향적인 연령에 있기 때문에, 어머니가 제시한 이유의 의미를 생각하기 전에 먼저 어떤 행동적 결과가 있어야 한다고 믿고 있을 뿐이지요."

2) 정상화 기능

칭찬을 할 때 가끔은 내담자나 가족에게 그들이 현재 겪고 있는 어려움은 누구나 겪을 수 있는 것이라고 정상화하는 메시지를 준다. 이러한 과정을 통해 내담자는 자신의 호소문제가 자신만이 겪는 문제가 아니라고 인식함으로써 문제의 심각성을 완화시킬 수 있다. 정상화의 또 다른 목적은 현재 내담자가 하고 있는 것을 지지해 줌으로써 자신의 노력을 인정할 수 있도록 하는 것이다.

사례 반항하는 자녀를 둔 부모

"부모님도 아시겠지만 자녀가 사춘기에 접어들면 보이는 특성이 있습니다. 부모와 말을 잘하지 않고 저항하고 집 밖이나 친구들에게 더 관심이 많지요. 이것은 두 분의 아들뿐만이 아니고 대부분의 사춘기 자녀들이 갖고 있는 특성입니다. 이런 시기를 거치는 것은 성장과정상의 과업을 수행하는 것입니다. 이런 의미에서 자녀는 정상적인 길을 가고 있다고 할 수 있지요."

이러한 메시지는 자신의 상황을 문제라고 받아들이기보다는 정상적인 것으로 받아들여 자신의 문제를 좀 더 쉽게 받아들이고 객관화시킬 수 있다.

3) 새로운 의미의 기능

메시지는 현재 발생하고 있는 일에 대해 다른 의미를 제공할 수 있다.

사례 서로 성격 유형이 다른 두 아들을 키우는 어머니가 정리정돈을 못하는 작은아들의 행동문제로 상담소에 온 경우

어머니는 작은아들이 정리정돈을 하지 않고 질서가 없다고 걱정하며 불평했다. 반면 큰아들은 어머니를 닮아 정리정돈도 잘하고 책임감 있는 행동을 한다고 만족스러워했다. 그러나 작은아들은 자기 방을 어머니가 원하는 식대로 정리하지 않아도 뭐가 어디에 있는지 잘 알고 있으며 이에 대해 불편함이 없는데 어머니가 자기 방을 정리해 준다고 불평했다.

이에 상담자는 어머니에게 다음과 같은 메시지를 전했다.

"어머니는 두 아들을 각기 다른 유형으로 아주 잘 키우셨습니다. 현대 사회는 다양한 역할을 하는 사람들을 필요로 하지요. 큰아들은 큰 조직사회에서 자신의 역할을 충실히 할 수 있으니 그런 방향으로 나가도록 잘 이끌어 주시면 어떨까요? 작은아들은 자유롭고 창의적인 일을 잘할 수 있다고 봅니다. 그러니 그런 쪽의 일을 할 수 있도록 이끌어 주시면 좋을 듯합니다."

이러한 메시지는 어머니에게 아들의 행동에 대한 새로운 의미를 갖게 하며 결과적으로 어머니는 작은아들에게 큰 용기와 희망을 갖게 되어 불평과 염려가 없어지게 되었다.

4) 과제의 기능

과제는 상담 과정에서 언급된 것들에 기초하여 만들어지며 해결책 구축을 확대시키는 데 그 목적이 있다. 과제는 내담자의 치료목표와 관련하여 내담자가 현재 생활 속에서 어떤 것이 긍정적으로 나타나고 있는가에 더 집중하게 한다. 과제를 수행함으로써 내담자는 긍정적인 면에 관심을 갖게 되며 자신의 목표를 달성해 가는 방법을 알게 된다. 과제는 내담자의 언어와 목표에서 찾아내도록 한다. 내담자

가 '가족 안에서 보다 큰 조화'를 원한다고 말하면, 상담자는 과제를 줄 때 그와 같은 내담자의 언어를 사용하면서 과제의 내용을 서술하게 된다. 과제에 대한 좀 더 구체적인 내용은 다음에서 설명한다.

2. 메시지의 구조

내담자를 위한 메시지를 만들 때는 드 세이저와 그의 동료들이 개발한 구조를 채택하는 것이 좋다(de Shazer, Berg, Lipchik, Nunnally, Molnar, Gingerich, & Weiner-Davis, 1986). 이 구조는 칭찬, 연결문, 과제의 세 부분으로 구성되어 있으며 다음의 내용을 내담자에게 알리기 위한 것이다. 첫째는 상담자가 내담자의 말을 주의해서 듣고 있다는 것, 둘째는 내담자 자신의 문제에 대한 견해, 즉 자기 생활에서 달라져야 한다고 생각하는 것에 동의하며, 셋째는 자신의 생활을 보다 만족스럽게 하기 위해 내담자가 취하고자 하는 행동에 동의한다는 것이다.

1) 칭찬

칭찬은 진술된 목적이나 문제 해결과정을 중심으로 상담자가 내담자에게 찬사와 지지를 하는 것이다. 칭찬을 하는 기본 목적은 내담자가 하고 있는 것을 강화시켜 문제 해결을 촉진하는 것이다. 월터와 펠러(Walter & Peller, 1992, 가족치료연구모임 역, 1996)는 칭찬의 기능을 다음과 같이 제시하고 있다.

- 긍정적 분위기의 조성
- 최근 변화과정의 조명
- 판단에 대한 두려움의 완화
- 변화에 대한 두려움의 완화
- 정상화시키기 위한 칭찬

- 책임감 증진을 위한 칭찬
- 다양한 견해를 지지하기 위한 칭찬

(1) 긍정적 분위기의 조성

긍정적 분위기는 대화 중에 질문이나 격려를 함으로써 촉진되고, 직접적인 칭찬은 상담의 긍정적인 점을 강화시켜 주거나 한 단계 더 나아가게 한다. 그러므로 상담자는 내담자의 긍정적인 것을 찾아야 한다. 상담자가 내담자의 긍정적인 변화나 현재 잘 기능하는 것에 대해 개방적일 때, 내담자는 마음을 더 열게 된다.

(2) 최근 변화과정의 조명

상담자는 내담자가 기능적이거나 이미 유익한 것을 행하고 있다는 사실을 알게 해 줌으로써 지속적인 변화과정을 촉진한다. 이러한 칭찬은 내담자가 이미 행하고 있는 것에 크게 감명을 받고 있다는 상담자의 언급으로 대신할 수 있다. 그다음 상담자는 상담의 첫 부분에서 발견했던 문제나 최근의 변화와 관계된 모든 예외적인 목록을 작성하는 것으로 상담을 진행시킨다.

(3) 판단에 대한 두려움의 완화

상담의 초반부에 내담자는 상담자에게 많은 이야기를 하게 됨으로써 당황하고 부끄러워하며 자신이 비난받는 것처럼 느낄 수도 있다. 그런데 상담자가 메시지 전달시간에 내담자에게 칭찬을 하게 되면 내담자의 마음은 평온해지고 용기와 희망이 생긴다.

(4) 변화에 대한 두려움의 완화

많은 사람은 변화의 결과에 대해 두려움을 가지고 있을 뿐 아니라 무엇이 일어날지에 대해 걱정한다. 어떤 내담자는 자신이 이미 하고 있는 것을 상담자가 더하라고 할 것 같아 두려워한다. 칭찬은 내담자가 자신의 문제를 해결하려고 노력하면서 분투하고 있다는 사실을 상담자가 벌써 인정하고 있다는 의미다. 이를 통해 내담자는 불안을 감소시킬 수 있다. 상담자가 내담자를 이해하고 있다는 것을 알게 하고 그들의 노력에 합류함으로써 칭찬은 공감적이고 지지적이 될 수 있다.

(5) 정상화시키기 위한 칭찬

문제에 대한 대안이 없다고 생각하는 내담자는 자기만 이런 문제를 가지고 있다고 보거나 문제를 해결하지 못하는 것이 자신의 탓이라고 믿는다. 이때 상담자의 칭찬은 내담자에게 잘못이 있는 것이 아니며 그 문제가 누구에게나 일어날 수 있는 것임을 알도록 언어화하는 것이다. 정상화하는 것은 내담자로 하여금 자책이나 타인의 비난을 중지시켜서 다른 것을 할 수 있도록 유도해 준다.

(6) 책임감 증진을 위한 칭찬

칭찬은 내담자의 책임감이나 신뢰를 상기시키고 조성하는 탁월한 방법이다. 칭찬의 목적은 변화과정에서 내담자가 자신의 자질이나 책임을 깨달으며 더 나아가 독립성을 증진시키는 데 있다.

(7) 다양한 견해를 지지하기 위한 칭찬

칭찬은 부부 각자 또는 가족 개개인을 지지하는 데 사용된다. 일반적으로 가족의 갈등은 가족 중 한 사람이 소외감이나 외로움을 느끼거나 어떤 한 사람이 자신만이 올바르고 선량하다는 생각에서 초래된다. 칭찬은 가족 개개인을 지지하는 데 사용되어 상담자로서 중립을 지키게 한다(Cecchin, 1987; 가족치료연구모임 역, 1996에서 재인용). 상담자가 가족 모두를 칭찬하는 것은 각자의 견해나 입장을 인정해 주는 것이며, 여러 가지 다른 견해가 공존할 수 있다는 입장을 보여 주는 것이다.

상담자는 칭찬을 받는 내담자의 반응을 관찰해야 한다. 내담자의 반응은 상담자의 칭찬이 그에게 어떤 의미를 주는지에 대한 단서를 제공한다. 만약 상담자의 의견에 내담자가 동의한다면, 그는 고개를 끄덕이거나 미소를 지을 것이다. 그러나 동의를 얻지 못했다면, 다음 면접 전에 내담자와의 상담을 통해 얻은 정보에 대하여 다시 평가해 보아야 한다. 그러나 일반적으로 내담자는 상담자의 칭찬에 자극을 받으며 기뻐하는 모습을 보인다.

2) 연결문

연결문은 칭찬과 제안 또는 과제를 연결해 주는 메시지의 한 부분이다. 상담자의 제안이나 과제는 칭찬과 마찬가지로 내담자에게 의미 있게 느껴져야만 수용될 것이다. 그러므로 연결문은 상담자의 제안이나 과제에 대한 근거를 제공하는 것이어야 한다. 연결문의 내용은 보통 내담자의 목표, 예외, 강점 또는 지각에서 끌어낸 것으로 내담자가 사용한 단어나 어구를 넣는 것도 좋은 방법이다.

사례 재취업을 원하는 내담자의 경우

"선생님과 얘기하면서 제가 느낀 것은 선생님께서는 추진력이 강한 분이라는 것입니다. 그래서 다음과 같은 제안을 드리고자 합니다. 우리가 다음 만날 때까지 선생님을 지원하고 있는 기관에서 제공하는 취업을 위한 교육과 훈련에 관한 정보를 알아보시기 바랍니다. 혹시 선생님께 적합하다고 생각되는 직업이 있으시면 그에 관한 구체적 훈련과정을 알아보세요."

3) 과제

메시지의 세 번째 요소는 내담자에게 주는 과제다.

많은 상담 모델이 상담에서 시작된 변화를 견고하게 하기 위해 상담회기 사이에 과제를 주는데, 대부분의 과제는 상담자가 부여한다. 해결중심상담에서 종종 상담자는 내담자가 시도해 볼 만한 일을 제안하면서 상담을 끝낸다. 이러한 제안은 목표와 관련된 내용인데 내담자가 이미 하고 있는 예외적인 행동이나 생각, 감정과 같은 것이다. 때때로 내담자가 직접 과제를 제안하게 하기도 한다. 이러한 방법은 모두 상담자가 내담자와 더욱 협력하려고 애쓰고 있다는 것을 보여 준다. 또한 이 두 가지 모두 상담자보다는 내담자로부터 나온 것이 더 낫다는 기본 철학에 기초한 것이다.

사례 내담자가 제안하는 과제

상담자: 오늘 우리가 마치기 전에, 두 분께 과제를 생각해 보도록 부탁드리고 싶습니다. 두 분 스스로에게 과제를 내주신다면 어떤 것이 좋을까요?

딸: 우리가 좀 더 얘기를 많이 하는 건 어떨까요?

상담자: 좀 더 자세히 얘기해 보겠어요?

딸: 그러니까 제가 학교에서 집에 돌아왔을 때 엄마에게 좀 더 많이 이야기를 하도록 노력하는 거지요. 그리고 엄마는 하던 일을 멈추고 제 이야기를 듣고 말이에요.

출처: de Shazer, Dolan, Korman, Trepper, McCollum, & Berg (2007), 한국단기가족치료연구소 역 (2011).

과제는 관찰과제와 행동과제의 두 가지 유형으로 분류된다. 관찰과제란 상담자가 생각하기에 해결책을 구축하는 데 도움이 될 것에 내담자가 주의를 기울이게 하는 것이다. 행동과제란 상담자가 생각하기에 해결책을 구축하는 데 도움이 될 만한 일을 내담자가 해 보도록 제안하는 것이다. 관찰과제와 행동과제는 면접에서 얻은 정보에 기초하기 때문에 내담자의 준거틀에서 볼 때 의미 있어야 한다. 그러므로 과제를 만들기 위해서 상담자는 내담자와 나눈 대화, 내담자의 문제와 잘 형성된 목표, 예외, 동기, 자신감 등에 대한 대화의 내용을 활용하도록 해야 한다.

관찰과제의 예

"오늘부터 우리가 다시 만날 때까지 상황이 보다 나아졌을 때를 잘 살펴보십시오. 특히, 그런 때는 무엇이 다른지, 그러한 상황이 어떻게 일어나는지, 다시 말해서 그러한 상황이 일어나도록 하기 위해 누가 무엇을 하는지 잘 살펴보시고 다음에 저에게 말씀해 주시기 바랍니다."

행동과제의 예

"어머니께서는 어떻게 해야 딸을 이해시킬지를 잘 아시고 대화하셨군요. 지혜가 많으신 분입니다. 다음에 오실 때까지 어머니께서 어떻게 하면 딸이 엄마를 인정해 줄지를 잘 생각해 보시고 혹시 그중 하나라도 할 수 있으면 해 보시고 오세요."

3. 메시지의 작성

1) 휴식시간과 팀회의

해결중심상담에서 치료적 피드백의 절정은 메시지를 작성해서 전달하는 것이다. 이러한 메시지의 작성은 내담자와 상담자가 상담을 마치기 전에 잠깐의 휴식시간에 이루어진다. 팀이 있다면 이들은 상담자에게 피드백을 주고 내담자에게 칭찬할 점을 이야기해 준다. 내담자의 강점과 이전의 성공했던 경험 및 예외에 기초하여 개입에 대한 제안을 한다. 팀이 없더라도 상담자는 잠시 쉬면서 생각을 정리한 다음, 칭찬거리와 과제에 대한 아이디어를 생각해 낸다. 그리고 상담실에 돌아와서 내담자에게 칭찬을 하고 과제를 준다(de Shazer, Dolan, Korman, Trepper, McCollum, & Berg, 2007, 한국단기가족치료연구소 역, 2011).

▶ 메시지 작성을 위한 팀회의

2) 메시지의 구성요소와 전달방법

내담자는 메시지를 들을 때 메시지의 내용과 전달방법에 관심을 가지기 때문에 메시지의 구성요소와 전달방법은 내담자의 변화를 이끌어 내는 데 중요한 기능을 한다.

메시지의 구성요소와 전달방법을 구체적으로 설명하면 다음과 같다.

상담자는 내담자가 자신의 목표를 성취하기 위해 행한 긍정적이고 성공적인 것과 그가 행한 바람직한 노력을 언급한다. 내담자 자신에게 유익하게 행한 모든 것을 강조하고 내담자에게 신뢰를 보여 주어야 한다. 그리고 가능한 한 내담자가 사용한 단어들을 사용하는 것이 내담자의 협력을 증가시킨다. 내담자가 독특한 어휘를 사용할 때 상담자는 내담자가 말하는 것을 모방하거나 수용하는 것이 바람직하다. 상담의 전문용어는 내담자가 이해할 수 있는 일상어로 바꾼다. 이와 같은 합류의 방법을 통해 내담자 자신은 전문가의 이해를 받고 있다고 생각하고 편안한 느낌을 가질 수 있다. 또한 내담자가 자신의 입장에 대한 방어기제를 사용하지 않게 한다.

상담자는 내담자의 목표에 동의해야 하고 긍정적인 방법으로 목표를 나타내야 한다. 예를 들면, 딸과 힘든 갈등관계로 불평하는 어머니가 딸과 잘 지내고 싶다고 할 때 다음과 같이 언급할 수 있다.

> "어머니께서 딸과 잘 지내고 싶다는 것에 공감합니다. 사춘기 자녀와 잘 지내는 것은 힘든 일이지만 이는 어머니에게 매우 가치 있는 일이라고 봅니다. 그동안 어려운 결혼생활을 해 오면서 딸로부터 인정받기 위해 많은 노력을 해 오셨습니다."

이 예에서 내담자가 여러 가지 노력을 해 왔으며 그 노력을 유지하는 것은 또 다른 시작이라고 볼 수 있다.

상담자는 목표를 성취하는 것은 어려운 것임을 강조한다. 즉, 목표 달성은 어려운 일을 해야 이루어지는 것이고, 문제란 해결되기 어려운 것 중에 하나라는 점을 강조한다. 어렵다는 점을 강조하는 것은 내담자의 동기를 증진시키고 내담자로 하여금 과거의 실패에 대한 체면을 유지하도록 돕는다. 내담자가 문제 해결을 위하여 많은 일을 시도해 온 것이나 포기하기 쉬울 때조차 견뎌 온 것에 대한 적절한 칭찬은 내담자에게 도움이 된다. 그와 같이 말하는 것은 내담자가 문제를 해결하도록 동기화하기 때문에 내담자 자신의 인식을 반영하고 내담자의 협조가 자연스럽게 되도록 한다.

상담자는 항상 과제를 제시하기 위한 근거를 설명한다. 내담자가 다음 상담에 오는 것이 목표라면 그 근거를 설명하는 것이 유리하다. 이 경우 다음과 같이 간략하게 표현할 수 있다.

> "선생님과 보호관찰관은 선생님께 필요한 상담이 무엇인가에 관해 서로 다른 견해를 가지고 있기 때문에 저는 선생님께서 다음 주에 다시 여기에 오시기를 원합니다. 다음 상담에서 우리는 둘 다 서로 다른 견해에 대해 더 나은 생각을 얘기해 볼 수 있을 것입니다."

메시지의 전달은 상담자의 스타일과 전달 태도에 영향을 받는다. 그러므로 상담자는 신중한 태도로 천천히 권위를 가지고 말하는 것이 바람직하다.

3) 과제 작성의 지침

메시지는 칭찬과 연결문 그리고 과제로 구성되어 있다. 과제는 내담자가 상담 밖에서 해야 하는 구체적인 것으로 어떤 과제를 내담자에게 제안하여 시도해 볼 수 있도록 하느냐는 상담의 효과와 변화의 발전에 영향을 줄 수 있다. 과제는 상담의 과정에서 나오며 해결책 구축을 확대시키는 데 그 목적이 있다.

다음의 지침은 월터와 펠러(Walter & Peller, 1992, 가족치료연구모임 역, 1996)가 제안한 것을 근간으로 수정 보완한 것이다.

- 긍정적인 것을 관찰하기
- 예외를 발견하기
- 원하는 상태의 첫 단계에서 수행할 작은 행동을 검토하기
- 목표가 잘 설정되었는지 검토하기
- 내담자가 문제 해결에 대해 어떠한 입장인지 검토하기

(1) 긍정적인 것을 관찰하기

이것은 가장 일반적인 과제다. 이 과제는 우리들이 사용하는 해결책의 구축방안에 관계없이 사용할 수 있다. '긍정적인 것을 관찰하라'는 과제는 그 자체만으로도 사용되지만 때로는 다른 과제와 연결시켜서 사용하기도 한다.

예를 들어, "지금부터 승희 씨는 상담에 다시 올 때까지 승희 씨의 생활(결혼, 가족 등)에서 스스로 계속되기를 바라는 것에 관심을 가졌으면 합니다."

이 과제는 목표와 관련하여 내담자가 현재 생활 속에서 어떤 것이 긍정적으로 나타나고 있는가에 관해 보다 많은 집중을 하게 한다. 과제의 의도는 내담자가 긍정적인 면에 치중하도록 하여 자신의 목표 중 긍정적인 것을 만들어 낸 몇몇 특정한

방법을 깨닫게 하는 것이다.

(2) 예외를 발견하기

과제를 만들기 위한 다음 단계는 예외를 검토하는 것이다. 우선 내담자가 자신의 생활에서 달라지기를 바란다고 얘기한 것과 관련이 있는 예외를 찾아야 한다. 만일 내담자가 예외를 찾는다면 상담자는 그 예외들에 초점을 맞추는 관찰과제를 줄 수 있다. 상담자와 내담자가 달라졌으면 하고 바라는 것과 관련이 있는 예외들을 확인할 수 있다면 그 예외들이 우연적인 것인가 혹은 의도적인 것인가를 확인한다.

만일 상담을 하면서 문제에 대한 예외나 내담자의 의도적 노력으로 문제 해결에 어떤 변화가 일어났다면, 상담자는 그러한 예외적인 것을 계속 수행하여 무엇이 일어났는지 내담자가 관찰하도록 한다. 내담자가 이러한 예외 발생을 구체화할 수 있다면 이미 최적의 행동과제, 즉 '같은 것을 더 많이 하기'의 과제가 정해진 셈이다.

내담자가 말하는 예외적인 것이 내담자의 의지로 일어난 것이 아니거나 혹은 내담자는 예외가 어떻게 일어났는지 설명할 수 없는 때도 있다. 이때 상담자는 예외가 어떻게 일어났는지를 관찰하도록 하는 과제를 제시한다. 가령, 예외가 우연히 일어난 것이라면 앞으로 생길 수 있는 유사한 예외들, 특히 그 일이 어떻게 일어나는지에 주목하라고 제안한다.

(3) 원하는 상태의 첫 단계에서 수행할 작은 행동을 검토하기

상담자는 가끔 내담자가 원하는 해결 상태 이외에 어떤 정보도 얻지 못할 수도 있다. 이는 아마도 예외를 발견할 만한 충분한 시간이 없거나 상담자의 최선의 노력에도 불구하고 확실하게 표현된 예외가 없기 때문일 수 있다. 상담자가 갖고 있는 정보는 가상적인 해결의 묘사일 뿐이다. 내담자는 해결책이 아직 기적이나 마술의 영역에 머물러 있다고 생각하므로, 이 경우 상담자는 내담자에게 집에 가서 해결 상태의 첫 단계에서 수행할 수 있는 매우 작은 것을 실행해 보라고 제안한다. 이러한 제안의 이유는 해결을 오직 '기적질문'의 테두리 안에서만 언급해 왔으므로 내담자의 마음속에 해결 상태는 아직 요원하며 성취할 수 없는 것으로 남아 있을 수도 있기 때문이다.

과제를 그들의 현재 틀에 맞추기 위해서 집에 가서 '실험'을 해 보거나 해결의 첫 단계가 되는 작은 것이 일어난 것처럼 가정한 후 무엇이 일어났는지 알려 달라고 제안한다.

(4) 목표가 잘 설정되었는지 검토하기

과제를 만들 때는 내담자가 목표를 잘 만들어 나아가는 데 얼마나 발전이 있었는지 생각해 보는 것이 중요하다. 다음은 목표가 잘 설정되었는지를 점검하는 질문이다.

- 내담자가 자신의 삶에서 달라졌으면 하는 것을 구체화했는가?
- 내담자가 그것을 구체적이고도 행동적인 말로 정의할 수 있는가?
- 내담자가 그것을 문제가 없다는 것으로 보기보다는 어떤 바람직한 것이 있다는 것으로 보는가?
- 최종 결과라기보다는 시작 단계로 정의할 수 있는가?
- 그것을 상호작용과 상황적인 용어로 설명할 수 있는가?

내담자들은 자신이 원하는 것을 정확하게 설명하는 능력이 각자 다르다. 일반적으로 내담자의 설명이 잘 반영된 목표일수록 그의 목표에 대한 설명에 기초한 행동과제를 내담자가 잘 이해할 수 있기 때문에 해결책을 구축해 가는 데 도움이 된다. 그러므로 과제를 만들 때에는 이 시점에서 내담자가 목표를 어느 정도 잘 설정했는지를 검토하는 것으로 시작하는 것이 좋다.

(5) 내담자가 문제 해결에 어떠한 입장인지 검토하기

내담자가 문제 해결을 위해 원하는 변화가 있고 또 자신이 변화를 하고자 하는 경우에는 내담자와 상담자가 함께 목표를 설정할 수 있고, 내담자는 문제 해결을 위해 자신이 뭔가 다른 행동을 해야 한다고 생각한다. 그러나 내담자가 문제 해결을 위해서 다른 사람이 변화해야 한다고 하는 경우에는 내담자와 상담자가 내담자의 고민이나 문제를 함께 확인할 수는 있으나, 내담자가 문제 해결을 위하여 자신이 어떻게 해야 한다고 생각하지 못한다. 또한 내담자가 변화에 무관심한 경우에는 내담자가 자신의 문제를 인식하지 못하기 때문에 상담자와 내담자가 함께 작업해야 할 내담자의 문제가 무엇인지 확인하는 것이 쉽지 않다.

여기서 내담자가 문제 해결을 위해서 다른 사람이 변화해야 한다고 하거나 혹은 내담자가 변화에 무관심할 때에 내담자를 저항적이라고 생각하는 것은 치료에 도움이 되지 않는다는 점을 다시 한번 강조하고 싶다. 오히려 내담자와 상담자가 함께 내담자의 생활 속에서 변화하고자 하는 것이 무엇인지를 찾아낼 필요가 있음을 인정하는 것이 보다 효과적이다.

4) 다양한 입장을 취하는 내담자를 위한 공통 메시지

내담자를 위한 메시지를 만들다 보면 어떤 상황은 반복해서 일어난다. 이런 상황에서 메시지를 작성할 때 기초로 활용할 기본 진술문을 공통 메시지라고 한다.

(1) 내담자가 변화에 무관심할 때

제3자에 의해 의뢰된 경우의 내담자는 문제에 대한 어떤 특별한 불평이나 도움이 필요한 문제에 대해서도 언급하지 않는다. 그러므로 이러한 내담자는 상담자와 함께 작업할 것이 아무것도 없다는 입장을 취할 수 있다. 그러나 상담자는 이러한 경우의 내담자가 '예측할 수 있는' 변화과정의 단계에 있다고 생각할 수 있다(Quick, 1996). 그러므로 이들에게는 집에 온 손님을 대하듯 정중하게 대하면서 상담에 참석한 것에 감사하고 다음에 다시 올 것을 요청한다.

사례 담임선생님의 의뢰로 상담에 온 학생

"담임선생님이 영철이에게 오늘 이곳 상담실에 와서 나를 만나라고 했지만 영철이가 안 올 수도 있었을 텐데…. 그리고 이렇게 이곳에 오는 것이 쉽지는 않았을 텐데…. 영철이가 말했듯이 별로 할 말도 없고 말이에요, 그렇지요?

그래도 영철이가 오늘 이곳에 와서 나와 함께 이야기를 나눌 수 있어서 참 고마웠어요. 영철이 말대로 영철이는 남이 간섭해서 이래라저래라 하는 것을 싫어하지요? 그만큼 의지가 강하다는 것을 알 수 있었어요.

앞으로 영철이가 어떻게 해야 할지를 생각하기 위해 한 번 더 만났으면 하는데…. 다음에 한번 더 오기 바라요. 그럼 다음 주에 만나도록 하지요."

(2) 내담자가 다른 사람이 변화해야 한다고 할 때

내담자가 문제를 인식하고 서술하지만 상황변화를 위해서 어떤 것도 하지 않으며 그렇게 할 의향도 없을 때가 있다. 대체로 예외도 없고 목표 설정도 어려운 경우가 많다. 비록 예외가 있었다 해도 내담자는 그 일을 대수롭지 않은 것으로 생각한다. 이런 내담자는 자신의 문제에 대한 심각성을 아주 자세하게 묘사하는 경향이 있으며, 다른 사람들이나 조직과 같은 외부의 원인 때문에 문제가 생긴 것이라고 믿고 있다. 또한 자신이 문제 발생에 어떤 역할을 하고 있다고 생각하지 못하며, 문제를 해결하기 위한 능력도 자신에게는 없다고 생각하고 무기력하게 느낀다.

이런 경우의 내담자에게는 다음과 같이 언급할 수 있다.

- 내담자가 예외를 발견할 수 없고 목표가 없을 때

"지금부터 우리가 다시 만날 때까지 현섭 씨의 [가족, 생활, 결혼생활, 관계] 속에서 계속 일어나기 바라는 일 중 어떤 것이 일어나고 있는지 다음번에 저에게 말씀해 줄 수 있도록 잘 관찰해 오시길 바랍니다."

• 내담자가 예외를 발견할 수 있을 때

"다음 시간 우리가 만날 때까지 지금보다 나아진 때(내담자가 발견한 예외)는 언제이며, 그때는 무엇이 다르고, 어떻게 그런 일이 일어났는지를 잘 관찰해 오시기 바랍니다."

(3) 내담자가 원하는 변화가 있고 또 자신이 변화를 하고자 할 때

내담자는 상담자와 내담자가 공동으로 문제의 정의를 내린 상태에서 이미 변화에 효과적인 뭔가를 하고자 하는 의지를 갖고 있다. 내담자가 자신을 해결책의 일부로 지각하고 노력할 마음이 있기 때문에 이들에게는 행동과제를 줄 수 있다. 만약 기적이 일어난 상황을 묘사하고 아주 작은 기적이 일어났다면, 이러한 행동을 계속하거나 이와 유사한 것을 좀 더 많이 하도록 하는 과제를 줄 수 있다. 그러나 기적이 일어난 징후가 없다면 '가상' 혹은 '일어난 것처럼 행동하기'의 과제를 줄 수 있다. 이때 내담자에게 기적을 명확히 묘사한 것에 대한 칭찬을 잊지 말아야 한다.

내담자가 '기적'이 일어난 상태를 그려 볼 수는 있으나 예외를 발견할 수 없을 때 다음과 같은 메시지를 줄 수 있다.

사례 성생활 갈등으로 상담소에 온 부부

남편은 부부간에 성문제가 있다고 언급하며 아내가 자신을 사랑하지 않는 듯하다고 불평했다. 이 사례에서 상담자는 아내에게 기적이 일어나 오늘 여기에 가지고 온 문제가 해결된다면 아내는 어떻게 할지에 대해 질문했다.

아내: 제가 먼저 남편에게 다가갈 것 같아요.
상담자: 아, 그래요? (남편에게) 아내가 먼저 다가가면 남편 분은 아내에게 어떻게 할 것 같습니까?

남편: 물론 아내를 안아 주지요. 그런데 그런 일이 있을는지….

상담자: 혹시 그렇게 된다면, 아내는 남편이 안아 주면 어떤 느낌일까요?

아내: 내가 먼저 그런 마음이 생겨서 남편에게 다가가고, 남편이 안아 주면 사랑의 마음이 생기겠지요.

상담자: (아내에게) 사랑의 마음이 생긴다는 것을 남편은 어떻게 알 수 있을까요?

아내: 제가 남편을 거부하지 않고….

〈과제〉

"다음 주 중 어느 날 하루를 잡아서 기적이 일어났다고 생각하시고 좀 전에 말씀하신 대로 아내가 먼저 남편에게 다가가 보세요. 그리고 두 분의 관계가 어떻게 달라지는지…. 어떤 느낌인지 잘 관찰하시고 다음에 만나서 함께 이야기하기로 하지요."

또한 내담자가 변화에 대한 동기는 높아 보이나 목표가 잘 구성되지 않았고 예외를 발견할 수 없을 때 다음과 같이 메시지를 전할 수 있다(한국단기가족치료연구소, 2015).

"우리는 유아 씨가 남편과의 관계를 새롭게 하려고 매우 열심히 노력하였다는 것, 그리고 다양한 시도를 해 왔다는 것에 감명을 받았습니다. 유아 씨가 지금 이 시점에서 얼마나 실망하고 좌절을 느끼는지 잘 이해할 수 있습니다. 우리는 이것이 '매우 고치기 어려운'(내담자의 말을 인용) 문제라는 점에서도 유아 씨 의견에 동의합니다. 이것이 정말 '고치기 어려운' 문제이기 때문에 유아 씨가 지금부터 우리가 다시 만날 때까지 남편과 싸우게 되면 아무리 이상하거나 말이 안 되는 행동 같더라도 무엇인가 다른 것을 해 보시길 바랍니다. 정말로 중요한 것은 지금까지 해 왔던 것과는 다른 행동을 하셔야 한다는 것입니다."

마지막으로 내담자의 목표가 잘 구성되어 있고 내담자에 의해 비롯된 의도적 예외가 있을 때 다음과 같은 메시지를 전할 수 있다.

"어머니, 저는 어머니에 대해 여러 면에서 감명을 받았습니다. 첫째는 어머니가 자녀들과 잘 지내려고 많은 노력을 하고 계신다는 사실입니다. 둘째는 자녀들 행동이 보다 나아지고 있다는 사실입니다. 셋째는 아드님의 행동이 그렇게 달라지기 위해 어머니께서 무엇을 하고 계신지에 대해 분명하고 자세하게 제게 이야기해 줄 수 있다는 사실입니다. 어머니는 이 모든 일을 하고 계시니까 어떻게 해서 이미 6점에 와 있는지 이해할 수 있습니다.

저는 어머니께서 자녀와 잘 지내고 싶어서 이러한 일들을 해야 한다는 생각에 동의합니다. 지금부터 우리가 다시 만날 때까지 그동안 효과적이었던 것들을 계속하시기 바랍니다. 또 자녀들과의 관계가 나아지는 데 도움이 되는 행동(아직 인지하지 못하지만)이 어떤 것들이 있는지 잘 관찰하고 오셔서 제게 이야기해 주십시오."

5) 팀 의견이 분리된 메시지

대부분의 상담자에게 힘든 치료 상황은 가족이나 부부의 의견이 대립되는 경우다. 즉, 문제 해결의 방법에서 서로 의견이 대립되기도 하고, 상대방을 위해 더 헌신적이었다고 주장하기도 한다. 이때 상담자가 즉각적으로 그들을 중재하려고 하면 상담자와 내담자 모두에게 절망적인 상황이 된다. 시비를 가리는 문제는 관계 안에서 상호작용을 활용하기보다는 해결의 초점을 그들의 개인적인 성격문제로 잘못 가정하게 한다. 이렇게 되면 일반적으로 부부를 분리해서 상담하게 되고, 이때 상담자는 필연적으로 부부의 경쟁적인 싸움에서 한쪽 편을 들 수밖에 없다. 그리하여 상황이 더욱 힘들게 된다. 이와 같은 실수가 생겨 한 배우자가 이기게 되는 경쟁적인 투쟁은 단지 속 빈 승리에 불과하다. 이 경우 팀이 두세 가지 형태의 개입방법을 사용하여 내담자들의 곤경에 동조하고 부부를 함께 상담하는 것이 더 적합하다.

남편과 아내 모두가 승리하는 방법을 채택하는 것은 그들의 경쟁적인 에너지를 부부관계 개선에 사용하게 하는 긍정적인 측면이 있다. 상담자와 팀의 분열방법은 내담자가 다른 사람이 변화해야 한다고 할 때 더 성공적으로 사용된다. 왜냐하면 메시지가 문제에 대한 내담자의 관점을 변화시킬 가능성을 주기 때문이다.

앞서 제시한 바 있는 성생활 갈등이 있는 부부의 예를 다시 들어 보자. 남편은 부부의 성문제를 강조하면서 심리적 상담보다는 성상담을 받아야 한다고 주장한 반면, 아내는 자신에게는 어떤 성적인 문제도 없기 때문에 성치료를 받는 것을 반대하면서 그들의 문제는 부부간 성격의 차이라고 주장했다. 이 경우 상담자는 다음과 같은 분리된 팀 의견의 메시지를 전할 수 있다.

"… 우리 팀 선생님들과 의논한 결과, 어떤 분은 남편께서 성상담을 받고 싶어하면 그렇게 하는 것이 어떠냐고 하십니다. 그러나 다른 분은 아내 말대로 성격의 차이이니 그대로 이곳에서 상담을 받는 것이 중요하지 않을까…. 하십니다. 이렇게 팀의 의견이 나뉘었으니 두 분께서 잘 생각해 보시고 어떻게 하는 것이 두 분의 관계에 더 좋을지 결정해서 해 보시기 바랍니다."

경우에 따라 세 가지 방식으로 나누는 것이 필요할 때도 있다. 한쪽의 제안을 선택하면 다른 한쪽의 제안은 거부되는 경우, 상담자가 부부의 제안 중 하나를 선택하는 것이 아니라 새로운 대안을 내담자에게 제시하는 것이다.

이 경우 다음과 같이 언급할 수 있다.

"… 무엇을 해야 하는가에 대해서 팀의 절반은 남편이 옳고 나머지는 부인이 옳다고 생각합니다. 저는 혼란스러워 무엇을 제시할지 잘 모르겠군요. 그래서 팀과 저는 모두 세 번째 대안이 분명히 있으리라는 생각에 동의했습니다. 즉, 성상담을 받든지 혹은 받지 않든지 또는 심리상담을 받든지 혹은 받지 않든지, 이 선택의 문제를 해결하려고 노력하기 전에 부부가 잘 지낼 수 있다면 아마도 그것이 부부가 수용할 수 있는 해결책이 될 것입니다."

동료와 함께 팀으로 일하는 것은 재미있고 흥분되며 창조적임에도 불구하고 팀 접근이 가능하지 않은 상담기관도 있다. 특히 우리사회에서는 팀과 일하는 경우는 흔치않다. 이런 경우에 상담자는 자신의 한 부분에서는 남편의 의견에 동의하고 다른 한 부분에서는 아내의 의견에 동의하는 쪽에 마음이 기울어진다고 말하면서 서로 다른 두 개의 의견을 제시할 수 있다. 이 과정을 통해 내담자들이 둘 중 하나를 선택하거나 혹은 제3의 대안을 찾도록 할 수 있다.

6) 기타 유용한 메시지

(1) 내담자가 강박적 충동에 대해서 불평할 때

이 과제는 내담자가 변화하고자 하는 것이 내담자의 내적인 충동들일 때 사용할 수 있다. 내담자를 위한 적절한 과제가 관찰과제든 행동과제든 상관없이 충동을 극복하는 과제를 다음과 같이 제시할 수 있다.

> "현섭 씨가 [과식, 음주, 학대, 외설물 사용, 공황발작 등]을 하고 싶은 충동을 극복할 수 있었을 때를 잘 관찰해 보십시오. 그때는 무엇이 다른지, 특히 현섭 씨가 [과식, 음주, 학대, 외설물 사용, 공황발작 등]을 하고 싶은 충동을 극복하기 위해서 어떤 행동을 하는지 잘 관찰하십시오."

(2) 동전 던지기 활용

일반적으로 내담자들의 의견이 대립되는 경우 혹은 이렇게 해야 할지 또는 그와 반대로 저렇게 해야 할지에 대한 고민을 하는 내담자에게 '동전 던지기'의 기법을 활용한 제안 또는 과제는 매우 효과적이다(Berg & Miller, 1992, 가족치료연구모임 역, 2001). 매일 기적이 일어난 것처럼 하라는 과제 또 한 내담자에게 너무 큰 부담이 된다. 이런 경우에도 '동전 던지기' 기법을 활용하여 다음과 같은 과제를 줄 수 있다.

"… 잠자리 옆에 동전을 놓아두세요. 아침에 일어나서 동전을 한번 던져 보세요. 혹시 앞면이 나오면 그날은 기적이 일어났다고 생각하시고, 기적이 일어나면 어떻게 달라질지 말씀하신 대로 해 보세요. 그러나 동전의 뒷면이 나오면 기적이 일어난 날이 아니니 평상시와 같이 하시면 됩니다. 이것을 남편에게 이야기하지 말고 혼자 해 보세요."

사례 딸이 옷 정리를 하지 않는다고 불평하는 어머니

"(딸에게) 다음 주 우리가 만날 때까지 매일 아침에 일어나서 동전을 던져 봐요. 앞면이 나오는 날은 옷 정리를 잘하고 뒷면이 나오는 날은 평상시처럼 옷 정리를 하지 않고 지내는 것이지요. 어머니께서는 딸이 무슨 요일에 옷 정리를 했는지를 기록해 두세요. 다음에 만나서 옷 정리한 날을 서로 얘기해 보도록 하지요."

이 사례에서 어머니는 일주일에 이틀만 옷 정리를 한 것으로 보고했지만 딸은 나흘 옷 정리를 했다고 했다. 이 과정을 통해 어머니는 딸의 옷 정리 수준을 수정하게 되고 딸도 옷 정리하는 날들을 증가시킬 수 있었으며 딸은 매우 흥미롭게 이 과제를 수행했다.

임상 경험으로 볼 때 '동전 던지기' 기법은 특히 아동과 청소년에게 더 효과적이다. 그들은 동전 던지기를 일종의 게임으로 받아들이기 때문이다. 가능하다면 아동과 청소년 내담자에게 흥미를 갖게 하기 위해 외국 동전을 주고 그것으로 '동전 던지기'를 하게 한다. 이런 경우 그들은 호기심을 갖고 과제를 좀 더 충실히 이행한다.

요약

해결중심상담에서 면접 종료시기의 피드백은 '메시지'라는 형태로 표현된다. 메시지는 해결책을 구축하는 데 도움이 될 수 있는 정보를 체계화하고 강조한다. 메시지는 교육적 기능, 정상화의 기능, 새로운 의미의 기능 그리고 과제의 기능을 가지고 있으며 칭찬, 연결문, 과제로 구성된다.

칭찬은 상담자가 내담자에게 제공하는 찬사와 지지의 진술로 내담자의 변화를 위한 노력과 그 결과에 근거한 진실된 것이어야 한다. 연결문은 과제를 부여하는 타당성을 설명하며, 과제는 상담 상황을 벗어난 생활에서 변화를 이끌기 위한 것이다.

과제를 만들 때는 긍정적 것을 찾고 예외를 발견해야 한다는 지침을 참조한다. 과제는 내담자가 제안할 수도 있다. 내담자에게 어떤 과제를 주느냐는 내담자가 변화에 대해 어떤 입장을 취하는지에 따라 다르다. 내담자가 원하는 변화가 있고 또 자신이 변화를 하고자 할 때는 내담자에게 행동과제를, 내담자가 다른 사람이 변화해야 한다고 할 때는 내담자에게 관찰과제와 생각과제를 주는 것이 보편적이다. 그리고 내담자가 변화에 무관심할 때는 내담자에게 다음에 다시 한번 치료에 오라는 초청을 과제로 줄 수 있다. 경우에 따라 팀의 의견이 분리된 과제를 만들 수도 있는데, 이는 내담자의 변화 노력의 방향을 결정하는 데 도움이 된다. 또한 과제수행을 돕기 위해 '동전 던지기' 기법을 사용하는 것도 바람직하다.

제6장

첫 회기 후의 상담

이 책의 서두에 제시되었듯이 해결중심 가족상담의 첫 회기에서는 내담자와 상담자가 함께 상담목표를 구체적으로 잘 설정하기 위하여 많은 시간과 노력을 기울인다. 첫 회기 후의 상담에서는 첫 회 상담에서 설정된 목표가 얼마나 달성되었는지를 확인하고 이를 더 잘 유지하고 발전시키는 데 초점을 둔다. 이 장에서는 첫 회 후의 상담을 진행하는 원칙과 기술에 관하여 설명한다. 첫 회 상담 후에 일어난 변화를 끌어내고 확대 · 강화하는 전략은 무엇인지 먼저 살펴본 후, 더 나빠진 가족에게 상담자가 대처하는 전략을 소개한다. 성장과 변화가 있을 경우 변화를 평가하는 방법과 종결 준비를 위한 고려 사항들도 검토해 본다.

1. 변화 끌어내기

첫 회기 후의 상담목표는 첫 회 상담 후에 일어난 변화를 발견하고 확대하는 것이다. 이때 상담자의 주요 임무는 가족상담으로 인해 생긴 변화가 가족들에게 좀 더 믿을 만한 것이 되고, 상담이 종료된 후에도 그 변화가 오랫동안 잔물결처럼 유지될 수 있도록 가족의 변화를 적극적으로 확대하고 견고하게 하는 것이다. 따라서 가족이 하나의 예외를 이야기하면, 그 예외가 아무리 애매하고 설득력이 없더라도 상담자의 임무는 그 예외를 보다 자세하게 탐색하는 것이다. 이 작업에서 요구되는 상담자의 활동을 그 활동의 첫 글자만을 따서 편리하게 'EARS'라고 부른다.

'E'는 예외를 이끌어 내는 것(eliciting), 'A'는 이끌어 낸 예외를 확대하는 것(amplifying)을 가리킨다. 예외를 확대하기 위해서는 가족에게 예외 상황과 문제 상황 사이에 어떤 차이가 있는지 묻는 것이 좋다. 예외가 어떻게 일어났으며 예외가 일어날 수 있도록 가족 각자가 어떤 역할을 하였는지에 대해 탐색한다. 'R'은 예외를 통해 나타나는 성공과 강점을 강화(reinforcing)하는 것이다. 강화의 대부분은 예외에 주목하여 예외를 신중하게 탐색하거나 칭찬하는 것을 통해서 이루어진다. 마지막으로, 'S'는 "무엇이 나아졌습니까?"라는 질문을 통해 상담자로 하여금 다시 시작해야 한다는 것(start again)을 기억하게 만든다(한국단기가족치료연구소, 2015).

사례 변화 끌어내기

상담자: 지난 일주일을 어떻게 보내셨어요? 뭐가 조금 좋아졌나요?

어머니: 너무 좋아져서 기분이 좋아요. 글쎄, 수정이가 지난번 상담 이후로 아침에 일어나면 곧장 세수하고 로션도 바르고 그뿐만 아니라, 자신이 쓴 로션을 제자리에 갖다 놓기까지 하는 거예요.

상담자: 세상에! 그랬군요! 그걸 보고 어머니는 뭐라고 하셨어요?

어머니: 너무 변했다고 칭찬해 주었죠. 더군다나 지난주에는 학교에서 독후감 상장까지 받아 왔지 뭐예요.

상담자: 어떻게 그렇게 큰 변화가 일어날 수 있었나요?

어머니: 아마 수정이 딴에는 엄마가 자기 때문에 이렇게 낯선 곳에 와서 걱정하는 얼굴로 이야기도 나누고 하니까 잘하려고 생각했던 것 같아요.

사례 변화 끌어내기

상담자: 지난 한 주 동안에 뭐가 조금 좋아지셨어요?

아버지: 글쎄요.

상담자: 지난번 상담받으신 이후로 아버님 인생에서 조금이라도 나아진 것이 무언지 궁금해요.

아버지: 음… 글쎄요… 아마 전처럼 술을 많이 마시지는 않는다는 것이겠네요. 아! 사실 선생님을 뵌 이후로 술을 한 번도 마시지 않았어요.

상담자: 와! 대단하세요. 어떻게 그렇게 하셨어요?

아버지: 제 일에 몰두한 것뿐이고, 또 그 왜 선생님이 생각해 보라고 하신 것에 대해 생각해 보느라고요.

상담자: 만일 부인이 함께 오셔서 제가 부인께 '지난 일주일 동안 남편 분이 달라진 부분을 알아채신 것이 있으면 얘기해 주세요'라고 한다면 부인이 뭐라고 하실까요?

아버지: 아마 퇴근 후 모임에 가지 않고 집에 제시간에 들어왔다고 할 것 같은데요.

상담자: 아. 그러시구나. 그럼 앞으로도 꼭 필요한 모임 외에는 가지 않고 퇴근 즉시 귀가하실 자신감은 얼마나 되시나요?

아버지: 글쎄요. 한 '8' 정도?

상담자: 아. 그렇게 자신 있으시구나! 그럼 또 뭘 하셔서 지난 한 주 동안 술을 마시지 않는 데 도움이 되신 것 같으세요?

아버지: 음, 밤에 퇴근 후 아내와 함께 집 근처 공원에서 운동을 했어요.
상담자: 네. 그러셨군요! 밤에 부인과 함께 운동을 하시니 기분이 어떠셨어요?

이와 같이 두 번째 상담에서 상담자가 상담 시작 시 제일 먼저 할 일은 가족들에게 "지난번 상담 이후 무엇이 좋아졌나요?"라고 질문함으로써 변화를 끌어내는 것이다. 이러한 질문은 어떠한 변화라도 있었을 것을 전제로 하며, 변화가 없었다고 답변할 경우에는 아주 작은 변화라도 발견하기 위하여 매일 그리고 오전과 오후를 구분하여 추적한다. 즉, "지난번 다녀가신 때가 화요일 오전인데 화요일 오후는 어땠나요?" "수요일은요?" "목요일은 어떠셨어요?" "금요일은요?"와 같이 하루하루를 짚어가면서 되돌아보게 한다. 이러한 질문들은 어떠한 사람이라도 일상생활을 하는 데 있어서 변화가 불가피하다는 것을 인식하는 데 도움이 되며, 아주 작은 변화라도 가치가 있다는 것을 알게 하여 변화를 시작하게 한다(Berg & Miller, 1992, 가족치료연구모임 역, 2001; 한국단기가족치료연구소, 2015). 그 밖에 지난 상담 이후 변화한 것을 끌어내기 위한 다른 질문으로는 다음과 같은 것이 있다.

- "지난 상담 이후 아주 작은 것이라도 나아진 것은 무엇인가요?"
- "부인은 선생님의 어떠한 것이 변화했다고 하나요?"
- "어머니에게 영희 씨의 어떠한 부분이 좋아졌느냐고 질문한다면 무엇이라고 말할 것 같은가요?"

2. 변화가 발견되는 경우

가족들이 첫 회기 후의 상담에서 작은 변화라도 보일 때, 상담자는 그 변화를 인정하고 그것을 중심으로 여러 측면에서 탐색하는 동시에 변화를 위해 노력한 것과 변화에 대한 반응 등을 질문한다. 이는 직간접적으로 변화를 인정하고 칭찬하며 긍정적인 가치와 의미를 부여하기 위한 것이다. 예외가 발견되면 상담자는 예외를 확대하고 가족의 변화를 견고히 하는 데 상담시간의 대부분을 할애하며, 변화의 유지를 위해 무엇을 어떻게 할 것인지에 대해 묻기도 한다. 격려와 예외질문을 사용하여 이전과 달라진 측면을 부각시키면서 가족들로 하여금 그 변화를 좀 더 이야깃거리로 만들게 하려는 목적으로 상담을 진행하게 된다. 상담자는 가족을 격려하기 위해 기뻐하면서 가족들에게 악수를 청하거나 하이파이브를 하기도 하며 다음과 같은 질문으로 각각의 예외에 반응하기도 한다. "어떻게 그렇게 할 수 있으셨어요!?" "그걸 해내기 위해 스스로에게 뭐라고 얘기하셨나요?" "어떻게 그런 뛰어난 생각을 하게 되셨어요!?" "달라졌네요!?" 이런 대화들은 가족들의 오래된 행동과 새로운 상호작용 간의 차이를 뚜렷이 구분하게 하는 데 도움이 된다(Selekman, 2005, 김유순 역, 2015).

변화 확대하기: 긍정적인 변화에 대한 구체적인 질문

- 언제?: "변화가 언제 발생했나요? 또 다른 것은 무엇인가요? 그다음에 어떻게 하셨나요?"
- 누가?: "누가 변화한 것을 알았나요? 그들은 어떻게 다르게 반응했지요? 가족들에게 어떻게 말했습니까?"
- 어디서?: "학교, 직장, 집에서 어떻게 다르게 행동하셨나요?"
- 어떻게?: "어떻게 그렇게 하셨나요? 그렇게 하면 된다는 것을 어떻게 아셨지요? 그렇게 한 것이 어떻게 도움이 되었습니까? 도움이 되는 것을 설명해 줄 수 있으신가요?"

변화 강화하기: 변화한 것에 대한 인정과 가치부여

- 비언어적 표현: 몸을 앞으로 기울이고, 눈을 크게 뜨고, 펜을 집어 들고 기록하고, 집중하면서 놀라는 표정을 짓는다.
- 놀랍고 믿기 어렵다는 표현: 이야기를 중단하고
  "다시 말해 줄래요?"
  "무엇을 했다고요?"
  "무엇이라고 했죠?" 등 다시 확인하는 질문을 한다.
- 인정과 칭찬: 긍정적인 변화에 관해 칭찬을 한다.

새로운 예외 행동을 강화하기 위해 견고화 질문(consolidating questions)(Selekman, 2005, 김유순 역, 2015)과 가상질문(presuppositional questions)(O'Hanlon & Weiner-Davis, 1989)을 사용한다. 가상질문은 내담자를 미래로 옮겨 가게 함으로써 예외와 유익한 자기 독백을 증폭시키고자 하는 것이다. 예를 들면, 수정 구슬 기법을 사용하여 2~3주 후에 변화된 자신의 모습이 어떤 것인지를 내담자에게 설명하게 한다. 이 과정을 통해 밝혀진 예외 상황은 해결방안을 만드는 기초가 되고, 내담자는 자신에 대한 새로운 발견을 하게 된다. 가족의 변화를 강화하고 확대하기 위하여 사용할 수 있는 견고화 질문으로는 다음과 같은 것들이 있다.

- "되돌아가기 위해서는 어떻게 해야 하나요?"
- "크게 퇴보하지 않으시려고 무엇을 했나요?"
- "그런 예외 행동이 좀 더 자주 일어나려면 무엇을 계속해야 할까요?"
- "만약 우리가 3개월 후의 모습을 상상의 수정 구슬을 통해 본다면 가족에게 어떤 변화가 일어나 있는 것을 볼 수 있을까요?"
- "다음 주 동안에 긴장과 스트레스 수준이 계속해서 높다고 합시다. 세 분이 무엇을 하시면 퇴보하는 것을 막을 수 있을까요?"

- "제 궤도에 머물기 위해서 세 분이 무엇을 하실 수 있을까요?"
- "다음 주에 7점으로 올라가기 위해서 무엇을 하실 건가요?"

변화 정도를 평가하기 위하여 상담목표 면에서 얼마나 달라졌는지를 가족에게 스스로 평가해 보게 하는데 이때 척도를 사용하는 경우가 많다. 어떤 가족은 자신들에게 중요한 변화가 생겼거나 문제가 해결되어 더 이상 상담이 필요 없다고 느끼는 경우도 있다. 이러한 경우 가족에게 칭찬을 하고 더 이상 상담이 필요 없다는 메시지를 만들어 전달하고 상담을 종결한다. 종결 시에는 비록 종결한다 해도 가족들이 앞으로 상담을 필요로 할 경우가 생긴다면 언제든지 상담을 다시 받을 수 있다는 것을 상기시킨다.

그러나 어떤 가족은 처음 상담받을 때 생각한 목표보다 더 많이 성취하기 위하여 상담을 계속 받고 싶어 할 수도 있다. 이 경우 메시지를 주는 시간에 가족을 칭찬해 주면서 가족이 첫 회기에 받았던 동일한 과제를 계속할 것인지 혹은 새로운 과제를 원하는지 가족과 함께 평가하는 것이 좋다. 만약 가족이 다른 과제를 요청하면 가족에게 관찰과제를 주어서 가족이 얼마나 더 변화할 여지가 있는지 관찰해 보게 한다. 청소년 자녀가 있는 가족이라면 이러한 때 개별상담을 통해서 청소년에게 '몰래 놀래주기' 과제(Selekman, 2005, 김유순 역, 2015)를 주어도 좋다. 이것은 긍정적인 면에서 부모들이 놀랄 만한 두 개의 과제를 청소년에게 주어 상담받으러 오지 않는 동안 청소년이 과제를 수행하도록 요청하는 것이다. 이때 자녀들은 부모에게 그 과제가 무엇인지 말할 수 없다. 부모는 마치 수사반장이 돋보기를 꺼내 들고 범죄 장면을 자세히 살피듯 자녀가 하는 행동 중 무엇이 부모에게 '긍정적인 충격을 주는 행동인지' 찾아보게 하는 것이다.

가족들이 변화를 경험한 후에는 자신감을 확신할 수 있도록 상담 사이에 간격을 길게 두는 것이 좋다는 것을 상담자들은 경험을 통해 알고 있다. 팔라졸리 등(Palazzoli, Boscolo, Cecchin, & Prata, 1980)에 따르면 상담 회기 사이에 긴 간격을 두는 것은 가족이 상담자로부터 받은 새로운 과제에 대해 더 생각할 수 있는 시간이 되고, 더불어 가족이 현 상황에서 일어나는 변화와 차이를 살필 수 있는 충분한 시간이 된다. 보호관찰관이나 판사로부터 1년 동안 상담자를 만나도록 법정 명령을 받은 가족들에게 1년에 단 6회만 면접하여서 자신들의 변화와 차이를 살필 수 있도록 충분한 시간을 주는 것이 그 예가 될 수 있다.

두 번째 회기 때 가족이 변화에 대해서 이야기하면, 상담자는 변화가 어떻게 해서 가능했는지를 가족들이 인식할 수 있도록 여러 가지 질문을 한다. 이 과정을 거쳐서 가족이 변화를 초래한 자신들의 능력과 전략에 대해 자신감을 가지게 되었다고 판단되면 현재까지 가족이 성취한 것이 어느 정도 되는지 평가해 보는 것이 좋다.

성취한 정도와 성취한 것을 유지시킬 자신감은 얼마나 되는지 확인하는 것도 도움이 된다. 목표를 충분히 성취했고 그것을 유지할 자신감이 충분하다고 판단되면 가족이 또 다른 사안을 다루기 위해 앞으로 나아갈 수 있는 준비가 된 것으로 볼 수 있기 때문이다. 이때 성취의 정도와 성취한 것을 유지할 자신감의 정도를 평가하기 위하여 상담자는 다음과 같은 척도질문을 할 수 있다. 이러한 질문에 대하여 가족들은 종종 자신감의 근원이나 강점이 되는 과거의 경험들을 이야기하기도 한다.

- "'10'점은 기적이 일어난 상태이고 '1'점은 가족이 처음 여기 오셔서 저와 이야기하기로 결정한 날이라고 생각하시면 이번 주는 몇 점 정도에 있다고 할 수 있을까요?"
- "현재 가족은 '7' 또는 '8'점에 있으시군요. 좋습니다. 그런데 만약 제가 1점에서 10점까지의 척도에서 ('1'점은 자신감이 전혀 없는 상태를 말하고 '10'점은 자신감으로 가득 찬 상태를 말할 때) 이 '7' 또는 '8'점을 유지할 자신감이 얼마나 되십니까? 라고 묻는다면 무엇이라고 말씀하시겠어요?"
- "와! 어디에서 그런 자신감이 나왔나요? 무얼 보면 그 정도로 자신감을 가질 수 있다는 것을 알 수 있지요?"

3. 변화가 발견되지 않는 경우

가족이 두 번째부터의 회기에서 변화가 없다고 할 때는 일주일 중에 하루라도 좋은 날이 있었는지와 그 좋은 날에 달랐던 점을 확대하기 위해 무엇을 시도했는지를 우선 탐색한다. 단 하루라도 좋은 날이 있었다면 그 예외에 대한 자세한 정보를 확보하는 것이 중요하다. 그러나 예외가 없었다면 어떻게 해서 더 나빠지지 않았는지를 가족과 함께 탐색한다. 여전히 가족들이 상황에 대해 부정적이고 비관적이라면 이것은 치료자가 치료적으로 뭔가 다른 것을 해야 할 필요가 있음을 알려 주는 내담자의 피드백으로 여기는 것이 좋다. 이런 때에는 우선, 잘 형성된 상담목표가 있는지, 고객형 관계에 있는지 등 가족과 관련된 기본적인 것을 탐색해 본다.

상담으로 인해 나아진 것이 없다고 느낄 때 상담자는 상담목표가 지나치게 커서 세분화할 필요가 있는지, 혹은 처음부터 잘못된 목표를 선택했는지를 가족과 함께 사정해 보는 것이 좋다. 혹은 몇 가지 예외를 찾는 데 도움을 얻기 위해 "만일 상황이 더 좋아지지 않으면 무슨 일이 일어날까요?" "그다음엔 어떻게 될까요?" "누가 가장 힘들어할까요?" "누가 최악이라고 느낄까요?" "작은 변화라도 만들기 위해서 할 수 있는 가장 작은 일은 어떤 것인가요?" "아주 조금이라도 그것이 발생하게 하려면 어떻게 하면 될까요?" 같은 비관적 순서 질문들(pessimistic sequences)(Berg & Gallagher, 1991)을 활용할 수도 있다.

또는 현재 상담에 참여하고 있지는 않지만 앞으로 참여할 필요가 있는 사람이 더 있는지를 가족과 함께 탐색한다. 탐색되는 사람과 가족과의 친밀한 정도를 사정하기 위하여 가족에게 1에서 10까지의 척도로 친밀한 정도를 평가하도록 요청한다. 그 답변은 다음 상담에 누구를 참석시켜야 할지에 관해 중요한 단서가 되기도 한다. 관계 사정을 통해 여러 명의 협조자가 가족에 관련되어 있는 것을 알게 될 경우, 이들 여러 협조자와 회의하거나 상담할 것을 권한다.

변화가 없다는 가족을 위한 질문으로는 다음과 같은 것들이 유용하다.

- "더 나빠지지 않은 건 무엇 때문인가요?"
- "어느 날이 그래도 좋았나요? 좋았던 때가 하루 중 언제였나요?"
- "편안하게 느꼈을 때에 관하여 이야기해 주시겠어요?"
- "학교에서 어떻게 지냈는지 말해 줄래요?"
- "적응을 잘했을 때에 관하여 말해 주실래요?"

변화가 없다는 가족들에게 "더 나빠지지 않은 건 무엇 때문입니까?"라고 물으면 중요한 예외를 발견하곤 하는데, 이러한 예외들은 가족과 함께 해결책을 구축하는 데 필요한 주춧돌로 이용될 수 있다. 일련의 비관적 질문들도 예외가 없을 때 활용될 수 있다. 만약 가족들이 계속 비관적이라면 방법을 바꾸어 가족 사이에 문제를 지속시키는 상호작용을 비디오를 보는 것처럼 생생하게 설명해 보게 하여 이에 따라 유형개입을 시도한다. 유형개입(pattern intervention)은 가족 내 문제를 유지시키는 상호작용 순서를 분열시켜 효과를 얻는 상담전략으로 오핸런(O'Hanlon)이 개발한 것이다. 문제를 유지하는 유형을 차단하기 위한 유형개입 지침의 일부는 다음과 같다(O'Hanlon, 1987).

- 증상의 빈도(비율)를 변화시킨다.
- 증상의 지속기간을 변화시킨다.
- 증상의 시간(요일/주/월/년)을 변화시킨다.
- 증상의 장소를 변화시킨다.
- 증상의 순서에서 한 가지 요소를 빼거나 추가한다.
- 증상을 둘러싼 사건의 순서를 변화시킨다.

다음의 사례는 유형개입의 방법 중 증상이 발생하는 순서에서 한 가지 요소를 첨가한 경우다.

사례 유형개입

수철이는 본드 흡입과 무단결석을 하여 학교 사회복지사가 가족상담을 받도록 의뢰하였다. 수철이가 첫 번째 가족상담에 오는 것을 거절해서 부모만 오게 되었다. 상담자는 첫 상담시간의 대부분을 부모의 양육 태도 중에서 예외가 있었는지와 예전에 효과적인 해결책이 있었는지를 탐색하는 데 보냈다. 부모는 수철이가 학교에 가거나 본드를 끊기 위해 시도했던 예외나 효과 있는 전략들을 전혀 모르고 있었다. 부모는 수철이의 행동을 불평하는 데 대부분의 상담시간을 보냈고, 상담자는 기적질문을 통해서도 예외를 찾지 못했다. 그래서 상담자는 관찰과제를 주기로 했다. 부모는 수철이를 야단치는 데 시간을 낭비하지 말고 일주일 동안 아들을 관찰하라는 과제를 받았다.

일주일 후의 상담에서 부모는 수철이의 행동에서 예외적인 모습을 볼 수 없었다고 말했다. 이 시점에서 상담자는 방법을 바꾸어 수철이의 본드 흡입에 관련된 문제 유지과정들을 추적해 보기로 작정했다. 우선 어머니에게 수철이가 집에서 본드를 흡입하기 전과 하는 동안 그리고 하고 난 뒤에 무슨 일이 일어났는지 자세히 상황을 설명해 달라고 했다. 어머니는 수철이가 보통 9시쯤 잔뜩 본드 흡입을 한 채 집으로 와서 음악을 크게 틀고 자기 방에 들어가 본드 흡입을 더 했으며, 혼자서 하기도 하고 친구들과 함께하기도 했다고 말했다. 그럴 때 어머니는 수철이를 야단쳤고, 수철이는 엄마를 향해 소리치고 말대꾸를 하면서 집 밖으로 뛰쳐나가곤 했다. 수철이는 매일 11시나 12시쯤 집으로 돌아왔으며 자기 방에 들어가 방문을 잠갔다. 부모는 수철이에게 학교 가지 않는 날에는 방에서 꼼짝 말라고 했다.

그러나 부모는 어찌할 바를 몰랐고 수철이에게 더 이상 강압적으로 할 수도 없었다. 부모는 상담자로부터 '새로운 방안'을 얻고 싶어 했다. 부모는 이 상황에서 무엇이든 기꺼이 할 의향이 있었으며 비용을 개의치 않았다. 상담자는 부모에게 두 명의 배우를 고용해서 경찰 복장을 하게 한 후 9시에 집으로 오도록 제안하였다. 구체적으로 배우들은 이웃으로부터 본드 흡입에 관한 제보가 있어 조사를 나온 것으로 가장하고, 수철이에게 질문할 것이 있다고 말하고는 수철이를 차에 태운 다음 그를 유력한 용의자로 지목하는 것이다. 부모는 이 기발한 생각에 찬성했고 배우 알선기관에 전화해서 다음 주에 실행하기로 했다. 2주일이 지나 두 명의 배우를 고용한 후 역할을 지도하고, 부모들은 수요일 9시에 이 전략을 실행하기로 결정했다.

부모에 따르면 그 전략은 수철이의 행동에 상당한 충격을 주었다고 한다. 그는 겁을 먹었을 뿐만 아니라 다음과 같은 변화를 보였다고 했다. 수철이는 학교에 나가며 더 이상 본드 흡입을 하는 기미가 보이지 않았다. 음악을 귀청 터지게 틀지 않고 부모가 정한 규칙을 따랐다. 그리고 3회 더 상담에 참석했다. 부모와 상담자는 경찰의 조사가 수철이에게는 심각한 두려움으로 남아 있을 거라고 추측했다. 수철이는 경찰의 혐의에서 벗어나기 위해 본드를 전혀 하지 않았고 학교에 열심히 등교하려고 애쓰고 있었다.

출처: Selekman (2005), 김유순 역(2015).

4. 악화된 경우

두 번째 이후 상담에서 가족들이 문제 상황이 더 나빠졌다고 얘기하면 치료적으로 뭔가 변화를 시도하는 것이 좋다. 변화 시도를 위해 할 수 있는 개입방법들을 제시해 보면 다음과 같다.

첫째, 일련의 비관적 순서 질문(Berg & Gallagher, 1991)을 통해 내담자와 상담자의 관계를 더 협조적으로 만들어 볼 수 있다. 즉, 상담자가 희망과 변화의 장을 만들기 위해 최선을 다했는데도 내담자가 매우 비관적이어서 상황이 계속 악화될 거라며 극단적인 결과를 말하고 완강한 태도를 보일 때, 상담자는 비관적인 내담자의 수준에 잘 맞추면서 일련의 비관적 질문을 하여 내담자가 어려운 상황을 헤쳐 나가는 데 도움이 되는 대처전략과 유용한 문제해결방안을 만들어 내게 할 수 있다. 비관적 순서 질문의 몇 가지 예는 다음과 같다. "만일 상황이 더 좋아지지 않으면 무슨 일이 일어날까요?" "그다음엔 어떻게 될까요?" "누가 가장 힘들어할까요?" "누가 최악이라고 느낄까요?" "작은 변화라도 만들기 위해서 할 수 있는 가장 작은 일은 어떤 것인가요?" "아주 조금이라도 그것이 발생하게 하려면 어떻게 하면 될까요?" 둘째, 세분화된 목표나 새로운 상담목표가 필요한지 가늠해 볼 수 있다. 셋째, 현재 상담 사례에 학교나 경찰 등 관련된 사람이 있다면 이들을 포함해서 상담에 참석해야 할 사람이 더 있는지를 가족과 함께 검토해 본다. 넷째, 어떤 내담자에게는 위의 전략들이 만들어 내는 변화가 충분하지 않을 수도 있다. 가족 내 성폭력 등 심각한 문제를 가지고 있는 가족이 이에 해당할 수 있는데(Selekman, 2005, 김유순 역, 2015), 이런 가족에게는 개입을 줄이고 문제에 대해 집중해서 얘기할 수 있게 하는 것이 훨씬 더 유용하다.

악화된 가족을 상담하면서 일반적으로 사용할 수 있는 질문으로는 다음과 같은 것들이 있다.

- "어떻게 대처하셨나요?"
- "어떻게 더 나빠지지 않았나요?"
- "극복할 수 있었던 방법은 무엇이었나요?"
- "악화된 것에 대처하면서 배운 것은 무엇인가요?"
- "조금이라도 도움이 된 것은 무엇인가요?"

상담 회기 사이의 긴 간격 동안에 가족들은 목표 부분에서 향상되다가 다시 퇴보하거나 재발되어 문제를 지속시키는 과거의 상호작용을 하기도 한다. 가족들이 이러한 상황을 알아챘다면, 상담자는 조율을 위해 즉각 가족을 부르는 것이 좋다. 이때 상담자는 퇴보를 일시적 탈선이며 정상복귀를 위한 기회라고 정상화한 후, 가족들이 조율상담을 위해 상담자를 만나러 오기 전에 제 궤도로 돌아가기 위해 이미

취한 조치가 무엇인지 함께 탐색한다. 만약 가족이 여전히 위기 상황에 있거나 탈선되어 있다고 느끼면 다음과 같은 질문을 하는 것이 좋다. “다시 예전으로 돌아가기 위해 무엇을 해야 할까요?” “현 상태를 유지하려면 무엇을 해야만 할까요?” “그런 일이 일어나기 위해서는 무엇을 해야 할까요?” “다시 예전으로 돌아가려면 그 밖에 무엇을 더 해야 할까요?” 수정 구슬을 사용해서 앞으로 가족이 원래의 정상궤도에 있기 위하여 무엇을 하고 있을지 묘사해 보라고 요청할 수도 있다. 조율상담의 끝 무렵에도 걱정이 남아 있다면 자신감의 확인을 위해 상담 일정을 잡는다.

어떤 가족의 경우는 가족 한 사람의 변화가 나머지 가족에게 변화를 가져오지 못하기도 한다. 이러한 가족 내에서는 가족 구성원 개인들이나 하부체계들이 서로 단절되어 있기 때문이다. 예를 들면, 자녀를 걱정하는 부모가 청소년 자녀와의 관계에서 행동을 긍정적으로 바꾸어도 청소년 자녀는 분노하며 증상이 더 악화되기도 한다. 이처럼 단절된 가족에게 유효한 상담전략은 가족 구성원과 하부체계에 대해 개별적으로 개입하는 것으로 가족 구성원 각자가 개별적인 목표를 세우고 서로에게 다르게 행동할 것을 격려하는 것이다. 단절된 가족의 경우는 문제 해결이 매우 어려운 편이다.

5. 종결을 위한 준비

해결중심상담에서는 첫 상담에서부터 내담자와의 종결에 대해 생각하고 종결을 향해 나아간다. 상담자의 이러한 태도는 첫 상담에서 내담자에게 물어보는 최초의 목표 설정 질문인 “어머님이 여기 오셔서 저와 만난 것이 도움이 되었다고 이야기하기 위해서는 무엇이 달라져야 하나요?”에서 볼 수 있다. 이런 태도는 첫 회기 후의 상담에서도 지속된다.

첫 회기 후의 상담에서는 척도질문을 사용하여 내담자에게 진전 정도를 물음으로써 종결문제를 효율적이면서도 자연스럽게 다룰 수 있다. “더 이상 저와 이야기하기 위해 이곳에 오지 않아도 되기 위해서는 몇 점이 되어야 하나요?”라고 물음으로써 종결에 관한 대화를 시작한다. 만약 이 질문에 대해 내담자가 종결에 필요한 점수를 즉시 말하지 못하더라도, 내담자가 상담을 종결하는 것에 대해서 편안해하고 자신감을 느끼기 위해서는 자신과 가족이 어떠한 점에서 달라져야 하는지에 대해서 생각하기 시작할 가능성이 많다.

종결이 확실시되어 마지막 상담시간이 되었을 때 가족이 성취한 변화를 좀 더 확고히 할 필요가 있다. 변화를 확고히 하기 위하여 가족이 미래의 변화된 모습을 구체적으로 그리게 하는 것이 도움이 되는데, 이때 수정 구슬(de Shazer, 1985)과 비디오테이프를 비유한 설명(O'Hanlon & Weiner-Davis, 1989)을 사용할 수 있다. 이와 함께 가족들에게 물어볼 수 있는 몇 가지 유용한 견고화 질문(Selekman, 2005, 김유순 역, 2015)은 다음과 같다.

- "예전으로 돌아간다면 무엇을 해야 할까요?"
- "주요한 퇴보를 막기 위해서 무엇을 해야 될까요?"
- "이러한 변화 양상을 지속시키기 위해서는 무엇을 해야만 하나요?"

마지막으로 해결중심상담에서 상담을 종결해야 할 때 상담자의 역할과 마음가짐을 살펴본다. 가족들과 가족상담을 할 때, 상담 초기 단계에서 급격한 변화가 일어남으로써 가족이 예상보다 일찍 종결을 원하거나 혹은 오랜 시간 휴식기를 가지기 원하는 가족들이 있을 수 있다. 이러한 가족들이 종결하거나 오랜 휴식기간을 가질 때 이 가족들이 상담자 없이도 어려운 상황에 잘 대처해 낼 것이라는 가족의 능력에 대한 상담자의 믿음을 함께 전하는 것이 좋다. 해결중심상담에서 상담의 목적을 결정하는 사람이 내담자 자신이듯이, 상담의 종결을 결정하는 사람 또한 내담자여야 한다. 해결중심적인 상담자의 역할은 사람들을 상담하는 것이 아니라 내담자가 자신의 삶의 상황에 만족을 느끼도록 도와주는 것이기 때문이다. 만약에 가족이 상황이 처음보다 나아진 것 같다는 이유로 예약된 상담약속을 취소하려고 할 경우, 좋다고 말하면서 가족이 미래에 조율상담을 위한 약속을 잡고 싶은 때가 생긴다면 부담 없이 전화하라고 말하는 것이 해결중심상담자의 자세다(Selekman, 2005, 김유순 역, 2015).

6. 유용한 개입기술

첫 회기 후의 상담에서 가족상담에 유용한 6개의 해결중심적 실험과제와 팀 전략을 소개한다. 각 실험적 과제와 팀 전략을 기술하고 그것들이 상담 과정에 언제 적용되어야 할지의 지침(Selekman, 2005, 김유순 역, 2015)을 설명한다.

(1) 동전 던지기

이혼을 생각하지만 분명히 결정하지 못하고 있는 내담자에게 이혼했을 경우와 이혼하지 않고 현재의 관계를 그대로 유지할 경우를 가상하여 살아 보게 하기 위하여 내담자에게 동전 던지기 과제를 준다. 이 방법은 내담자들이 결정을 하지 못하고 망설일 때 양쪽을 다 실행해 보면서 각 대안의 장단점을 동등하게 경험하고 생각해 볼 수 있게 하기 위한 것이다. 내담자는 하루는 이혼했을 때로 생각하고 지내고, 또 다른 하루는 현재의 결혼생활을 유지하는 것으로 지내면서 두 대안 사이의 차이를 분명히 알게 된다.

(2) 비밀스럽게 놀래 주기

이 실험적 과제는 자녀들이 일주일 동안에 부모를 긍정적인 방향으로 놀라게 해 줄 만한 과제를 두 개씩 선택하여 행하는 것이다. 그러나 그 과제가 무엇인지 부모에게 말해서는 안 된다. 부모는 그들의 상상의 돋보기를 꺼내 자녀가 자신들을 놀라게 만드는 것이 무엇인지 알아내도록 상담자로부터 지시 받는다. 이것은 예외와 변화를 증폭시키는 데 유용한 즐거운 과제다. 이 방법을 거꾸로 하여 부모들이 자녀를 놀라게 할 거리를 준비하게 하여도 좋다. 이 과제는 진전 여부에 대하여 혼재된 의견을 가진 가족에게 활용하면 특히 도움이 될 수 있다.

(3) 습관조절 의식

습관조절 의식(habit control ritual)(Durrant & Coles, 1991)은 특정한 증상으로 오랫동안 고생하고 있는 가족에게 유용하다. 일단 가족의 증상이 외재화되면(externalize), 가족에게 증상에 맞서서 싸울 수 있는 다양한 행동들을 눈여겨보며 증상에게 이용당하지 말라고 지시한다. 그리고 증상이 어떻게 승리하는지도 눈여겨보게 한다. 가족들은 증상을 정복할 때까지 전략을 짜기 위해 매일 밤 가족회의를 가지는데, 이 과제는 두 번째 이후 상담에서 변화가 없다고 하는 가족들에게 특히 유용하다.

(4) 편지 쓰기

중요한 가족 구성원을 참여시키고 현재의 문제가 발생하는 상위체계에 변화를 주는 방법으로 편지를 상담에 이용한다. 특히, 학교 장면에서 특정 교사와 갈등관계에 있는 청소년의 부모로 하여금 교사에게 전하는 편지를 쓰게 한다. 다음의 예는 교사에게 보내는 부모의 편지 중 하나다.

사례 편지 쓰기

승철이는 학급에서 폭력적이고 성적도 좋지 않다. 특히 영어선생님과 매우 심한 갈등을 빚고 있다. 승철이의 엄마와 상담자는 승철이의 영어선생님에게 보낼 편지를 작성했고, 승철이는 이 편지를 영어선생님께 전해 드렸다.

영어 선생님께

승철이에 대한 인내와 관심에 감사드립니다. 승철이는 때때로 아주 다루기 힘든 아이입니다. 저는 승철이가 선생님의 수업시간에도 변화하는 것을 보고 싶습니다. 그래서 저는 매일 선생님의 수업이 있는 날 승철이에게 숙제를 줍니다. 수업시간에 선생님이 하신 일 중 승철이가 좋아하는 일을 기억해서 그것을 적어 저녁에 저에게 말하도록 하고 있습니다. 여러 가지로 감사드립니다.

승철 엄마 올림

이 편지 이후에 승철이는 영어선생님에 대해 좋아하는 점 다섯 가지를 적어서 집에 왔다. 사실 가장 큰 예외는 영어선생님이 수업 시간에 승철이가 정답을 말한 것을 칭찬해 주었다는 점이다. 이 실험적 전략은 승철이와 선생님의 관계에 중요한 영향을 주었다. 선생님과 승철이는 상호 존중할 수 있는 능력을 점차로 키워 나갔으며, 결과적으로 교실에서의 승철이의 폭력적인 행동이 멈추었으며 영어 성적도 많이 향상되었다.

(5) 구조화된 가족싸움 과제

드 세이저(de Shazer, 1985)는 만성적인 싸움으로 문제가 된 부부를 위한 치료적 과제로 구조화된 가족싸움 과제를 개발했다. 이 전략은 만성적 싸움 문제가 온 가족의 주된 관심사인, 변화가 없거나 악화되었다고 하는 가족에게 제안하는 실험적 과제로 특히 유용하다. 먼저 현재의 싸움 빈도에 따라 가족들을 얼마나 자주 싸우게 할지를 결정하는데, 예를 들면 부모들과 매주 네 번 이상 치열한 격론을 벌이는 청소년이 있다면 싸우는 시간을 하루 걸러 한 번씩 계획하게 한다. 가족은 요리용 타이머를 이용하여 부엌 이외의 장소에서 구조화된 싸움 시간을 가지는데(집 안의 어느 곳보다 부엌에서 더 많은 살인이 발생한다) 싸움을 누가 먼저 시작할지는 동전을 던져서 결정한다. 한 사람이 10분 동안 가족 중 누구와도 싸울 수 있고 10분 동안 싸우고도 다 못 싸운 것은 종이에 써서 다음번 계획된 가족싸움 시간에 다룬다. 가족싸움 시간 동안에는 모든 가족에게 한 번씩 싸울 차례가 돌아가며 계획된 싸움 이외의 논쟁은 허용되지 않는다. 이 상담전략은 싸우는 문제에 통제력을 잃은 가족에게 유용하며, 가족이 오랫동안 지속해 온 상호작용 유형을 깨뜨리는 역할을 한다.

(6) 또래 반영팀

문제가 고착화되어 다루기 힘든 청소년의 경우, 이 청소년의 친구 중에 혹시 상담가로 활용할 수 있는 비슷한 어려운 문제를 겪은 친구가 있는지를 조사한다. 내담자와 부모가 친구가 상담에 오는 것에 대해 동의하면, 이번에는 내담자 부모에게 도와줄 친구 부모에게 연락해서 그들의 자녀가 상담에 참여해도 괜찮은지를 먼저 승인받게 한다. 참여하려는 친구에게는 내담자에 대한 비밀보장을 위해 정보 공개 관련 양식에 서명하게 한다.

상담에 합류한 친구들은 상담실 안에서 집단의 일원으로 가족 뒤에 자리 잡거나 일방경 뒤에서 관찰자로 있게 된다. 가족들은 이러한 또래 반영팀의 위치를 결정하게 된다. 적절한 시점에 상담자는 상담실에 있는 친구들에게 얘기하도록 요청하며, 일방경 뒤에 있는 경우에는 상담자가 일방경 뒤로 가서 친구들로 구성된 또래 반영팀의 의견을 듣는다. 내담자의 어려운 상황에 대한 또래 반영팀의 10분 동안의 의견을 들은 뒤에 가족과 상담자는 반영팀의 생각을 논의한다. 또래 반영팀 전략을 사용해 본 가족과 상담자들은 또래 반영팀의 생각이 매우 실용적이고 창의적이라고 평가하는 경우가 많다(Selekman, 2005, 김유순 역, 2015). 다음 사례는 또래 반영팀 전략의 유용성을 보여 주고 있다.

사례 또래 반영팀

소정이는 수업 빼먹기, 무단결석, 선생님들과의 갈등 등으로 학교 사회복지사에 의해 상담자에게 의뢰되어 왔는데, 소정이 부모는 학교문제에 대한 처벌로 두 달 동안 소정이를 외출 금지시킨 상태였다. 첫 번째와 두 번째 상담에서 소정이와 부모 사이는 아주 격렬해서 격한 비난-역비난의 상호작용이 세 사람 사이에서 일어났다. 상담자는 팀 없이 이 사례를 맡았는데, 만약 팀이 있었다면 상담자가 고착화되었을 때 많은 도움을 받을 수 있었을 것이다. 상담자는 식구들을 분리시켜 부모와 소정이를 개별적으로 만나면서 개별상담에서 이런 무익한 상호작용을 멈추도록 도왔다. 예외도 발견되지 않았으며 가족들은 미래에 기적이 일어날 거라고 상상도 하지 않았다. 소정이나 부모 모두가 대립구도에서 조금도 물러서지 않았으며, 상담자는 가족들과 어떤 현실적인 해결 가능한 상담목표를 협상할 수 없었다.

상담자는 두 번째 상담에서 개별적으로 소정이를 만나 상담자가 지금 지쳐 있으며, 혹시 부모와의 문제로 예전에 그녀와 비슷한 경험을 했던 친구가 있는지, 있다면 다음 회기에 데려올 수 있는지를 물어보았다. 소정이는 부모님과의 관계를 도와줄 친구를 데리고 온다는 아이디어에 관심을 많이 보였다. 소정이 부모 또한 뭔가 다르게 상담이 진행될 거라는 생각과 소정이 친구들이 다음 가족상담에 와서 가족을 돕기 위해 브레인스토밍에 참여한다는 것에 수용적 태도를 보였다.

세 번째 상담에서 상담실 분위기는 더 밝아졌으며, 뭔가 다르게 해야 할 것이 무엇인가에 대해 또래들의 의견을 들을 수 있었다. 소정이의 가장 친한 친구 두 명이 상담소에 왔다. 한 친구는 소정이와 부모님 사이에 일어나는 일에 대해 '줄다리기'라는 비유를 썼다. 예전에 자신과 부모 사이에서도 이와 똑같은 상황이 벌어졌으며, 자기 부모님의 해결법은 줄을 놔 버려서 그녀로 하여금 엉덩방아를 찧게—스스로 문제에 빠져 깨닫게 한다는 의미—만드는 것이었다고 했다. 그때부터 그 친구는 싸움에 얽매이는 것이 해결책이 아니라는 사실을 깨닫게 되었고 그때부터 자신의 행동을 바꾸기 시작했다고 말했다. 다른 한 친구는 자기 부모가 일의 결과에 대해 덜 엄격하겠다고 기꺼이 타협에 응하자 자신의 행동이 변화되었다고 말했다.

친구들의 의견에 대한 생각을 묻자, 소정이와 부모는 친구들이 얘기하고자 하는 바를 깨달았다고 했다. 소정이의 부모는 두 달 외출 금지는 소정이에게 지나친 처벌이라고 느끼게 되어 이에 대해 자발적으로 소정이와 토의하게 되었다. 이러한 변화는 소정이와 부모가 이전에 가졌던 비난-역비난의 상호작용에 변화가 생긴 것이다. 소정이의 외출금지 기간은 2주로 감소되었고, 소정이는 수업에 참석하고 더 이상 선생님에게 말대꾸하지 않게 되었다. 이와 같이 또래 반영팀이 상담 중 고착상태에 있던 상담자와 가족에게 새로운 가능성을 열어 주었다. 이후의 상담에서는 변화를 확대시켰고, 성과물들을 강화해 나갔으며, 학교 결석문제는 학교와 협력해 해결했다.

요약

이 장에서는 내담자가 성취한 성장과 변화를 첫 회기 후의 상담에서 어떻게 발견할 것이며, 이를 확대하고 강화하는 전략은 무엇인지 살펴보았다. 첫 회기 후의 상담에서 내담자가 작은 변화를 보일 때에는 그 변화를 인정하고 그것을 중심으로 여러 측면에서 탐색하는 동시에 변화를 위해 노력한 것과 변화에 대한 반응 등을 질문한다. 그리고 변화에 대하여 칭찬하며 긍정적인 가치와 의미를 부여한다. 첫 회기 상담 후에 후퇴하거나 악화된 가족에게는 치료적 변화를 시도한다. 성장과 변화가 있을 경우에는 진전에 대해 평가하고 차츰 종결을 위해 준비해 나간다. 해결중심상담에서는 첫 상담부터 내담자와의 종결에 대해 생각하고 종결을 향해 나아가는 것이 사실이지만, 첫 회기 후의 상담에서 진전 정도를 묻는 척도질문을 함으로써 종결을 효율적이면서도 자연스럽게 다룰 수 있다. 첫 회기 후의 상담에서 유용하게 사용할 수 있는 실험적 과제로 동전 던지기, 비밀스럽게 놀라게 하기, 습관조절 의식, 편지 쓰기, 구조화된 가족싸움, 또래 반영팀 사용 등의 방법을 소개하였다.

| 제2부 |

해결중심 가족상담의 실제

제2부에서는 해결중심상담이 임상 현장에서 활용되는 방법을 소개하기 위하여 아동과 청소년, 중독, 외도, 이혼, 집단, 슈퍼비전의 주제로 나누어 해결중심상담의 실제를 검토한다.

제7장에서는 아동과 청소년을 위한 해결중심상담의 기본 원리와 가정, 아동과 청소년의 발달 특성에 적합한 해결중심상담의 기법을 소개한다. 제8장에서는 중독상담에 대한 해결중심상담의 관점과 개입과정을 설명한다. 제9장에서는 외도의 영향과 이에 대해 해결중심상담으로 접근할 수 있는 방법을 살펴본다. 제10장에서는 이혼 전 · 후 과정의 각 단계에 있는 내담자와 가족에게 적용할 수 있는 해결중심상담의 목표와 기본 원리, 상담기법을 소개한다. 제11장에서는 해결중심 집단상담의 일반적 특성과 집단 프로그램의 한 예로서 해결중심 접근에 기초한 부모집단 프로그램을 소개한다. 제12장에서는 해결중심 슈퍼비전의 원칙과 진행방법을 설명한다.

제7장

아동과 청소년을 위한 해결중심상담

아동과 청소년은 일반적으로 '다루기 어려운 내담자'(Selekman, 2005, 김유순 역, 2015)로 간주된다. 내담자의 강점과 이전의 성공적인 경험을 강조하는 해결중심상담은 상담에서 '다루기 어려운' 내담자로 알려진 아동과 청소년이 상담자와 빠른 시간 안에 협력적인 관계를 맺고 상담목표를 달성하는 데 유용한 접근방법이다. 이 장에서는 아동과 청소년을 위한 해결중심상담의 기본 원리와 가정을 알아보고, 아동과 청소년의 발달 특성에 적합한 해결중심상담의 기법들을 소개한다.

1. 아동과 청소년을 위한 해결중심상담의 기본 원리

아동과 청소년은 많은 경우 문제에 대한 인식이나 상담에 대한 동기와 변화의 필요성에 대한 관심이 적기 때문에 자발적으로 상담에 오는 사례가 적다. 부모나 학교 선생님이 상담에 의뢰하거나 부모가 가족상담에 함께 참석하기 위해 데리고 오는 경우가 대부분이다. 또한 어린 아동은 대화를 중심으로 이루어지는 상담에 참여하는 것이 힘들기 때문에 상담자의 질문에 대답하지 않거나 지루한 표정을 짓고 상담에 집중하지 못하며 딴청을 피우기도 한다. 좀 더 나이가 든 아동이나 청소년은 어른들이 문제라고 말하는 것들에 동의하지 않거나 상담자의 지시적인 태도가 마음에 들지 않아 상담에 덜 협력적일 수도 있다.

그러므로 아동과 청소년을 상담하는 해결중심상담자들은 해결중심상담의 가치와 철학을 이해하고 질문기법을 숙련하는 것뿐 아니라 아동과 청소년의 특성을 이해하고 발달수준에 맞게 질문을 재구성하는 다양한 방법을 개발하고 습득해야 한다. 예를 들어, 놀이와 활동이나 여러 가지 매체를 활용한 상담기법들을 통합하여 적용함으로써 아동과 청소년의 상담에 대한 동기를 유발할 수 있도록 노력해야 한다.

해결중심상담은 내담자의 문제보다는 강점과 성공적인 경험에 기반하여 상담하기 때문에 아동과 청소년이 조금 더 쉽게 상담환경에 적응하고 상담자와 라포를 형성할 수 있게 한다. 특히 어른이 '의뢰'하여 상담에 온 아동과 청소년은 그동안 자신들에 대한 부정적인 평가를 많이 들어 왔기 때문에 강점과 자원에 초점을 맞추는 해결중심상담을 새롭고 신기한 경험으로 받아들인다.

1) 긍정적으로 시작하기

자녀의 문제로 가족상담에 온 부모들은 상담이 시작되자마자 자녀에 대해 불평하는 경우가 많다. 부모가 자녀의 문제를 지적하는 동안 자녀들은 점점 위축되거나 화를 내는 모습을 임상 현장에서 쉽게 관찰할 수 있다.

다음은 중학교 2학년에 다니는 아들과 어머니가 참여한 상담 장면의 일부다.

상담자: 오늘 이렇게 멀리까지 오셨는데 뭐가 조금 달라지면 '그래도 상담에 온 보람이 있다.'는 생각이 드시겠어요?

어머니: 선생님 거기에도 썼지만 아들이 공부를 너무 안 하고 게임만 해요(어머니

는 접수지 호소문제 란에 국어 30점, 수학 0점, 영어 20점이라고 아들의 학업성적을 적었다). 누나는 고 3인데 공부도 잘하고….

(어머니가 아들의 문제를 말하기 시작하자 아들은 화난 표정으로 고개를 숙이고 있다.)

이와 같이 자녀와 부모가 함께 참여하는 상담에서 초반부터 자녀들이 난처한 상황에 빠지고 상담에 대한 흥미를 잃게 되는 것을 방지하기 위해서 상담을 시작하면서 아동이 좋아하는 것, 잘하는 것 등에 대해 이야기를 나누는 것이 좋다.

상담자: 어머니, 제가 조금 있다가 어머니께 다시 말씀하실 시간을 드릴게요. 지금 아드님 얘기를 좀 들어봐도 될까요? 현수야, 네가 좋아하는 게 뭔지 선생님한테 얘기해 줄 수 있니?

현 수: 좋아하는 거 없는데.

어머니: 게임 좋아하잖아?

상담자: 현수야, 게임도 좋아하지만 그것 말고도 좋아하는 게 있을 것 같은데?

현 수: (고개 숙이고 작은 목소리로) 주짓수요.

상담자: 응? 주짓수? 선생님이 몰라서 그러는데 그게 뭔지 설명해 줄래?

현 수: 그거 브라질 무술이에요.

상담자: 브라질 무술? 아, 그렇구나. 주짓수가 어떤 건지 궁금하네. 선생님이 무술을 잘 몰라서 말이야. 너한테는 좀 웃긴 질문일 수도 있는데… 태권도하고 어떻게 다르니? 선생님은 아는 무술이라고는 태권도밖에 없어서….

상담자가 계속해서 현수가 좋아하고 잘하는 것에 대해 질문하고 대답하는 동안, 현수의 얼굴은 훨씬 밝아지고 목소리도 커지며 조금씩 마음을 여는 모습을 볼 수 있다. 현수는 첫 상담 시 오기 싫다고 하여 어머니가 데려오는 데 애를 먹었지만 두 번째 상담부터는 자발적으로 왔고, 상담을 종결할 즈음에는 게임시간을 조절하고 고등학교 진학에 대한 계획을 세울 정도로 변화하였다.

다음과 같이 관계성 질문을 사용하는 것도 긍정적인 면을 이끌어 내고 아동과 청소년이 빠른 시간 안에 상담에 협력적으로 참여할 수 있도록 하는 데 효과가 있다(De Jong & Berg, 2001).

- 친구들한테 물어보면 네가 좋아하고 잘하는 것이 어떤 거라고 얘기할까?
- 사촌동생하고 잘 지낸다고 했는데, 사촌동생은 너하고 있으면 어떤 점이 좋다고 할까?
- 아빠한테 여쭈어 보면 네가 운동 외에 또 어떤 걸 잘한다고 말씀하실 것 같니?

상담에 오는 아동과 청소년들은 나름대로의 장점과 능력을 갖고 있음에도 불구하고 아동 자신이나 부모가 이에 대한 인식이 부족하고 문제와 단점만 부각되어 있는 경우가 많다. 따라서 이들은 자아존중감이 낮으며 부정적인 자아개념을 갖고 있다. 상담 과정에서 이전에 성공적으로 잘 해냈던 경험과 현재 잘하고 있는 것들을 탐색하고 강화하는 해결중심상담은 아동과 청소년이 자신에 대한 긍정적이고 해결중심적인 이야기를 구성할 수 있도록 한다.

2) 아동의 지각에 대해 알아보기

일반적으로 상담자는 아동과 상담을 하기 전에 부모와 교사 등 아동 주위의 어른으로부터 아동의 문제나 아동이 어떻게 달라져야 하는지에 대한 정보를 듣는다. 만약 상담자가 아동의 생각을 묻지 않는다면 아동이 원하는 것이 무엇인지 모른 채 어른들의 목표를 염두에 두고 상담을 진행하게 될 것이다. 아동이 원하는 것이 어른의 목표와 다르다면 아동이 변화를 이루고 목표를 성취하기는 어렵게 된다. 그러므로 상담자는 아동에게 현재의 상황에 대해 어떻게 생각하고 있는지, 무엇이 도움이 될 것 같은지, 상담에서 무엇이 달라지기를 원하는지 질문해야 한다(De Jong & Berg, 2001).

다음은 초등학교 2학년에 다니는 진아와 부모님이 참여한 가족상담의 장면이다.

상담자: 진아야, 너는 부모님과 함께 상담하면서 뭐가 좀 달라지면 좋겠어? 뭐가 좀 좋아지면 '여기 오기를 잘했다' 그렇게 생각이 들겠니?

진 아: 엄마가 야단 좀 안 쳤으면 좋겠어요. 엄마는 내가 다섯 살 때부터 매일 야단만 쳐요.

상담자: 그렇구나. 진아는 엄마가 야단치는 게 싫구나. 그런데 다섯 살 되기 전에 네 살이나 세 살 때는 엄마가 어떻게 다르게 하셨는지 혹시 기억나니?

진 아: 그때는 어려서 잘 생각이 안 나요. 근데 별로 야단 안 쳤던 것 같아요. 동생이 없을 때니까.

상담자: 응, 그렇구나. 그때는 엄마가 야단을 안 치셔서 좋았겠구나. 그럼 엄마가 야단 안 치고, 대신 어떻게 하셨는지 기억나니?

진 아: 웃으면서 말했던 것 같아요.

상담자: 아, 그때는 엄마가 웃으면서 말씀하셨구나. 그러니까 진아는 엄마가 웃으면서 말하는 걸 원하는 거니?

진 아: 네.

상담자: 그러면 엄마가 달라져서 너한테 예전같이 웃으면서 말씀하시면, 너는 어떻게 다르게 할 것 같니?

진 아: 엄마가 웃으면 저도 웃을 거예요.

아동이 원하는 것이 무엇인지 들으면서 상담자뿐 아니라 함께 참석한 부모들도 아동에 대해 좀 더 많은 것을 알게 된다. 위의 사례에서 어머니는 진아의 말을 들으면서 눈물이 글썽해졌다. 그리고 자신이 동생 낳기 전과 후에 그렇게 달라졌는지 못 느꼈는데 진아의 말을 듣고 많은 것을 생각하게 되었다고 말했다. 어머니는 자녀 둘을 키우면서 직장생활을 하기가 너무 힘들어서 진아에게 참을성이 없어지고 화를 많이 냈던 것 같다고 했다. 상담을 시작할 때 진아의 어머니는 문제 해결을 위해 진아가 변해야 한다는 입장을 보였으나 점차 자신의 변화가 필요하다는 입장으로 바뀌게 되었다. 진아의 아버지 역시 아내의 부담을 덜어주기 위해 자신의 도움과 행동 변화가 필요하다는 인식을 갖게 되었다. 그러므로 아동의 지각에 대해 묻는 것은 함께 참석한 어른들의 생각에도 변화를 가져오며, 이러한 변화는 가족이 공동의 상담목표를 설정하는 데 도움이 된다.

3) 어른의 협력을 이끌어 내기

아동과 청소년이 상담을 끝내고 돌아가는 곳은 그들을 의뢰한 부모나 교사 등 어른들이 있는 곳이다. 아동은 이 어른들과 앞으로도 계속해서 관계를 맺으며 살아가야 하기 때문에 상담자는 아동의 환경에서 중요한 역할을 하는 어른들과도 협력관계를 형성해야 한다.

상담자는 가족상담을 진행하면서 자신도 모르게 가족 안에서 힘이 약한 아동의 편에 서게 되는 경우가 있고, 이런 과정에서 부모의 저항이 일어나기도 한다. 자녀와 부모가 상담에 대한 기대와 목표가 다른 것은 흔한 일이다. 이럴 때 상담자가 해야 할 일은 자녀와 부모 양쪽 모두 자신들의 견해를 안전한 상황에서 표현할 수 있도록 도우면서 대화가 지속될 수 있는 환경을 만드는 것이다. 또한 양쪽의 다름 속에서도 공통의 기대와 목표를 이끌어 낼 수 있도록 노력해야 한다(Steiner, 2014).

의뢰된 아동의 문제에 대한 해결책을 구축해 가는 과정은 크게 두 가지로 볼 수 있다. 첫째는 아동이 더 이상 문제가 되는 행동을 하지 않는 것이고, 둘째는 어른이 아동의 행동을 더 이상 문제로 보지 않는 것이다(De Jong & Berg, 2001).

첫 번째 경우에는 어른이 협력함으로써 아동의 변화를 촉진할 수 있다. 일반적으로 어른은 아동보다 많은 지적 능력과 자원을 갖고 있다. 그러므로 어른이 아동과의 상호작용 방식을 바꾸거나 자신이 먼저 변화된 행동을 보임으로써 아동의 변화를 이끌어 낼 수 있다. 앞의 사례에서 진아의 어머니가 먼저 야단치는 행동을 줄이고 웃는 모습을 많이 보인다면, 진아는 어머니가 바라는 행동인 동생을 돌보며 사이좋게 지내는 행동을 하는 게 훨씬 쉬워질 것이다. 부모가 아동과의 상호작용 방식을 변화시키는 데 도움이 되는 질문의 예는 다음과 같다.

- "자녀가 부모님께서 원하는 대로 한다면 부모님의 삶은 어떻게 달라질까요?"
- "만약 그렇게 된다면 부모님은 자녀에게 어떻게 다르게 하실까요?"
- "부모님께서 원하시는 대로 자녀가 할 수 있도록 돕기 위해 부모님께서 하실 수 있는 일은 어떤 게 있을까요?"

두 번째로 아동의 행동에 대해 문제가 있다고 정의하고 의미를 구성하는 사람들은 대개 어른이므로 문제에 대한 어른의 정의가 긍정적으로 재구성된다면 해결책이 구축될 수 있을 것이다. 앞의 진아 사례에서 어머니는 진아가 동생에게 질투를 해서 양보하지 않고 다투는 일 때문에 진아에게 야단을 많이 쳤다고 했다. 그러나 동생에 대한 질투나 경쟁심은 진아뿐 아니라 대부분의 아이들이 보이는 행동이며 형제간에 경쟁심을 느끼는 것이 앞으로 또래관계나 사회에서 경쟁에 대처할 수 있는 능력을 키우는 데 도움이 될 수도 있음을 이해한다면, 어머니는 이후 진아의 행동에 대해 훨씬 더 너그러워질 수 있을 것이다.

아동·청소년을 위한 상담에서 알아야 할 기본 지침

- 어린 아동은 언어기술이 충분히 발달되어 있지 않으므로 상담자는 아동과 소통할 수 있는 다양한 지식을 갖추도록 한다.
- 아동의 발달 단계와 특성에 대한 지식을 갖는 것은 필수다.
- 부모와 양육자는 아동의 삶에서 가장 중요한 사람들이므로 언제나 그들과 함께 일해야 한다.
- 아동은 어른에게 의존적이므로 아동에게 중요한 사람들, 즉 교사, 의료전문가, 기타 사회 연결망에 관련된 성인과 함께 연계하여 일할 수 있는 방법을 알아야 한다.
- 아동과 함께 일하기 위해서는 아동과 그들에게 책임이 있는 어른을 연결할 수 있도록 돕는 통역자가 되어야 한다.
- 아동과 함께 일할 때 상담자는 때로 리더 역할을 해야 하며, 아동에게 영향을 미치는 중요한 결정을 내려야 할 때가 있다.

- 아동과 함께 일할 때는 해결책에 도달하기 위한 과정을 발견하는 것뿐 아니라 이러한 해결책이 실행될 수 있도록 도와야 할 책임이 있다.
- 아동과 일할 때는 상담실 밖의 환경, 예를 들어 학교, 보육시설, 병원, 청소년 보호시설이나 감옥 등의 장소에 회합을 위해 방문해야 할 필요가 종종 있다.
- 아동과 일하기 위해 상담자는 전화, 회합, 방문 등에 기꺼이 시간을 할애할 수 있는 융통성이 필요하다. 이에 따라 성인보다 전체 상담기간이 길어질 수 있으며 여러 전문가와의 협력과 같은 다양한 기술이 요구된다.

출처: Berg & Steiner (2003), pp. 15-16.

2. 아동 · 청소년과 부모에 대한 해결중심상담의 가정

1) 아동과 청소년에 대한 가정

모든 아동과 청소년은 적절한 방법으로 도움을 받는다면 자신의 미래를 가꾸어 나갈 수 있는 능력이 있다는 것이 해결중심상담의 가정이다. 아동과 청소년이 자신을 위해 좋은 길을 스스로 선택할 수 있도록 시간을 주고 그들에게 내재되어 있는 강점과 자원들에 기초해 상담을 진행한다면 아동 · 청소년과의 작업은 결코 어려운 일이 아니다. 해결중심상담은 아동과 청소년에 대해 다음과 같은 가정을 갖고 있다(Steiner, 2014).

- 아동은 잘 행동하고 싶어 한다.
- 아동은 잘 수행하고 성공하고 싶어 한다.
- 아동은 부모, 교사, 또래로부터 인정받기를 원한다.
- 아동은 멋진 생각들을 갖고 있다.
- 아동은 존중하는 태도로 질문을 받을 때 대답을 잘할 수 있다.

- 아동은 참여하여 함께 어울리며 적극적으로 행동하는 것을 좋아한다.
- 아동은 상상 속에 이미지를 떠올려 생각하며 이야기나 영화에 나오는 인물들과 동일시하고 싶어 한다.

2) 부모에 대한 가정

어떠한 문화권을 막론하고 대부분의 부모는 자신의 자녀가 잘되기를 바라고 자녀를 위해 최선을 다하기 원한다는 것이 해결중심상담의 가정이다. 이러한 가정은 어려운 상황에서도 상담자가 희망을 갖고 자녀와 부모와 함께 협력하여 일할 수 있도록 하는 힘이 된다. 부모에 대한 해결중심상담의 가정은 다음과 같다(Steiner, 2014).

- 부모는 자녀에 대해 자랑스럽기를 바란다.
- 부모는 자녀들에게 좋은 영향을 미치기 원한다.
- 부모는 자녀에 대해 좋은 소식을 듣기 원하며, 자녀들이 잘하는 것이 무엇인지 알고 싶어 한다.
- 부모는 자녀들에게 좋은 교육을 시키기 원하고 성공의 기회를 주고 싶어 한다.
- 부모는 자녀와 좋은 관계를 갖기 원한다.
- 부모는 자녀에 대해 희망을 갖기 원한다.

3. 아동을 위한 해결중심상담의 적용

1) 아동의 특성과 놀이의 치료적 기능

앞에서 소개한 진아의 사례에서 진아는 인지수준이 높고 언어능력이 뛰어나기 때문에 상담자의 질문을 이해하며 적절히 반응하여 해결중심으로 이야기를 구성하는 것이 비교적 쉽게 이루어질 수 있었다. 그러나 언어를 통한 인지적 재구성을 중요시하는 해결중심상담의 질문은 일반적으로 아동의 발달 특성상 어린 아동에게는 어려울 수 있다.

아동은 언어능력과 언어적 기술이 발달하는 과정에 있으므로 상담자의 질문을 이해하거나 자신의 생각과 느낌을 언어로 표현하는 데 어려워할 수 있다. 또한 인지발달의 측면에서 보면 아동은 구체적 사건이나 사물에 의존해야 논리적 추론이 가능하기 때문에 다양한 생각과 느낌을 통합하기 위해서는 놀이도구와 같은 실제적인 수단이 필요하다.

셀릭맨(Selekman, 1997)은 어린 아동은 놀이나 활동 등 비언어적인 방법을 사용하여 의사소통을 하는 특징이 있기 때문에 '대화를 중심으로 한 치료(talk therapy)'인 해결중심 접근이 아동의 자연적인 특성과 잘 맞지 않을 수 있다는 의견을 제시하였다. 또한 어린 아동은 기적이나 목표와 같은 추상적인 개념을 인지적으로 이해할 능력이 부족하므로 해결중심 접근의 질문들은 상담자가 구체화하기 위해 노력을 하더라도 이해하기 어려울 수 있다는 것이다.

그러므로 어린 아동이 있는 가족과의 상담에서는 놀이와 활동을 통합하여 적용하는 것이 필요하다. 왜냐하면 놀이는 아동의 '보편적 활동'이며 '의사소통 수단'(Gil, 1994)이기 때문이다. 언어적 의사소통을 중심으로 하는 가족상담 회기에서 어린 아동들은 소외되기 쉽다. 그러나 가족상담 과정에 놀이적 요소를 통합하게 되면 어린 아동도 소외되지 않고 모든 가족원이 동등하게 상담에 참여할 수 있는 장점이 있다. 놀이는 아동의 의사소통 수단이므로 아동과 가족에 대해 깊이 이해할 수 있는 기회를 제공한다. 또한 아동과 함께 놀이를 하면서 가족원 모두가 즐겁게 가족상담 회기에 참여할 수 있다.

많은 상담자들은 놀이가 본래 방어수준을 낮추고 보다 깊게 상호작용할 수 있도록 하는 특징을 갖고 있다고 한다(Gil, 1994). 아동은 상상력을 표출하여 의사소통을 하므로 아동의 눈높이에서 의사소통할 수 있는 놀이를 활용하는 것은 관계 형성에 효과적이며, 특히 말을 잘하지 않거나 불안이 심한 아동에게 유용하다(Thomson & Rudolph, 2000, 천성문, 송재홍, 윤치연, 윤호열, 이영순, 박천식, 김경일, 하영자, 김상희, 원요한 역, 2001).

놀이는 아동의 성격발달, 자신에 대한 이미지, 아동이 생각하는 걱정거리와 관심사, 관계에서의 문제 등을 알려 주는 것 외에도 놀이 자체로서 치료적 요소를 포함하고 있다. 브렘스(Brems, 1993; 김춘경, 2004에서 재인용)는 놀이의 치료적 기능을 관계 형성, 자기 노출, 치유 기능의 세 가지로 설명한다.

(1) 관계 형성 기능

놀이는 상담자와 아동 간에 신뢰성 있고 특별한 관계가 발달할 수 있도록 돕는 데 효과적이다. 놀이를 통해 쉽게 상호작용을 시작할 수 있으며, 아동이 상담 상황에 친숙하고 안정된 느낌을 갖도록 한다.

(2) 자기 노출 기능

놀이에서 아동은 자신의 감정, 갈등과 문제, 관계의 어려움 등을 직접 또는 상징적으로 재연하므로 다른 방법으로는 표현하지 못하는 다양한 정보를 제공하게 되며, 이를 통해 상담자는 아동을 더 잘 이해할 수 있게 된다.

(3) 치유 기능

아동은 놀이를 통해 자신의 감정과 갈등을 자유롭게 표현하여 감정의 발산과 정화를 촉진하므로 치유의 기능이 있다. 또한 놀이라는 안전한 환경에서 아동은 새로운 행동과 적절한 대처기술을 익히게 된다.

이와 같이 놀이의 치료적 힘은 아동과 상담자의 긍정적인 관계를 강화하고, 즐거운 경험을 통해 불안과 두려움을 감소시키며, 감정을 적절한 방법으로 표현할 수 있도록 돕는 데 있다. 또한 놀이는 탐색과 성취의 욕구를 만족시켜 유능감과 자아존중감을 높여 주며, 공감능력을 발달시켜 의사소통을 향상시키고, 대안적 행동과 해결책을 발견할 수 있도록 돕는다(Thomson & Rudolph, 2000, 천성문외 역, 2001). 아동은 놀이과정에서 지배와 통제력을 획득함으로써 유능감과 긍정적인 자아상을 갖는 데 도움이 된다(Gil, 1994).

그렇다면 아동 대상의 해결중심상담은 전통적인 놀이치료와 어떤 점에서 차이가 있을까? 전통적인 놀이치료는 일반적으로 아동이 자신의 분노, 실망감, 공격성, 불안감과 같은 감정을 안전한 환경에서 상담자와 함께 다루는 것에 초점을 맞춘다. 수용적인 상담자와 장기적으로 관계를 맺는 것이 아동에게 치유적인 경험이 된다고 보며, 놀이는 아동 문제에 대한 진단 도구이자 치유의 수단으로 활용된다. 부모의 역할은 최소화되며 때로는 부모에게 문제에 대한 책임을 전가하기도 한다(Steiner & Berg, 2016).

이에 비해 아동 대상의 해결중심상담은 아동의 문제보다는 강점과 성공적인 경험에 초점을 맞추어 상담을 진행하며, 상담자는 아동의 치유과정에서 부모가 자원으로서 역할을 할 수 있도록 부모와 협력적인 관계를 맺는다. 즉, 해결중심상담에서 변화를 이끌어 내는 자원과 동력은 아동과 가족에게 있다고 보며, 상담자는 자문가의 역할을 한다. 이러한 과정에서 놀이는 그 자체가 긍정적 경험으로써 상담의 효과를 발휘할 수 있으며 아동이 상담에서 안전감을 느끼고 적극적으로 참여할 수 있도록 돕는다. 또한 해결중심상담의 기법들을 아동의 발달 특성에 적합하게 활용할 수 있도록 놀이를 활용할 수 있다.

2) 라포 형성과 아동의 자기 표현을 돕는 방법

(1) 인형과 손인형을 이용한 이야기 나누기

인형은 아주 오래된 놀이도구로 인형을 이용한 아동면담은 이미 1940년대에 시작되어 지금까지도 다양하게 적용되고 있다. 인형은 아동에게 쉽게 동일시할 수 있는 놀잇감이므로 자신의 감정을 투사하기에 적합하며, 아동이 자신의 감정과 생각을 인형의 것으로 표현할 수 있어서 솔직한 감정과 생각을 드러내는 데 따르는 불안감을 줄일 수 있기 때문에 아동면담에서 널리 사용된다(Gil, 1994).

어윈(Irwin, 1993)은 아동이 생각과 감정을 충분히 표현할 수 있도록 대략 15~20개의 여러 종류의 인형이 필요하다고 한다(Gil, 1994에서 재인용). 인형의 종류로는 가족을 실제적으로 묘사할 수 있는 남녀 성인과 아동 인형, 의사, 교사 등 직업

▶ 여러 가지 손인형

을 나타내는 인형, 악마, 요정, 해적 등 상징적 특성을 지닌 인형 그리고 동물인형 등이 있다. 특히, 동물인형은 거리감과 안전감을 제공하므로 반드시 포함하는 것이 좋다. 손인형은 일반 인형과는 또 다른 장점을 갖고 있다. 손인형은 손가락을 사용하여 인형의 팔이나 머리를 움직이면서 동적인 표현을 할 수 있어서 아동이 면담에 몰입할 수 있도록 만든다(정문자, 김은영, 2005).

어윈과 말로이(Irwin & Malloy, 1975)는 '가족인형 면접'에 대해 설명하면서 이것이 가족들의 의사소통을 촉진하고 가족들이 목표를 향해 움직이는 과정을 잘 보여 준다고 한다(Gil, 1994에서 재인용). 특히, 가족원 간에 의사소통의 어려움이 있거나 지나치게 지성화되고 분석적인 가족에게는 가족인형 면접이 유용하다. 성인에게 인형을 사용하는 것은 유치한 일로 생각되기 쉽지만 가족상담에서 인형을 이용한 대화에 참여한 성인 내담자들은 '처음에는 어색했으나 즐거운 경험이었다'고 보고한다.

"처음에 난 이 인형 대화가 정말 바보 같은 짓이라고 생각했지만 아이를 위하는 일이니까 했어요. 하지만 점차 이야기 속에서 실제로 역할을 연기하게 되자 정말 잃어버린 양이나 용감한 군인의 일부가 되어 버렸지요. 재미있었어요. …. (인형 대화는) 이야기하게 하는 가장 좋은 방법이에요. …. 난 미소를 짓고 바닥에 앉아서 놀이에 빠져들었어요"(Gil, 1994).

인형을 이용한 면담은 보통 아동이 혼자 혹은 가족과 함께 인형을 사용하여 특정 이야기를 만들고 이에 대해 상담자가 질문을 하고 함께 토론하는 과정으로 진행된다. 해결중심상담에서 인형을 사용할 때는 가족에 대한 문제 사정에 의미를 두는 것이 아니므로 반드시 이러한 방식을 따를 필요는 없다. 해결중심상담의 경우 첫 상담에서 상담자가 아동과 친밀감을 형성하기 위해 부분적으로 인형을 활용할 수 있으며, 상담 도중에 아동이 감정 표현을 하기 힘들어할 때에 인형을 통해 말할 수 있도록 돕거나 기적질문 등의 질문기법을 사용할 때 보조도구로 활용할 수 있다.

사례 전학 후 학교 적응에 어려움이 있는 아동

초등학교 3학년 여아인 은선이가 학교 적응문제로 부모와 함께 상담에 참여하였다. 은선이는 아버지의 직장 사정 때문에 여러 번 전학을 해야 했는데, 몇 달 전 새로 전학한 학교에 적응하는 데 어려움을 겪고 있었다. 부모는 전학 온 지 몇 달이나 지났지만 은선이가 학교에 가는 것을 힘들어하는 것 같고, 스트레스가 쌓여서 그런지 집에서 부모나 동생에게 짜증을 많이 내고 공격적으로 변하는 것 같다고 하였다. 상담자는 은선이와 손인형을 사용해 상담을 진행했다. 은선이는 토끼 모양의 손인형을 선택하고 이름을 초롱이라고 지었으며, 상담자는 코끼리 모양의 손인형을 선택하고 자신을 코비라고 말했다.

코비(상담자): 초롱아, 안녕? 나 코비야. 반가워. 네 이름 참 예쁘다. 그리고 너도 이름같이 정말 초롱초롱하네. 너도 인사해 볼래?

초롱이(은선): 코비야, 안녕?

코비(상담자): 초롱아, 오늘 내가 학교에서 무슨 일이 있었는지 알아? 우리 반에 새 친구가 한 명 전학 왔는데 내 짝이 된 거야. 그 애 이름은 별님이야. 오늘

첫날이라 이야기는 많이 하지 못했는데, 며칠 전에 엄마와 함께 우리 동네로 이사 왔다고 했어. 나는 오늘 새 친구를 만나서 기분이 좋은데, 그 친구는 오늘 기분이 어땠을까 궁금해. 난 전학을 안 다녀 봐서 잘 모르거든. 초롱이는 전학을 많이 다녔으니까 별님이 기분을 잘 알 것 같은데, 초롱이 생각에는 오늘 별님이 기분이 어땠을 것 같니?

초롱이(은선): 별로였을 것 같아.

코비(상담자): 응, 별로였을 것 같구나. 별로라는 게 뭔지 좀 더 설명해 줄래?

초롱이(은선): 음, 뻘줌하고…. 바보 같고…. 몰라.

코비(상담자): 별님이가 뻘줌하고, 자기가 바보 같은 생각이 들 거란 말이지?

초롱이(은선): 응, 아무도 모르니까. 말할 사람도 없고.

코비(상담자): 그래, 그렇구나. 내가 한번 별님이한테 물어볼게. (상담자는 왼손에 별님이를 상징하는 손인형을 끼고 물어본다.) 별님아, 너 오늘 학교에서 뻘줌하고, 말할 사람도 없어서 심심하고, 그래서 바보 같다는 생각도 들고 그랬니? (별님이가 끄덕끄덕 한다.) 별님이가 맞다고 하네. 초롱이가 별님이의 마음을 잘 이해하는구나. 그럼, 어떻게 하면 별님이가 내일부터 좀 덜 뻘줌하고 덜 심심할 수 있을까? 초롱아 여기 별님이한테 얘기해 줄래?

초롱이(은선): 음, 조금 참으면 돼…. 그리고 먼저 다가가면 돼.

이 사례에서 상담자는 손인형을 사용함으로써 은선이와 훨씬 빨리 접촉할 수 있었다. 아마 상담자가 손인형 없이 "너는 뭐가 달라지면 좋겠니? 전학 온 학교에서 지내기가 어떠니?"라고 물었다면, 은선이는 쉽게 자신의 마음을 표현하지 못했을지 모른다. 인형을 사용함으로써 마치 동화 속에서 이야기하듯 즐겁게 대화할 수 있었으며, 아동은 인형을 통해 말함으로써 자신의 속마음을 표현하는 데 따르는 부담감을 덜 수 있었고, 해결책까지 말할 수 있었다.

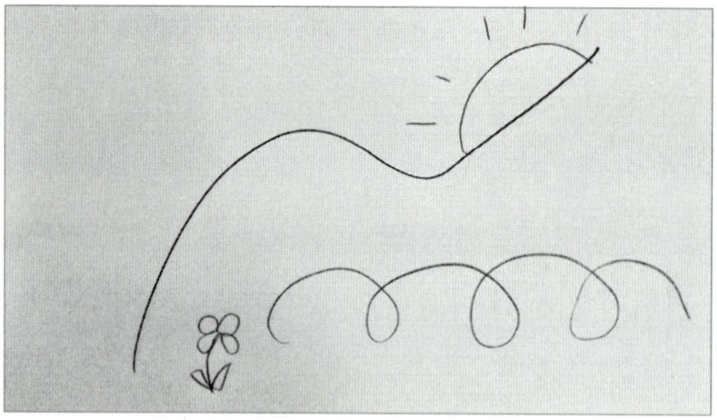

그림 7-1 선긋기 그림

(2) 선긋기 놀이

선긋기 놀이를 처음으로 심리치료에 적용한 사람은 위니콧(Winnicott, 1971, 이재훈 역, 1998)이다. 선긋기 놀이는 아동과 편하고 즐겁게 접촉할 수 있는 방법으로 아동의 문제 상황, 사고과정, 가족에 대한 감정 등을 보여 준다. 선긋기 놀이는 상담자와 내담자 혹은 가족상담에 함께 온 가족끼리 그림을 통해 의사소통할 수 있는 방법이다. 위니콧이 아동과의 심리치료에서 사용한 방법은 먼저 상담자가 눈을 감고 종이에 선으로 된 간단한 모양을 그리면 아동이 그것을 이용해 그림을 그리고 이에 대해 설명하며, 그다음에는 순서를 바꾸어 아동이 선으로 모양을 그리면 상담자가 그것을 다른 모양으로 그리고 설명하는 방식이다.

가족상담에서는 가족원들이 아동과 함께 선긋기 놀이를 하게 된다. 어린 아동인 경우에는 먼저 가족원 중 한 명이 자유롭게 선을 그린 후 아동이 그 선을 그려 그림을 완성하고 그림에 대한 이야기를 가족에게 들려준다. 이 이야기에 대한 토론이 충분히 이루어진 후에는 다시 순서를 바꾸어 선긋기 놀이를 진행한다. 특히 아동이 완성한 그림은 아동이 자신과 가족 그리고 주위 환경을 바라보는 관점을 가족들에게 잘 보여 주므로 때로 가족들이 새로운 사실을 인식하고 변화에 대한 동기를 가질 수 있도록 돕는다.

(3) 엑스레이 그림

엑스레이 그림은 감정을 시각화하여 보여 주므로 우리나라와 같이 말로 감정을 표현하는 데 익숙하지 않은 문화에서는 아동뿐 아니라 어른에게도 감정표현을 돕는 유용한 도구로 사용할 수 있다.

엑스레이 그림을 그리는 순서는 다음과 같다(Berg & Steiner, 2000).

- 아동이 커다란 종이 위에 누우면 다른 가족원이 몸의 윤곽을 그린다.
- 아동이 자신의 현재 기분이나 과거 특정 상황에서의 기분을 몸의 윤곽 안에 그려 넣는다. 이때 그런 기분이 몸의 어떤 부분에서 느껴지는지를 묻고 그 부위에 그려 넣게 한다.
- 그려진 기분 중 부정적인 것이 있다면 그 대신 느끼고 싶은 기분은 어떤 것인지 탐색한 후, 자신이 원하는 기분을 그려서 부정적인 기분을 나타내는 그림 위에 놓는다.

예를 들어, 큰 돌덩이 하나를 가슴에 그려 넣은 어머니의 그림과 화산이 폭발하는 모습을 그린 아들의 엑스레이 그림은 자세한 설명이 없이도 지금 두 사람의 기분이 어떤지 잘 이해할 수 있게 한다. 엑스레이 그림이 좀 더 해결중심적으로 마무리될 수 있도록 하기 위해서는 부정적 기분이 어떻게 바뀌면 좋을지, 앞으로 자신이 원하는 기분은 어떤 것인지도 활동에 포함시키는 것이 바람직하다. 예를 들어, 아동에게 폭발하는 화산 대신 어떤 느낌이면 좋겠는지, 어머니는 돌덩이 대신에 어떤 느낌을 원하는지 묻고, 이를 그림으로 그려 화산 혹은 돌덩이 위에 놓게 한다. 원래 엑스레이 그림은 신체의 윤곽 본을 떠서 그리기 때문에 커다란 종이 위에 작업을 하지만, 간편하게 작업하기를 원하면 좀 더 작은 종이에 신체 윤곽을 축소하여 그린 후 활동을 할 수도 있다.

(4) 감정카드

어린 아동은 자신의 감정을 말로 표현하기가 힘들어하며, 특히 여러 감정이 복합

그림 7-2 감정카드(한국단기가족치료연구소 개발)

적일 때는 설명하기가 더욱 어렵다. 이럴 때 감정카드는 유용한 도구가 될 수 있다.

감정카드는 [그림 7-2]와 같이 감정을 보여 주는 다양한 그림이 그려져 있는 카드로 구성되어 있다. 보통은 감정카드 그림 밑에 해당 감정을 나타내는 단어들이 함께 쓰여 있는데, 경우에 따라 글씨는 없고 그림만 그려져 있는 카드가 필요하다. 아동이 카드에 쓰인 단어의 의미를 이해하지 못하는 경우도 있고 때로 자신의 감정을 표현할 적절한 단어가 쓰여 있는 카드가 없을 수도 있기 때문에, 그림과 글씨가 함께 있는 카드와 그림만 그려진 카드를 각각 하나씩 준비하면 더 좋다. 감정카드는 아동의 개별면담에서도 사용할 수 있으며 가족원들이 모두 함께 하는 상담 회기와 집단상담에서 적용할 수 있다.

3) 기적질문의 활용

(1) 타임머신

어렸을 때 한 번쯤은 타임머신을 타고 미래로 날아가는 상상을 해 본 경험이 있을 것이다. 타임머신 활동은 기적질문과 비슷한 목적으로 활용될 수 있지만 아동에게는 좀 더 구체적이면서도 즐거운 놀이 형식으로 접근할 수 있는 방법이다. 타임머신은 가족들이 문제로부터 벗어나서 생각을 확장시키고 현재의 어려움을 해결할 수 있는 창조적 아이디어를 만들어 낼 수 있는 기회를 준다. 미래에 대한 비전이 만들어지면 원하는 미래에 도달하기 위해 어떤 단계들이 필요한지 구체적으로 함께 탐색할 수 있다(Selekman, 2015).

상담자는 아동을 포함하여 가족들에게 "지금 여기에 타임머신이 있습니다. 우리는 함께 타임머신을 타고 상상의 여행을 떠나겠습니다."라고 말한다. 좀 더 상상력을 북돋우기 위해 눈을 감고 상상 속의 타임머신 여행을 하도록 할 수도 있다. "이제 눈을 감으세요. 앞에 멋진 타임머신이 있습니다. 문을 열고 타서 운전석에 앉습니다. 앞에 여러 개의 버튼이 있네요. 이제 출발 버튼을 누릅니다. 출발!" 하고 상담자가 도입 부분을 이끈다.

상상의 타임머신은 다양한 시점이나 공간을 설정해 활용할 수 있다. 예를 들어, 타임머신을 타고 모든 어려움이 해결된 미래로 가서 무엇이 좋아졌는지, 어떻게 좋아졌는지 이야기를 나눌 수도 있고, 과거로 돌아가서 자신이 만나고 싶은 역사 속의 인물을 만나거나 돌아가신 가족과 만날 수도 있다. 좀 더 상상력을 발휘해 우주로 나가 외계인을 만나거나 만화 속의 인물과 이야기를 나눌 수도 있을 것이다.

(2) 기적 그림 그리기

어린 아동은 기적질문에 대한 답을 말로 표현하는 데 어려움을 느끼는 경우가 많

그림 7-3 기적 그림

다. 그러므로 '기적이 일어난다면 생활이 어떻게 달라지게 될지' 그림이나 만화로 표현하게 한다면 좀 더 즐겁게 상담에 참여할 수 있을 것이다. 기적이 일어난다는 의미를 아동이 잘 이해할 수 없다면 '마법사가 요술지팡이를 흔들어 지금 있는 모든 문제가 한 번에 없어진다면….'과 같이 설명하면서 동화에 등장하는 상황들을 인용하여 아동이 기적에 대해 이해할 수 있도록 돕는다.

[그림 7-3]은 기적이 일어나면 무엇이 달라질지 아이들이 그림으로 그린 것이다. 왼쪽 그림은 초등학교 1학년 아동이 아래층 집에 신경 안 쓰고 집에서 마음껏 뛰어놀고 싶은 마음을 표현한 것이고, 오른쪽은 초등학교 3학년 아동이 엄마가 해외에서 건강하게 돌아와 언니랑 동생이랑 행복하게 살고 싶은 소망을 표현한 것이다.

4) 척도질문의 활용

해결중심상담에서 사용하는 척도질문은 일반적으로 0이나 1에서 10까지의 숫자를 이용해 내담자의 현재 상태, 상담의 진전상태, 목표 달성에 대한 동기, 목표 달성 정도, 희망 등을 나타낸다. 아동이 숫자를 활용한 척도질문에 흥미를 보이고 편하게 대답하는 것을 상담 현장에서 쉽게 목격할 수 있다. 한두 번 척도질문을 받고 나면 상담에 와서 묻기도 전에 '지난주에 ~점이었어요.'라고 말하는 아동도 종종 있다.

아동상담에서 숫자를 활용한 척도질문을 사용할 수도 있으나, 아동이 활동적인 것과 스스로 무엇인가를 하는 것을 좋아한다는 점을 반영하여 놀이와 활동 방식으로 바꾸면 더욱 효과적일 수 있다(Steiner, 2014). 숫자를 시각화하고 행동화할 수 있는 방법은 다양한데 이 중 몇 가지를 예로 제시하고자 한다.

(1) 실린더 척도

실린더 척도는 척도질문을 실린더 모양의 그래프에 색연필로 색칠하는 방식으로 적용하는 것이다. 이는 정문자와 김은영(2005)이 이혼가족 아동을 위한 집단 프로그램에서 적용한 것으로, 척도질문을 쉽게 이해하는 데 도움이 될 뿐 아니라 활동을 통한 즐거움을 느끼는 것으로 나타났다. 종결 회기에 목표 달성 정도를 실린더

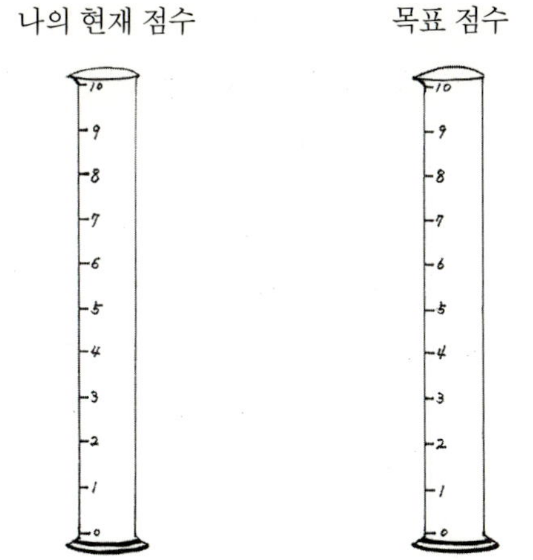

그림 7-4 실린더 척도

척도에 그려 보라고 하였을 때, 어떤 아동은 실린더에서 물이 넘쳐흐르는 모습을 그리고 나서 자신은 10점이 넘는다고 설명하기도 하였다.

(2) 실로폰 척도

실로폰 척도는 척도질문을 숫자를 사용하지 않고 실로폰을 사용하여 음계의 소리로 나타내도록 하는 방법이다. 양소영과 전영주(2002)는 한부모가족 아동의 집단 프로그램에서 실로폰의 낮은 '도'에서 높은 '도'까지를 정하여 매 회기에 척도질문을 하면서 해당되는 음을 치도록 하였다. 또한 종결 회기에서는 전체 회기의 척도점수를 실로폰으로 연주하게 함으로써 프로그램을 통해 어떤 변화가 있었는지 느끼도록 하였다. 이는 오감을 통해 변화과정을 느끼며 성취감을 가질 수 있고, 즐거움을 줄 수 있기 때문에 아동들에게 유용한 방법이다.

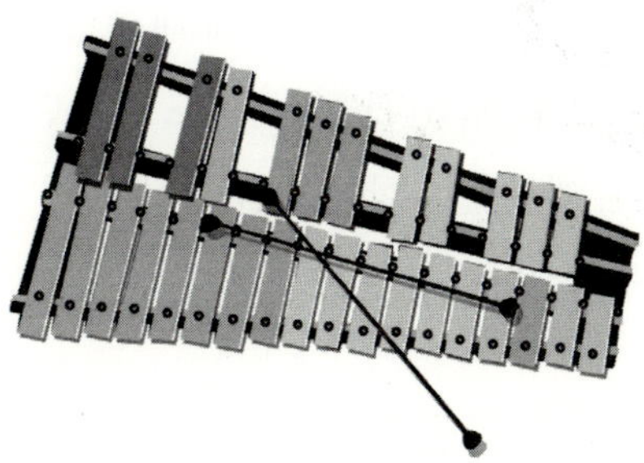

(3) 풍선 활용하기

풍선을 활용해 상담에서 진전된 것을 시각화할 수 있다. 상담을 통해 긍정적으로 변화하거나 성취해 낸 일들을 작은 부분들까지 모두 살펴본 후에 상담자가 이를 요약하고 전체적으로 나아진 정도를 풍선으로 불도록 할 수도 있고 매 사건에 대해 풍선으로 불어 표현하도록 할 수도 있다. 풍선은 용기가 늘어난 정도, 학교에서의 집중력 향상 등 다양한 상황을 시각화하기에 유용하다. 아동에게 먼저 현재 나아진 정도만큼 풍선을 불어 보도록 요청한 다음 어떻게 나아질 수 있었는지에 대해 대화를 나눈다. 이어서 아동이 앞으로 원하는 변화의 정도를 풍선을 불어 표현하도록 하고, 이러한 상황이 어떤 것인지에 대해 구체적으로 대화를 나눈다. 풍선의 크기를 활용하면서 놀이하는 것은 아동의 주의집중을 유지하면서 척도질문 기법을 적용하는 데 도움이 된다(Steiner, 2014).

(4) 성공의 탑 쌓기

여러 가지 색깔의 블록이 담겨 있는 바구니를 아동에게 주고 블록을 이용하여 탑을 쌓게 하는 방법이다. 상담을 진행하면서 지난 회기 이후 조금이라도 잘되고 있다고 생각하는 모든 일에 대해 블록을 하나씩 쌓도록 하는 것이다(Steiner, 2014). 가족이 함께 있다면 가족들도 좋았던 일들에 대해 이야기를 나누면서 함께 쌓으면 된다. 가족들이 함께 탑을 쌓아 가면 성공에 이르는 길이 가족 모두의 협력에 의해 이루어진다는 사실을 좀 더 실감나게 느낄 수 있을 것이다.

4. 청소년을 위한 해결중심상담의 적용

1) 청소년의 특성과 해결중심상담

청소년 내담자는 많은 경우 부모, 학교, 사회복지기관, 법 집행기관에서 의뢰하여 상담에 온다. 그러나 청소년이 상담에 의뢰된 사실에 대해 기꺼이 동의하며 상담 초기부터 변화의 필요성을 인식하고 상담에 대한 동기를 갖고 참여하는 경우는 드물다. 상담자 또한 청소년기를 경험했음에도 불구하고 청소년을 상담하기란 쉬운 일이 아니다. 상담자는 여러 가지 방법들을 동원해 청소년을 돕기 위해 애쓰지만 종종 효과가 없는 것을 알게 되면 지치기 쉽다(Pichot & Dolan, 2003).

청소년과의 상담이 어려움을 겪는 이유 중에 하나는 청소년의 발달적 특성을 고려하지 않거나 청소년을 '아직 미숙하기 때문에 가르쳐야 할 대상'으로 생각하고 접근하기 때문이다. 청소년은 누군가가로부터 지시나 제한을 받는 것을 가장 싫어하며 자기 스스로 또는 또래와의 관계를 통해 답을 찾기 원한다. 청소년기는 독립성과 자율성을 획득하며 미래의 가능한 역할들을 실험하고 탐색하는 시기이므로 청소년이 어른들의 간섭을 싫어하고 자신만의 고유한 방식으로 일하기를 좋아하는 것은 자연스러운 일이다. 그러므로 상담자는 청소년을 상담에 효과적으로 끌어들일 수 있는 방법을 모색해야 하며, 청소년에게 맞는 기법과 상담운영 전략이 필요하다.

해결중심상담은 이러한 청소년의 발달적 특성에 특히 잘 맞는 상담방식이다. 왜냐하면 해결중심 접근은 내담자가 자신이 원하는 것이 무엇인지 탐색하고 원하는 미래를 만들기 위해 스스로 결정하고 행동하는 것을 중시하기 때문이다(Pichot & Dolan, 2003). 내담자는 스스로 문제를 해결할 능력과 자원을 갖고 있으며 변화를 위해 무엇을 해야 하는지 가장 잘 알고 있는 전문가라는 것이 해결중심상담의 주요한 가정이다. 상담자가 이와 같은 관점을 갖고 청소년을 상담에 초대하여 현실적이고 성취 가능한 상담목표를 발전시킬 수 있도록 돕는다면, 청소년은 결코 '까다롭고 힘든' 내담자가 아니라 '도전해 볼 만하며 매력적인' 내담자가 될 것이다.

2) 청소년과의 협력관계 형성을 위한 전략

도전적인 청소년을 효과적으로 상담치료에 끌어들이기 위해 다양한 전략을 활용할 수 있다. 이러한 전략은 청소년들과의 협력관계를 형성하는 데 매우 효과적이지만 상담에 참여한 청소년의 반응, 가족의 목표 등에 따라 각 사례에 맞게 상담자가 적절히 선택하여 활용하는 것이 필요하다.

(1) 활용

내담자의 강점과 자원을 활용하는 것은 밀턴 에릭슨으로부터 발전된 방법으로 해결중심상담에서 자주 적용하는 방법인데 이 또한 청소년을 상담에 끌어들이는 데 효과적이다. 다음은 셀릭맨(Selekman, 2005, 김유순 역, 2015)이 청소년을 대상으로 활용한 사례를 재구성한 것이다.

> 내담자인 민수는 16세의 남학생으로 학교와 집에서 폭력적이고 공격적인 행동을 해서 어머니가 상담을 의뢰하였다. 상담자는 상담시간에 우연히 민수가 가져온 공책에서 그가 만화 캐릭터, 특히 악당의 모습을 잘 그린다는 사실을 발견하였다. 민수도 자신의 만화 실력에 대해서 자부심을 갖고 있었다. 상담자는 민수에게 '엄마를 놀라게 할 수 있는 재미있는 실험'을 해 보자고 제안하면서 '학교와 집에서 친구나 엄마가 화나게 할 때마다 극악무도한 악당을 그려 보라.'는 과제를 주었다. 일주일 후 민수는 어머니가 소리를 덜 질렀다고 했으며, 어머니는 민수가 자신에게 말대꾸를 하지 않고 학교에서도 문제를 일으키지 않았다고 보고했다.

민수는 어머니와 갈등이 생길 수 있는 상황에서 그림으로 표현함으로써 본인의 화나는 감정도 해소하고 직접 부딪힐 수 있는 상황을 피할 수 있었던 것이다.

(2) 협력하여 일하기

대화의 수준을 정보제공, 지시, 반영의 세 가지 차원으로 나누어 보면(Steiner, 2014), 부모나 교사와 같은 성인들은 청소년과 대화할 때 '상황이 어떻게 될 것'이고 '어떤 일이 일어날 것'이라는 등의 정보 제공이나 '~게 해야 한다'는 지시 차원의 의사소통을 하는 경우가 많다. 하지만 청소년 내담자와 협력적으로 일하기 위해서는 이들의 생각, 가치와 규범을 알기 위해 노력하고 이들이 원하는 것을 함께 탐색하고자 시도하는 반영 수준의 대화가 필요하다. 예를 들어, "술을 마시는 어떤 중요한 이유가 있을 것 같은데 그것에 대해 좀 더 얘기해 줄 수 있겠니?" "술 때문에 학교나 집에서 네가 지금 매우 힘든 상황이라고 알고 있어. 내가 생각하기에는 그럼에도 불구하고 네가 친구들과 계속 술 마시기를 결정한 데에는 너 나름대로 생각이 있을 것이라고 생각해. 거기에 대해 이야기해 줄 수 있을까?" 혹은 "혹시 이와 관련해서 네가 중요하게 생각하는 것이나 원하는 것이 무엇인지 알 수 있을까?"와 같이 탐색적이고 협력적으로 대화를 구성해 가는 방식을 반영 수준의 대화라고 할 수 있다.

가족상담의 경우에도 상담자는 청소년과 협력적으로 상담을 진행하기 위해 청소년과 개별상담 시간을 갖는 것이 유용하다. 개별상담 과정에서 상담자는 청소년과 더 가까워질 수 있으며, 청소년이 상담을 통해 얻고자 하는 것이 무엇인지 좀 더 정확히 알 수 있다.

상담에서는 보통 부모가 원하는 것을 우선시하기 쉬운데, "어떻게 하면 네게 도움이 될까?" "네가 원하는 것은 무엇이니?" "내가 부모님을 바꿀 수 있다면 어떻게 달라지길 바라니?" 등의 질문은 청소년에게 의외로 들릴 것이다. 이를 통해 상담자는 청소년과의 상담적 관계를 강화할 수 있고, 부모와 자녀 세대 사이에서 협상자 역할을 효과적으로 할 수 있다. 다만 이러한 전략을 활용하기 위해서는 상담자가 부모와도 잘 합류해야 하며, 상담자가 자녀에 대한 부모의 목표를 성취하기 위해 노력하고 있다는 점을 부모가 인식할 수 있도록 해야 한다.

(3) 청소년을 자문가로 활용하기

청소년과 협력적인 관계를 형성하기 위해 상담자는 청소년을 자문가로 활용할 필요가 있다. 상담자가 '알지 못함의 자세'를 갖고 청소년 내담자를 지식과 경험을 가진 전문가로서 대하는 것이다. 예를 들어, "예전에 상담을 받으면서 별로 도움이 되지 않았거나 싫었던 점은 무엇이니?" "이전의 상담자와 같은 실패를 내가 반복하지 않기 위해서는 어떤 것을 다르게 하면 되겠니?" "앞으로 너와 같은 청소년들과 상담을 할 때 도움이 될 만한 조언을 내게 해 주겠니?"라고 묻는다. 이러한 질문들은 청소년이 전문가 혹은 자문가의 입장에 서서 상담에 도움이 되는 것과 그렇지 않은 것들을 상담자에게 알려 줌으로써 효과적으로 상담을 진행할 수 있도록 하는 동시에, 청소년이 적극적으로 상담 과정에 참여하며 협력할 수 있도록 만든다.

(4) '콜롬보'식 접근

과거 한국에서도 인기리에 방영된 바 있는 TV 시리즈 〈형사 콜롬보〉를 기억할 것이다. 콜롬보 형사 특유의 수사 접근방식과 태도는 청소년 상담에 유용하게 사용될 수 있다(Selekman, 2005, 김유순 역, 2015). 콜롬보 형사는 외모나 말투가 어수룩해서 상대방의 경계심을 풀게 하는 재주가 있다. 그는 용의자가 사건 때문에 귀찮고 불편한 마음을 갖는 것에 대해 공감을 표하기도 하고 잘 보이기 위해 칭찬도 한다. 또한 그는 '알지 못함의 자세'를 갖고 끊임없이 용의자에게 질문함으로써 어느 순간 용의자가 범죄 단서를 제공하거나 유죄를 고백하게 만드는 기술이 있다.

이와 유사하게 상담자의 서투른 행동이나 말투는 청소년들이 위협받는다는 느낌을 가지지 않도록 하여 상담에 보다 잘 협력할 수 있게 한다. 또한 상담자의 '알지 못함의 자세'는 청소년이 마음의 빗장을 열도록 도울 수 있다.

다음의 상담 사례에서는 '청소년을 자문가로 활용하기'와 '콜롬보식 접근'을 엿볼 수 있다.

사례 술에 대한 청소년 내담자의 견해를 활용하기

고등학교 2학년에 다니는 아들을 어머니가 상담에 의뢰하였다. 어머니의 호소문제는 아들이 술을 많이 마시고 집에 자주 들어오지 않는다는 것이었다. 상담자는 청소년과 개별 상담을 하면서 요사이 유사한 문제로 상담에 오는 경우가 많다고 설명하고, 상담자 자신도 이와 관련해 어떻게 생각해야 할지 고민이 많고 사실 잘 모르겠다고 하였다. 한편으로 '왜 어른들은 술을 마시면서 청소년은 안 된다고 하나? 이건 좀 불공평한 것 아닌가?'라는 생각이 들

들고, 다른 한편으로는 '술을 많이 마시면 생활에 지장이 생기니까 술을 마시는 게 좋지 않다.'라는 생각이 동시에 든다고 하면서 아들의 견해를 물었다. 그랬더니 의외로 '청소년이고 어른이고 상관없이 술을 많이 마시는 건 좋지 않은 것 같다.'고 대답하였다. 이유를 물으니 자신과 함께 술을 마시는 3학년 선배 이야기를 하면서 '자신이 보기에는 그 선배가 알코올 중독인 것 같다, 자신도 그렇게 될까 봐 두려워져서 술을 좀 줄여야겠다고 생각하고 있다.'고 하였다. 이후 상담자는 내담자가 원하는 바대로 어떻게 하면 술을 적절히 마실 수 있을지에 대해 이야기를 나눌 수 있었다.

(5) 상담자 자신을 활용하기

일반적으로 해결중심상담에서는 상담자의 자기 노출에 대해 제한적인 편이다. 그러나 청소년은 청소년기에 비슷한 어려움을 겪은 상담자를 좋아하는 것으로 보고되므로, 상담자가 의도적으로 자기 노출을 하는 것이 유용할 때가 있다. 이때 자기 노출의 내용은 내담자의 문제와 어느 정도 맞아야 하는데, 만약 적절한 경험이 없는 상담자라면 자신이 과거에 철없이 한 행동이나 생각들을 함께 이야기 나눌 수 있다.

(6) 침묵을 존중하기

여러 차례 왕따 경험이 있는 중학교 2학년 여학생 연서가 어머니와 함께 상담에 왔다. 어머니는 연서가 학교에서도 말이 없고 집에서 가족들과도 거의 말을 하지 않는다고 하였다. 대인기피증이 있어서 앞머리로 얼굴을 가리고 다니며 여름에도 긴팔을 입고 검은 스타킹을 신으며 몸을 가린다고 호소하였다. 연서는 상담 과정에서도 말이 없기는 마찬가지였다. 상담자는 말이 없는 내담자를 위해 여러 가지 활동이나 게임을 준비하여 상담을 진행하였다. 연서는 상담자가 준비한 활동이나 게임에 응하기는 하였지만 마지못해 하는 듯 보였고 상담자의 질문에 침묵이 많고 표현이 적어 상담이 도움이 되고 있는지 알기가 어려웠다.

상담자는 이런 상황에서 상담을 계속 진행하는 것이 쉽지 않게 느껴졌고, 상담효과가 별로 없다면 먼 지역에서 자녀를 데리고 상담에 참여하는 어머니에게도 미안한 일이라고 생각되었다. 그래서 연서에게 '상담에 오는 게 도움이 하나도 되지 않고 오기 싫다가 0점, 상담에 오는 게 아주 즐겁고 도움이 정말 많이 된다가 10점이면 현재 몇 점인가'라고 척도질문을 하였다. 내담자는 '6점'이라고 하였고, 그러면 계속 오는 것이 조금이라도 도움이 되냐는 질문에 내담자는 고개를 끄덕였다. 상담자는 의외로 높은 점수에 놀랐고 침묵을 존중하면서 상담을 지속할 수 있는 힘을 얻었다. 그리고 침묵이라는 것이 곧 '싫다'는 의미는 아니라는 것을 깨닫게 되었다.

침묵하는 내담자를 '저항하는 내담자'나 '소극적인 내담자'로 보는 것은 지나치게 섣부른 판단일 수 있다. 청소년의 침묵 행동을 존중하면서 상담하는 법을 배우는 것이 청소년 상담자에게 필요한 자질과 능력일 것이다.

3) 청소년에게 적합한 해결중심상담의 치료적 실험과 팀 전략

해결중심 단기상담에서 청소년과 그 가족을 상담할 때에 적합한 치료적 실험과 팀 전략(Selekman, 2005, 김유순 역, 2015; Szabó & Meier, 2008, 김은영, 김솔 역, 2013) 중 몇 가지를 소개하고자 한다.

(1) 예측 실험

예측 실험(prediction experiment)은 해결중심상담의 예측과제를 응용한 것으로 청소년들이 지금까지와는 무언가 다른 것을 시도할 수 있도록 돕는다. 새로운 것을 시도하도록 하는 것은 내담자에게 압력이 될 수 있다. 예측 실험은 예측만 하면 점수를 받게 되어 있어서 내담자가 받는 압력을 줄여 주면서 변화를 시도하는 데 도움이 되는 과제다. 〈표 7-1〉을 내담자에게 주고 아침에 하루를 시작할 때 상담에 온 문제와 관련한 상황에서, 예를 들어, 게임을 하고 싶을 때, 기존에 하던 것과는 달리 무언가 다른 것을 해 볼 수 있을지를 '예' 혹은 '아니요'로 예측하는 것이다. 잠들기 전 확인하고 예측이 맞았으면 1점을 준다. 일주일 중 2일은 예측과제를 하지 않아도 된다.

표 7-1 **예측 실험 기록표**

날짜	예측: 오늘 무엇인가 다르게 할 기회가 있을까?	점수

(2) 몰래 놀래주기

'몰래 놀래주기(secret surprise)' 과제는 오핸런과 와이너-데이비스(O'Hanlon & Weiner-Davis, 1989)가 발전시킨 것으로, 청소년들에게 일주일 동안 부모가 놀라면서 좋아할 만한 과제를 두 개 정도 생각하여 실행해 보도록 하는 것이다. 자녀는 부모에게 그 과제가 무엇인지 말을 해서는 안 되며, 상담자는 부모에게 자녀가 놀라게 만드는 것이 무엇인지 알아내도록 요청한다. 때로는 반대로 부모들이 자녀를 놀라게 할 거리를 준비하도록 과제를 부여하기도 한다.

(3) 해결향상 과제

드 세이저(de Shazer, 1985)가 발전시킨 해결향상 과제(solution enhancement task)는 약물중독 등의 문제를 가진 내담자가 잘못된 습관에 저항할 수 있도록 임파워먼트를 하는 데 도움이 된다. 청소년에게 한 주 동안 약물, 과음, 과식 등의 유혹을 극복하기 위해 자신이 행하는 다양한 방법을 발견해 오라는 과제를 준다. 어떤 경우에는 도움이 될 만한 해결방법을 적은 카드를 지니고 다니도록 격려하기도 하는데 위기의 순간에 해결카드가 도움이 된다고 한다.

(4) '팀의 상반된 의견' 전달

고착상태에 빠져 쉽게 변화하기 힘든 사례에 팹(Papp, 1983; Selekman, 2005; 김유순 역, 2015에서 재인용)이 적용했던 것으로 '그리스 합창단(Greek chorus)'이라고 부르는 방법이다. 반영팀과 상담자 간에 혹은 반영팀 내에서 한쪽은 내담자가 변화할 것이라는 입장을 취하고 다른 한쪽은 변하지 않을 것이라는 입장을 취하여 이 입장 차이를 내담자에게 전달한다. 이때 반영팀은 내담자가 변하지 않을 것이라고 말하고, 상담자는 변할 것이라는 의견을 보이거나 중립적인 입장을 취하여 반영팀 내에서 상반되는 의견을 표명하게 된다. 팀이 없을 경우에는 비관적인 슈퍼바이저가 있다고 가상하고 진행을 한다.

셀릭맨은 한 청소년 내담자에게 비관적인 슈퍼바이저가 비행이 재발될 것이라고 예측했다고 전하며, 자신은 그에 대해 반대했기 때문에 슈퍼바이저와 누구 말이 맞는지 점심 내기를 했다고 말했다. 그러자 그 청소년은 "그 선생님이 틀렸다는 것을 증명해 볼게요. 그 선생님은 아무것도 모르는군요!"라며 격앙된 반응을 보였다. 이러한 방법은 상담자와 내담자로 하여금 슈퍼바이저가 틀렸다는 것을 입증하기 위해 협력하도록 만들어 변화를 가져오는 데 도움을 준다.

(5) 또래 반영팀

또래 반영팀(peer reflecting team)은 상담에 어려움이 있는 청소년 사례에 비슷한 문제를 겪은 친구들이 자문가 역할을 하도록 하는 방법이다. 또래 반영팀은 내담자와 부모의 동의를 받아 진행하며, 자문을 할 청소년들과 그들 부모의 허락도 구해야 한다. 자문가 친구들은 상담실 안이나 일방경 뒤에서 반영팀으로 참여한다. 40분 정도 내담자와 상담을 진행하고 자리를 바꾸어 반영팀이 10분 동안 의견을 말한 후, 다시 상담자와 내담자가 또래 반영팀의 의견과 생각을 반영하는 방식으로 진행된다.

요약

흔히 '까다로운' 내담자, '다루기 어려운 내담자'라고 말하는 아동과 청소년에게 해결중심상담은 내담자와 상담자 모두가 좀 더 편안하고 협력적인 관계에서 상담을 진행할 수 있는 접근방법이다. 해결중심상담을 적용해 아동과 청소년을 상담하는 상담자는 해결중심상담의 기본 원리와 가치를 이해하는 것과 아울러 아동과 청소년의 발달적 특성에 맞는 상담기법을 발전시킬 수 있는 창의력이 필요하다. 언어능력이 아직 발달하는 과정에 있는 아동에게는 비언어적인 방법인 놀이와 활동에 기초한 상담방법을 적용하는 것이 도움이 된다. 어른의 지시를 받거나 행동에 제한받는 것을 싫어하는 청소년에게 '내담자는 자신의 문제에 대한 전문가'라는 해결중심상담의 가치는 치료적 협력관계를 형성하는 데 매우 효과적이다. 더불어 또래지향적인 청소년의 특성에 맞게 '또래 반영팀' 등 또래집단을 활용하는 방법도 유용한 전략이 될 수 있다.

제8장

중독과 해결중심상담

사회가 변화함에 따라 중독의 양태도 다양해지고 그 심각성도 더 커지고 있다. 중독에 대한 해결중심상담의 개입은 기존의 중독치료 접근과는 차이가 있다. 내담자가 무엇인가 해야 함을 강조하는 기존의 접근과는 달리, 해결중심상담은 내담자의 요구와 관련하여 내담자가 가지고 있는 힘과 이전의 성공했던 경험에 초점을 둔다. 그러므로 문제와 진단에 초점을 두는 대신에 내담자가 어떻게 변하는지에 초점을 둔다. 즉, 중독자가 해결능력을 갖고 있다는 긍정적 방향에서 해결책을 구축해 나갈 수 있도록 돕는다. 상담 과정에서는 내담자의 요구와 관련된 예외와 내담자의 힘과 자원이 중심이 된다. 이 장에서는 중독에 대한 이해, 해결중심상담의 중독상담에 대한 관점, 개입과정에서 고려해야 할 점 그리고 중독상담에서 필히 다루어야 할 특별한 상담과 가족의 자원에 대해 서술한다.

1. 중독의 개념과 치료적 관점

1) 중독의 개념 및 특성

중독이란 '무엇인가에 습관적으로 지나치게 탐닉하고 몰두하는 것'으로 정의한다. 중독증을 어떤 것에 지나치게 의존한다고 하여 의존증이라고도 한다. 그 예로 알코올에 의존하는 경우, 도박에 의존하는 경우, 마약에 의존하는 경우, 인터넷에 의존하는 경우, 쇼핑에 의존하는 경우 등이 있다. 중독증이란 '통제력의 장애'를 의미하기도 하는데 그것은 어떤 의존행위가 해로움에도 불구하고 또는 해롭다는 것을 알고 있음에도 불구하고 자발적으로 그 의존행위, 즉 중독행동를 중지할 수 없다는 것을 뜻한다(이홍표, 2002).

중독상태에서는 심리적 의존과 신체적 의존 등 중독에 고유한 심리적, 신체적 반응이 유발된다. 심리적 의존이란 탐닉하는 물질이나 행동이 그 사람의 생각이나 정서의 중심이 된다는 의미다. 중독된 사람은 특정한 물질을 남용하거나 특정 행동을 하고자 하는 생각에 집착한다. 그 결과가 해로울 뿐 아니라 스스로 해롭다는 것을 알고 있음에도 불구하고 행동이나 물질에 탐닉하고자 하는 욕구가 강렬하고 그 욕구를 자제하지 못한다면 심리적 의존상태에 빠진 것이다.

심리적 의존상태에 빠지면 일상생활에 심각한 장애가 유발되기 쉽다. 원하는 행동이나 물질에 탐닉하느라고 일상생활의 의무를 수행하고 완수하는 데 실패한다. 심리적 의존이 개인의 의지를 압도하여 개인에게 중요한 활동을 방해하기도 한다. 원하는 행동이나 물질을 하지 못하면 기분이 갑자기 불편해지면서 안절부절못하고 초조해하거나 신경질적으로 돌변하며 심한 경우 정서적 공황상태에 빠진다.

신체적 의존에는 두 가지 과정이 있다. 하나는 내성이고 다른 하나는 금단반응이다. 내성이 증가한다는 것은 신체가 물질에 익숙해진다는 것을 의미한다. 익숙해질수록 물질이 일으키는 효과가 떨어지며 이전과 똑같은 효과를 얻기 위해 필요한 물질의 양은 계속 늘어난다. 결국 내성이 강해질수록 물질의 소비량은 더 늘어나게 된다.

금단반응이란 탐닉하는 물질이나 행동을 중지하거나 끊을 때 나타나는 중독 고유의 반응으로, 신체가 물질이나 행동에 익숙해져 있기 때문에 원하는 물질이나 행동을 갑자기 중단하게 되면 급성적인 괴로움과 고통을 경험하는 것을 말한다. 금단증상으로 인한 불편한 느낌을 피하기 위해 이전에 하던 물질을 다시 복용하거나 행동을 더 하도록 하는 압박을 받게 된다. 사람들은 금단증상을 피하기 위해서 그리고 원하는 효과를 얻기 위해서 탐닉하는 물질섭취나 행동을 계속하게 되고 섭취의 양을 늘리게 된다.

탐닉하는 대상이 무엇이든 간에 모든 중독에는 그 결과가 해로움에도 불구하고 중독행동을 지속하게 된다는 공통점이 있다. 즉각적인 효과에 이끌려 장기적으로 해로운 결과를 무시하고 점차적으로 신체적, 심리적 의존 및 사회적 기능의 상실을 경험하게 된다.

2) 중독치료에 대한 해결중심상담의 관점

알코올중독을 치료하기 위한 자조집단인 단주회(Alcohololics Anonymous: AA, 1976)가 발행한 교본에서는 다음과 같이 말하고 있다. '우리가 제시한 방법을 철저히 따르는 사람 중에서 실패하는 사람은 매우 드물다. 단주를 하지 못하는 사람들은 우리가 제시하는 단순한 프로그램을 따르지 못하거나 철저히 따르지 않은 사람들일 뿐이다….' 이 교본에서는 치료효과가 없는 사람들은 '제도적으로 솔직하게 자신과 직면할 능력이 없는 사람이며…, 그들은 아예 정직한 삶을 선택하고 키워 나갈 능력이 없이 태어난 사람이다.'라고 규정한다. 이러한 관점으로 인간을 보는 경우 상담자는 내담자에게 '회복'되고 싶으면 이렇게 저렇게 해야만 한다고 명령한다. 치료를 거부하거나 받아들이지 않으면 그들은 곧 '저항자' 그리고 자신의 문제를 '부정'하는 사람으로 간주된다(Johnson, 1973; Metzger, 1988). 이러한 관점과 접근은 실제로 절박하게 도움이 필요한 사람들이 치료에 접근할 기회를 놓쳐 버리게 한다(Miller & Hester, 1986).

어떤 사람들은 중독문제에 대한 연구는 아직 시작 단계이기 때문에 내담자의 특성에만 주의를 기울여야 한다고 주장하지만, 해결중심상담의 입장은 다르다. 내담자의 변화를 무가치하게 취급하고 하찮게 생각하는 확산된 편견이 가장 큰 문제다. 이러한 편견은 전통적인 치료에서 치료에 어려움이 있거나 변화가 없는 중독자의 문제를 '저항' '어려움' '방어자' '공동의존자' '부정하는' 등의 용어로 기술하는 데서 찾아볼 수 있다. 이런 용어들을 사용해서 규정하는 자세는 바로 치료라는 맥락에 중점을 두는 데서 기인하는데, 실제로 치료 실패의 책임을 상담 과정이나 상담자에게서 중독자에게로 전가시켜 버리는 결과를 가져온다. 그뿐 아니라 이러한 규정들은 치료가 성공했건 실패했건 상담 모델의 유효성을 인정해 주는 기능을 하고 있다. 만일에 중독자가 '부정'에 직면하여 어떤 변화가 있다면, 이는 당연히 중독자를 밀어붙여서 자신이 심각한 문제가 있다는 것을 인정하게 한 결과가 된다. 그러나 중독자에게 변화나 발전이 없다면 직면이 아직도 충분하지 않았거나 중독자가 아직도 치료에 임할 준비가 되지 않았다고 본다(Berg & Miller, 1992, 가족치료연구모임 역, 2001 참고). 이런 입장에서는 완전히 중독 상태에서 벗어나는 것만이 바람직한 치료목표가 되며, 부정적인 내담자나 치료받을 준비가 덜된 내담자는 일반적으로 치료효과가 빈약한 것으로 본다(Rush & Ogborne, 1986).

해결중심상담에서는 내담자와 상담자의 관계와 그들의 상호작용을 강조함으로써 상담결과의 책임이 상담자와 내담자 모두에게 있다는 것을 상기시킨다. 해결중심상담에서 상담관계와 상호작용을 강조하는 것은 내담자와 상담자가 함께 상담관계를 만들어 나간다는 믿음이다. 내담자와 상담자 간의 상호관계에서 바로 두 사람 중 한쪽이 변화할 때 다른 한쪽의 변화도 가능하게 된다는 것을 시사한다. 상담자를 '치료전문가'로서만 생각할 때는 서로 만들어 나가는 관계의 책임을 상담자가 더 많이 지기 때문이다. 해결중심상담에서는 상담자가 중독자와 협력해서 가장 좋은 상담관계를 만드는 것을 강조한다.

중독자를 상담하기 위한 해결중심상담은 상담을 통해 목표를 성취했다는 것을 알 수 있도록 목표 설정을 중시하는 관계다(Berg & Miller, 1992, 가족치료연구모임 역, 2001). 즉, 내담자와 상담자는 목적을 성취하고 상담의 종결을 결정할 수 있는 범주를 설정해야 한다. 내담자와 상담자는 성공적으로 상담을 하고 언제 종결할 수 있는지 그 범주를 설정해야 한다. 이러한 범주가 없다면 상담 과정이 어떻게 진행되었는지, 상담목표가 어떻게 성취되었는지를 평가하기 어렵거나 불가능하게 된다. 상담목표를 구체적으로 설명하는 범주가 없다면 내담자나 상담자는 상담목표가 성취되었는지를 알 수 없기 때문에 상담기간이 더 오래 지속될 수 있다.

성공의 범주를 만들어야 하는 필요성은 중독 문제를 가지고 있는 내담자를 상담할 때 특히 더 중요하다. 중독 문제를 가지고 있는 내담자들은 일상생활에서 성공적으로 행동하지 못하였다고 느끼고 배우자로, 직장인으로 매번 실패한 것을 생각한다. 이와 같은 내담자들에게 성공적인 경험과 변화하고 있다는 느낌은 반드시 필요하다. 내담자가 쉽게 성취할 수 있는 명확한 목표가 없다면 내담자가 성공한 것을 평가하기는 어렵다.

전통적으로 알코올중독 상담전문가들은 상담목표의 성취는 구조화된 치료 프로그램(28일간 입원한 알코올중독자 상담 프로그램, 5일간 입원환자의 해독, 90일 단주 모임, 6개월간 매주 상담)에 끝까지 참여함으로써 완결하는 것이라고 규정하였다(Berg & Miller, 1992, 가족치료연구모임 역, 2001). 공식적 치료 프로그램의 수행을 이용하는 것이 상담에 도움이 되고, 상담목표를 미리 설정함으로써 상담자와 내담자는 목표가 달성된 것을 쉽게 확인할 수 있다. 치료기간이 제한되어 있다는 것을 외부에 알리는 것은 내담자와 상담자가 예정된 종결기간 내에 필요한 것을 성취하게 하는 자극이 된다. 그러나 모든 내담자는 똑같지 않기 때문에 상담전문가가 만든 프로그램이나 지침에 비슷하게 반응하지도 않는다. 따라서 상담목표가 이런 방법으로 결정되었을 때, 그 목표가 외부 제한에 대한 반응인지 혹은 진정으로 성공적인 상담결과의 표시인지 확인하기 어렵다. 많은 전문가들은 이러한 점에 대하여 불만을 가지고 있다.

시간을 제한함으로써 상담목표를 결정하려는 것에 관하여 긍정적 혹은 부정적인 의견들이 있으나 해결중심상담에서는 상담목표를 결정하는 것이 좀 더 유용하다고 주장한다. 해결중심상담은 '목표지향적' 모델이라고 불릴 정도로 목표를 매우 강조한다. 상담은 상담의 횟수에 상관없이 목표가 성취되었을 때 종결하는 것이라고 생각한다.

이렇듯 중독자를 상담하는 데 있어 해결중심상담은 중독의 문제를 갖고 있는 내담자와의 관계를 중요시한다. 또한 구조화되고 시간 제한적인 상담보다는 분명한 목표를 설정하고 그것을 성취하는 것을 강조하고 있다.

2. 해결중심상담의 적용

1) 문제 상황의 예외

모든 중독행동에는 예외가 있으며 중독행동자에게서도 수많은 예외를 발견할 수 있다. 예외에는 목표를 갖고 예외를 만드는 의도적인 것과 인식하지 못하고 우연히 발생하는 우연적인 것의 두 가지 형태가 있다. 내담자의 목표가 금주라면 예외는 술을 마실 수 있을 때 혹은 술을 먹고 싶을 때 먹지 않는 것이다. 내담자가 문제의 예외를 만들 때마다 상담자는 예외 상황을 구체적으로 파악해야 한다.

해결중심상담의 상담적 도구는 질문이다. '언제' '무엇을' '어떻게'에 관한 질문을 하는데, 가장 중요한 것은 '어떻게'에 관한 것이다. 상담자는 예외를 찾기 위해 다음과 같이 질문할 수 있다.

- "어떻게 수현 씨는 그렇게 했나요?"
- "어떻게 하면 다시 할 수 있나요?"
- "수현 씨가 그렇게 했을 때 남편은 어떻게 반응했나요?"

이러한 질문은 내담자가 활용 가능한 해결책의 방향으로 나아갈 수 있게 하는 것이다. 내담자의 실제 생활에서 '할 수 있는 것'이 현실적인 것이며 예외가 구체적일 때 내담자는 그런 상황을 반복할 수 있다. 성공적 예외가 쌓이면 내담자는 중독에서 헤어나 중독행동을 줄이고 이 상태를 유지시킬 수 있다.

몇몇 내담자는 자신들의 예외가 단지 우연히 일어난 것이라고 한다. 예외는 정말 우연히 나타나는 것 같다. 예를 들어, 남편을 돕고자 하는 내담자가 남편이 술을 마시지 않는 때를 알게 된다. 그러나 아내는 자신이 남편을 도와서 술을 마시지 않는 의도적 예외를 찾지 못하고 남편이 술을 마시지 않도록 어떻게 해야 할지 모른다고 할 경우에 기적질문을 하는 것이 효과적이다. 이 질문을 통해 내담자의 문제해결 상황의 첫 단계를 발전시킬 수 있다. 내담자에게 기적질문을 사용할 때 다음 사항을 유의한다.

첫째, 상담자는 '상상하다'라는 단어를 사용한다. 상담자의 표정, 목소리, 적절한 침묵의 시간은 내담자가 해결 상황을 상상하게 하는 데 필요한 요소다. 상담자는 내담자가 문제가 없는 때의 현실세계에 들어가서 그 현실을 믿을 수 있을 만큼 충분한 시간을 주어야 한다. 상담자는 내담자가 이러한 과정을 통해 해결 상황이 현실적이라고 상상하기를 원하기 때문이다.

둘째, 상담자는 문제를 구체적으로 언급하지 않는다. 상담자는 단지 '당신이 여기에 가지고 온 문제'라는 어구를 사용하는데, 이것은 주어진 문제에 얽매이지 않게 하기 위해서다. 상담자는 내담자가 '기적이 일어난 날'에 해결책을 만들 수 있기를 원한다. 해결책이란 문제에서 자유롭게 된 생활에 대한 내담자의 상상을 통해 만들어지는 것이다.

셋째, 기적질문을 한 뒤 상담자는 침묵의 시간을 길게 갖는다. 내담자는 기적이 일어난 날에 관한 질문에 답하는 것이 익숙하지 않고 어렵기 때문에 답하기 전에 충분히 생각할 시간을 주어야 한다. 간혹 내담자가 답을 찾기 위해 머리를 들어 천장을 본다거나 얼굴 표정이 달라지는 것을 볼 수 있다. 그것은 내담자가 답을 찾고 있는 것이므로 기다려야 한다. 내담자가 '모르겠어요'라고 답할 때도 상담자는 조금 더 기다려야 한다. 상담자가 답할 차례가 아닌 것처럼 하고 기다려야 한다. 이런 상담자의 반응으로 내담자는 다시 생각하고 좀 더 완벽한 답을 하게 된다. 상담자는 '알지 못함의 자세'로 계속해서 내담자를 대해야 한다. 내담자가 모르겠다는 태도를 계속 보이면 상담자는 '상상해 보라'고 말한다. 추측하지 못하는 내담자는 없다. 기적이 일어난 날에 대한 대화는 계속해서 진행된다.

다음 단계는 해결에 대한 것들을 구체적으로 그려 보는 것이다. 간혹 내담자는 쉽게 이룰 수 없는 답, 예를 들어 '젊었을 때로 돌아가기' 혹은 '영적인 행복을 경험하기' 등을 말한다. 이러한 답에 당황하기보다는 이를 근거로 내담자들이 진실로 해결을 상상할 수 있도록 도울 수 있다. 내담자의 답을 근거로 일상생활의 변화를 생각하도록 질문한다. 내담자는 잠깐 웃고 다시 일상생활에서의 변화를 이야기한다. 즉, 문제가 없는 상황을 언급하기 시작한다.

기적이 일어난 날에 관해 질문한다.

- "도박을 하지 않는 대신 무엇을 할까요?"
- "기적이 일어난 날 동주 씨가 편하게 느낄 때 뭘 할까요?"
- "자유롭게 느낄 때를 어떻게 알까요?"
- "그 밖에는요?"

일상에서의 구체적인 것들에 대해 언급한다.

- "아침에 일어났을 때 아내와 자녀들은 평소와 달리 무엇을 할까요?"
- "아내가 그렇게 할 때, 그녀는 동주 씨가 무엇을 하고 있는 것을 볼까요?"
- "동주 씨 부부는 기적이 일어난 날 무엇을 할까요?"
- "동주 씨의 아들이 마약을 하지 않는 날, 아들이 마약을 끊었다고 상상해 보세요."
- "아들은 동주 씨가 달라진 것을 어떻게 알 수 있을까요?"
- "아내가 술을 먹지 않는다면 동주 씨는 아내에게 어떻게 달리하고 있을까요?"
- "동주 씨가 어떻게 하는 것을 볼 수 있을까요?"
- "그러면 어떻게 다르게 될까요?"
- "그 밖에 또 무엇이 달라질까요?"
- "또 누가 그것을 알아챌까요?"

결국 내담자는 기적이 일어난 날에 대해 충분히 탐색하고 구체적으로 이야기하게 될 것이다. 그 후 그에 대한 예외질문을 하면 기적을 만들어 가는 데 도움이 된다. 최근에 이러한 기적의 작은 것들이라도 이미 일어난 적이 있었는가? 있었다면 언제 일어났는가? 이러한 것들을 현실과 연결시키고 내담자가 성취할 수 있는 목표와 연결시킬 수 있다. 이미 기적은 일어나고 '언제' '누가' '무엇을' '어디서' '어떻게'의 질문으로 계속한다. 이것의 의미는 이미 내담자가 해결책을 만들었다는 것이다.

기적질문은 내담자가 해결에 대한 새로운 가능성을 탐색하도록 돕는다. 일상에서의 구체적 상황에 대한 질문을 계속하면 내담자는 문제 상황에서 떨어져 나와 서로 비난하려는 것을 멈추고 그들이 일상적으로 해 온 것을 보기 시작한다. 그들의 관계를 문제투성이인 것으로 보던 관점에서 변화 가능성이 있다는 관점으로 바뀌게 된다. 그러므로 기적질문을 할 때는 가족을 활용하는 것이 바람직한데, 예를 들면 '남편은 아내가 어떻게 달라졌다고 할까요?' '애들은 어머니의 뭐가 달라진 것을 볼 수 있을까요?' 등이 있다.

2) 목표의 협상

해결중심상담에서 내담자에게 적합한 해결책은 내담자가 만들어 내는 것이지 전문가가 만들어 내는 것이 아니라고 본다. 이는 중독상담 분야에서 매우 급진적인 생각이다. 오랫동안 중독상담 영역에 있는 전문가들은 중독에서 벗어나기 위해 중독자가 해야 할 일을 알려 주는 것이 그들의 일이라고 믿어 왔다. 단주 프로그램에서는 내담자가 무엇을 해야 하는지를 결정하고 그것을 실천해야 한다고 주장한다(Johnson, 1973).

반면, 해결중심상담은 이와는 다른 관점을 가지고 있다. 많은 연구에서 볼 수 있는 것은 가장 성공적 상담이란 내담자가 선택하는 것에 기초한다는 점이다. 내담자는 상담자가 자신의 이야기를 듣지 않고 내담자가 도움을 받고자 하는 방식으로 돕지 않으면 중도 탈락할 확률이 높다. 상담자는 내담자가 이미 잘한 것을 알기 위해 주의를 기울여야 하고, 그것이 아주 작은 것일지라도 내담자가 잘한 것을 더 하도록 해야 한다. 이것이 내담자의 동기에 힘을 주는 것이다.

내담자가 해 온 것이 효과가 없다는 것을 알았을 때, 해결중심상담의 상담자는 기적질문 혹은 경우에 따라서는 악몽질문을 하여 무엇이 도움이 될지를 계속해서 찾아야 한다. 이때 상담자가 가족을 자원으로 볼 수 있어야 그들을 통해 해결책을 만들 수 있다. 상담자는 가족에게 중독문제를 갖고 있는 사람에게서 찾을 수 있는 힘이 무엇인지를 묻고 성공적인 회복에 대한 희망을 준다. 그때 여러 가지 가능한 해결책을 얻게 되고 희망을 서술할 수 있는 예외를 찾을 수 있다. 내담자가 한 것이 효과적이라면 그것이 무엇이든 반복되어야 한다.

대부분의 중독자들은 자신의 중독행위를 끊고 더 나은 삶을 살기를 원한다고 한다. 내담자가 제시하는 목표는 시작하기 좋은 시점이다. 상담자의 도움으로 내담자는 의외로 다양하고 놀라운 해결책을 제시한다. 이러한 상황은 상담자의 상담 노력을 지속하게 한다. 그러나 간혹 상담자가 소진되었다고 하는데 이는 상담자 자신이 원하는 방향으로 내담자를 끌고 갔다는 의미다. 해결중심상담에서 목표란 내담자가 상담에 가지고 오는 것이며 문제의 해결을 위해 상담자가 내담자와 함께 협조적으로 만들어 가야 함을 강조한다. 내담자가 상담자에게 '단주를 원한다.'고 하면 상담자는 '당신이 그렇게 해야 한다.'고 말하지 않고 내담자가 이미 해 온 것에 대한 질문을 통해, 즉 또 다른 어떤 시도를 통해 무엇이 달라졌는지에 대해 질문함으로써 가능한 해결책을 만들어 간다.

알코올중독 상담의 목표를 단주로 하는 것과는 달리 해결중심상담에서는 알코올 상담에 있어 '단주'와 '절주'에 관해 내담자가 원하는 것에 초점을 둔다. 내담자가 단주를 원할 때는 상담자는 분명한 행동과정으로 단주를 격려한다. 그러나 내담자가 '완전히 단주하기를 원하지 않는다. 단지 조금 덜 마시고자 한다.'고 말할 때, 즉 내담자의 목표가 절주하는 것이라면 상담자는 내담자가 이미 해 온 것에서 해결책을 만들어 간다. 또 그 밖에 좋은 시도를 하는 경우 효과가 있을지도 모르는 것에서 해결을 찾는다.

3) 과제

내담자의 해결 가능한 해결책과 프로그램이 결정되면 상담계획을 세운다. 과제는 내담자의 현실 생활에서 실제 행동으로 옮길 수 있게 하는 일종의 상담계획이다. 해결중심상담에서 과제 부여는 논리적이고 합리적이어야 하며 내담자에게 확인을 받아야 한다. 내담자가 이미 해결을 시작한 경우, 과제는 이미 효과적으로 하고 있는 것을 더 하도록 한다. 사실 최상의 과제 부여란 이미 하고 있는 것을 더 하게 하는 단순한 과업이다.

내담자에게 과제를 줄 때 고려해야 하는 두 가지 원칙은 다음과 같다.

효과적인 것은 더 하도록 한다. 물질남용이나 행동중독의 문제에서 이미 성공적인 것을 계속하는 것은 목표를 달성하는 데 가장 쉽고 단순하며 효과적인 방법이다. 이는 일반적으로 가장 자주 주는 과제다. 상담자는 내담자와 수많은 대화를 통해 내담자가 이미 사용한 유용한 전략을 찾아내야 하며 그것을 더 하도록 한다.

가장 쉽고 단순하게 하도록 한다. 내담자에게 새로운 해결책이라면 효과가 있는 것 중 가장 쉬운 제안을 택하도록 한다. 내담자가 정상적으로 생활하기 위해서 무엇을 해야 하는지에 대해 가족이나 친구가 이야기해 준다. 대부분의 내담자는 이런 충고를 따르지 않을지라도 그것을 기억하고 있을 것이다. 그래서 상담 상황에서 이런 충고가 나올 때 어떤 것이 최소의 노력으로 가장 차이 나게 할 수 있는지를 척도화하여 우선순위를 만들도록 돕는다.

내담자는 변화를 위해서는 많은 노력이 필요하다는 것을 알고 있다. 최소의 비용으로 최대의 효과를 얻을 수 있는 것들을 서열화하면서 변화가 얼마나 어려운 것인지를 알게 한다. 상담자가 내담자의 변화가 어려울 것이라고 생각하면 내담자에게 가장 쉽고 단순한 작은 변화를 찾게 할 수 있다. 상담자는 내담자가 이러한 작은 변화를 일상생활에서 하도록 하거나 혹은 '동전 던지기'로 변화를 시도하게 할 수 있다. 때로는 회기 마지막에 모든 가능한 해결책이 내담자의 목표에 적합하지 않는 것으로 드러나는 경우도 있다. 그런 경우 유사한 상황의 내담자에게 효과가 있었던 것을 근거로 내담자에게 제안할 수 있다. 이런 교육적 접근은 상담자의 태도가 진지하고 수용적이고 비강요적일 때 더욱 유용하다. 내담자가 그 해결책을 해 볼 만한 가치가 있다고 생각할 때, 상담자는 그것을 가능한 해결책으로 활용하고 과제로 부여한다. 내담자가 다음 상담에 오고 해결책을 성공시키면 내담자에게 현명한 해결을 선택한 것에 대해 축하해 준다. 과제수행을 실패한 경우에는 상담자가 내담자를 잘못 안내했기 때문이라고 사과한다.

"실패했을 때 현진 씨는 잘하기 위해 무엇을 어떻게 했나요?"라고 질문하여 예외를 찾는다. 이러한 예외에 근거하여 변화를 이끌어 낸다.

3. 특별한 상담

1) '공동의존자'에 대한 접근

공동의존이라는 개념은 1970년대 말 알코올중독자의 배우자에 대한 연구들에서 나온 개념으로 존슨(Johnson)은 '공동알코올중독'이라고 기술하기 시작했다(김효정, 장환일, 김경빈, 1999). 공동의존이란 자신의 정체감을 찾기 위해 다른 사람을 통해 대리만족을 하는 삶에 중점을 두기 때문에 누군가에게 의존하며, 자신이 의존하는 상대방의 욕구를 알아내어 그것을 만족시키려고 하는 특징이 있다. 이런 현상은 종종 자신의 주체성이 상대방의 반응에 의해 통제되며 이런 외부 통제에 의존하는 것으로 나타난다. 이러한 이들의 공통적 행동이나 태도는 낮은 자존감, 수치심, 상대방에 대한 책임감, 자진하여 고통을 겪는 태도, 자신과 자신에게 중요한 사람들 사이의 불분명한 경계, 자신의 감정을 부정하거나 마비시키는 것 등으로 나타난다(Borovoy, 2001).

공동의존을 연구하는 사람들에게 가장 큰 논란은 공동의존을 질병으로 보느냐 아니냐에 대한 것이다. 질병으로 보는 관점에서는 공동의존을 만성적이고 진행적인 것으로 보고, 알코올중독 배우자가 중독의 결과로 자신의 기능을 제대로 하지 못하는 때를 발병시기로 본다. 또한 정신적, 육체적, 심리적, 영적으로 왜곡되는 과정을 가졌고, 상담받지 않으면 죽음으로 가는 예측 가능한 결과를 가졌기 때문에 질병으로 보고 있다(Schaef, 1992). 반면, 공동의존은 가족의 역기능적인 관계에서 온다고 보는 관점이 있다. 공동의존은 개인이 감정을 표현하거나 대인 관계에서 직접적인 의사소통을 하지 못하게 하는 어떤 압박 상황에 장기간 노출됨에 따라 생기는 감정적, 심리적, 행동적 양상이라고 한다(Whitfield, 1989).

공동의존자란 어떤 물질이나 행동에 중독된 중독자들 주변에서 그들을 돌보고 있는 사람들을 말한다. 공동의존자로 인해 중독자는 자신의 행동에 무책임하고 자신의 질병을 적극적으로 상담하지 않는다. 공동의존자는 다른 사람을 돌보는 것에 바빠서 자신의 인생 목표나 과제에는 에너지를 투여하지 못하는 성격적 특성이나 행동이 있다고 주장한다(American Society of Addiction Medicine, 1996). 이러한 주장은 임상가들에게 널리 퍼진 신념이다. 그러나 공동의존이라는 행동 자체가 질병의 범주에 들어가는 것은 아니다. 단, 알코올 의존이나 도박의존이라는 증상의 상담현장에서는 필요불가결한 개념으로 되어 있다. 왜냐하면 상담 과정에서는 환자만이 아니라 그 환자를 둘러싼 인간관계에도 눈을 돌리지 않으면 효과적인 상담이 어렵기 때문이다(西戸智昭, 2001, 이영분, 최영신 역, 2006).

해결중심모델에서도 공동의존자를 질환자로 보기보다는 그들의 행동 유형이 의존자와의 관계에서 자연스럽게 나타나는 것으로 보고 있다. 공동의존자들의 행동을 유심히 관찰하면 어떤 예측을 확인하기 위한 것 이상은 없음을 알게 된다. 의존자의 삶에서 조작되고 통제되고 비판받는 것으로 되어 있는 행동은 예측 불가능하고 혼란된 행동인 것처럼 보인다. 사람들은 일상생활에서 어떤 규칙성과 예측성을 찾을 수 있기를 바란다. 예를 들어, 아내는 남편이 저녁 식사시간에 들어올지, 애들 학교행사에 갈 것인지, 가족의 특별행사에 참석할지를 알고 싶어 한다. 그러나 의존자의 행동은 매우 예측 불가능하고 심지어는 자신도 어떻게 될지 예측할 수 없기 때문에 배우자는 의존자의 행동을 전혀 예측할 수 없다. 아내는 남편의 행동을 확인하고 어떤 확실성을 만들어 가기 위해 노력한다. 예를 들어, 가정의 행사가 중요하다는 것을 기억하게 하고자 한다. 아내는 남편이 가정의 일에 대한 자신의 이야기를 귀담아 듣고 있는지 확신하지 못하기 때문에 여러 번 반복하게 되고, 이것은 결국 '잔소리'가 된다. 잔소리 뒤에 무엇이 따르는지는 너무나 자명한 일이다. 음주 등의 문제행동이 더욱 증가하게 되고 이에 따라 아내는 두세 배로 남편이 일을 제대로 하게 하기 위해 그리고 계획성을 갖게 하기 위해 노력한다. 그러나 불행히도 해결을 위한 아내의 어떤 노력도 효과가 없다. 아내는 이것을 깨닫지 못하고 문제해결을 위해 똑같은 노력을 반복한다. 아내는 단지 더 노력하면 문제가 해결되리라고 생각하기 때문이다. 몇 배로 노력하지만 어떤 결과도 얻지 못하고 더욱 좌절하고 분노하게 된다. 아내는 곧 의존자가 앙심을 품고 자신을 거부한다고 믿게 된다. 아내가 이러한 좌절의 극치에 도달하면 남편은 다시 더 화가 나게 된다.

이러한 유형은 비효과적인 악순환의 관계를 만들고, 분노는 더욱 커지고 양쪽 모두 후회하게 된다. 곧 아내는 남편을 떠나겠다고 위협하거나 '미쳐 버릴 것 같다'며 불평한다. 누군가의 삶이 자신의 통제 밖에서 돌고 있는 경우, 이와 같은 행동을 다른 관점에서 보게 되면 도와줄 방법을 생각할 수 있다. 이때 상담 상황에서 시도해 볼 수 있는 기법이 '동전 던지기' 실험이다.

동전 던지기 실험(Berg & Ruess, 1998) 중독자는 단지 중독행동이나 물질만을 생각하고 있다고 알려져 있기 때문에 배우자는 할 수 있는 모든 것을 자신이 해야 한다고 믿는다. 이러한 행동은 물론 단주 가족모임이나 단도박 가족모임에서 준 충고이기도 하다. 그러나 가족 구성원은 때로 제3자가 주는 제안을 받아들이지 못하고 때로는 분노의 감정을 갖기도 한다. 가족은 자신들이 누군가를 변화시키는 데 무력하다고 아직은 생각하지 않기 때문이다. 가족은 자신들이 그 문제의 과정에 함께 있다는 것을 받아들이지 않고, 중독자가 변해야 가족의 생활이 좀 더 편안해질 것이라고 기대한다. 그러므로 배우자는 중독자의 음주습관 때문에 결혼을 유지해야 할지 이혼해야 할지 흔들리게 된다. 중독자가 가족을 비난하고 다시 자신의 잘못을 인정하고, 다시는 절대 술을 마시지 않겠다거나 혹은 절대 도박을 하지 않겠다고 약속하는 등의 행동은 흔히 반복되는 일이다. 그러나 배우자는 그런 행태 뒤에 무엇이 따르는지를 너무나 잘 알고 있다.

해결중심상담에서는 이러한 배우자에게 다음과 같은 시도를 제안한다.

강의나 설교 없이도 중독자의 행동은 변할 수 있다는 것을 과제를 통해 지적할 수 있다. 상담자가 내담자의 노력이 어느 정도 효과가 있었는지를 질문함으로써 중독자를 배우자로 둔 내담자에게서 '가르칠 수 있는 순간'을 찾을 수 있다. 상담자는 "효과가 없었어요. 그래서 이곳에 상담받으러 왔지요."라는 내담자의 답을 자연스럽게 듣게 된다. 그런 경우 상담자는 내담자에게 지금과는 다르게 하도록 다음과 같이 제안할 수 있다.

- "동전을 침대 곁에 두세요. 매일 밤 잠자기 전에 남편 몰래 동전을 던지세요. 만약 앞면이 나오면 다음 날 중독자가 무엇을 하든 상관없이 남편과 함께 살 것을 결정한 것처럼 하루 종일 생활하세요. 그러나 뒷면이 나오면 남편이 어떻게 하든 남편을 떠날 것으로 결정한 것처럼 행동하세요."
- 아내는 남편에게 자신의 실험에 대해 말하지 않도록 한다. 이 과제는 아내가 서로 다른 분리된 경험을 동시에 하게 하여 자신과 배우자에게 나타나는 차이점을 관찰하고 다음 상담에 와서 이야기하도록 하는 것이다.

2) 만성적 재발 상담

내담자가 언제나 부정적이고 상태가 더 나빠지고 힘들게 하는 경우, 상담자는 스스로 '그 사람이 안 왔으면' '제발 그 내담자 같은 사람을 다시는 만나지 않았으면' '그런 사람은 처음 봤다'와 같이 말하게 된다. 이런 말은 만성적인 재발을 하는 내담자에게 주로 하게 된다.

블랙본(Blackborn, 1995)은 만성적 문제음주자의 재발에 대한 좀 더 유익한 정의를 했다. 이러한 유형의 내담자는 다음과 같은 면에서 다른 내담자와 구별된다.

- 내담자는 단주상담에 참여하여 새로운 시도를 해 왔다. 상담은 그 강도가 더욱 강해지고 또 시간이 증가되는 특성이 있다. 이러한 상담 경험은 내담자의 절주 혹은 단주에 별다른 도움이 되지 못한다.
- 비록 내담자가 짧은 기간 단주의 경험을 했다 해도 장기간의 단주는 하지 못한다. 이러한 경험으로 내담자는 현재의 단주를 위해 과거의 회복기술에 의존할 수 없게 된다.
- 문제음주의 결과는 더욱 악화되고 지속된다.
- 회복을 실패한 경우 내담자의 상담 참여동기와 상담 의지의 수준은 낮아진다. 내담자는 희망을 버리고 회복을 위해 노력하려 하지 않는다.

해결중심상담은 다음과 같은 정의를 선호한다. 이는 내담자에 대한 상담자의 시각을 변화시키며 내담자에 대한 무력함과 무희망의 감정을 충분히 변화시킬 수 있다. 더욱이 다음과 같은 것을 기억하게 한다(Berg & Ruess, 1998).

- 내담자의 실패 원인이 상담이지 상담의 실패 원인이 내담자는 아니다.
- 과거의 상담에서 효과적인 것이 없었다면 앞으로 어떤 효과적인 것도 할 수 없다.
- 내담자가 어떤 다른 점을 인식하지 못한다면 생활은 더욱 악화된다.
- 상담이 뭔가 다르다거나 도움이 되지 않는다고 느끼는 데에는 합리적인 이유가 있다.

만성적 재발자에 대한 상담은 내담자가 다르게 해야만 하는 것에 초점을 두는 것보다 다르게 할 수 있는 것에 초점을 두어야 한다. 가능한 빨리 상담을 다르게 시작할 것을 제안한다. 내담자가 도움을 청하면 전에 어떤 상담자나 의사에게서 상담을 받았는지 혹은 중독문제를 해결하기 위해 어떤 프로그램에 관여했는지 그리고 이런 상담 과정에서 어떤 시도를 했는지에 대해 매우 구체적으로 질문한다. 이 질문이 내담자에게 과거와 유사한 일반적인 '이전의 상담'이라는 인상을 갖게 한다면,

내담자는 "현진 씨는 이전에 나와 유사한 어떤 상담자를 만났는가?"라는 질문을 받는 것처럼 생각하게 되어 상담에 대한 새로운 시도라는 생각을 하지 못하게 된다. 결국 내담자는 상담자가 원하는 정보를 이해하지 못하고 상담자에게 피상적인 답을 하게 된다. 그러므로 매우 구체적이고 특별하게 질문해야 한다.

내담자가 과거의 상담경험에 대해 말하면 무엇이 도움이 되었고 무엇이 도움이 되지 않았는지에 대해 질문한다. "얼마나 오래 도박을 하지 않았는가?" "어떻게 도움이 되었는가?" "무엇이 도박을 하지 않게 도왔는가?" 이러한 질문은 이전의 변화에 대한 탐색을 진단하는 데 도움이 된다. 이와 같은 질문에 대한 답은 무엇을 시도해야 하고 또 무엇을 반복하지 않아야 하는지를 결정하는 데 도움이 된다.

내담자가 이전의 상담경험이 있고 만성적 재발자로 판명되면 가능한 빨리 상담에 오게 하여 정보 공개에 동의하도록 준비한다. 일반적으로 상담자는 첫 상담 회기에서 내담자가 이전의 상담기록에 대한 정보 공개에 동의할 때까지 기다린다. 내담자가 만성적 재발자로 판단되면 내담자의 성공기회를 증대시키기 위해 부가된 자원을 활용해야 한다. 내담자가 정보 공개에 동의하면 상담자는 이전의 상담자와 접촉한다. 일반적인 정보 요구방법은 오래 걸리므로 이메일, 팩스, 전화 사용을 강력히 추천한다.

다음 단계에서는 내담자의 인적 자원과 접촉하여 가능한 많은 해결책을 확대하기 시작한다.

- 내담자에게 말할 때

"누가 현진 씨가 회복되기를 원하나요?"
"그들은 어떻게 현진 씨를 도울 수 있나요?"
"첫 상담에 어떻게 오게 할 수 있나요?"

- 내담자가 아닌 사람에게 말할 때

"어머니가 내담자를 도왔다고 말할 때 얼마나 기뻤나요?"
"기쁜 마음으로 올 수 있나요?"

상담에 내담자와 관련된 중요한 사람들을 처음 포함시키는 것은 도움이 된다(Berg & Ruess, 1998). 만성적 재발자 당사자와만 상담을 하면 주로 효과가 없었던 것에 관해서만 이야기하기 때문에 많은 정보를 얻지 못하고 해결책을 찾는 데 제한적일 수 있다. 따라서 상담자가 상담에 다른 사람을 포함시키면 주요한 해결책을 더 많이 만들 수 있다.

4. 가족 자원

중독치료를 위한 많은 상담 프로그램에서 가족을 고려한다. 최근 많은 연구에서 지지적 가족과 사회환경은 회복뿐 아니라 회복과정을 유지하는 데 매우 중요하다는 것을 밝히고 있다(Berg & Reuss, 1998). 가족은 부모와 자녀뿐 아니라 배우자, 친구, 이웃, 친척을 포함한다. 내담자가 자신의 가족이라고 하는 모든 사람을 포함시킨다. 가족에 대한 정의는 생물학으로 혹은 법적으로 연결된 경우만이 아니라 정서적 지지체계를 아우르는 사람들의 연결망을 포함한다.

1) 자원으로서의 가족

가족은 중독자에 대해 많은 정보를 갖고 있으므로 그 정보를 문제 해결에 유용하게 활용할 수 있다. 어떤 가족은 중독자에 대한 부끄러움 때문에 문제를 밖으로 표현하지 못하고 가정 내에서 조용히 고통스러워하고, 어떤 가족은 중독자가 중독자 자신의 잠재적인 꿈을 이루지 못했다는 좌절감으로 분노하기도 한다. 회복이 필요한 가족과 이야기해 보면 대부분의 가족은 중독자가 너무나 큰 잠재성을 낭비한 것에 관해 이야기한다. 가족들은 중독자를 너무나 많이 보호하고 사랑하고 그에게 충성을 보여 왔다. 그러므로 상담자의 과업은 이러한 자원을 활용하는 것이며, 상담자는 자원을 활용하기 위해 가족을 포함시켜야 한다.

- 내담자가 문제를 해결하도록 가장 많이 도운 사람은 가족 중 누구인가?
- 어떻게 하면 가족이 다시 내담자를 돕도록 할 수 있을까?

내담자가 말한 것을 근거로 가족이 상담에 함께 혹은 따로 올 수 있도록 한다.

가족이 상담에 왔을 때 상담자는 다음과 같이 할 수 있다.

- 내담자 입장에서 가족이 어떻게 도움이 되었는지를 언급한다.
- 내담자에 대해 무엇을 알고 있는지를 묻는다. 내담자가 가족에게 어떻게 의존하는지, 그리고 어떻게 해서 그들이 중독자를 다른 사람들과는 달리 포기하지 않았는지에 관해 질문한다.
- 내담자가 중독행동을 끝냈을 때 가족은 어떤 반응을 했는지를 찾는다. 내담자의 행동이나 가족과의 상호작용에 관해 구체적으로 파악한다.
- 내담자가 중독행동을 끝낸 상태를 유지할 수 있는 힘을 가족이 찾을 수 있도록 한다.
- 내담자가 무엇을 해야 성공적 전략을 유지할 수 있는지를 질문한다. 내담자의 사회적 환경, 직업, 가족환경에 대해 이야기하고, 어떻게 가족이 내담자의 성공을 지지하고 격려할지에 대해 의논한다.
- 내담자의 생활 속에서 이러한 지지적인 사람들과의 관계를 유지하기 위해 내담자가 필요로 하는 것이 무엇인지를 묻는다.
- 상담자는 이러한 지지적 가족과의 접촉을 유지하고, 설령 내담자가 중독행동을 다시 할지라도 지지적인 사람들에게 어떻게 하는 것이 바르게 하는 것인지를 알게 한다.

2) 다르게 해야 하는 가족

일반적으로 가족들이 그동안 중독문제를 해결하기 위해 효과가 없는데도 계속 같은 것을 지속해 왔다는 것은 너무나 놀라운 일이다. 그들의 언어적 표현은 다르지만 행동 유형은 똑같다. 문제를 해결하기 위해 가족이 해 온 노력을 인정하고 그들의 좌절감, 분노 그리고 후회의 감정을 수용해 준 후에 부드럽게 계속 묻는다. “어머니가 딸을 돕기 위해 모든 것을 했는데 딸은 뭐라고 할 것 같나요?” 이러한 질문에 대한 답은 유사한 단어로 표현된다. 어머니는 딸이 아마도 자신에게 강의, 설교, 잔소리, 간곡히 원함, 잘못을 지적, 중독의 유해함을 지적, 협박, 거래, 침묵으로 대하기, 비난하기 등을 했다고 표현할 것이다.

이런 것들이 효과가 있었는지를 질문하면 가족은 좌절하면서 효과가 없었기 때문에 상담을 받으러 왔다고 답한다. 혹은 이러한 논리적 시도가 효과적이지 않았기 때문에 희망이 없다고 단정하기도 한다. 그동안 효과가 없었던 해결책을 중지하는 것은 즉각적으로 중독행동을 끝내게 하지는 못할지라도 새로운 행동 형태를 만들어 가기에 충분하다. 가족이 효과가 없는 해결책을 다시 시도하지 않을 때 새로운 관계가 만들어질 가능성이 생기는 것이다.

3) 가족 활용의 시기와 방법

상담 초기에 가족이 상담에 참석할 동기가 있음을 알게 되면 즉시 가족을 자원으로 끌어들인다. 상담이 긍정적으로 진행되면 변화를 끌어내고 유지하는 데 중요한 역할을 하는 다른 가족원을 찾아 즉시 자원으로 활용한다. 이러한 가족 구성원은 내담자의 삶에 권위적인 사람이 아니다. 배우자의 잔소리보다 자녀의 요구가 더 영향을 미친다. 그러므로 자녀를 자원으로 활용할 수 있다. 그러나 이때 자녀가 ‘부모화’되지 않도록 유의해야 한다. 우리는 자녀에게 새로운 도움의 기술을 가르쳐 그들이 진정으로 부모에게 도움이 되면서 동시에 자녀로 남아 있도록 해야 한다.

4) 가족에 대한 칭찬

많은 상담자들은 가족과 일하는 것을 어려워하며 중독자 개인과 일하는 것을 선호한다. 인지행동모델에서는 가족과 일하는 것은 성가신 일이고 상담계획에 방해가 된다고 한다(Hester & Miller, 1989). 해결중심상담은 이와는 다른 입장이다. 치료의 성공은 상담실에서 제공되는 것이 아니라 내담자의 실제 세계에서 제공되어야만 한다고 믿는다. 30일간의 입원 치료를 받았으나 수없이 실패한 경험이 있는 어느 알코올중독 노숙자의 경우 상담의 성공은 병원의 울타리 내에서가 아니라 거리에서 효과가 있어야 할 것이다(Berg & Ruess, 1998).

많은 프로그램은 중독자가 중독문제를 해결하지 못하는 것에 대해 어떤 의식도 없이 가족을 비난한다. 또한 중독자는 자신이 중독행동을 끝내지 못하는 것과 관련하여 가족을 비난한다. 많은 경우 입원 상담은 매우 효과적인 것처럼 보이지만, 집에 돌아오면 내담자는 다시 중독행동을 시작한다. 가족이 지지적임에도 불구하고 회복은 힘든 전쟁이다. 그러므로 내담자의 성공적 회복과 가족의 도움을 연결시켜야 한다. 가족이 모두 긍정적인 관심을 갖고 있다는 것을 내담자가 알게 해야 한다.

가족이 중독자에 대해 부정적인 태도를 갖고 있다거나 그를 비난했는지에 대해서는 관심을 두지 않고, 비록 가족의 행동이 비생산적이었다 해도 상담자는 내담자를 위한 가족의 긍정적 관심을 인정하고 의미를 부여한다. 상담자가 내담자와 가족에게 제안할 수 있는 가장 중요한 선물은 희망이다. 이 중요한 선물을 주기 위해 상담자 자신이 내담자에 대해 희망을 가져야 한다.

5) 가족의 분노 완화

중독자는 가족의 관심과 사랑을 바라지만 가족은 중독행동을 끝내야만 사랑을 받을 수 있다고 요구한다. 이러한 똑같은 관계형태에서 대체로 중독자와 가족 간에 분노와 좌절 등이 오간다. 내담자에게는 가족의 지속적인 지지, 격려, 협조가 평생 동안 필요하다. 중독자와 가족 간에 분노의 강도와 빈도가 높아질 때 다음의 지침(Berg & Ruess, 1998)은 중독자를 향한 가족의 분노의 강도와 빈도를 줄이는 데 유용하다.

- 가족의 분노는 중독자로 인해 갖게 된 오랜 고통과 환경에 의한 것으로 가치 있고 합당하며 정상적인 것이라고 본다.
- 분노는 중독자의 많은 잠재적인 능력이 쓸모없게 된 것에 대한 실망, 고통, 좌절의 결과라고 재명명한다. 분노는 중독자의 능력이 더 좋아질 수 있다는 믿음과 그에 대한 깊은 보호의 징표다.
- 분노는 사랑의 다른 측면이다. 만약 가족이 중독자에 대해 관심이 없다면, 그들은 화를 내지도 힘들어하지도 않을 것이다. 상담자는 가족의 분노를 정열로 보며 가족들이 그 분노를 좀 더 도움이 되는 방법으로 표현할 수 있도록 돕는다.
- 화를 내는 것이 가족이 원하는 결과인지를 가족에게 질문한다. 만약 그렇다고 하면 화를 내는 행동이 가족과 중독자에게 어떻게 도움이 되는지를 찾도록 한다. 화를 내는 것이 가족이 원하는 결과라고 한다면 중독자가 분노 표출을 계속하기를 원하는지를 파악하고, 어떤 식으로 그것이 도움이 되어 계속할 필요가 있는지를 알게 한다. 반면 그렇지 않다고 하면 이때야말로 가족이 뭔가 다르게 할 수 있는 시점이다. 이 접근이 효과가 없을 때는 가족을 개별적으로 만나도록 한다. 바람직한 결과를 만들기 위해 뭔가 다르게 하기 위한 공간과 에너지가 필요하기 때문이다.
- 가족 내에 가족이 원하지 않는 분노가 지속될 때 분노를 표현함으로써 얻고자 하는 것이 무엇인지에 대해 질문한다. 이에 대한 대답은 주로 "나는 그가 나를 화나게 만든다는 것을 알았으면 한다."이다. 그러면 또 다른 질문을 한다. "혹시 그가 그것을 안다면 그가 어떻게 다르게 하길 원합니까?" 이에 대해 가족은 일반적으로 "사과하면 좋겠다."고 한다. 그러면 상담자는 계속해서 묻는다. "혹시 그가 사과한다면 그것이 경민 씨에게 어떻게 도움이 될까요?" "경민 씨가 어떻게 달라질까요?" "아버지(중독자)에게 경민 씨가 기대하는 것은 무엇인가요?" 이때 가족이 진정으로 원하는 것에 초점을 둔다. 반복되는 분노 표출은 비생산적일 뿐 아니라 중독자가 방어적이며 위축되고 공격에 더욱 공격적이 되어 분노의 사이클과 상호 비방이 고조된다.
- 분노를 가족이 진정으로 원하는 어떤 것의 위한 수단으로 본다. 분노가 적어질

때 가족이 하는 긍정적인 행동과 긍정적인 상호작용을 격려하는 데 초점을 둔다. 아무리 작은 것일지라도 이미 효과적인 것을 더 하도록 가족을 돕는다.

이렇게 가족을 자원으로 활용할 때 내담자를 위한 상담은 더욱 효과적이 된다.

요약

해결중심상담에서는 상담자가 제시한 규격화된 상담을 받아야 한다는 기존의 입장과는 달리 내담자가 원하는 변화를 찾고 그것을 만들어 가도록 한다. 목표 설정에서도 내담자와의 협상을 선호한다. 그러므로 문제 상황의 예외를 찾고 과제도 효과적인 것을 더하고 쉽고 단순하게 할 수 있는 것을 하도록 한다.

해결중심상담은 중독문제에서 필연적으로 다루고 있는 '공동의존자'에 대해 질병이라는 부정적 틀로 해석하지 않고 중독자와 그 배우자의 관계에서 자연스럽게 나타나는 행동 유형으로 이해하고 이러한 관계 형태를 변화시키고자 노력한다. 만성 재발자의 상담은 내담자가 다르게 해야 하는 것보다 다르게 할 수 있는 것에 초점을 둔다. 중독문제를 가지고 있는 내담자의 상담을 위해 가장 필요하고 도움이 되는 가족을 자원으로 활용한다. 상담자는 가족이 그동안 해 온 노력에 대해 칭찬하고 중독자에 대한 좌절감으로 만들어진 가족의 분노를 완화시켜야 한다.

부록

중독 체크리스트[1)]

중독 체크리스트 – 쇼핑 편

1. 주머니 사정을 걱정하지 않는다.
2. 살 것을 정하지 않은 채 쇼핑하러 간다.
3. 쇼핑하고 있는 시간이 어느 정도인지 알지 못한다.
4. 쇼핑을 하면서 다음에 무엇을 살까 생각하고 있다.
5. 쇼핑을 하고 있지 않을 때에는 쇼핑하는 것으로 머리가 가득하다.
6. 지금 사지 않으면 손해라는 생각이 든다.
7. 쇼핑을 할 때에는 혼자서 외출할 때가 많다.
8. 불안해지면 쇼핑을 하고 싶어진다.
9. 자신의 쇼핑방법이 이상하다고 생각한다.
10. 살 예정이 없었던 것을 사 버린다.
11. 쇼핑에 대해 누군가에게 주의를 들은 적이 있다.
12. 쇼핑을 하고 있을 때의 일을 떠올리지 못할 때가 있다.
13. 쇼핑하는 것이 유일한 즐거움이다.
14. 돈을 사용하는 것이 무엇보다도 즐겁다.
15. 산 적이 없는 것을 갖고 있는 경우가 있다.
16. 쇼핑을 하기 위하여 생활비를 절약하고 있다.
17. 세일이라면 사는 편이 이익이라고 생각한다.
18. 쇼핑을 하면 기분이 상쾌해진다.
19. 빚을 얻어 쇼핑을 하고 있다.
20. 대출금과 빚의 차이를 설명할 수 없다.

1) 출처: 西戸智昭(2001), 이영분, 최영신 역(2006).

중독 체크리스트 – 인터넷 편

1. 인터넷에 관해서는 잘 알고 있는 편이다.
2. 근무 이외에 매일 이메일을 확인하고 있다.
3. 인터넷을 하지 않고 있을 때에도 인터넷으로 머리가 가득 차 있다.
4. 근무 중에도 개인 이메일을 사용한다.
5. 인터넷을 이용하고 있는 동안에는 시간 가는 줄 모른다.
6. 인터넷을 시작하면서 누군가에게 주의 받은 적이 있다.
7. 인터넷이 유일한 즐거움이다.
8. 인터넷을 시작하면서 공부나 일의 능률이 떨어졌다.
9. 인터넷과 관련된 지출에 놀란 적이 있다.
10. 사람과 이야기하는 것보다 컴퓨터 앞에 있는 편이 좋다.
11. 컴퓨터광이라고 불린 적이 있다.
12. 인터넷상에서 만난 이성과 실제로 만난 적이 있다.
13. 근무 이외에도 컴퓨터에 접촉하고 있다.
14. 이메일을 보낸 후 도착했는지 걱정이 된다.
15. 개인 컴퓨터가 집에 있다.
16. 인터넷에서 어제 무엇을 했는지 생각나지 않는다.
17. 생각나지 않는 사람의 이메일 주소가 주소록에 있다.
18. 인터넷을 해서 늦잠을 잔 적이 있다.
19. 컴퓨터가 없는 생활은 생각할 수 없다.
20. 인터넷을 시작하면 순식간에 시간을 보내 버린다.

중독 체크리스트 – 도박 편

1. 도박을 하고 있지 않을 때도 도박에 대하여 생각한다.
2. 도박을 위해 빚을 내고 있다.
3. 휴일에는 아침부터 밤까지 도박을 하고 있다.
4. 도박을 위해 사람과의 약속을 지키지 않은 적이 있다.
5. '이제 그만두자.'고 생각해도 계속 하는 경우가 있다.
6. 도박을 하고 있는 동안은 시간 가는 줄 모른다.
7. 도박 때문에 누군가에게 주의를 받은 적이 있다.
8. 도박 때문에 가계가 압박받고 있다.
9. 도박을 좋아하는 친구가 주변에 많다.
10. 세상에 도박이 없다면 살아갈 수 없다.
11. 도박을 위하여 일을 쉰 적이 있다.
12. 자신도 모르게 도박을 반기게 된다.
13. 오늘은 꼭 이길 것이라고 항상 생각한다.
14. 도박으로 돈을 벌 수 있다고 생각한다.
15. 도박으로 돈을 얼마나 사용했는지 기억하지 못할 때가 있다.
16. 도박을 위해서라면 어떤 것이라도 한다.
17. 졌을 때의 일을 생각한 적이 없다.
18. 이득과 손실이 같다면 즐긴 만큼 득이라고 생각한다.
19. 지고 있을 때에도 이겼을 때의 일을 상상한다.
20. 자신의 유일한 취미는 도박이다.

진단 포인트

• ∨된 수가 16~20개 → 중증 중독

당신은 중독의 함정에 빠져 있어 벗어날 수 없는 상황에 있다. 우선 자신의 일상 습관을 고치는 행동기록을 만들고 중독을 자각해야 한다. 경우에 따라서 전문가에게 상담을 받는 편이 좋다.

• ∨된 수가 11~15개 → 중도(中度) 중독

깨닫지 못하면 위험한 상태다. 다만 자신이 주의가 필요하다는 것을 알면 회복될 수 있다. 회복하기 위해서는 자신이 '되풀이해 버리는' 원인을 생각해 볼 필요가 있다. 또한 당신 주위에 당신이 되풀이하도록 만드는 사람(공동의존적 체계)이 있는지 점검해 본다.

• ∨된 수가 6~10개 → 경증 중독

현대 사회에서 살아가고 있는 사람은 모두 '경증 중독'이라고 할 수 있다. 그러므로 이 정도라면 당신의 중독행동은 문제없다. 단, 당신이 중독을 고민하고 있다면 제3자(부모, 남편, 애인 등)와 상담하는 것으로 해결책은 금방 발견될 것이다.

• ∨된 수가 5개 이하

당신은 자신의 인생을 자신만의 힘으로 충분히 개척해 나갈 수 있는 사람이다.

중독 체크리스트 – 알코올 편

다음 12개의 문항은 국립 서울정신병원이 개발한 한국형 알코올중독 진단을 위한 설문지형 검사법이다.

1. 자기 연민에 빠져 술이나 약으로 해결하려 한다.
2. 혼자 술 마시는 것을 좋아한다.
3. 해장술을 마신다.
4. 취기가 오르면 계속 마시고 싶은 생각이 지배적이다.
5. 술을 마시고 싶은 충동이 생기면 참을 수 없다.
6. 최근 6개월 동안 2번 이상 취중의 일을 기억하지 못한다.
7. 대인 관계나 사회생활에 술이 해롭다고 느낀다.
8. 술로 인해 직업기능에 상당한 손상이 있다.
9. 술로 인해 배우자나 보호자가 나를 떠났거나 떠나겠다고 위협한다.
10. 술이 깨면 진땀, 손 떨림, 불안, 좌절 혹은 불면을 경험한다.
11. 술이 깨면 공포, 몸 떨림, 헛소리, 환청, 환시를 경험한 일이 있다.
12. 과거에 술로 인해 생긴 문제(골절 등)로 상담받은 적이 있다.

진단 포인트

제시한 12개 질문에서 3개 이상이 '예'인 경우 알코올중독일 가능성이 높고, 4개 이상이 '예'인 경우 알코올중독 상태로 상담이 필요하다. 특히, 불안이나 공포 등 금단 증상을 나타내는 11번이나 12번 문항에 해당하는 사람은 다른 문항의 결과와 관계없이 알코올중독으로 진단하며 상담이 필요하다.

제9장

외도와 해결중심상담

외도는 가족상담에서 점점 더 자주 이슈로 등장하고 있음에도 불구하고 상담자들이 다루기 어려워하는 주제로 알려져 있다. 외도는 부부의 안정성과 신뢰감을 해칠 뿐 아니라 부부를 둘러싼 가족에게도 다양한 정서적, 관계적 어려움을 야기한다. 이 장에서는 외도에 대한 일반적인 이해를 돕기 위해 외도의 정의와 유형, 외도가 미치는 영향에 대해 알아보며, 해결중심 외도상담의 가정과 목표, 상담자의 역할을 살펴본다. 또한 외도상담에서 적용할 수 있는 다양한 해결중심상담의 기법을 소개한다.

1. 외도에 대한 이해

1) 외도의 정의

전통적으로 외도란 부부 상호 간의 성적 배타성의 계약을 위반한 것으로 여겨져 왔으나, 외도에 대한 정의는 시대에 따라 변화하고 있다. 외도가 과거에는 주로 혼외 성관계를 의미했으나, 오늘날에는 좀 더 광범위한 행동을 포함하는 경향이 있다. 최근에는 직접적인 성관계가 없었더라도 입맞춤, 안기, 손잡기 등의 다양한 신체적 접촉이나 사이버섹스, 음란물 시청, 정서적인 친밀함, 잦은 식사와 야외 나들이, 은밀한 문자메시지 주고받기 등(Hertlein, Wetchler, & Piercy, 2005)이 외도의 범주에 포함된다. 또한 외도를 교제 중인 미혼 파트너 간의 관계에 적용하기도 한다. 그러나 법률적으로는 혼인 관계에서 일어나는 외도만을 '배우자의 부정행위'라는 개념하에서 다룬다. 최근에 와서는 '배우자의 부정행위'에 '애정표현이 담긴 문자메시지' 등 광범위한 내용이 포함되는 경향이 있다.

이러한 최근의 경향을 고려할 때 외도란 두 사람 상호 간의 계약을 위반하는 모든 행동(Lustermann, 1998; Hertlein et al., 2005에서 재인용)으로 보는 광범위한 정의가 타당해 보인다. 그런데 이와 같이 광범위하게 정의를 하더라도 상호간 계약의 내용은 대부분 암묵적이기 때문에 사람들마다 시각차가 있을 수 있다. 실제로 상담을 하는 과정에서 부부간에 외도에 대한 관점의 차이로 갈등을 빚는 경우도 많이 관찰된다.

외도 문제로 상담에 온 어느 부부의 사례를 예로 들어 보자. 아내는 남편이 다른 여성과 매주 등산을 다니고 음식과 차를 마시러 다닌 사실을 알게 되었고, 충격과 배신감에 이혼을 요구하며 갈등을 하다 상담을 신청하게 되었다. 하지만 남편은 상담자에게 자신을 외도자로 보는 것에 대해 억울함을 호소했다. 남편의 입장에 따르면 자신은 상대 여성과 성관계를 한 적도 없고 단지 함께 만나 나들이 가서 밥 먹고 차 마시며 이야기 나누었을 뿐이므로 아내가 자신을 외도했다고 비난하는 것은 받아들일 수 없는 일이라는 것이다. 하지만 아내는 남편이 이야기하는 그런 행위가 바로 외도라는 입장이며, 차라리 하룻밤 충동적으로 성매매를 했다면 충격과 배신감이 이렇게 크지는 않았을 것이고 오히려 한 번의 실수로 넘어갈 수 있었을 것이라고 했다.

이처럼 외도를 어떻게 정의할 것인가에 대해서는 다양한 의견이 존재한다. 그러므로 외도 이슈를 다루는 상담자는 외도에 대한 부부 각각의 관점을 알기 위해 노력하며, 사람마다 외도에 대한 정의에 차이가 있을 수 있음을 내담자들이 인식할 수 있게 도와야 할 것이다.

간통죄 폐지 후…. 배우자 외도 유일 제재수단인 민법상 불법행위 어디까지

간통죄가 폐지되면서 배우자의 외도에 대처하는 법적 수단은 민사, 가사소송만 남았다. 민사재판에서 인정되는 배우자의 부정행위는 어디까지인지, 형사처벌이 불가능해진 상황에서 이 범위가 앞으로 얼마나 확장될지 주목되고 있다.

법원은 통상 배우자가 다른 이성과 '연인 관계'로 볼 만한 직접적 행위를 한 경우 불법행위라고 본다. 애정표현이 담긴 문자메시지를 상당기간 주고받았다면 위자료 책임을 물릴 수 있다. 단순히 연락이 오간 정황밖에 없다면 불법행위로 인정되지 않는 경우가 많다.

회사원 김 모 씨는 아내가 다른 남성에게 보낸 '오늘 하루 어땠어?' '우리 자기 보고 싶다' 등의 SNS 메시지를 법원에 제출해 이혼소송에서 위자료 1,000만 원을 받았다. 40대 남성 정 모 씨는 초등학교 여자 동창 박 모 씨와 자주 연락하고 수차례 모텔을 드나들다 아내에게 발각됐다. 부산가정법원은 지난 8월 정 씨 아내가 정 씨와 박 씨를 상대로 낸 위자료 청구소송에서 "정 씨 아내에게 2,500만 원을 지급하라"고 판결했다.

이처럼 「민법」 840조 1항에서 규정하는 '배우자의 부정행위'는 간통 현장을 덮친 증거가 없어도 인정되는 폭넓은 개념이다. 판례를 종합하면, 상대방과 주고받은 은밀한 문자메시지나 통화내역, 카드 영수증, 모텔에 함께 들어가는 사진, 함께 여행을 간 사진 등은 부정행위의 증거가 될 수 있다. 문자메시지 내용 등이 확보되지 않아도 정황상 충분히 연인 관계가 인정되는 경우도 마찬가지다. 대구가정법원은 2013년 2년 이상 다른 여성과 만나며 노래방에 가는 등 유흥을 즐기고 고가 의류를 선물한 남편에게 2,000만 원 위자료를 부과했다.

하지만 단순히 이성과 만났거나 연락한 정도라면 불법행위가 인정되지 않을 수 있다. 주부 A씨는 남편이 이웃집 유부녀 B씨와 부정행위를 했다며 B씨를 상대로 손해배상 청구소송을 냈다. A씨 남편은 B씨와 2011년 1월부터 2012년 11월까지 한 달에 많게는 100건이 넘는 문자메시지를 주고받았다. 울산지법은 "일반인의 건전한 상식에 비춰 적절한 행동인지 당연히 의문이 있다"면서도 "이런 사실만으로 민법상 불법행위를 했다고 단정하기는 어렵다"고 원고 패소 판결했다.

별거 중인 남편의 원룸에 여성이 있었다는 사실만으론 부정행위로 볼 수 없다는 판례도 있다. 박 모 씨는 2005년 8월 남편의 외도를 의심하다 남편의 원룸에 여성 이 모 씨가 있는 걸 발견하고 사진을 찍었다. 이 씨는 당시 소매 없는 윗옷과 바지를 입고 있었다. 서울가정법원은 2007년 "부적절한 옷차림이었다는 이유만으로 정조의무를 저버린 부정행위가 발생한 것으로 보기는 어렵다"고 판결했다.

출처: 국민일보 2015년 2월 27일 인터넷 기사.

2) 외도의 유형

외도의 유형은 다양하게 분류될 수 있는데, 오랫동안 외도 연구를 해 온 글래스와 라이트(Glass & Wright, 1992)는 외도를 성에 기반한 유형, 정서에 기반한 유형 또는 두 가지가 결합된 유형으로 나누고, 성에 기반한 외도는 끝내기가 쉬우나 정서에 기반한 외도는 더 어렵다고 하였다. 브라운(Brown, 2001)은 외도자의 정서적 기제에 따라 갈등 회피 외도(conflict avoidance affairs), 빈 둥지 외도(empty nest affairs), 친밀감 회피 외도(intimacy avoidance affairs), 결별을 위한 외도(out the door affairs), 성중독 외도(sexual addiction)로 분류한다.

갈등 회피 외도 부부가 좌절과 갈등을 다루지 못하여 발생하며, 배우자에 대해 누적된 실망과 불만을 외도를 통해 분출한다.

빈 둥지 외도 자녀가 성장하여 떠난 후 공허감 속에서, 부부관계를 통해 정서적 욕구가 충족되지 못하고 정서적으로 멀어지면서 다른 이성으로부터 정서적 만족과 유대감을 추구하며 외도를 하는 경우다.

친밀감 회피 외도 친밀감이 지나치게 압도적이라고 느낄 때 이에 대한 반작용으로 배우자와 거리를 두기 위해 외도하는 경우다.

결별을 위한 외도 부부관계를 끝내기 위한 의도를 갖고 외도를 하는 것이며, 배우자가 외도를 알고 이혼을 결심하도록 유도함으로써 혼인 관계를 자신이 끝내는 것에 대한 책임을 회피하고자 하는 것이다.

성중독 외도 성적인 정복을 추구하고자 외도를 하는 것이다. 끊임없이 이성을 유혹하며, 충동적 성관계를 하고 내성이 증가하여 점점 더 강한 자극을 추구한다.

이와 같이 외도의 유형은 다양한데 최근에는 '사이버 외도'라는 새로운 외도의 유형이 급격히 확산되는 추세다. 사이버 외도는 가상공간상에서만 교제를 하는 경우도 있으나 오프라인 만남으로 이어지는 경우가 많다. 사이버 외도에는 정서적 교감만을 나누는 정서적 외도도 있고 사이버 섹스나 오프라인에서의 성관계가 이루어지기도 한다.

3) 외도의 영향

외도는 부부안정성을 손상하고 부부간의 신뢰를 해칠 뿐 아니라 가족관계 및 부부의 사회적 지지망에 심각한 영향을 미친다. 외도가 드러난 후 부부들은 감정의 롤러코스터를 경험한다(Glass, 2004; Olson, Russell, Higgins-Kessler, & Miller, 2002; 김은영, 2011에서 재인용). 외도피해 배우자는 배신감, 분노, 우울, 거부당했다는 감정, 수치심을 느끼고 배우자에 대한 신뢰감 상실, 감정의 마비, 사건에 대한 반복적 회상과 자존감이 낮아지는 것을 경험하며 공격적 행동을 보이기도 한다. 외도자 또한 죄책감, 분노, 우울, 슬픔, 혼란, 초조함을 느낀다(양유성, 2008; Fife, Weeks, & Stellberg-Filbert, 2011; Hertlein et al., 2005). 글래스(Glass, 2004)에 따르면 외도자 중 여성이 남성보다 좀 더 불안과 우울을 보인다. 외도한 아내 중 32%, 외도한 남편 중 10%가 심각하거나 극심한 불안감을 보이며, 27%의 외도 아내와 14%의 외도 남편이 우울 증세를 나타낸다.

(1) 외도피해 배우자의 반응

공격적 행동 작은 자극에도 감정이 격화되기 쉬운 상태가 된다. 외도 사실을 안 직후에 물건을 던지거나 주먹을 내리치며 분노를 표현하는 것은 흔한 일이다. 이는 때로 자신과 배우자 그리고 외도 상대방에 대한 신체적 폭력으로 이어지기도 한다. 따라서 신체적 폭력의 위험이 있다면 이에 대한 안전 계획을 세워야 한다. 위기개입을 통해 자살이나 살해의 위험으로부터 안전한 조치를 취하는 것이 필요하다.

마비 외도 사실을 안 후 감정을 느끼지 못하며 돌같이 굳어버리고 마비 상태가 되기도 한다. 어떤 일이 일어나는지 느끼기는 하나 거리감을 갖고 바라본다. 이는 극심한 고통으로부터 자신을 보호하기 위한 방어기제라고 할 수 있다.

반복적 회상과 재경험 외도가 어떻게 일어났는지 반복적으로 생각하며, 외도 상황에 관련된 이미지, 기억, 의문의 홍수에 휩싸이기도 한다.

감정의 급격한 변화 분노를 나타내다가도 때로는 상대방의 마음을 확인하기 위해 억지로 부부 관계를 가지려 할 수도 있다. 남편이 수년간 외도한 사실을 안 직후 남편을 침실로 데려와 부부 관계를 강요하고, 그 후 죄책감에 시달리는 아내도 있다. 이는 상대가 옆에 머물 것이라는 확신을 가지길 원하는 동시에 아내이고 싶은 생각이 들면서 갈등이 일어난 경우다.

반복적으로 캐묻기 외도 사건에 관련된 많은 질문을 배우자에게 쏟아내고 반복적으로 캐묻는다.

(2) 외도자의 반응

분노 외도자는 배우자가 이메일이나 휴대전화 메시지를 보는 등 자신의 외도 사실을 구체적으로 밝혀 내려는 시도에 대해 분개하고 적의를 나타내기도 한다.

초조함 외도자는 자신의 노력과 변화에도 불구하고 배우자가 계속해서 캐묻고 의심하는 것에 대해 좌절하며 개인의 자유와 사생활이 침해받는다고 강하게 느낀다. 배우자에게 돌아온 자신을 환영해 주기를 기대하지만 현실은 그렇지 않은 것에 실망하고 좌절한다. "내가 잘못했다고 했는데 왜 당신은 과거 일을 계속 생각하는 거야? 내가 이제 여기에 있잖아. 왜 우리는 예전으로 돌아가지 못하는 거지? 그건 별일 아니었다고 말했잖아."라고 반응한다.

슬픔 외도자가 수치심, 상실감, 두려움, 슬픔에 빠지는 일은 드물지 않다. 어떤 이는 결혼생활이 붕괴되고 배우자를 잃을까 봐, 어떤 이는 외도했던 상대를 잃고 낭만적 시절이 끝난 것에 대해 슬퍼한다. 또한 배우자가 이 사건을 잊게 될지, 앞으로 배우자와 사랑하며 행복한 시간을 가질 수 있게 될지 두려워한다.

외도에 대한 오해*

- 외도에 대한 잘못은 부부 모두에게 있다.
- 외도를 당한 배우자가 ~했거나 ~하지 않았다면 상대방이 외도하는 일은 없었을 것이다.
- 외도피해 배우자의 심리적인 문제나 적절치 않은 말과 행동이 외도의 궁극적인 원인이다.
- 외도피해 배우자가 화내는 것은 좋지 않다. 외도를 한 배우자가 더 멀어지게 하기 때문이다.
- 감정이 폭발할 것 같다면 그것은 외도피해 배우자가 문제 있기 때문이다.
- 외도한 배우자를 먼저 용서해야만 다음 단계로 넘어갈 수 있다.
- 외도 문제는 생물학적인 부부와 남녀 간의 차이 때문에 일어난다.
- '남자이기 때문에 어쩔 수 없다'는 사실을 여자는 받아들여야 한다.
- 사이버 섹스는 외도가 아니다.
- 정서적인 친밀감이 없고 성관계만 가진 것은 외도가 아니다.
- 성관계가 없었다면 외도가 아니다.

출처: Gottman & Silver (2012)에서 발췌, 재구성.

* 상담자가 이러한 관점을 가졌다면 관점의 변화가 필요하다.

2. 외도상담에서 해결중심상담 접근

정신적 외상에 대한 상담에서는 외상을 해결하는 것에 구체적인 관심을 두기 전에 내담자가 신체적, 정서적으로 안정감을 느끼는 것이 중요하다(Dolan, 1991). 이미 알려져 있듯이 해결중심상담은 상담 과정에서 내담자가 부정적인 상황에 집중하기보다 현재와 미래에 대한 현실적인 희망과 긍정적인 기대에 초점을 둠으로써 내담자가 관점의 전환을 이루고 보다 빠르게 정서적 안정을 회복하는 데 도움이 된다. 또한 해결중심상담의 실용적이고 구체적인 접근은 외도로 인한 외상으로부터 회복하는 과정에 대한 현실적이고 구체적인 지도(map)를 제공할 수 있다. 외도상담은 배우자의 외도로 인해 어려움을 겪고 있는 외도피해 배우자와 외도자에 대한 부부상담도 있을 수 있고, 배우자가 없는 외도자에 대한 개별상담도 이루어질 수 있다. 이 장에서는 배우자 한쪽의 외도로 인해 어려움을 겪고 있는 부부를 대상으로 한 외도상담에 초점을 맞추어 기술하고자 한다.

1) 해결중심 외도상담의 가정

- 외도는 배우자의 외도를 알게 된 외도피해 배우자뿐 아니라 외도자들에게 다양한 정서적 충격과 어려움을 야기한다. 따라서 외도가 드러난 후 이들은 감정의 롤러코스터를 경험한다. 해결중심상담은 이러한 외상 반응을 단순히 병리적인 것으로 이해하기보다는 외도라는 외상 사건에 대한 정상적 반응, 즉 생존을 위한 적응 반응으로 이해(Glass, 2004; Olson, Russell, Higgins-Kessler, & Miller, 2002) 하는 관점을 취한다.
- 인간관계에서 발생하는 외상일 경우 외상 후 스트레스 증상(PTSD)의 발생률이 가장 높다고 보고된다. 외도는 가장 가까운 대인 관계에서의 외상이라는 특징을 지니므로 외도피해 배우자들은 외상 후 스트레스에 해당되는 증상을 보이는 경우가 많다(김준기, 2011; Snyder, Baucom, & Gordon, 2007). 그러나 해결중

심상담의 기본 가정에 의하면 인간은 역경 속에서 이에 대처할 수 있는 레질리언스를 갖고 있다. 따라서 외도에 따른 외상 후 스트레스 증상을 극복하고 외상 후 성장과 변화를 이룰 수 있는 잠재력도 갖고 있다(de Shazer, Dolan, Korman, Trepper, McCollum, & Berg, 2007, 한국단기가족치료연구소 역, 2011).

- 외도는 부부의 안정성을 손상하고 부부간의 신뢰감을 해칠 뿐 아니라 부부를 둘러싼 가족 및 사회적 지지망에도 심각한 영향을 미치는 것으로 알려져 있다. 그러나 대부분의 부부는 지금보다 훨씬 더 희망적이고 성공적이었던 과거의 공통된 역사를 가지고 있다. 이들은 서로를 이끌리도록 만들었던 매력과 강점, 장점을 가지고 있으며, 하나의 팀으로 어려움을 극복했던 과거의 이야기도 있을 수 있다. 그리고 지금까지 그들의 삶에서 지지를 제공했던 관계망은 이들이 위기를 극복해 나가는 과정에서 자원이 될 수 있다.

2) 해결중심 외도상담의 목표

외도상담의 목표는 상호 이해를 도모할 수 있는 안전한 환경에서 외도로 인한 심리적 외상과 부정적 영향을 극복하고, 부부가 작은 변화들을 통해 협력하고 존중하면서 앞으로 어떤 방향으로 나아갈 수 있을지 선택하는 것에 있다. 즉, 외도상담의 목표는 부부의 관계를 지속시키는 데에만 초점을 두는 것이 아니라는 점을 상담자가 유념할 필요가 있다.

외도상담에서 심리적 외상으로부터의 회복이 중요한 점을 고려하여, 외상치료에서 초기의 생리적, 심리적 안정화를 강조하고 긍정적 관점과 경험을 통해 회복력을 증가시키는 것을 목표로 하는 점(김남희, 2011)과 돌란(Dolan, 1991)의 성폭력 피해 생존자를 위한 해결중심 접근의 치료 목표를 참고하여 설정한 해결중심 외도상담의 목표는 다음과 같다.

(1) 정서적 안정과 안전감의 회복

외도상담은 배우자의 외도로 고통받던 부부가 외상으로 인한 여러 증상에서 벗어나 정서적으로 안정되고 안전감을 회복할 수 있도록 하는 데 목표를 둔다.

(2) 외상 기억과 연관된 감정을 변화시키기

외상과 관련된 기억이나 반복적인 회상이 더 이상 부부의 일상생활을 고통스럽게 만들고 침해하지 않도록 하는 데 목표를 둔다.

(3) 미래에 대한 계획과 앞으로 나아가기

부부가 원하고 희망하는 미래를 탐색하고 구체화함으로써 앞으로 부부가 긍정적이고 현실적인 미래를 계획할 수 있도록 돕는다. 이러한 목표에는 부부가 미래에 공동의 삶을 영위할지 헤어져서 각자의 길을 갈지 선택하는 것이 포함된다.

3. 상담자의 역할

- 해결중심 가족상담 모델의 기본 가정과 원리, 개입 기법들을 적용하되, 트라우마 치료에 적용된 기법(Dolan, 1991; 2009)을 활용한다.
- 상담자는 외도피해 배우자와 외도자를 모두 존중하는 태도를 유지하며, 긍정적인 자세로 내담자와 협력하고, 내담자가 가지고 있는 내적, 외적 자원을 이끌어 냄으로써 내담자의 신체적, 정서적 안정과 스스로에 대한 통제감을 확보하도록 돕는다.
- 외도로 상처를 입은 가족이 따뜻하고 지지적인 환경에서 자신의 상황과 현재 겪고 있는 어려움에 대해 구체적으로 이야기할 수 있는 기회를 제공한다.
- 치료자는 내담자의 감정과 생각을 수용하고 인정하며 존중한다. 나아가 현재 내담자의 삶 속에서 활용 가능한 자원을 탐색하고, 미래의 희망과 목표를 그릴 수 있도록 한다(Dolan, 1991).
- '알지 못함의 자세'로 각 가족이 처한 외도 상황의 특성과 부부 각자의 감정, 생각, 행동을 알기 위해 노력해야 하며, 상담자 자신의 개인적 가치에 기초해 선

불리 판단하고 충고하는 것을 피한다.

- 내담자가 외도로 인한 외상 증상을 보일 때, 외도 가족이 일반적으로 경험하는 증상에 대한 정보를 제공한다(Dolan, 1991). 이는 내담자 부부의 행동이 병리적이거나 비정상적인 것이 아니라는 점을 알려 줌으로써 안심하고 치료에 임할 수 있도록 하며 변화에 대한 희망을 키우는 데 도움이 된다. 단, 외도의 영향은 사람에 따라 다르고, 증상의 정도도 사람마다 다르다는 것을 강조하는 것이 중요하다.

4. 외도상담에서 적용할 수 있는 해결중심상담 기법

1) 정서적 안정과 안전감의 회복

외도가 알려지면 외도피해 배우자와 외도자 모두가 일상생활을 지속하기 어려울 만큼 커다란 정서적인 충격을 경험하는 경우가 많다. 이런 점에서 외도로 인한 충격은 3도 화상에 비유되기도 한다.

상담에 온 외도피해 배우자들은 극심한 배신감을 토로하며, 분노, 불안, 우울감, 가슴 두근거림, 불면 등의 다양한 어려움을 호소한다. 어떤 내담자는 감정이 느껴지지 않는 감정의 마비 상태에 대해 호소하기도 한다. 많은 내담자들이 '자신의 상태가 정상이 아닌 것 같다' '원래의 내가 아닌 것 같다'고 말한다. 외도자 역시 외도가 드러난 후 극심한 부부갈등을 경험하거나 외도 사실이 외부에 알려지면서 수치심, 두려움을 경험하고 슬픔에 빠지거나 초조함과 분노의 감정을 느낀다.

따라서 외도피해 배우자나 외도자 모두 격한 부정적 감정의 상태에서 벗어나 정서적으로 안정되고 부부 사이에 안전감을 회복할 수 있도록 돕는 것은 외도 상담의 일차적인 과업이라고 할 수 있다. 이를 위해 상담자는 먼저 외도피해 배우자와 외도자가 겪는 다양한 정서적, 행동적 반응들을 타당화하고 정상화함으로써 부부가 각각 상대방에 대한 이해를 높이고 좀 더 협력적인 분위기를 조성하는 것이 필요하다. 또한 부부가 문제에만 초점을 맞추기보다 이미 잘 해내고 있는 것들을 지각할 수 있도록 돕는다. 외도상담에서 부부의 정서적 안정과 안전감을 향상시키기 위해 활용할 수 있는 해결중심상담의 개입방법을 몇 가지 제시하면 다음과 같다.

(1) 해결중심 회복척도

해결중심 회복척도는 1988년 밀워키의 단기가족치료센터에서 성폭력 피해 생존자들을 위한 도구로 개발된 것으로 원래 38문항으로 구성되어 있다(Dolan, 1991). 이 척도의 문항들은 이미 좋아지고 있는 것들에 대해 이야기할 수 있도록 구성되어 있어서 정신적 외상을 입은 내담자들이 외상의 신호보다는 변화의 신호에 초점을 맞추게 한다. 상담에서 활용하는 대부분의 검사들은 내담자에게 얼마나 병리적인 특성이 많이 나타나는가를 확인하는 내용을 포함하고 있어서 검사과정 자체가 문제중심적인 시각을 심화시킬 가능성이 크다. 그러나 해결중심 회복척도는 병리적인 부분을 진단하기 위한 검사가 아니며 회복의 신호가 되는 내용들을 담고 있어서, 외도로 인한 외상을 입은 내담자들이 이미 좋아지고 있는 것들을 확인함으로써 절망감과 비관적인 시각으로부터 벗어나 희망을 가지는 데 도움을 준다.

상담자가 〈표 10-1〉[1]의 회복척도 내용을 읽어 주고 내담자가 대답하는 방식으로 진행할 수도 있고, 내담자에게 질문지를 주고 직접 표시하도록 할 수도 있다. 이를 통해 내담자는 앞으로 상담을 통해 회복이 되어 갈 때 나타날 수 있는 변화의 지표들에 대해서도 생각해 볼 수 있게 된다.

1) 〈표 10-1〉에서 제시된 해결중심 회복척도는 원래의 해결중심 회복척도 38문항 중 외도상담에서 활용하기에 적절하다고 생각되는 32문항을 고른 것이다. 32문항의 선택은 통계적인 검증절차를 거친 것은 아니며, 저자가 외도상담의 임상적 경험에서 도움이 된 것으로 주관적으로 평가한 문항을 임의로 선택한 것임을 밝힌다. 해결중심 회복척도의 38문항 중 제외된 내용은 다음과 같다. '사랑하는 사람의 손을 잡을 수 있다.' '사랑하는 사람의 볼에 뽀뽀할 수 있다' '사랑하는 사람에게 입맞춤할 수 있다' '사랑하는 사람과 잠자리를 즐긴다' '사랑하는 사람과 잠자리를 먼저 시도한다' '정상적으로 목욕한다'

표 10-1 해결중심 회복척도

	전혀 그렇지 않다	조금 그렇다	그렇다	매우 그렇다
1. 그 일에 대해 생각하거나 말할 수 있다.	⓪	①	②	③
2. 그 일 이외의 다른 것을 생각하거나 말할 수 있다.	⓪	①	②	③
3. 잠을 잘 잔다.	⓪	①	②	③
4. 가족에 속해 있다고 느낀다.	⓪	①	②	③
5. 스스로를 옹호(변호)할 수 있다.	⓪	①	②	③
6. 외모(머리, 손톱 등)를 잘 가꾼다.	⓪	①	②	③
7. 일(가사 또는 직장일)을 한다.	⓪	①	②	③
8. 집 밖의 사회활동에 참여한다.	⓪	①	②	③
9. 집을 떠날 수 있다.	⓪	①	②	③
11. 반려동물이나 화초를 돌본다.	⓪	①	②	③
12. 외식하러 나간다.	⓪	①	②	③
13. 식욕이 있다.	⓪	①	②	③
14. 새로운 상황에 적응한다.	⓪	①	②	③
15. 친구나 좋아하는 사람에게 전화한다.	⓪	①	②	③
16. 재미있는 일이 있을 때 웃는다.	⓪	①	②	③
17. 친구나 사랑하는 사람의 눈을 쳐다볼 수 있다.	⓪	①	②	③
18. 낯선 사람의 눈을 쳐다볼 수 있다.	⓪	①	②	③
19. 악수할 수 있다.	⓪	①	②	③
20. 미래에 대해 관심이 있다.	⓪	①	②	③
21. 여가 활동을 좋아한다.	⓪	①	②	③
22. 새로운 여가 활동이나 관심사에 참여한다.	⓪	①	②	③
23. 집 안이나 밖에서 자신을 보호할 수 있는 조치를 취한다.	⓪	①	②	③

24. 지지적인 관계와 비지지적인 관계를 구별할 수 있다.	⓪	①	②	③
25. 지지적인 사람들을 선택한다.	⓪	①	②	③
26. 가족, 친구에게 먼저 말을 걸 수 있다.	⓪	①	②	③
27. 아는 사람과 낯선 사람에게 먼저 말을 걸 수 있다.	⓪	①	②	③
28. 약이나 술 없이도 휴식을 취할 수 있다.	⓪	①	②	③
29. 나에 대한 비판을 잘 견딘다.	⓪	①	②	③
30. 나에 대한 칭찬을 잘 받아들인다.	⓪	①	②	③
31. 또 다른 회복의 신호들(　　　　　　)	⓪	①	②	③
32. 기타 의견:				

출처: Dolan (1991), p. 32.

회복척도를 상담회기에서 실시한 후 내담자 부부에게 '다음 일주일 동안 회복의 신호가 언제 일어나는지' 관찰 실험(observation experiment) 과제를 내주거나, 내담자가 변화에 대한 동기가 크다고 여겨지는 경우에는 '회복척도에 있는 내용에서 현재 잘되지 않는 것 중 가장 하기 쉽다고 여겨지는 것 한 가지를 선택해서 마치 잠깐 회복된 것처럼 한 번만 시도'해 보고 오는 가장 실험(pretending experiment) 과제를 내줄 수 있다(Szabó & Meier, 2008, 김은영, 김솔 역, 2013).

(2) 대처질문

해결중심상담에서 대처질문은 어려움과 위기를 어떻게 극복하고 생존해 왔는지 질문함으로써 내담자가 가진 힘을 인정하고 간접적인 칭찬을 하는 데 도움이 되는 질문이다. 내담자는 대처질문에 대답하는 과정에서 자아존중감이 향상되고 자신감이 회복될 수 있다(정문자, 송성자, 이영분, 김유순, 김은영, 2008)고 알려져 있다. 따라서 외도가 알려진 후 다양한 심리적 어려움에 노출되어 있고 신뢰감의 상실, 앞으로의 관계에 대한 불안 등으로 절망에 빠져 있는 외도피해 배우자와 외도자에게 대처질문은 지금 여러 가지 어려움을 견뎌내고 있는 자신에 대해 자각할 수 있게 한다. 또한 현재의 상황에서 도움이 되는 행동과 주위 사람들에 대해 인식하게 함으로써 대처 자원을 계속해서 활용하는 데 도움을 줄 수 있다.

- "힘든 상황에서 지금까지 어떻게 버티어 왔나요?"
- "힘든 상황에서도 어떻게 자신을 지탱할 수 있었나요?"
- "현재 겪고 있는 어려움 속에서 그나마 버틸 수 있도록 도움이 되는 사람들은 누구인가요?"
- "격렬한 감정이 일어나는 상황에서 견딜 수 있도록 도움이 된 것은 무엇인가요?"
- "반복되는 회상(재경험)으로 어려울 때 견딜 수 있게 도움이 된 행동은 무엇인가요?"
- "격렬한 감정이 일어나고 반복해서 떠오르는 생각으로 힘들 때 안정감을 줄 수 있는 장소는 어디인가요?"

외도상담에서 대처질문을 통해 부부가 가진 자원들을 확인하고 이를 통해 점차 부부가 협력적으로 변해 나가는 과정을 다음 사례를 통해 살펴볼 수 있다.

사례 배우자의 외도로 고통받는 부부

상담자: 제가 상담을 해 보면 이러한 상황에서는 방금 두 분께서 말씀하신 것 같이 대부분 비슷한 고통을 겪는 것 같아요. 지금이 두 분에게 참으로 힘든 상황인 거지요. 이렇게 어려운 상황인데 그래도 어떻게 견뎌 내고 계신지 궁금해요. 매우 애를 쓰고 계신 것 같은데….

아내: 그러니까 그런 부분도 있는 것 같아요. 제가 여기서 처음 상담받고 가서 (남편에게) 같이 오자고 했을 때 흔쾌히 와 준 것도 사실 견디는 힘이 되지요. 그런 거에 아무래도 사람 마음이 좀 달라지지요. 그런데 이런 게 또 제가 너무 남편한테 의존적인 것 같아서 마음이 편치는 않아요.

남편: 원래 저 사람 성격이 나를 힘들게 하고 그런 성격이 아니거든요. 근데 본인이 지금 의존적이라고 하는 거는 내가 없으면 불안하고 그런 거지, 현실적으로 의존하거나 그런 거는 아니거든요.

아내: 제가 원래 사는 방식이 그래요. 아플 때도 내가 빨리 건강을 찾아야지 정말 내가 폐를 끼쳐서는 안 되겠다는 생각이 잠재의식에 있더라고요. 그래서 내가 빨리 운동을 나가야 되고 내가 빨리 먹고 회복을 해야 되고 이런 생각을 많이 했어요. 제가 원래 긍정적이고 웬만해서는 옆에 있는 사람을 힘들게 안 해요.

상담자: 네 그러신 것 같아요. 긍정적으로 생각하려고 많이 노력하시는 분인 것 같아요.

아내: 네, 그런 게 강한 것 같아요 제가. 그리고 아무래도 신앙생활을 하는 사람이니까 기도하면서 하루하루 버티지요.

상담자: 신앙생활이 많이 도움이 되시는군요.

남편: 신앙도 깊고 성격이 적극적이고 긍정적인데, 최근에 부정적인 사고를 하니까 그런 점에서 굉장히 불안하게 느껴지기도 했고.

상담자: 예, 그렇지요. 긍정적인 분들도 워낙 어려운 상황이다 보니 애를 써도 잘 안 될 때가 있지요. 그래서 남편분도 아내를 염려하는 마음이 많으시고 상담에도 함께 오시게 된 거고요.

(3) 돌봄을 위한 지침 마련하기

외도가 알려진 후 부부 양쪽 모두 일상생활이 붕괴되면서 신체적, 정서적, 사회적인 방임 상태에 놓이는 경우가 많다. 제대로 잠을 자지 못하고, 제대로 먹지 못하며, 외출도 하지 않는다. 친구나 형제와 부모님에게 알려지게 되는 게 두려워 지인이나 친척과의 만남을 회피하기도 하며, 그동안 참여하던 단체나 종교 활동에서 후퇴하는 경우도 많이 있다. 따라서 외도피해 배우자든 외도자든 양쪽이 모두 자신을 잘 돌볼 수 있도록 돕기 위해 자기 돌봄 지침을 만드는 것을 제안할 수 있다. 이때 신체적 돌봄, 영적 돌봄, 사회적 돌봄 등의 영역별로 나누어서 작성해 보는 것도 도움이 된다.

(4) 지속되기 원하는 것에 대한 질문

외도로 인한 부정적 영향과 외상 사건에만 초점을 둘 경우 내담자들은 현재 자신의 일상생활에서 가능한 것이나 안전성, 지지에 대한 의식을 상실할 수 있다. 따라서 현재 일상생활 속에 이미 존재하고 있는 자원들에 대한 인식을 강화하는 것은 내담자의 정서적 안정에 도움이 된다. 이를 위해 해결중심상담에서 첫 번째 회기의 과제로 많이 활용하는 첫 회기 공식 과제(First Session Formula Task)를 질문으로 활용할 수 있다.

"현재 생활에서 지속되기를 원하는 활동이나 일, 대인 관계는 어떤 것이 있습니까?"

이러한 질문은 단순해 보이지만 내담자가 현재 경험하고 있는 충격적인 경험에 압도되지 않도록 하는 데 유용하다(Dolan, 1991). 내담자는 이들 질문에 대해 답하거나 목록으로 작성하면서 자신의 내적, 외적 자원들에 대해 다시 한번 확인할 수 있으며, 이를 통해 위안을 받을 수 있고 안전감을 경험할 수 있게 된다. 이 질문은 앞서 살펴본 돌봄을 위한 지침 마련하기와 유사한 측면도 있으므로 선택하여 활용할 수 있을 것이다.

2) 외상과 관련된 기억으로부터 감정을 변화시키기

(1) 예외질문

예외질문은 문제가 덜 일어나는 상황이나 부부가 잘 지내던 시기의 기억을 떠올리는 데 유용하므로 상담 초기부터 활용할 수 있다. 여기서는 특히 재경험(flashback) 상황에서 예외질문을 활용하는 것에 대해 설명하고자 한다. 재경험이란 외도가 일어난 상황의 이미지 등이 떠올라 외도피해 배우자가 고통을 반복해서 경험하게 되는 것이다. 재경험은 외도피해 배우자가 가장 고통스러워하는 것 중 하나이고, 이러한 상황에서 배우자에 대한 정서적 신체적 폭력으로 이어지기 쉽기 때문에 외도자 또한 이를 가장 피하고 싶어 한다.

예외질문은 외도 사건에 대한 반복적 회상, 즉 재경험과 분노로 인해 어려움을 호소하는 내담자에게 예외 상황 및 이전의 성공적 경험을 탐색함으로써 증상이 나타날 때 대처능력을 증가시킬 수 있다. 또한 예외질문은 이전의 부부가 잘 지내던 때에 대한 기억을 다시 떠올릴 수 있도록 하는 데도 유용하다.

상담자는 외도피해 배우자에게 '그 일이 반복적으로 회상되는 상황과 그렇지 않은 상황의 차이'에 대해 질문하고 '언제 그런 일이 생각나지 않고 마음이 안정'되는지 질문함으로써 예외적인 상황에 초점을 맞출 수 있도록 돕는다. 또한 '그 일이 회상되는 상황에서도 잘 견디고 격렬한 감정 표출로 가지 않았던 때는 언제인지' 묻고 '그때는 무엇이 달랐는지', 그리고 '그 일이 생각나려고 할 때 어떤 방법을 써서 극복한 경험이 있는지'에 대해 부부와 함께 이야기 나누면서 이전의 성공적인 경험을 다시 상기할 수 있도록 하여 성공적인 대처방법을 반복해서 활용할 수 있도록 돕는다. 외도상담 실제에서는 언니에게 전화를 걸어 이야기를 나누니 마음이 안정되었다는 내담자도 있고, 남편에게 말하고 진정시켜 줄 것을 청하고 남편이 미안함과 위로를 표현하니까 진정이 되었다는 내담자도 있다. 또 재경험이 일어나기 시작하면 무조건 밖으로 나가서 달린다는 내담자도 있다. 부부가 함께 상담에 참여하고 있다면 예외질문에 이어 재경험이 일어나고 감정이 격해지기 시작할 때 상대방이 해 주길 원하는 행동이 있는지, 또 감정이 격해지기 전에 배우자에게 이를 알리고 대처할 수 있는 방법은 무엇인지 탐색하는 것도 도움이 된다.

사례 배우자의 외도로 고통받는 부부

아내: 잘 지내다가도 저녁 때 참 힘들더라고요. 컨트롤이 안 되게 좀 힘든 게

밀려오더라고요, 불안하고 우울하고 이런 게. 남편이 그 여자와 전화하거나 함께 있는 것 같다는 생각이 들고. 설마 아니겠지 하다가도 계속 그런 상상이 되면 내가 미친 것 같기도 하다가 이런 상황을 만든 남편에게 화가 나고.

남편: 그 시간이 글쎄, 제가 들어올 때까지 초저녁 시간에 마땅한 할 거리가 없어요. 그 시간에 할 수 있는 활동도 마땅한 게 없고.

아내: 그 시간에 운동 같은 걸 할까도 생각했는데, 제가 하면 등산 같은 걸 해야 하는데 그 시간엔 좀 겁나더라고요, 어두우니까. 그래서 집에 있다 보니까 자꾸 딴 생각이 들고 힘들어지고.

상담자: 그렇지요. 지난번에도 말씀드렸지만 부인만 그런 것이 아니라 비슷한 경험을 하는 분들이 많이 있으세요. 그걸 우리가 트라우마 반응이라고 해요. 그런데 혹시 저녁시간에 혼자 있으시면서 좀 덜 불안하고 그런 생각도 덜 나고 그런 적이 최근에 있으셨어요?

아내: 최근에요? 네, 요 근래는 좀 나았어요. 지난번에 제가 남편에게 연락을 자주 달라고 했잖아요. 그러니까 며칠간 남편이 한 시간 간격으로 연락을 주더라고요.

상담자: 아 그러셨어요? 그게 사실 쉬운 일이 아니셨을 텐데⋯ 남편이 그렇게 연락을 주신 게 부인한테 많이 도움이 되셨나요?

아내: 네, 좋았어요. 아, 신경 써주는구나 고맙고. 그러니까 믿음도 좀 더 가고요.

상담자: (남편에게) 그렇게 하시는 게 쉽지 않으셨을 텐데 부인을 위해 하셨네요. 부인한테 이렇게 크게 도움이 된 줄 아셨나요?

남편: 알죠. 신경이 굉장히 날카로웠는데, 살얼음같이 그랬는데 많이 안정되었어요. 이전에는 감정 기복이 금방 업되고 다운되고, 좀 조울증같이 왔다 갔다 했는데 그런 게 많이 안정됐죠, 불안한 게.

상담자: 남편께서 정말 관심을 갖고 부인을 자세히 관찰하셨군요. 그럼 앞으로도 이렇게 연락을 자주 하시면 부인이 저녁시간에 지내는 게 좀 나아지실까요?

아내: 어디를 가든지 좀 연락이 잘됐으면 좋겠어요. 직장에서 계속해서 한 시간마다 연락하는 건 힘들겠지요. 그런데 저녁시간에는 어디 있다는 게 소재가 파악이 되면 훨씬 나을 것 같아요.

(2) 쓰고, 읽고, 태우기

쓰고, 읽고, 태우기의 작업은 분노의 감정을 처리하는 데 어려움이 있는 내담자에게 적용할 수 있는 방법이다. 내담자를 힘들게 하는 이미지나 생각을 종이에 쓰고 태우는 것은 부정적인 감정을 없앤다는 은유로서도 기능할 수 있다. 외도피해 배우자의 경우 재경험되는 생각이나 이미지를 종이 위에 쓰고, 그 내용을 상담자 앞에서 큰 소리로 읽게 한다. 과제로 혼자 할 경우에는 자신을 공감하고 지지해 줄 사람을 상상하며 큰 소리로 읽으면 된다. 그러고 나서 그 종이를 찢어서 태우도록 한다.

사례 재경험되는 이미지를 쓰고, 읽고, 태우기

남편의 외도로 상담을 받던 한 여성은 남편의 상대 외도녀가 보낸 사진이 떠올라 매우 고통스럽다고 호소하였다. 외도가 발각된 후 내담자의 남편이 외도녀에게 헤어지자고 하자 화가 난 외도녀는 남편과 놀러가서 다정하게 찍은 사진을 내담자에게 휴대전화로 보내 왔고, 내담자는 그 이미지가 떠오르면 간신히 진정하던 마음에 분노가 솟구치고 견디기가 힘들어 물건을 던지기도 하고 남편에게 소리를 지른다고 하였다.

상담자가 쓰고, 읽고, 찢고 태우기 방법에 대해 설명하자 내담자가 시도해 보겠다고 하여, 종이에 그 이미지에 관련하여 떠오르는 단어나 문장을 적도록 하였다. 내담자는 천박한 웃음, 야한 옷, 긴 머리, ㅇㅇ해변 등의 단어와 함께 욕을 섞은 몇 개의 문장을 썼고, 이를 상담자 앞에서 큰 소리로 읽었다. 이후

글이 적힌 종이를 상담자와 함께 잘게 찢은 후 상담실에서는 태울 수가 없어서 비닐봉지에 넣은 후 밀봉하여 집에 가서 태우도록 하였다. 다음 회기에서 내담자는 재경험이 완전히 없어진 것은 아니지만 가슴에 막힌 게 좀 풀어지고 물건을 던지는 등의 과격한 행동은 하지 않았다고 보고하였다.

(3) 치유의 편지

치유의 편지는 상대방을 직접 관여시키지 않으면서도 내담자의 부정적 감정을 다룰 수 있는 적절한 방법이다. 해소되지 않은 감정을 지니고 있는 대상에게 글로 마음속의 생각을 자유롭게 표현함으로써 부정적인 감정을 다루고 해소하는 데 목적이 있다. 또한 배우자와의 대화 준비를 위한 과정으로서도 의미가 있다. 외도피해 배우자와 외도 배우자가 모두 치유의 편지를 쓸 수 있으나, 대체로 반복적 회상을 강하게 경험하는 외도피해 배우자들에게 활용한다.

총 네 차례에 걸쳐 편지를 쓰는데, 첫 번째 편지는 쉬지 말고 한번에 써야 하며, 이후 이어서 곧바로 두 번째 편지를 쓸 수도 있으나 시간 간격을 두고 써도 된다. 그리고 두 번째와 세 번째 편지는 반드시 단번에 연달아 써야 한다. 네 번째 편지는 세 번째 편지 이후에 시간 간격을 두고 써도 된다(Dolan, 2009: 177-179).

첫 번째 편지: 해소되지 않은 생각과 감정 놓아버리기

첫 번째 편지는 내담자가 자신의 감정과 생각을 분출하도록 도울 수 있다. 이 편지에는 외도가 자신의 생각, 감정, 행동에 미친 영향, 배우자에게 기대하고 원하는 반응을 적는다.

두 번째 편지: 마음속에 있는 부정적 감정을 표현

두 번째 편지는 첫 번째 편지를 배우자가 받았다고 상상하고 배우자의 입장에서 쓰는 편지다. 배우자가 자신의 말을 수용하지 않고 회피하는 것을 상상하며 편지를 쓴다. 이는 상대방이 자신의 말을 거부하거나 이해하지 않을지도 모른다는 두려움을 표현할 수 있게 해 주는 효과가 있다.

세 번째 편지: 마음속에 있는 희망을 표현

세 번째 편지 역시 두 번째 편지와 마찬가지로 첫 번째 편지를 배우자가 받았다고 상상하고 배우자의 입장에서 쓰는 편지다. 배우자가 자신의 아픔을 공감하며 후회하는 내용을 상상하면서 편지를 쓴다. 내담자가 기대하고 원하는 반응을 배우자가 할 때 얻게 될 치유적 해결에 대한 경험을 할 수 있게 된다.

네 번째 편지: 스스로 자유로워지기

네 번째 편지는 세 번째 편지에 대한 내담자의 답장을 담아 외도 배우자에게 쓰는 것이다. 외도 배우자에게 세 번째 편지를 받았다고 상상하고 이를 통해 경험하게 된 감정과 생각의 변화, 자유로워진 부분에 대해 언급한다. 네 번째 편지는 세 번째 편지를 쓴 직후에 쓸 수도 있고 며칠 후나 1~2주 후에 써도 된다.

치유의 편지가 원래의 목적을 달성한다면, 내담자는 평화롭고 위로받는 느낌을 지닐 수 있게 될 것이다. 치유의 편지는 여러 번 반복해서 쓸 수도 있다.

3) 미래에 대한 계획과 앞으로 나아가기

상담을 통해 부부가 정서적인 안정을 회복하고 외상에 관련된 기억으로부터 서서히 회복하게 되면 앞으로의 관계에 대한 새로운 그림을 그리고 미래를 계획할 수 있도록 도와야 한다. 이를 위해 기적질문과 기적척도 등을 활용해 부부가 공동으로 혹은 개별적으로 희망하는 미래의 삶의 모습을 상상해 보고, 현재의 상태와 이미 변화된 부분, 앞으로 변화를 위해 필요한 것들에 대해 이야기를 나눌 수 있게 돕는다.

(1) 기적질문

해결중심상담의 중요한 질문기법 중 하나인 기적질문은 절망적으로 보이는 상황에서 해결된 상태를 상상하며 자신이 진정으로 원하는 미래가 어떤 것인지 구체적으로 그릴 수 있도록 돕는 데 유용하다. 외도피해 배우자와 외도자는 기적질문에 답하는 과정에서 자신들이 희망하는 미래의 모습에 대해 구체적으로 그려볼 수 있을 것이다. 따라서 기적질문은 일반적으로 상담 초기에 부부가 진정으로 희망하는 것을 탐색하기 위해 활용하기에 적합한 질문이다. 하지만 여기서는 상담 후반에 미래를 계획하고 부부가 앞으로 나아가야 할 방향을 결정하는 데 기적질문을 활용하는 방법에 초점을 맞추도록 한다.

"제가 지금부터 약간 색다른 질문을 드릴게요. 잠들어 있는 밤 사이에 기적이 일어나서 현재 겪고 있는 어려움을 완전히 극복하여 더 이상 상담도 필요 없고 자신이 원하는 모습으로 만족스럽게 생활하게 되었어요. 그런데 두 분은 잠을 자고 있어서 기적이 일어났는지 모르지요. 다음 날 아침이 되어서 일어났는데 기적이 현실이 되었어요. 아침에 일어나서 무엇을 보면 정말 기적이 일어났구나, 기적이 현실이 되었구나라고 생각하게 될까요?"

"기적이 일어나서 현재 겪고 있는 어려움이 사라지고 상황이 변했다면 어떤 모습으로 어떻게 생활하고 계실까요?

"기적이 일어나면 지금과는 무엇이 다를까요?"

"자녀(부모님, 직장 동료)는 당신의 어떤 모습을 보고 기적이 일어난 것을 알게 될까요?"

"기적이 일어났다는 첫 신호는 무엇일까요?"

기적질문에 대한 대화가 순조롭게 이루어지고 나면 이어서 기적척도를 활용하여 기적에 관한 대화를 더욱 확장한다. 기적질문에 이어 기적척도를 사용하게 되면 자신이 희망하는 미래에 비추어 볼 때 현재 어떤 지점에 있으며 이미 더 나아진 것이 무엇인지 확인할 수 있고, 그렇게 될 수 있도록 자신과 배우자가 어떤 것들을 해 왔고 노력해 왔는지 분명하게 인식하고 인정할 수 있게 된다(de Shazer et al., 2007, 한국단기가족치료연구소 역, 2011).

기적척도에 대한 질문은 "만약 기적이 일어난 다음 날이 10점이고, 상담에 처음 왔을 때가 0점이라면 지금은 몇 점인가요?"라고 시작할 수 있다. 만약 5점이라고 한다면, '0점과 5점의 차이는 어떤 것인지'에 대해서 질문하거나 '무엇을 보고 5점이라는 것을 알 수 있는지' 질문함으로써 지금까지 이루어진 변화를 강조할 수 있다. 또 '어떻게 그렇게 상황을 개선시킬 수 있었는지' 물으면서 부부가 이를 위해 무엇을 했으며 그것을 어떻게 해 낼 수 있었는지 질문하여 부부가 그동안 노력해 온 것들에 대해 인정하는 시간을 갖는다. 또한 부부의 상황을 아는 가족원이나 친구들의 관점에서 현재의 점수를 추측해 보도록 하고, 어떤 점에서 그런 점수를 줄 것 같은지에 대해 이야기를 나누면, 또 다른 관점에서 현재 부부의 상태나 변화를 생각할 수 있는 기회가 될 것이다.

현재의 변화 정도를 확인하게 되면 이어서 "지금의 점수에서 1점이 올라가면 무엇이 달라질까요?" 혹은 "어떤 것을 보면 지금보다 1점 올라갔다는 것을 알 수 있을까요?"라고 질문하여 가까운 미래의 변화된 모습을 상상할 수 있도록 돕는다. 이러한 대화가 순조롭게 이루어진다면 '1점이 올라가기 위해 필요한 것'들에 대해 구체적으로 이야기 나누면서 변화를 위해 배우자가 각각 할 수 있는 현실적이고 실현가

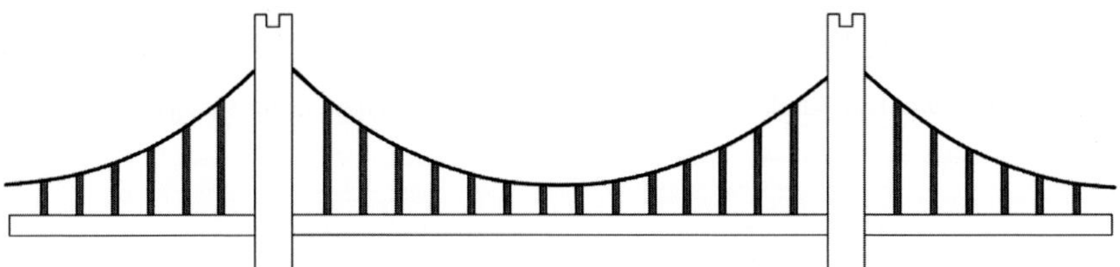

능한 방안들을 논의할 수 있게 된다.

돌란(Dolan, 2009)이 제시한 '기적의 다리' 기법은 기적질문과 기적척도를 통합하여 대화를 나눌 수 있는 도구로 활용할 수 있다. 부부에게 다리 그림을 제시하고 다리의 오른쪽 끝은 기적이 일어난 상황 왼쪽 끝은 외도 사실을 알게 된 직후의 상황이라고 할 때 현재 어떤 위치에 있는지 표시하도록 한다. 이어서 기적척도 질문과 유사한 질문을 할 수 있다.

(2) 미래의 나가 현재의 나에게

이 방법은 돌란(Dolan, 2009)이 정신적 외상을 경험한 사람들이 유용하게 활용할 수 있는 방법으로 제시한 것으로, 현재의 어려움을 극복해 나갈 수 있는 방법, 도움이 되는 것 등에 대해 스스로 생각할 수 있도록 돕는 데 목적이 있다. 상담자가 내담자에게 나이가 들고 더욱 지혜로워진 '미래의 나'가 '현재의 나'에게 들려주는 이야기를 상상하면서 질문에 답하도록 이끈다. 상담자는 "지금부터 20~30년 지나서 자신이 나이가 지긋하게 들어 더욱 지혜로워졌다고 상상해 보세요. 그 지혜로운 '미래의 나'가 지금의 시기를 돌아보면서 '현재의 나'에게 어떤 선택을 권할지, 어떤 이야기를 할 것 같은지 말씀해 보는 거예요."라고 내담자에게 질문한다.

이에 대해서는 상담실에서 이야기를 나눌 수도 있고 내담자가 과제로 할 수도 있다. '미래의 나' 대신에 내담자가 존경하고 신뢰하는 사람의 관점에서 편지를 쓰도록 해도 된다.

이러한 과정을 거치며 부부가 자신들의 현재 상태, 희망하는 미래, 구체적인 변화의 가능성 등을 검토하면서 혼인 관계를 계속 유지하는 것이 좋을지에 대해 결정하게 된다. 부부가 관계유지, 별거, 이혼 등 어떠한 선택이 이루어지는가에 따라 이후 부부 관계의 개선을 위한 상담 혹은 이혼상담으로 이어지게 될 것이다.

요약

외도의 정의가 시대에 따라 변화하면서, 최근 들어 외도는 성관계뿐 아니라 정서적 친밀감 등으로 범주가 넓어지고 있으며, 인터넷 등 현대기술 문명의 발달에 따라 사이버 외도와 같은 새로운 유형의 외도도 나타난다. 외도가 알려진 후 부부와 가족은 다양한 외상반응을 나타내는 경우가 많다. 이에 외도상담자는 외도피해 배우자와 외도자의 외상반응을 적절히 다룰 수 있는 임상 경험과 상담 기술을 갖추는 것이 필요하다.

해결중심상담은 심각한 외상을 경험하는 내담자에게 정서적 안정과 안전감을 회복하고 긍정적 관점과 경험을 증가시키는 데 효과적인 상담방법으로 알려져 있다. 이 장에서 제시된 해결중심상담의 질문기법과 외상을 경험한 내담자에게 효과인 것으로 알려져 있는 다양한 상담방법은 부부가 외도로 인한 위기를 극복하고 외상 후 성장과 변화를 이루는 데 도움이 될 수 있다. 외도상담자는 외도상담의 초점이 부부관계의 회복에 있는 것이 아니라 외상으로부터 회복되어 긍정적이고 현실적인 미래를 계획할 수 있도록 돕는 데 있다는 것을 유념할 필요가 있다.

제10장

이혼과 해결중심상담

최근 우리 사회에서는 이혼율의 증가와 함께 이혼에 관련된 상담에 대한 관심이 높아지고 있다. 이 장에서는 이혼 전부터 이혼 후 상황에 있는 내담자와 가족을 위한 해결중심상담 방법을 모색하고자 한다. 이를 위해 먼저 이혼의 개념과 이혼 과정에 대한 이론들을 간략히 살펴보고, 가족 레질리언스의 관점에서 이혼가족의 적응에 영향을 미치는 요인들을 알아본다. 또한 이혼의 과정을 이혼 전 의사결정 단계, 이혼 재구조화 단계, 이혼 후 회복 단계로 나누어 각 단계에서 적용할 수 있는 해결중심상담의 목표와 기본 원리, 상담기법에 대해 소개한다.

1. 이혼에 대한 이해

1) 이혼의 개념

이혼은 부부가 인위적으로 혼인 관계를 해소하는 것으로, 법률적으로는 '완전히 유효하게 성립된 혼인을 당사자인 부와 처가 살아 있는 동안에 그 결합 관계를 해소시킴으로써 혼인으로 인하여 발생했던 일정의 효과를 소멸시키는 것'을 말한다. 이와 같이 이혼은 부부관계의 해소를 법률상으로 인정하는 하나의 방법이지만, 현실에서 이혼은 단편적인 사건이 아니라 이혼 전의 갈등시기부터 이혼 후 오랫동안 이혼하는 당사자뿐만 아니라 자녀, 부모 등 가족과 친지들에게도 심리적으로나 일상생활의 측면에서 중요한 영향을 미치는 복합적인 과정이다.

이혼을 불행한 결혼생활을 해결하는 대안으로 볼 것인지, 아니면 가족의 해체를 가져오는 병리적인 사회문제로 볼 것인지에 대해서는 다양한 의견이 있다. 이혼은 심각한 갈등을 경험하는 가족에게는 불행과 고통으로부터 벗어나 좀 더 만족스럽고 행복한 삶을 만들 수 있는 새로운 기회가 될 수 있다. 그럼에도 불구하고 이혼하는 가족의 구성원들은 갑작스러운 생활의 변화를 겪으며 정서적, 신체적, 경제적 삶에 다양한 영향을 받게 된다.

그러므로 우리나라와 같이 빠른 시간 안에 이혼가족의 수가 급격히 증가한 사회에서는 불행한 결혼생활과 가족갈등을 예방할 수 있는 상담적 개입과 함께, 이혼과정에서 일어날 수 있는 부정적 영향을 줄이고 이혼 후 이혼 당사자와 자녀들의 적응을 도울 수 있는 다각적인 측면에서의 상담적 개입이 필요하다.

2) 이혼의 과정

최근 연구에서는 이혼을 하나의 특정한 사건(event)으로 보기보다는 일련의 과정(process)으로 파악하는 경향이 있다(Kitson & Morgan, 1991; Long & Young, 2009). 다양한 학자들이 이혼의 과정에 대해 설명하고 있으나 여기에서는 이혼가족의 생활주기(Carter & McGoldrick, 1989, 정문자 역, 2000), 이혼의 3단계(Long & Young, 2007), 이혼의 심리적 단계(Atwood & Genovese, 2013)를 중심으로 설명한다.

(1) 이혼가족의 생활주기

카터와 맥골드릭(Carter & McGoldrick, 1989, 정문자 역, 2000)은 이혼가족의 생활주기를 개념화하면서 이혼가족이 각 단계에서 성취해야 할 발달과업을 〈표 10-1〉과 같이 제시한다. 이들은 이혼가족의 생활주기를 크게 이혼 단계와 이혼 후 시기로 나눈다. 여기서 이혼 단계를 다시 이혼 결정부터 이혼까지의 4단계로 나누어 각 단계의 정서과정과 발달과업을 제시하며, 이혼 후 가족은 자녀를 양육하는 가족과 양육하지 않는 가족으로 구분한다.

표 10-1 이혼가족의 생활주기

단계	전환기의 정서적 과정	발달과업
	이혼	
1. 이혼 결정	• 혼인 관계를 유지할 수 있을 만큼 부부긴장을 해결할 능력이 없음을 수용	• 결혼 실패에 대한 각자의 책임을 수용
2. 가족체계 해체의 계획	• 체계에 속한 모든 사람들을 위한 적절한 해결책을 지지	• 자녀양육권, 자녀방문, 재정지원 문제를 협조적으로 처리 • 이혼에 대한 확대가족의 반응 다루기
3. 별거	• 협조적인 공동부모 역할과 아동에 대한 재정 부담의 의지를 갖기 • 배우자에 대한 애착을 해소하기 위한 작업	• 함께 살아온 가족원의 상실에 대한 애도 • 부부 관계, 부모-자녀 관계와 재정 문제를 재구조화하고 별거에 적응 • 확대가족의 관계 재조정 • 배우자의 확대가족과 유대를 지속
4. 이혼	• 정서적 이혼을 위해 작업하고, 상처, 분노, 죄책감을 극복	• 함께 살아온 가족의 상실에 대한 애도, 재결합의 환상을 포기

		• 결혼에 대한 희망, 꿈, 기대를 회복 • 확대가족과의 유대를 지속
이혼 후 가족		
1. 한부모가족 (자녀양육)	• 재정적 책임을 지면서 전 배우자와 공동양육 관계를 유지, 전 배우자와 그 가족이 자녀와 접촉을 유지하도록 지지	• 전 배우자와 그 가족의 방문을 융통성 있게 허용 • 재정적 수단의 재정립 • 사회적 관계망 재정립
2. 한부모가족 (비양육부모)	• 전 배우자와 부모로서의 접촉을 유지, 자녀와 전 배우자와의 관계를 지지	• 자녀와 효과적인 부모 관계를 지속하는 방법 찾기 • 전 배우자와 자녀에 대한 책임 유지 • 사회적 관계망의 재정립

출처: Carter & McGoldrick (1980), 정문자 역(2000), p. 45에서 재구성.

(2) 이혼의 3단계

이혼의 과정은 이혼 전 의사결정 단계, 이혼 재구성 단계, 이혼 후 회복 단계의 3단계로 구분되기도 한다(Long & Young, 2007, 이정연 역, 2009).

① 이혼 전 의사결정 단계

부부 중 한 사람이나 두 사람이 혼인관계에서 불만이 증가하는 것을 경험하고, 배우자 없이 사는 미래를 꿈꾸거나 계획을 세우기 시작한다. 불만을 느끼는 사람은 이혼의 법적 절차를 알아보고 친구나 가족과 함께 이혼의 가능성을 논의한다.

② 이혼 재구성 단계

이혼의 경제적 현실문제, 예를 들면 각자가 생활할 장소, 양육권과 친권 행사자 지정문제 등을 다루는 단계다. 이 과정에서 공포, 외로움, 분노, 의기양양함 등의 혼돈된 감정을 겪는다.

③ 이혼 후 회복 단계

새로운 삶의 경험과 새로운 정체성, 새로운 대상을 탐색하기 시작하는 단계로 흥분과 더불어 후회, 장기간의 분노 등을 경험한다.

(3) 이혼의 심리정서적 과정

이혼 후 당사자들이 경험하는 심리정서적 과정을 다음과 같이 부정(denial), 갈등(conflict), 양면성(ambivalence), 수용(acceptance)의 단계로 나눌 수 있다(Atwood & Genovese, 2013).

① 1단계: 부정

심리정서적 이혼 과정의 첫 번째 단계는 부정이다. 부정은 이별의 충격으로 인한 반응이라고 할 수 있다. 이혼 직후 많은 사람들이 무감각함을 느낀다. 감정의 부재, 즉 무감각이란 감정에 지나치게 휩싸여 있어 다루기 힘들 때 그러한 감정을 부정하는 것이다. 부정 단계에서의 정서적 과업은 이혼의 현실을 수용하는 것이다.

② 2단계: 갈등

일단 이혼을 수용하고 나면 두 번째 단계인 갈등 단계로 진입한다. 여기서 갈등이란 정서적인 갈등으로 감정의 변화가 극심하게 일어나는 것을 의미한다. 갈등 단계에서는 감정의 변화를 예측할 수 없는 경우가 많다. 어느 날은 세상이 무너진 듯한 느낌이 들다가 그 다음날은 새로운 자유를 얻은 것에 대해 편안한 느낌을 갖기도 한다. 이 단계에서의 과업은 결혼생활에 대한 현실적 인식과 결혼 유지 및 이혼에 있어서 자신의 역할과 책임에 대한 인식, 그리고 심리적인 정체 상태에 대해 제대로 인식하는 것이다.

③ 3단계: 양면성과 정체성 변화

세 번째 단계의 특징은 양면성과 정체성의 변화라고 할 수 있다. 이는 이혼 과정에서 심리적으로 가장 스트레스가 되는 측면이다. 혼인관계가 끝나면서 혼란과 두려움을 느낄 수도 있다. 결혼은 자아정체성의 1차적인 원천이다. 남편, 아내, 아버지, 어머니로서의 정체성은 이혼을 하면 변하게 된다. 이 단계에서 사람들은 제2의 사춘기를 겪기도 한다. 다른 사람들이 자신을 어떻게 보며, 자신에 관해 어떤 이야기를 하는지에 대해 큰 관심을 갖는다. 새로운 옷이나 새로운 차를 사기도 한다. 이 단계의 심리정서적 과업은 기혼에서 비혼으로 자신의 정체성을 변화시키는 것이다.

④ 4단계: 수용

이혼 후 수개월에서 1년 정도가 지나면 네 번째 단계로 들어서게 된다. 4단계에서는 안도감을 느끼고 자신의 상황을 수용하며, 새로운 힘과 성취감을 경험하기 시작한다. 더 이상 과거에 머무르지 않고 자신의 욕구에 대해 새롭게 인식하게 된다. 전 배우자와의 관계에서 이전의 부정적인 심리정서적 반응에 의해 영향을 받지 않게 된다면 이혼의 과정은 마무리된 것으로 볼 수 있다. 그런데 안타깝게도 모든 사람들이 마지막 단계까지 나아가는 것은 아니며 도중에 정체되어 있는 경우도 있다. 이러한 상황에서는 상담 등 전문적인 도움을 요청하는 것이 바람직하다.

2. 이혼과 가족 레질리언스

1) 레질리언스 관점으로 본 이혼

최근 우리 사회에서도 이혼을 바라보는 시각에 많은 변화가 일어나고 있다. 전통적으로 이혼은 당사자나 자녀를 포함한 가까운 가족들에게 심각한 스트레스와 사회심리적 위기를 유발하는 사건이며 결핍된 상황으로 보는 병리적 관점이 지배적이었다. 이에 따라 이혼은 자식이나 배우자의 사망 다음으로 힘든 트라우마 사건이라는 점이 강조되고, 이혼에 따른 슬픔, 우울, 상실감, 분노 등 부정적인 부분에 초점을 두어 왔다.

이혼가족에 대한 오해

- 이혼가족의 아동은 항상 문제가 있다.
- 한부모는 양육자와 부양자로서의 양쪽 역할을 할 수 없다.
- 이혼한 부모는 심리적인 외상이 있다.
- 이혼가족은 재혼으로 가는 과도기의 상황에 있는 가족이다.
- 이혼가족의 아동은 학교에서 잘 지내지 못하며, 정서·행동 문제를 겪는다.
- 한부모가 된다는 것은 끔찍한 삶을 살고 있음을 의미한다.

출처: Atwood & Genovese (2013), pp. 268-269에서 재구성.

하지만 최근 이혼에 관한 연구에서는 이혼은 하나의 가족변화 과정이며, 이러한 과정에서 개인과 가족은 때로 고통받고 좌절하기도 하지만 도전에 직면해 역경을 이겨 내고 가족의 새로운 변화를 긍정적으로 수용하여 보다 나은 삶으로 발전시킨다고 보는 가족 레질리언스 관점의 접근이 늘고 있다. 즉, 이혼은 단순히 당사자와 자녀들에게 부정적인 영향을 주는 사건이라기보다 변화된 환경에 대한 탄력적 적응을 필요로 하는 하나의 도전 과정이며, 월시(Walsh, 1998, 양옥경, 김미옥, 최명민, 2002)의 주장처럼 이혼가족은 문제 있는 가족이 아니라 도전받는 가족이다. 이혼 당사자들은 이러한 도전과 적응 과정에서 각자의 심리적, 사회적, 경제적, 인적, 영성 및 종교적 자원에 따라 영향을 받는 정도나 양상이 다르고, 위기를 어떻게 극복하느냐에 따라 적응하거나 부적응하며, 역경 후 성장을 이루기도 한다(Josef & Linley, 2008; Krumrei, Mahoney, & Pargament, 2011). 부모가 이혼한 후 자녀의 적응양식 또한 아동의 개인적, 환경적 대처자원과 문제해결 방식에 따라 크게 다르며, 이들의 부적응행동은 여러 단계의 발달과정을 거친다(Schmidt-Denter & Beelmann, 1995).

국내의 이혼가족에 관한 최근 연구들도 이와 유사한 결과를 보고하고 있다(손현숙, 2007; 임선영, 2013; 하정혜, 2014). 이들 연구에 의하면 이혼가족들이 비이혼가족보다 어려움을 겪지만 이혼가족의 적응 정도는 매우 다양하다. 어떤 가족들은 이혼에 따른 스트레스에도 불구하고 도전을 극복하고 새로운 인생을 행복하게 가꾸어 내는 능력을 갖고 있다. 이는 이들 가족이 자원과 강점을 잘 활용함으로써 역경을 이겨 내고 긍정적인 변화와 성장을 이루어 낼 수 있는 레질리언스 수준이 높기 때문이다. 이혼 후 당사자와 자녀들이 겪게 되는 심리적 문제와 부적응행동은 해당 가족의 사회경제적 조건, 가족관계의 질, 심리·정서적 대처자원이나 사회적 지원을 구성하는 위험 및 보호 요인에 따라 달라질 수 있다. 그러므로 레질리언스 관점에 기초한 연구들은 이혼가족이 겪는 어려움보다는 이혼가족의 적응에 영향을 미치는 다양한 보호요인과 위험요인에 초점을 맞추는 경향이 있다.

2) 이혼가족의 레질리언스와 적응

(1) 이혼 당사자의 적응

이혼한 부부들은 일반적으로 자아존중감의 저하, 분노, 상실감, 무기력, 우울증 등의 심리·정서적 반응을 나타낸다고 한다. 이혼 직후에는 이혼으로 인한 사회경제적 변화와 이에 따른 분노, 우울, 두려움 등의 정서적 혼란, 전 배우자에 대한 애착, 이혼에 대한 후회, 불안정한 정서상태 등을 경험한다. 그러다 시간이 다소 경과한 후에는 사회적 고립이나 사회적 지원체계의 상실로 인한 외로움과 자녀들에 대한 죄의식을 경험한다(성정현, 2002; Marks, 1996; Krumrei, Mahoney, & Pargament, 2009).

그러나 레질리언스 관점에 따르면 이혼 후 이혼 당사자가 적응하는 과정에는 다양한 위험요인과 보호요인이 영향을 미치며, 이에 따라 적응의 결과가 결정된다. 이러한 변인들을 인구학적 요인, 이혼에 대한 인식과 태도, 사회적 자원으로 나누어 살펴보면, 첫째 인구학적 요인 중 낮은 소득과 교육 수준은 위험요인으로 작용하고 양육부모와 자녀의 성 일치는 보호요인으로 작용한다. 둘째, 이혼에 대해 수용하는 태도와 인지적 유연성 및 이혼 후 역할변화에 대한 만족감은 이혼 후 적응을 돕는 보호요인이 된다. 셋째, 가족, 친구, 이웃 등의 사회적 지지는 스트레스를 완충시키고 정서적 안정과 신체적 안정을 도우며, 새로운 이성 관계 또한 삶의 긍정적 태도에 영향을 미치므로 이혼 적응을 돕는 보호요인이 된다(한정숙, 최윤경, 2014; Dunlop, Burns, & Bermingham, 2001; Wang & Amato, 2000).

(2) 이혼가족 자녀의 적응

이혼은 이혼 당사자뿐만 아니라 자녀들에게도 일상생활과 대인 관계의 변화를 불러오는 생애과정의 위기로, 이혼가족의 아동들은 다양한 정서적, 사회적, 신체적 문제를 경험한다. 일반적으로 이혼가족의 자녀들은 부모의 이혼에 대한 죄책감, 두려움, 불안감을 나타내며, 분노, 공격성, 비행 등의 정서적·행동적 문제와 친밀한 인간관계를 피하는 등의 대인 관계 문제를 보인다(Kelly, 2000; Wallerstein, 2005).

그러나 이혼가족 아동의 적응 역시 가족과 아동이 지닌 위험요인과 보호요인에 의해 영향을 받는다. 낮은 경제력, 회피적인 대처방식, 이혼부모의 갈등, 양육모의 정서적 긴장과 우울은 위험요인이 되며, 높은 사회경제적 지위, 문제중심적인 대처방식, 양육모의 온정적 정서, 친척이나 사회로부터 받는 지지 등은 보호요인이 된다(Hetherington, 2003; Regev & Ehrenberg, 2012). 우리나라 이혼가족 아동 대상의 연구(이용준, 2004)에서 밝혀진 보호요인은 밝은 정서와 융통성 있는 기질, 문제중심적인 대처방식, 부모와 친구의 지지, 높은 사회경제적 지위, 상담의 경험, 가족 외 성인 지지자와의 만남 등이었고, 정서중심적 대처방식은 위험요인으로 작용했다.

이와 같이 이혼가족 아동의 레질리언스 수준과 적응 정도는 부모요인과 사회적 지지와 관련이 많은 것으로 나타나는데 이를 좀 더 구체적으로 살펴보면 다음과 같다(정문자, 김은영, 1999; Atwood & Genovese, 2013).

부모의 갈등 정도 이혼 전 부모의 갈등과 마찰이 적고 공격적 행동이 없었던 경우에 자녀가 좀 더 잘 적응할 수 있다. 이혼 전에 부모 간의 심각한 갈등에 노출되었던 아동은 이혼 후 심리정서적 적응에 문제를 보이는 경우가 많으며, 이혼 전에 부모와 긍정적 관계를 가졌던 아동이 이혼 후에도 더 잘 적응한다. 또한 이혼 후 공동부모의 역할이 협력적으로 이루어지고 적대적이지 않은 관계를 유지할 때 자녀의 적응 정도가 높다. 이혼 이후 양 부모 간에 갈등이 낮은 가정의 자녀들이 학교생활에 적응을 잘하는 것으로 보고된다.

부모의 행복감 이혼 후 자녀의 적응에 가장 중요한 요소 중 하나는 부모의 행복감이다. 부모가 이혼에 잘 적응할수록 자녀들의 레질리언스 수준도 높다. 양육부모가 심리적으로 불안하거나 부모의 역할을 잘 수행하지 못하면, 아동의 사회적 적응과 학업 성적에도 부정적인 영향을 미친다.

효과적인 양육 태도 통제적이고 권위적인 양육 태도나 지나치게 허용적이고 과잉보호적인 양육 태도는 아동에게 부정적인 영향을 미친다. 일반적으로 이혼 초기에 양육부모는 심리적, 경제적 부담감에 시달리면서 자녀에게 권위적인 태도를 보이기가 쉽다. 이러한 양육 태도는 자녀의 반항행동을 유발하고, 자녀의 공격적 행동은 다시 양육부모의 권위적 태도를 심화시키는 악순환이 이루어지기 쉽다. 효과적인 양육이란 자녀와 개방적인 의사소통을 하며 따뜻한 부모-자녀 관계를 유지하면서 동시에 자녀에게 명확한 규칙을 제시하고 안정적이고 예측 가능한 환경을 제공하는 것을 의미한다.

부모와의 안정적인 관계 부모와 일관되고 예측 가능하며 긍정적인 관계를 갖는 이혼가족의 자녀들은 적응에 유리하다. 일반적으로 자녀들은 부모 모두와 강한 애착관계를 형성하기 때문에 비양육부모와의 관계 단절은 아동의 적응에 부정적인 영향을 미친다. 방문의 빈도보다는 일관된 접촉이 더 중요한데, 비양육부모와 정기적으로 만나며 신뢰할 만한 관계를 갖는 아동의 레질리언스는 강화된다.

사회적 지지 사회적 지지는 부모의 이혼으로 어려움에 처한 아동들에게 커다란 힘이 된다. 친척과의 왕래, 친구나 교사의 지원, 지지적인 학교와 지역사회 체계 등 환경적 자원이 강력하고 풍부한 아동들은 일탈행동이 적다. 국내 이혼가족 자녀들

역시 문제가 생겼을 때 가족이나 친구의 도움과 사회적, 종교적 도움을 구하는 아동들이 심리적 적응을 잘하는 것으로 밝혀졌다.

경제적 환경 선행 연구에 따르면 이혼가족의 적응에 가장 중요한 요소는 경제적 상황이라고 한다. 경제 형편이 좋아서 가족과 자녀를 충분히 지원할 수 있는 상황이 되면 이혼가족에게 나타나는 많은 문제가 사라지기 때문이다. 양육부모의 소득수준은 이혼가족 자녀의 적응과 밀접하게 관련되어 있다. 경제적 어려움이 적은 아동들은 문제행동이 적게 나타나며, 문제행동을 보이던 아동들도 소득수준이 향상되면 점차 문제가 줄어드는 경향을 보인다.

지금까지 살펴본 바와 같이 이혼이 이혼가족 부부와 자녀의 적응에 직접 부정적인 영향을 미친다고 단정하기는 어렵다. 이혼가족의 적응은 각 가족이 지닌 위험요인과 보호요인의 상호작용으로부터 영향을 받으며, 상담을 포함한 사회의 개입을 통해 보호요인을 강화함으로써 적응능력을 증진시킬 수 있다.

3. 이혼 단계에 따른 해결중심상담의 적용

이혼 관련 상담에서 해결중심상담을 적용하는 경우 앞에서 다룬 이혼의 단계를 참조하는 것은 상담목표를 설정하고 해결책을 찾아가는 과정에서 유용한 방법이다. 앞서 살펴보았듯이 여러 학자들이 이혼의 과정을 이론화하였는데, 여기에서는 이혼의 단계를 이혼 전 의사결정 단계, 이혼 재구조화 단계, 이혼 후 회복 단계로 나누어 해결중심상담을 적용하고자 한다.

해결중심상담을 적용하여 이혼상담을 진행하는 방법은 개별상담, 부부상담, 가족상담, 집단상담 등 다양하다. 이는 내담자가 처한 상황과 욕구에 따라 다양하게 활용될 수 있다. 그럼에도 불구하고 각 단계의 특성에 따라 유용한 상담방법으로서 이혼 전 의사결정 단계에서는 부부대상의 상담, 재구조화 단계에서는 가족상담, 이혼 후 회복 단계에서는 이혼한 당사자 혹은 자녀를 위한 집단상담이 추천된다(Long & Young, 2007, 이정연 역, 2009).

1) 이혼 전 의사결정 단계에서의 상담

(1) 상담의 목표와 기본 원리

이혼 전 의사결정 단계에서의 상담은 일반적인 부부상담(couple therapy)과 이혼상담(divorce therapy)의 경계를 넘나들면서 진행되는 과정으로 볼 수 있다. 부부상담과 이혼상담은 서로 중첩되는 측면을 가지고 있고 이혼상담을 부부상담의 한 영역으로 보기도 한다. 그러나 부부상담을 부부의 관계 향상을 목표로 진행되는 상담으로 한정하여 정의하는 경우, 이혼상담은 이혼의 이슈가 제기된 상태에서 이혼 여부에 대한 의사를 결정하는 단계부터 법적인 이혼처리 과정을 거쳐 이혼 후의 단계까지를 포함하는 과정으로 이해할 수 있다.

이혼 전 단계에서는 이혼결정을 유보한 상태에서 부부가 원하는 것들이 결혼 관계 내에서 충족될 수 있는지 혹은 대안적 해결을 모색해야 하는지를 숙고하고 평가하는 것이 상담의 목표가 된다(Long & Young, 2007, 이정연 역, 2009). 이에 따라 이혼을 고려하는 부부가 이혼이라는 이슈를 제기하게 만든 문제가 무엇인지 규정하고, 부부가 각자 원하는 바를 정확하게 이해하며, 상호 간에 충분한 의사소통이 이루어진 상태에서 앞으로의 결정을 구체화할 수 있도록 상담적 개입이 이루어져야 한다. 이때 이혼에 대한 상담자의 견해가 내담자의 결정에 직간접적으로 영향을 미치지 않도록 하기 위해 상담자의 철저한 자기 이해가 필요하다. 그리고 부부가 이혼을 하나의 선택 가능한 대안으로 인식하는 것은 기존의 부부 관계를 변화시켜 바람직한 방향으로 재정립하는 촉진제의 역할을 할 수 있다는 점을 이해할 필요가 있다.

결혼생활 유지나 이혼 결정은 전적으로 부부가 선택할 문제며, 상담자의 역할은 이혼에 대해 부부가 결정하는 것을 돕는 것이다. 상담자는 부부가 결정을 내리기 전에 정말로 그들이 희망하고 원하는 것이 무엇인지 각자의 선택에 대해 깊이 생각할 수 있는 기회를 제공하고, 이혼이 내담자 자신과 자녀 그리고 주변 환경에 미칠 영향에 대해 충분히 고려할 수 있도록 하는 데 개입의 초점을 맞춘다.

이 단계에서 부부의 의사결정을 돕기 위해서는, ① 개인과 부부의 욕구와 문제를 파악하고 정의하며, ② 이러한 욕구를 충족시키고 문제를 해결할 대안적인 해결책을 개발하며, ③ 각 대안적인 해결책에 대해서 가능한 결과들을 고려하고, ④ 가장 나은 해결책을 선택한다(Long & Young, 2007, 이정연 역, 2009).

이혼 전 의사결정 단계의 상담은 개인이 혼자 참여할 수도 있고, 부부가 함께 참여하거나 자녀 등 다른 가족원을 포함한 가족상담을 할 수도 있다. 그러나 이혼 혹은 결혼 관계 유지에 대한 결정은 부부 당사자가 하는 것이므로 개인상담이나 가족상담보다 부부상담에 초점을 맞추는 것이 유용하다(Sprenkle & Storm, 1983).

이혼 여부에 대한 효과적인 의사결정을 위해서 다음과 같은 과정으로 상담을 진행하는 것이 도움이 된다(김소야자, 송성자, 김윤희, 양수, 2006; 유계숙, 장보현, 한지숙, 2006; Salts, 1985).

- 개인과 부부의 욕구와 문제를 파악하고 정의한다.
- 부부의 욕구를 충족시키고 문제를 해결할 대안적 해결책들을 탐색한다.
- 각각의 대안적인 해결책에 대해 잠재적인 결과들을 고려한다.
- 대안들 중 가장 나은 해결책을 선택하여 합의안을 도출한다.

부부가 이러한 과정의 마지막 단계에 도달하면 이혼을 보류할지 혹은 결혼생활을 중단할지에 대한 결정이 이루어진다. 이혼이 보류된 경우에는 부부상담을 진행하면서 관계를 향상시키기 위한 구체적인 목표를 세우고 이를 실행에 옮길 수 있도록 돕는다. 반면, 부부가 이혼을 결정한다면 협력적으로 이혼 과정을 진행하는 것을 목표로 상담을 한다.

(2) 상담기법의 활용

이혼 전 의사결정 단계에서 활용할 수 있는 해결중심상담의 기법을 살펴보면 다음과 같다.

① 원하는 것에 대한 확인

부부갈등으로 이혼을 고려하는 부부와 상담을 할 때 상담자는 먼저 현재 부부가 원하는 것이 무엇인지를 명료화한다. 비록 상담 초기에 부부가 이혼에 대해 언급하고 이혼문제를 제기하였으나 진정으로 이혼할 의사는 적고 부부 관계의 개선과 갈등 해결을 원하는 것이 분명해진다면, 상담의 초점은 자연스럽게 부부 관계의 개선에 두게 될 것이다.

그러나 이혼을 심각하게 고려하고 있는 경우에는 이혼 여부에 대한 합리적인 의사결정을 돕기 위한 상담에 초점을 맞춘다. 때로 상담 과정에서 부부 중 한 사람은 이혼할 의사가 전혀 없이 갈등의 해결만을 원하지만 다른 한 사람은 심각하게 이혼을 고려하는 경우도 있다. 어떠한 경우든 부부가 무엇이 달라지기를 원하는지 파악하면서 상대방이 원하는 바를 확인하는 과정은 부부 양쪽 모두와 상담자에게 중요하다.

상담자: 오늘 두 분이 이렇게 멀리까지 오셨는데 뭐가 좀 달라지면 상담에 온 보람이 있다고 생각이 드시겠어요?

남편, 부인: ….

상담자: 두 분 다 먼저 말씀 꺼내시기가 어려우신가 봐요. 누가 먼저 말씀해 보시겠어요? …. (남편을 향해) 선생님께서 먼저 말씀해 보시겠습니까?

남편: 결혼생활 내내 서로 사이가 좋지 않았는데, 최근 들어서 관계가 더 심각해졌습니다. 서로 이혼 말이 오가는 상황이에요. 이런 상담을 받는 것도 처음인데 많이 망설이다가 아는 분이 권유도 하고 그래서 왔습니다. 이런 상황까지 오다니 참담한 기분입니다. 아무튼 애들도 있고 하니 상담을 해서 결과가 좋으면 좋겠지요.

상담자: 네, 그러니까 선생님께서는 상담을 해서 두 분의 관계가 좀 더 가까워지고 좋아지기를 바라시는군요. 부인은 어떠세요, 뭐가 좀 달라지면 상담 오신 보람이 있으시겠습니까?

부인: 사실 별로 희망은 없지만 마지막 기회라고 생각하고 왔어요. 이젠 더 이상

이렇게 힘들게 살고 싶은 마음이 없어요. 남편은 내가 결혼할 때 생각했던 사람이 아니에요. 더 늦기 전에 이혼하는 게 낫겠다는 생각이 들어요. 더 나이 들기 전에 이혼해서 저도 살 수 있는 기반을 마련하는 게 낫죠.

이 사례에서 남편은 이혼할 의사가 없으며 상담을 통해 부부 관계가 개선되기를 원하나, 부인은 이혼에 대한 의사가 좀 더 많은 것으로 보인다. 그러나 부인의 '마지막 기회'라는 말에서 결혼 유지에 대한 기대가 조금이나마 남아 있는 것을 알 수 있다. 그러므로 상담자는 부인이 결혼을 유지하기 위해서 어떤 변화를 원하는지 탐색하여 변화를 위한 목표를 설정할 수 있다.

상담자: 오시기 전에 여러 가지 이혼에 대한 생각을 하시고 오셨군요. 아까 마지막 기회라고 말씀하셨는데, 그러니까 이 상담을 통해 무언가 부인께서 원하는 변화가 오면 이혼에 대한 생각은 변할 수 있다는 말씀이신가요? 혹시 뭐가 좀 달라지면 같이 사시겠다는 생각이 조금 더 생길까요?

부인: (약간의 침묵이 흐른 후) 남편은 인간이 좀 되어야 해요.

상담자: 네…. 인간이 된다는 게 어떤 뜻인지 좀 더 자세히 말씀해 주시겠어요?

부인: 이 사람은 자기가 잘못하고서도 잘못했다는 말을 한 번도 한 적이 없어요. 무슨 일을 해도 자신이 한 일은 다 정당화시키죠. 지금까지는 다 제가 혼자 참고 살아왔지만 이제는 그럴 마음이 없어요.

상담자: 아, 그러니까 부인께서는 남편 분께서 자신이 잘못한 일에 대해 인정하고 잘못했다는 말을 했으면 하고 원하시는 건가요?

이러한 대화를 통해 부인이 원하는 것은 남편이 잘못을 인정하고 사과하는 것임이 밝혀졌다. 그러므로 이에 대한 남편의 생각을 들어 보고 두 사람이 서로 원하는 것을 충족시킬 수 있는 방법을 좀 더 구체화시키도록 개입한다.

② 예외질문: 과거에는 지금과 어떻게 달랐는가

대부분의 부부는 현재의 상태가 어떠하든 과거에 서로 좋아하고 사랑했던 경험을 가지고 있다. 이혼상담에 온 부부들 또한 현재는 비록 미워하고 갈등하며 무관심할지라도 행복했던 추억과 서로가 원하는 것을 충족시켜 주었던 경험이 있다. 물론 과거의 '좋은 시절'로 돌아가 똑같은 행동을 반복하는 것은 어려울 수 있으나, 해결중심상담의 예외질문은 현재의 문제에만 빠져 절망하고 있는 부부에게 변화에 대한 실마리를 제공한다.

상담자: 아까 부인께서는 남편분이 회사 일에만 관심을 쏟고 집에 너무 늦게 오기 때문에 함께 이야기할 시간이 없다고 하셨는데, 결혼 이후에 그래도 남편께서 회사에서 좀 일찍 퇴근해서 부인과 함께 이야기도 나누시고 하던 적은 언제였나요?

부　인: 글쎄…… 너무 오래돼서 기억도 안 나요. 결혼해서 처음에는 조금 나았겠지요.

상담자: 아, 그러셨어요? (남편을 향해) 그때는 어떻게 그러실 수 있었지요? 회사생활 초기에는 오히려 일찍 퇴근하는 게 상사에게 눈치도 보이고 힘드셨을 텐데요.

남　편: 그때는 신혼이니까 그랬던 게 당연하고요, 사실 요 몇 년 전에도 처음 이쪽으로 이사 와서는 집에도 일찍 들어오고 가족들과 함께 산책도 하고 그랬어요.

상담자: 그러세요? 그때는 산책도 같이하시고, 어떻게 그렇게 하셨지요? 지금하고는 뭐가 좀 다르셨나요?

남　편: 지금은 사실 집에 와도 편안하지가 않아요. 하루 종일 회사에서 힘들게 일하다 집에 오면 좀 마음이 편해야 하는데 집에 오는 게 더 피곤해요. 차라리 회사에 있는 게 나으니까 점점 더 늦게 들어오는 거지요.

상담자: 그러니까 몇 년 전에는 집에 오시면 좀 마음이 편하셨나 보네요. 그때는 어떻게 마음이 편할 수 있었지요?

남 편: 집사람이 지금같이 인상 쓰고 있지는 않았으니까요. 요새는 서로 대화도 별로 하지 않지만, 말을 해도 완전히 지시투인데 그때는 그렇지 않았어요.

상담자: 그때는 부인께서 남편이 퇴근해서 오시면 표정도 부드러웠고 대화도 서로 잘 나누셨다는 거지요? (부인을 향해) 그때는 지금과 무엇이 좀 다르셨나요?

이와 같이 예외질문을 통해 과거에는 부부가 지금과 어떻게 달랐는가를 탐색함으로써 이전의 행복하였던 시절을 되돌아보는 시간을 가질 수 있으며, 앞으로의 변화에 대한 희망도 생기게 된다. 물론 상담자가 예외질문을 해서 과거의 성공적이었던 경험을 상담 대화 속으로 끌어내더라도 내담자들은 반복해서 현재의 문제로 돌아오는 경향이 있다. 그렇더라도 상담자는 인내심을 갖고 문제중심 이야기를 해결중심 이야기로 재진술하거나 전환하기 위해 노력한다.

③ 척도질문

이혼 전 의사결정 단계의 상담에서 척도질문은 현재 부부 관계의 상황, 문제 해결의 우선순위, 변화 가능성에 대한 확신, 배우자 각자 부부 관계의 변화를 위해 노력하려는 동기 등을 명료화하고 구체화하는 데 도움이 된다. 이혼 전 의사결정 단계에서 내담자들은 대개 관계를 유지하고 싶은 마음과 이혼하고 싶은 마음이 뒤섞여 있는데, 이에 대해서 내담자가 점수화하여 표현함으로써 이혼에 대한 막연한 생각을 정리하고 현재의 상태를 구체적으로 확인할 수 있다.

문제의 심각성 및 해결의 전망에 관한 질문	• 1부터 10까지의 점수에서 1은 이 상담을 오게 되었던 시점에 두 분의 문제가 심각했을 때를 말하고, 10은 문제가 다 해결되었을 때를 말한다면, 지금은 몇 점 정도일까요? • (내담자가 현재 1점이라고 하면) 무엇이 조금 달라지면 2점이라고 말할 수 있을까요? • 두 분께서는 이 문제가 해결될 가능성을 몇 점 정도라고 생각하시나요?”

동기에 관한 질문	• 부부 관계를 개선하기 위해 어느 정도 노력할 수 있나요? • 자녀들은 두 분께서 어느 정도 노력할 것이라고 말할까요?
결혼 유지 혹은 이혼 의사에 관한 질문	▸1점은 결혼 관계를 유지하고 싶은 마음이 전혀 없는 것이고, 10점은 결혼 관계를 꼭 유지하고 싶다는 마음이라면, 현재 두 분께서는 각각 몇 점이신가요?

척도질문은 0점이나 1점에서 10점까지의 척도를 사용하는 것이 보통이지만, 상담 회기에서 다음과 같이 표를 만들어 내담자들이 적을 수 있도록 하는 경우에는 상담자가 적절히 척도의 폭을 변화시킬 수 있을 것이다.

결혼생활에서 가장 변화했으면 하는 점 세 가지를 적고, 얼마나 변화할 것 같은지 각각 해당되는 숫자에 표시하십시오.

	절대 그렇지 않다				매우 그렇다
	1	2	3	4	5
	1	2	3	4	5
	1	2	3	4	5

결혼생활을 유지하기 위해 자신의 변화가 필요한 부분 세 가지를 적고, 자신이 얼마나 변화할 것 같은지 각각 해당되는 숫자에 표시하십시오.

	절대 그렇지 않다				매우 그렇다
	1	2	3	4	5
	1	2	3	4	5
	1	2	3	4	5

출처: Rich (2002), 서진환 역(2007), p. 51에서 재구성.

④ 가상질문

이혼 전 의사결정 단계에서 가상질문은 앞으로의 결정이 자신의 삶에 가져올 구체적인 변화들을 탐색하여 현실적인 해결책을 찾도록 돕는다. 가상질문에서는 이혼을 할 때 혹은 결혼생활을 지속할 때 생활에서 일어날 수 있는 변화와 자신과 가족에게 미칠 영향 등에 대해 묻는다. 이를 통해 이혼을 고려하는 부부들은 결혼을 유지하는 경우와 이혼을 하는 경우 자신이 얻게 될 것과 잃는 것이 무엇인지를 숙고해 볼 수 있는 기회를 가지게 된다.

만약 부부가 가상질문에 대해 구체적으로 답하기를 어려워한다면 이혼하는 경우와 그렇지 않은 경우 등 다양한 대안에 대해 부부가 〈표 10-2〉와 같은 목록을 작성하면서 의사결정에 도움을 받을 수 있다.

표 10-2 대안 탐색을 위한 질문지

대안 1:

예상되는 결과	긍정적인 점	부정적인 점
경제적인 측면		
사회적인 측면		
나의 심리정서적 측면		
배우자의 심리정서적 측면		
자녀와 관련된 측면		
기타		

출처: 유계숙, 장보현, 한지숙(2006). 이혼 전 · 후 가족상담 운영 매뉴얼. 중앙건강가정지원센터에서 재구성.

⑤ 메시지: 팀의 양분된 의견 전달하기

'쉬운 이혼은 없다.'는 말이 있듯이 이혼하겠다는 결정을 내리는 것은 힘든 일이다. 그렇기 때문에 내담자는 때로 전문가인 상담자가 이혼에 대한 결정을 대신 내려 줄 것을 기대한다. 하지만 이혼상담에서 상담자는 내담자가 자신이 진정으로 원하는 것이 무엇인지 탐색하고 합리적인 결정을 내릴 수 있도록 돕는 역할을 할 뿐 내담자의 결정을 대신해 줄 수 없다. 이와 같이 내담자가 어떤 선택이 최선일지에 대해 불확실할 때에는 메시지를 통해 팀의 양분된 의견(split team)을 전달하는 것도 도움이 된다.

다음은 남편의 폭력 때문에 이혼을 하고 싶지만 남편이 이혼을 원하지 않고 있는 상황에서 이혼에 대한 결정을 내리는 것에 대해 어려움을 겪고 있는 여성의 사례로, 메시지를 통해 상담자가 팀의 양분된 의견을 전달하는 부분이다.

내담자: 지금 저는 어떻게 하는 것이 좋은지에 대해 선생님의 의견을 듣고 싶어요. 어떤 쪽이 더 현명한 것인지 알 수가 없어요. 그래서 이혼을 결정하는 데 선생님의 의견을 참고하고 싶어요.

상담자: 네, 알겠습니다. 그러면 한 10분 정도 후에 제가 다시 들어와서 말씀을 드리겠습니다.

(메시지 작성을 위한 휴식 후)

상담자: 저희 상담팀이 어머니에 대해 많은 생각과 의견들을 주셨어요. 어머니께서 여기 오시기까지 많은 용기와 힘이 필요하셨을 텐데 이렇게 오셔서 개인적인 얘기를 해 주신 것에 대해 우선 감사를 드립니다. 저희들은 어머니께서 젊은 나이임에도 자녀들을 위해 남편의 폭력을 참고 견디어 냈다는 것에 놀랐습니다. 그런데 이제 아이들도 어느 정도 성장하여 상황이 변했고, 어머니가 자신의 삶을 성장시키고 자신을 위해 살아가려고 노력하는 점에 대해 또한 매우 인상 깊게 느꼈습니다.

어머니께서 결혼 유지와 이혼에 대한 마음이 50 대 50으로 결정하기 힘든 상황이라고 하셨는데, 저희 팀의 의견도 반반이었습니다. 상담팀 중 한 사람은 이혼을 하는 것이 나을 것 같다고 생각하고 있고, 다른 한 사람은 결혼을 유지하는 것이 나을 것 같다고 생각하고 있습니다. 다만 상담팀은 어머니가 이제는 스스로 자신을 위해 좋은 것이 무엇인지 선택하고 결정할 수 있는 입장에 있다는 것에 모두 동감을 표했습니다.

그러므로 우선은 결혼을 유지할 것인지 아니면 이혼할 것인지에 대한 결정을 좀 더 미루고, 어머니의 성장과 발전을 위해 어떤 것이 최선인지 알도록 함께 노력해 보면 좋을 것이라고 생각합니다.

2) 이혼 재구조화 단계에서의 상담

(1) 상담의 목표와 기본 원리

이혼 재구조화 단계에서는 부부가 결혼에서 결혼 이후로 전환하는 데 필요한 사회적, 정서적, 법적, 재정적 준비와 새로운 부모역할의 준비를 하도록 돕는 것이 중요하다. 종종 배우자 중 한 사람은 이혼을 원치 않음에도 불구하고 다른 한쪽 배우자로 인해 이혼 의사결정이 불가피하게 이루어질 수 있다. 이 경우에 이혼을 원치 않는 배우자가 이혼을 수용하여 이혼 진행과정에서 협조적인 관계가 형성될 수 있도록 도와야 한다.

대부분 외국의 문헌들은 이혼 재구조화 단계에서의 개입은 조정(mediation)에 초점을 맞추고 있다(Long & Young, 2007, 이정연 역, 2009). 우리나라에서 협의이혼의 경우에는 자녀가 있는 경우 숙려기간 중 양육 등에 대한 합의를 위한 상담이 이루어지고 있으며, 재판이혼 시 이혼 여부에 대한 합의가 이루어지지 않을 경우에 법적인 조정과정에 들어가게 된다.

조정이란 말은 '상담하다'라는 의미의 라틴어 'medicare'에서 유래되었는데, 이는 분쟁 관계에 있는 당사자들을 상담하는 것임을 의미한다. 물론 조정을 상담과 동일하게 볼 수는 없으나 이는 조정이 심리상담에 초점을 두는 것이 아니라는 의미로 이해할 수 있으며, 조정은 넓은 의미에서 이혼상담의 특수한 형태로 볼 수 있다. 조정 회기에서는 자녀양육권, 면접교섭권, 양육비, 재산분할, 배우자 부양비 등의 이슈들을 주로 다루게 된다(Everett & Everett, 1998, 성정현 역, 2001).

조정에 관련된 문헌이 제시하는 조정의 원칙들은 해결중심상담의 가정들과 일치하는 부분이 많다(변화순, 장혜경, 김혜영, 전영주, 정재동, 구선영, 2005; 신라대학교 가족상담센터 편역, 2005; Goldenberg & Goldenberg, 2002; Marlow & Sauber, 1990). 이혼조정의 기본 가정은 이혼 당사자들이 이혼의 전문가이며 누구보다도 이혼 후 만족스러운 관계를 위해 무엇이 필요한지 알고 있다는 것이다(Goldenberg & Goldenberg, 2002). 따라서 조정의 주체는 조정자가 아닌 이혼 당사자들이며, 그들이 자신들의 분쟁에 대한 해결책을 소유하고 있다고 가정한다(신라대학교 가족상담센터 편역, 2005). 이혼조정은 갈등을 해결해 나가는 데 있어 좀 더 우호적인 방법과 수단을 활용함으로써 내담자가 스스로 의사결정을 할 수 있도록 임파워링하는 기능을 갖기 때문에 내담자의 자발성이 강조된다. 조정은 당사자들의 책임 여부를 밝히는 문제가 아니라 미래에 초점을 두고 진행해야 한다(변화순 외, 2005).

이혼 재구조화 단계에서 상담자 혹은 조정자가 초점을 두어야 할 점은 다음과 같다(Mcknight & Erickson, 1999; 유계숙, 장보현, 한지숙, 2006에서 재인용).

- 당사자 부부간에 협조적인 분위기를 조성하고 협상을 위한 당면 과제에 초점을 두도록 지원한다.
- 이혼 당사자 간의 갈등을 제거하거나 예방하려 하기보다 생산적인 문제 해결 행동으로 바뀔 수 있도록 상호 협력적인 행동을 촉진한다.
- 양자를 동등하게 대하며 중립성을 지킨다.
- 경청과 존중하는 자세로 조정을 진행하며 당사자들이 모델링할 수 있는 기회를 제공한다.

(2) 상담기법

이와 같이 조정의 기본 원칙이나 조정자의 역할은 해결중심상담의 가정이나 상담자의 역할과 일치하는 부분이 많으므로 조정과정에서 해결중심상담의 기법들이 유용하게 적용될 수 있다. 테일러(Taylor, 1988; Goldnberg & Goldenberg, 2002에서 재인용)와 신라대학교 가족상담센터(2005)의 내용을 기초로 조정의 과정과 각 단계에서 적용할 수 있는 상담기법을 알아본다.

신뢰관계 형성하기 양쪽 당사자와 라포를 형성하며, 그들이 각각 갈등에 대해 갖고 있는 지각, 목표와 기대를 알아본다. 여기서 조정자는 내담자가 전문가라는 해결중심상담의 가정에 기초해 상담을 진행한다.

이슈 확인하기 당사자들이 조정과정에서 다루기 원하는 이슈를 확인하여 조정의 이슈 혹은 목표를 설정한다. 이때 당사자들이 쉽게 합의에 이를 수 있는 이슈부터 먼저 다루어서 그들이 자신감을 가질 수 있고 성공에 대한 경험을 할 수 있도록 한다.

대안 찾기 자녀양육, 재산분할 등 이슈가 되는 문제들에 대해 가상질문과 관계성 질문 등을 활용하여 충분히 브레인스토밍을 하여 다양한 대안을 찾아보고, 각 대안이 현실화되었을 때의 장단점에 대해 대화를 나눈다.

협상과 결정 조정자는 어느 한쪽 당사자의 안을 채택하여 다른 한쪽 당사자를 설득하려고 해서는 안 된다. 사람들은 자신의 이해관계가 정당하다는 인정을 받고 정중한 대우를 받았을 때 다른 사람의 이해관계에 대해서도 귀를 기울이게 된다(신라대학교 가족상담상담센터 편역, 2005). 그러므로 유능한 조정자는 양쪽 당사자들을 동등하게 인정해야 한다. 해결중심상담에서 자주 사용되는 관계성 질문은 자신만의 입장에서 벗어나 다른 사람들(배우자, 자녀 등)의 시각으로 문제를 볼 수 있도록 하므로 새로운 합의의 가능성을 만들어 낼 수 있다.

문서 작성 당사자들이 합의한 사항에 대해서는 합의서를 작성하여 문서로 남긴다. 좋은 합의서를 작성하기 위해서 조정자는 당사자들이 동의한 구체적 과제를 다시 한번 확인하며, 두 사람의 협력에 대한 원칙을 상기시켜 준다.

종결 합의한 내용을 기초로 당사자들의 과제에 대한 세부사항과 미해결된 이슈에 대해 확인하고, 노력한 것에 대해 감사를 표현한다.

조정의 진행과정에서 이혼 당사자 중심으로 조정이 이루어지다 보면 자녀의 이해관계와 자기결정의 권리가 소홀해지기 쉽다. 조정자는 이혼 당사자들이 자녀의 관점에서 이슈를 다룰 수 있도록 자녀가 부모의 이혼을 알게 되었을 때 겪을 수 있는 어려움들과 그에 대처할 수 있는 방법에 대해 정보를 제공할 필요가 있다.

3) 이혼 후 회복 단계에서의 상담

(1) 상담의 목표와 기본 원리

이혼 후 회복 단계에서의 적응은 다양한 요소들의 영향을 받는다. 결혼생활이 종료된 것을 수용하고 정서적 적응을 하며, 전 배우자와 기능적인 관계를 맺고, 새로운 부모역할에 적응하며 현실적인 이해를 발달시키고 사회적인 지지를 얻는다면 이혼에의 적응과업은 훨씬 쉽게 달성될 수 있다. 따라서 이 단계에서 상담의 목표는 이혼 당사자와 자녀가 상실감에 대처할 수 있도록 지지하며, 삶을 재구축하고 대안적 관계를 발달시키도록 돕는 것이다.

이혼 후 이혼 당사자들과 자녀들은 각각 다양한 상황에서 적응의 어려움을 겪게 된다. 이것은 상담의 주요 이슈가 되는데, 이를 양육부모, 비양육부모, 자녀로 나누어 살펴보면 〈표 10-3〉과 같다.

이혼 후 회복 단계에서의 상담은 이혼 당사자들에 대한 개별상담, 양육부모와 자녀가 참여하는 가족상담 등이 있을 수 있으나, 이혼 후 유사한 상황에 있는 이혼가족들이 함께 참여하는 집단 프로그램은 이혼가족들이 흔히 경험하는 사회적 고립과 낙인감에서 벗어나 지지집단을 형성하고 집단원들 간에 임파워먼트를 제공할 수 있는 장점을 갖고 있다. 외국에서는 이미 1970년대부터 이러한 집단 프로그램들이 실시되어 왔으며, 한국에서도 2000년대 이후 프로그램들이 개발되어 적용되고 있는 상황이다(정문자, 김은영, 2005).

집단 프로그램은 이혼한 부모를 위한 프로그램과 자녀들을 위한 프로그램이 실시되고 있다. 이혼한 부모들을 위한 프로그램에서는 전 배우자와의 갈등관리, 이혼에 대한 자녀의 반응과 아동 발달과정의 이해, 부모역할 및 자녀와의 의사소통훈련 등의 주제가 다루어진다(Braver, Salem, Pearson, & DeLuse, 1996; 정문자, 김은영, 2005에서

표 10-3 이혼가족의 주요 이슈

양육부모	비양육부모	자녀
• 경제적 지위 변화 • 슬픔, 자기비난, 자아존중감 상실, 우울증 • 역할 과잉 • 사회적 낙인 • 익숙한 생활환경의 변화 • 외로움, 사회적 고립감, 친구의 상실 • 단독 의사결정의 어려움 • 대인 관계 문제(자녀, 전배우자, 부모, 과거 인척들) • 양육권과 면접교섭권	• 경제적 지위 변화 • 자녀와의 관계 약화 • 부모로서의 가치가 평가절하된 느낌 • 익숙한 생활환경의 붕괴 • 자녀와의 새로운 관계 형성 • 이혼에 대한 사회적 낙인 • 아동 방문 때마다 상기되는 과거 기억에 대한 대처 • 슬픔, 자기 비난, 자아존중감 상실, 우울 • 대인 관계 문제(자녀, 전 배우자, 부모, 과거 인척들) • 양육권과 면접교섭권	• 수치심, 자존감 저하 • 비양육부모와의 관계 약화 • 부모 이혼에 대한 자기비난 • 우울증, 슬픔, 정서적 위축 • 충성심 갈등 • 부모 화해에 대한 환상 • 양쪽 부모에 대한 분노 • 미래에 대한 불안 • 경제적 지위의 하락 • 익숙한 생활환경의 붕괴 • 학업능력 저하 • 비양육부모의 방문에 대한 적응 • 상실과 유기의 두려움

출처: Goldenberg & Goldenberg (2002), pp. 142-146에서 재구성.

재인용). 그리고 이혼가족 자녀들을 위한 프로그램에서는 이혼에 대한 올바른 이해, 감정을 올바로 알고 표현하기, 문제해결 능력의 향상, 자신과 가족에 대한 긍정적 인식의 발달, 사회적 지지망의 형성 등이 주요한 주제로 등장한다(Fthenakis, Walbiner, & Wolf, 1995).

(2) 이혼 후 회복을 위한 해결중심 집단상담 프로그램

이혼 후 회복 단계에 있어서 이혼 당사자와 자녀들은 유사한 상황에 있는 사람들과 함께 집단상담에 참여함으로써 상실감과 두려움에 대처하고 미래 계획을 세우는 데 도움을 받을 수 있다.

다음에서는 이혼한 성인들과 자녀들이 참여할 수 있는 해결중심 집단상담 프로그램의 예를 소개하고자 한다. 이 프로그램은 정문자와 김은영(2005)이 개발한 집단상담 모형을 일부 수정한 것이다.

① 프로그램의 목적

해결중심 집단상담 프로그램의 목적은 이혼가족 구성원들의 레질리언스를 향상시킴으써 이혼 후 겪는 정서적 어려움을 줄이고 이혼 후 변화된 상황에 대한 대처와 적응 능력을 키우는 데 있다. 구체적인 목표는 다음과 같다.

첫째, 이혼가족이 자신과 가족의 강점과 긍정적 자원을 찾아가는 과정에서 자존감과 자신감이 향상되도록 돕는다.

둘째, 올바른 의사소통 기술을 학습함으로써 부모와 자녀 간의 대화를 촉진하며, 이를 통해 가족의 레질리언스를 강화한다.

셋째, 자신과 타인의 감정에 대해 이해하고 이를 개방적으로 표현하는 방법을 익혀 이혼 후 경험하는 부정적 감정에 대처할 수 있는 능력을 키운다.

넷째, 합리적인 문제해결 전략을 습득함으로써 이혼으로 인해 변화된 가족의 환경에 건설적이고 창의적으로 대처할 수 있도록 한다.

다섯째, 유사한 가족경험을 가진 집단 구성원 및 상담자와 친밀한 상호작용에 기초한 지지적 관계를 가짐으로써 사회적 지지망을 형성하도록 돕는다.

② 프로그램 구성의 원리

첫째, 프로그램의 전체적인 내용은 해결중심상담의 기본 원리에 입각하여 내담자의 강점, 자원, 성공적인 경험을 활용해 집단에 참여한 구성원들 스스로가 자신에게 맞는 해결책과 목표를 찾도록 돕는 데 초점을 맞춘다.

둘째, 해결중심상담에서는 구체적이고 명확한 목표 설정을 중요하게 생각하므로, 초기에 각 집단 구성원들이 변화하고 싶은 점을 목표로 삼고 프로그램에 참여하는 기간 동안 지속적으로 목표달성 정도를 확인할 수 있도록 돕는다.

셋째, 매 회기 도입 부분은 일상생활에서 있었던 긍정적인 변화에 관해 질문함으로써 집단 구성원들이 자신의 변화를 인식하여 자존감과 자신감을 증진시키도록 한다. 더불어 긍정적으로 변화한 것에 대해 인정하고 격려함으로써 변화가 지속될 수 있도록 강화한다.

넷째, 매 회기 후반에 개인별 메시지와 전체 메시지를 전달하면서 해당 회기에서 보인 집단 구성원들의 구체적인 행동을 근거로 칭찬과 격려를 하며 과제를 주어 지속적인 변화의 동기를 부여한다.

다섯째, 이혼가족의 성인과 초등학생 자녀가 각각 따로 참여할 수 있는 프로그램을 구성하되, 그 목표와 내용에 있어 서로 연관성을 가질 수 있도록 함으로써 부모와 자녀의 변화가 시너지 효과를 가져올 수 있도록 한다.

③ 프로그램의 회기별 목표와 내용

프로그램은 크게 3단계로 구성되는데, 1회기는 집단형성 단계로 집단 구성원과 상담자 그리고 집단 구성원들 간의 관계 형성과 집단응집력 형성에 목표를 둔다. 2~5회기는 목표 달성 단계로 자신과 가족에 대한 긍정적 이해, 의사소통 능력 향상, 감정에 대한 이해와 표현, 문제해결 능력 향상 등의 목표를 달성하기 위한 활동이 주제별로 이루어진다. 6회기는 종결 단계로 그동안 성취한 것에 대해 칭찬하고 격려하며, 상호 간의 지지를 강화하도록 한다. 성인 프로그램과 자녀 프로그램의 회기별 목표와 내용을 각각 〈표 10-4〉와 〈표 10-5〉에 제시한다.

표 10-4 성인 프로그램의 회기별 목표와 내용

단계	회기	목표	내용	과제
집단 형성 단계	1	• 프로그램 소개 • 자기 소개 • 집단상담자와 구성원 간의 관계 형성	• 집단 프로그램 소개 • 긍정적인 것, 변화되고 싶은 내용으로 별칭을 지어 긍정적인 자아상 만들기 • 자신의 강점과 장점 및 목표, 스트레스 해결법 발견하기 • 게임을 통해 집단 구성원들의 친밀감 형성하기 • 집단규칙 정하기 • 메시지 전달	• 6주 후 나의 모습 생각해 오기

<table>
<tr><td rowspan="4">목표의 설정 및 달성 단계</td><td>2</td><td>• 목표 설정
• 나에 대한 이해 증진</td><td>• 6주 후 모습을 이야기하면서 목표 확인
• 현재 나의 모습과 위치를 평가하고, 미래의 긍정적인 나의 모습을 위해 해야 할 일을 계획하기
• 메시지 전달</td><td>• 미래의 내 모습이 되는 데 필요한 것 생각해 오기</td></tr>
<tr><td>3</td><td>• 감정의 적절한 표현
• 긍정적 감정과 합리적 사고 형성하기</td><td>• 본인과 동료의 좋아진 것, 변화한 것, 강점과 장점 발견하기
• 감정카드를 이용하여 자신의 현재 기분을 이해하고 표현하며, 부정적 감정은 긍정적 감정으로 변화시키기
• 현재의 왜곡된 신념과 사고를 긍정적인 신념과 합리적 사고로 변화시키기
• 메시지 전달</td><td>• 가족, 친구, 동료들에게 긍정적으로 감정표현, 행동해 보고 반응 알아 오기</td></tr>
<tr><td>4</td><td>• 자녀와의 의사 소통 향상
• 자존감 높이기</td><td>• 언어적 · 비언어적 의사소통을 이해하며 의사소통 과정에서 개인의 차이에 대해 이해하기
• 동료의 장점을 탐색하면서 나의 장점을 새롭게 발견하는 경험하기
• 동료의 장점과 강점을 칭찬하면서 긍정적인 인식을 키우고 함께 성장할 수 있는 기회 갖기
• 메시지 전달</td><td>• '나를 기분 좋게 만드는 것들' 만들어 오기</td></tr>
<tr><td>5</td><td>• 원하는 목표 달성하기
• 활용 가능한 자원 찾기</td><td>• 본인과 동료의 좋아진 것, 변화한 것, 강점과 장점 발견하기
• 성취 가능한 소망과 버려할 소망을 구분하여 적고 동료들과 생각 나누기
• 자신이 소중하고 가치 있게 생각하는 것(목표)을 유리병에 담아 미래에 대한 긍정적인 희망 간직하기
• 메시지 전달</td><td>• 자신과 주위의 자원 발굴, 확인, 활용해 보기</td></tr>
<tr><td>변화의 확인 및 종결</td><td>6</td><td>• 변화의 인정과 평가
• 종결</td><td>• 자신의 변화에 대한 자신, 집단원, 가족, 상담자의 인정과 평가
• 동료들과 함께 효과적인 문제해결 과정을 찾아가는 과정에서 합리적인 문</td><td>• 잘해 온 것을 생각하고 계속 유지하도록 부탁하기</td></tr>
</table>

			제해결 능력 키우기 • 동료들의 장점과 장점에 대해 인정과 칭찬의 말을 나누기 • 목표 성취에 대한 척도 질문(1~10점) • 수료식	

표 10-5 자녀 프로그램의 회기별 목표와 내용

단계	회	목표	목표 및 내용	과제
집단 형성 단계	1	• 프로그램 소개 • 자기 소개 • 집단성원 간의 관계 형성	• 신체활동을 통해 집단 구성원 간의 친밀감과 응집력을 형성하기 • 자신을 긍정적으로 나타낼 수 있는 이름으로 별칭을 지어 긍정정인 자아개념을 갖기 • 자신의 장점, 강점, 좋아하는 것, 문제해결 방법, 변화하고 싶은 것(목표)에 대해 이야기하기 • 자신의 현재 상태와 앞으로 원하는 목표점수를 실린더 그래프에 색칠하기 (1~10점) • 집단규칙 정하기 • 메시지 전달	• 6주 후 변화되고 싶은 나의 모습 생각해 오기
목표의 설정 및 달성 단계	2	• 자신의 감정과 느낌을 알고 표현하기 • 긍정적인 자아상 만들기	• 변화에 대한 질문 • 어떤 느낌이 있는지, 왜 그런 느낌이 드는지, 손인형을 이용하여 이야기하기 • 팬터마임을 통해 자신의 기분과 느낌을 표현하기와 타인의 느낌을 알아맞히기 • 음악과 이야기에 맞춰 활동을 하면서 긴장과 이완의 차이를 경험하고 느낌의 변화를 따라가면서 이완 훈련하기 • 버리고 싶은 마음을 팔고, 갖고 싶은 마음을 사는 과정에서 긍정적인 자기 모습을 만들어 가기 • 메시지 전달	• 오늘 산 마음을 잘 간직하면서 지내보기

목표의 설정 및 달성 단계	3	• 가족에 대해 이해하기	• 변화에 대한 질문 • 감정카드를 이용하여 나의 현재 기분을 확인하고 부정적 감정을 긍정적 감정으로 변화시키기 • 동물그림을 통해 가족에 대한 느낌과 생각을 표현해 봄으로써 자신의 가족에 대해 이해하기 • 동화를 듣고 자신과 동료의 생각을 함께 나누면서 가족 구조의 다양성을 이해하기 • 메시지 전달	• 주위 사람이 지각하는 나의 변화 알아오기
	4	• 가족 및 친구와 의사소통 향상	• 변화에 대한 질문 • 다양한 방법으로 동료와 의사소통을 해 본 후 바람직한 의사소통방법 익히기 • 메시지 전달	• 내가 대화를 잘했을 때 어떤 일이 생기는지 관찰하기
	5	• 현실적인 소망 갖기	• 변화에 대한 질문 • 가족에 대한 소망을 소망카드에 적은 후 소망의 실현가능성을 알아보고, 친구들과 함께 생각 나누기 • 자신의 희망(소중히 여기는 가치나 목표)을 유리병에 담아 미래에 대한 긍정적 희망 간직하기 • 메시지 전달	• 목표를 이루기 위해 필요한 것 생각해 오기
변화의 확인 및 종결 단계	6	• 문제 해결 능력의 증진 • 자신과 타인의 변화에 대한 인정과 평가	• 변화에 대한 질문 • 역할놀이를 통해 친구들과 함께 효과적이고 합리적인 문제해결과정과 방법을 발견하기 • 집단원에게 변화한 점에 대해 이야기하고 칭찬과 격려하기 • 목표성취에 대한 점수를 척도화해서 실린더그래프에 색칠하기 • 변화를 유지할 수 있는 방법 나누기 수료식	• 잘해 온 것과 변화한 것을 생각하고 계속 유지하도록 부탁

요약

최근 들어 이혼을 가족 변화의 과정으로 설명하려는 시도가 많아지고 있으며, 이혼은 단순히 이혼 당사자들과 자녀들에게 부정적인 영향을 주는 사건이라기보다 탄력적인 적응을 필요로 하는 하나의 도전과정으로 본다. 그러므로 이혼에 대한 해결중심상담은 이혼상담에 참여하는 가족을 문제 있는 가족이 아니라 도전받는 가족이라는 관점에서 내담자 가족이 처한 상황과 욕구에 따라 진행해 나가야 할 것이다.

이혼의 과정은 크게 이혼 전 의사결정 단계, 이혼 재구조화 단계, 이혼 후 회복 단계로 나누어 볼 수 있다. 이혼 전 의사결정 단계에서는 이혼의 이슈를 제기하게 된 주요 문제가 무엇인지 규정하고, 부부가 각자 원하는 바를 정확하게 이해하며, 예외질문, 척도질문, 가상질문, 메시지 등을 활용해 부부가 앞으로의 결정을 구체화할 수 있도록 개입한다. 이혼 재구조화 단계에서는 부부가 이혼을 결정한 후 평화롭게 사회적, 정서적, 법적, 재정적 그리고 부모역할 등의 이슈를 다룰 수 있도록 조정 측면에서 개입한다. 조정의 기본 원칙이나 조정자의 역할은 해결중심상담의 가정이나 상담자의 역할과 일치하는 부분이 많으므로 조정과정에서 해결중심상담의 기법들이 유용하게 적용될 수 있다. 이혼 후 회복 단계에서는 이혼 당사자들과 자녀들이 유사한 상황에 처한 다른 가족들과 함께 참여하여 임파워먼트와 사회적 지지를 경험할 수 있는 해결중심 집단상담 프로그램을 활용할 수 있다.

제11장

해결중심 부모집단상담

집단상담은 동병상련의 정서를 바탕으로 같은 처지에 있는 사람들에게는 배움과 상호지지를 얻게 함으로써 어려움에 처한 사람들에게 많은 용기를 주기 때문에 여러 상담기관에서 프로그램으로 운영되어 왔다. 특히 해결중심 집단상담 프로그램은 최근 우리나라의 여러 상담 관련 기관에서 광범위하게 실행되고 있는 실천방법이다. 이는 상담 관련 기관의 많은 실무자들이 이미 해결중심 접근을 배웠을 뿐만 아니라 해결중심 접근의 긍정적인 분위기와 강점을 강조하는 특성이 집단 참여자의 역량강화에 매우 적절한 방법이라고 생각하기 때문이라고 본다.

이 장에서는 해결중심상담을 활용한 집단 프로그램의 원리와 실제를 다룬다. 우선 해결중심 집단상담 프로그램의 특성, 일반적 단계, 회기별 내용과 과정을 설명한다. 그다음 가족문제의 예방사업으로 매우 중요한 부모집단 프로그램의 개념을 소개하고, 해결중심 부모집단 프로그램의 세부적인 개괄을 회기별로 제시한다.

1. 해결중심 집단상담의 특성

해결중심상담을 활용한 집단 프로그램은 부모교육 같은 예방적인 프로그램에 사용될 수 있고 불안, 우울, 외상 후 스트레스 장애, 강박증, 식이장애 등의 경우에도 심리치료자와 일대일 치료관계를 가진 이후에 혹은 일대일 치료를 하는 동시에 치료적인 프로그램으로도 자주 활용되고 있다(Hoskisson, 2003).

내담자들에게 집단상담 참여 경험은 자신의 문제가 혼자만의 문제가 아니라는 느낌을 갖도록 하는 데 특히 도움이 된다. 실제로 유사한 어려움을 겪고 있는 다른 사람들을 만나는 경험은 상담 만족도에 영향을 미치는 주요한 요인으로 나타나고 있다. 그것은 또한 서로의 문제와 실패뿐만 아니라 성공과 강점을 증명하고 확인해주는 기회가 된다. 때로는 내담자들이 갖고 있으나 아직 발견되지 않았던 기술들을 발견할 수 있는 일종의 포럼 역할을 하는 자리가 될 수도 있다. 더불어 서로 배우는 기회가 되고 미처 생각해 보지 못한 다른 관점을 취할 수 있는 기회가 될 수도 있다. 따라서 개인 입장에서는 선택 가능한 해결책이 많아지게 된다. 그러므로 혹시 내담자들이 문제중심적인 관점에 고착되어 꼼짝달싹 못하고 있는 상황이라면 해결중심 집단상담에 참석하는 것 자체가 해결중심 관점으로 전환하는 데 큰 도움이 될 수 있다.

상담자에게는 해결중심 집단상담을 한다는 것은 무엇보다 특정 분야의 전문성을 향상시킬 수 있는 기회다. 해결중심 집단상담 프로그램을 개발하고 효과적인 실천의 증거를 모을 수 있는 기회가 될 것이며, 여러 내담자들을 동시에 만나서 상호작용할 수 있는 좋은 기회가 되기 때문이다. 일반적으로 상담자들은 집단을 운영할 때 자신의 동료를 공동상담자로 활용하기 때문에 동료와 협력하고 동료로부터 피드백을 받을 수 있는 기회도 된다. 해결중심상담의 효과성 연구가 적은 우리나라에서는 해결중심 집단상담에 대한 효과성 연구 자료를 확보하는 데 공헌하는 결과도 될 수 있다.

해결중심 집단상담의 특성 중 하나는 집단에서 가능하면 부정적인 감정이나 불평을 자세히 다루지 않는다는 점이다. 집단에 참여하는 내담자들은 집단에 올 때 '집단에 가면 내 감정을 토로할 기회를 갖게 되리라'고 기대하면서 오는 경우가 많다. 이런 기대는 이전에 가졌던 집단 경험에 기인한 경우가 많은데, 불행하게도 집단에서 내담자들이 '환기(ventilation)'하는 데 중점을 두게 되면 집단의 분위기는 매우 부정적으로 흘러가게 된다. 내담자들이 불평이나 부정적인 감정을 중점적으로 토로하게 되면, 흔히 그들은 여러 사람들의 불평 가운데 공통점이 있음을 발견하게 된다. 이렇게 되면 내담자들은 좀 더 '피해자'로서의 입지가 굳어지는 것밖에는 좋을 것이 없다(Pichot & Dolan, 2003).

그러나 많은 내담자들이 실제로는 이런 카타르시스적인 과정 없이도 변화를 경험한다는 것이 매우 중요하다. 드용과 버그(De Jong & Berg, 2012)는 내담자들이 이해받고 있다고 느끼게 만들거나 내담자들의 변화를 위해서 내담자의 감정(특히 억압된 감정이라고 불리는)에 늘 초점을 맞출 필요가 없다는 것을 경험을 통해 발견했다. 첫 상담 전의 변화를 경험하는 내담자들의 경우만 보더라도 문제로 가득 찬 현재 상황이 지겹다고 느낄 때 내담자들은 첫 상담 전의 변화를 경험한다. 문제에 초점을 맞추는 것이 지겨워졌을 때 사람들은 자연스럽게 자신의 인생이 앞으로 어떻게 되면 좋을지에 초점을 맞추게 된다. 문제는 해결되지 않았지만 사람들이 관심의 초점을 전환하는 것이며, 관심의 초점을 미래에 두는 것이 변화의 전환점이 된다.

해결중심상담에서는 문제가 해결된 상태에 초점을 맞추기 때문에 현재의 감정이 바람직한 해결책의 일부라고 내담자가 밝히지 않는 한 내담자의 현재 감정을 탐색하지 않는다. 드용과 버그(De Jong & Berg, 2012)는 상담자가 부정적인 감정을 증폭시키지 않도록 조심해야 한다고 주의를 준다. 왜냐하면 부정적 감정에 대한 대화는 더욱 부정적인 방향으로 내담자를 몰고 가게 되며, 이것은 긍정적 변화에 전혀 도움이 되지 않는다고 보기 때문이다. 따라서 해결중심상담자는 현재의 고통스런 정서에 대한 탐색은 치료 목표에 부합하지 않기 때문에 이행하지 않는다고 말할 수 있다.

그런데 가끔 집단을 운영하다 보면 고통스러운 정서 때문에 상담 중에 우는 내담자들이 있다. 이럴 때는 어떻게 해야 하겠는가? 이 경우 당연히 해결중심상담자는 부정적 감정을 증폭시키기를 원치 않으며, 동시에 그 내담자의 고통에 무감각하게 보이는 것도 원치 않는다. 그러나 현실에서 상담자는 당황해서 내담자를 울도록 그냥 놓아두고, 내담자는 결국 환기를 한 결과가 되는 경우가 많다. 내담자의 고통이 엄청난 것은 사실이지만 내담자는 감정을 표현하기 위해서 집단에 참석한 것이 아니고 무엇인가 다른 것을 원하기 때문에 집단에 참석한다. 특히 문제가 되는 그 고통이 해결된 상태에 도달하는 방법을 모르기 때문에 집단 프로그램에 오는 것이다. 그러므로 내담자가 보이는 그 감정의 중요성을 상담자가 일단 이해해 주고 공감을 보인 다음 고통이 없는 지점을 내담자가 상상하도록 도와주는 것이 바람직하고, 이후에 이 역할에 초점을 맞추어야 한다. 내담자의 감정을 부드럽게 인정함과 동시에 내담자가 무엇을 원해서 집단에 참가했는지에 대해 존경심을 보이면서 초점을 유지해야 하는 것이다. 즉, 고통을 내담자의 대처기술과 자원을 탐색할 수 있는 기회로 삼는 것이다. 내담자가 지난날의 고통이 현재의 자기 모습에 성공적으로 통합되었다고 볼 수 있게 되면 미해결된 감정으로부터 해결책을 발견하게 된다(Pichot & Dolan, 2003).

집단 과정을 해결중심적으로 관리한다는 측면에서 보면 간헐적인 문제중심 대화와 해결중심 대화 사이의 균형을 유지하는 것이 필요하다. 잘 기능하는 해결중심 집단의 경우 80% 정도를 해결중심 대화에 활용하고 20% 정도를 문제중심 대화에 할당하는 것이 좋다는 의견도 있다. 이런 균형이 잘 유지되지 않을 때 문제중심 대화가 주를 이루면 무력감이나 갈등이 나타날 수 있고 해결중심 대화가 너무 과하게 되면 대화가 비현실적이 되거나 집단 과정이 과도하게 이상적이거나 '해결을 강요하는(solution forced)' 분위기가 될 수 있음을 유의해야 한다(Sharry, 2007, 김유순, 김은영, 어주경, 최중진 역, 2013).

집단의 역할은 무엇보다도 집단 구성원들이 어떤 인생을 원하는지를 각기 검토할 수 있는 안전한 환경을 제공하는 것이다. 따라서 상담자의 역할은 안전한 환경을 제공하는 것, 문제가 없는 어떤 삶을 원하는지 질문하는 것, 거기에 도달하려면 어떤 단계를 거쳐야 하는지를 질문하는 것 그리고 여기서 상상한 삶이 실재가 되도록 그 삶에 도달하는 데 필요한 단계를 밟을 수 있도록 내담자들의 역량을 강화시키는 것이라는 점을 기억해야 한다(Pichot & Dolan, 2003).

2. 해결중심 집단의 일반적 단계

피쇼와 돌란(Pichot & Dolan, 2003)이 제시하는 해결중심 집단의 일반적인 운영 단계는 다음과 같은 순서로 요약할 수 있다.

① 도입질문을 한다. 집단 구성원들에게 각자 자기 이름을 말하고 도입질문에 대답하도록 이끈다.
② 상담자는 집단 구성원들이 답하는 내용 중에서 구성원들이 중요하게 생각하는 공통된 주제와 공통된 주제를 포괄하는 더 넓은 주제가 무엇인지 조용히 파악해 본다.
③ 상담자는 구성원들이 말하는 것들의 유사점을 반영하고 모든 주제가 공통된 주제로 요약되어 하나의 넓은 포괄적인 주제로 될 때까지 요약한다.
④ 다른 급한 사안이 없는 한 위 ③번에서 나온 주제를 다루어도 될지 구성원들에게 허락을 얻는다.
⑤ ③번에 관련해 기적질문 또는 미래지향질문을 한다.
⑥ 기적질문으로부터 나온 답에 대해 가능한 한 구체적인 사항을 수집한다.
⑦ 예외가 있는지 귀 기울여 듣는다. 예외가 있으면 가능한 한 구체적인 내용을 듣는다. 예외가 없으면 다음 단계로 넘어간다.
⑧ 내담자의 목표에 비추어 현재 상태에 대해 척도질문을 한다.
⑨ 위의 척도질문에 대한 답과 관련해 그 점수에 도달하고 유지하기 위해서 내담자가 무엇을 했는지를 파악한다.
⑩ 주위의 다른 사람들은 내담자의 삶에 대해 몇 점을 줄 것 같은지 질문한다. 그리고 주위에서 그렇게 점수를 주게 된 것은 내담자가 무엇을 하고 있기 때문인지 찾아볼 수 있게 한다.

⑪ 지금까지의 대화가 각자의 기적에 도달하는 데 얼마나 도움이 됐는지 질문한다.

⑫ ⑪의 응답에 기초하여 내담자가 자신에게 과제를 내주도록 요청한다.

⑬ 구성원들에게 메시지를 준다.

1) 첫 회기

첫 회기는 여러 면에서 매우 중요한데, 집단 구성원을 안전하게 느끼도록 만드는 것이 가장 중요하다. 내담자들의 불안을 정상화하고 시작이 반이라는 것을 강조할 필요가 있다. 과거에 비슷한 상황에서 어떻게 지내 왔는지 탐색하기 위하여 해결중심 대처질문을 사용한다. 집단을 정시에 시작한다거나 휴식시간, 집단 내의 타인에 대한 존경심을 보이기, 집단 밖에서는 집단 내의 이야기를 소문내지 않기 등을 규칙으로 정하면 긴장이 줄어들게 되고, 집단 구성원들은 이전보다 더 하나가 된 느낌과 안전한 느낌을 가지게 된다.

집단을 단결시키고 초점을 강조하기 위해 구성원들 개인의 삶은 각기 다를지라도 현재 같은 관심거리 혹은 같은 어려움을 가지고 있음을 상기시킨다. 그들의 삶이 어떻게 달라지기 원하는지가 집단의 문제정의를 돕게 되며 집단의 목적과 목표를 정하는 데 도움이 된다. 한 예를 들면, '늘 해 왔던 것을 한다면, 늘 얻었던 것을 얻을 뿐이다'라는 속담을 구성원에게 제시하고 "이 속담이 여러분에게 어떤 의미로 다가오나요?"라는 질문을 하면 보통은 바람직한 반응이 일어난다. "뭔가 바뀌야 하지요." "지금 하고 있는 것을 그만두어야 하지요." "변화해야 하는 것은 바로 우리예요."와 같은 답이 종종 돌아온다. 이때 '변화'라는 단어를 벽에 붙여 놓고 매 회기마다 그들이 변화해야 한다고 생각될 때마다 "그러니까 항상 무언가를 했는데 효과가 없다면 여러분이 할 일은 무엇인가요?"라고 질문을 하고, 그 답으로 벽에 붙어 있는 '변화'라는 글자를 가리킨다. 이렇게 하는 것은 집단이 동일한 어려움을 가지고 있음을 상기시키는 데 큰 도움이 된다(Hoskisson, 2003).

집단 구성원들은 타인으로부터의 부정적 반응에 매우 익숙해 있고, 집단에서도 여전히 부정적 반응이 있을 것이라고 기대하며 집단에 오는 경우가 많다. 그래서 집단에서 자신을 비하하기도 하고 '실수'할 것을 두려워하기도 한다. 그러므로 상담자는 옳거나 그른 답이 있는 것이 아니라는 점을 알게 하고 문제를 외재화(Selekman, 2005, 김유순 역, 2015)시키는 질문을 통해 이러한 두려움을 어느 정도 없애도록 도와주어야 한다. 개인과 문제 사이에 심리적인 거리감을 두게 되면, 구성원들은 충분히 준비되기 전에 답하는 것은 위험하다는 생각을 버리게 되고, 집단에 대해 좀 더 편안함을 느끼게 된다.

집단에 편안함을 느낄 수 있도록 하기 위해, 집단 구성원들이 한 사람씩 돌아가면서 자신을 소개하거나, 소개할 만큼 편해졌을 때 소개하도록 하여 사람들이 모두 자신을 소개할 때까지 한다. 다음과 같은 질문들을 통해 집단 구성원들을 소개하는 동시에 그들에게 중요한 것이 무엇인지도 엿볼 수 있다(Pichot & Dolan, 2003).

- "제가 가족들에게 어머님의 가장 중요한 장점이 무엇이냐고 묻는다면 뭐라고 대답할까요?"
- "여러분의 삶에서 가장 중요한 사람은 누구이고 그 이유는 무엇인가요?"
- "여러분은 누구를 가장 존경하며 그 이유는 무엇인가요?"
- "만약 여러분이 지금 가지고 있지 못한 어떤 장점을 가질 수 있다면, 무엇을 가지겠습니까?"
- "여러분이 삶에서 성취한 것 중 가장 중요한 것은 무엇이라고 생각하시나요?"
- 여러분이 자기 자신에 대해 자랑스럽게 여기는 데 다른 사람이 모르는 것은 무엇인가요?"

구성원들이 집단에 대한 기대를 각자 돌아가며 말하는 동안 상담자는 구성원들이 비슷하게 갖고 있는 기대와 공통된 주제는 무엇인지 반영하고, 구성원 모두가 다 들은 후에는 이 주제(목표)들을 포괄할 수 있는 폭넓은 주제(목표)를 제시한다. 이러한 작업은 개인들이 모여서 이룬 '우리'라는 집단에게 문제 해결이라는 강 저편에 도달할 수 있는 다리를 제공하는 것에 비유할 수 있다. 이러한 작업을 하지 않으면 집단의 구성원들은 개별화되고 집단의 진행은 느려지며 때로는 집단이 혼수상태에 빠진 것처럼 되기도 한다. 주제를 제시할 때 상담자는 개인들이 말한 것들을 넓은 주제에 연결시켜 제시함으로써 큰 주제와 개인의 목표가 연결되어 있다는 것을 명확히 할 필요가 있다. 그렇게 해야 구성원 개인들은 해결책 구축 과정에 자신들이 개인적으로 모두 관여해야 한다고 느끼게 된다(Pichot & Dolan, 2003).

집단에 대한 기대에 대해서 브레인스토밍을 하고 차트를 사용해 정리하게 하는 것도 집단의 목표를 밝히는 또 하나의 방법이다. 이때 대부분의 구성원들은 감정에 초점을 많이 두어 집단참여의 목표로써 '좀 더 편해지는 것' '죄책감 덜 느끼기' '더 행복해지는 것' '나 자신을 더 좋아하게 됨' 등 여러 가지를 말하게 되며, 이에 대해 많은 수가 고개를 끄덕이거나 동의하는 말들을 하게 된다. 그러고 나서 위에 언급된 목표 중 하나를 가지고 "여러분이 좀 더 편하게 느낄 때는 뭘 좀 다르게 할 수 있을까요?"라고 초점을 바꾸면 구성원들은 대답을 하지 못하고 표정이 멍해지는 경우가 많다. 이때가 바로 원하는 미래의 생활상을 동영상으로 만들었을 때 어떤 모습일지를 질문하는 '미래 동영상 질문'이나 기적질문을 함으로써 구성원들이 원하는 미래의 모습을 그려 보게 하기에 적절한 시점이다.

'미래 동영상 질문' 의 예

"현재 여러분이 하지 못하고 있는 어떤 것을 여러분이 하면서 편하게 계시는 모습을 그려 보기 바랍니다. 무엇이 보이세요?"

이와 같이 상담 초기에 구성원들의 기대를 탐색하는 것은 그들이 진정으로 원하는 것이 무엇인지에 대해 생각해 보게 한다. 그러고 나서 상담자는 변화 가능한 것에 초점을 맞춘다. 이것은 구성원 각자가 구체적이고 현실적인 목표를 설정하는 데 도움이 된다.

이때 구성원들이 둘씩 짝을 지어 각기 무엇을 잘하는지 말하면서 격려하는 활동을 할 수도 있다. 여기서 구성원들은 개인적인 능력을 발견하게 되고, 다른 사람들은 어렵다고 느끼지만 자기 자신에게는 문제가 되지 않는 상황들이 있음을 깨닫게 된다. 자신에게는 일상적인 것이고 평범한 것이라고 생각되는 것이 다른 사람들에게는 굉장한 것일 수도 있다는 사실을 발견하게 된다. "난 그런 거 못하는데" "아니 도대체 어떻게 그걸 다 꾸려 나가세요?"와 같은 반응들은 개인이 성취한 것과 강점을 강화하게 된다. 이런 피드백은 칭찬이 된다. 상담자의 도움으로 모든 구성원이 이 활동의 주인공이 된다. 상담 약속 시 주어졌던 '알아채기' 과제를 다음과 같은 질문들을 통해 첫 회기의 한 시점에서 언급한다.

- "상황이 좀 덜 어려웠던 때, 어쩌면 여러분이 더 잘 대처했던 때를 기억하시는 분 계세요?"
- "어떤 상황에서 자신의 권리를 명확히 말씀하셨나요?"
- "어떤 상황에서 스트레스를 덜 받으셨나요?"
- "어떤 상황에서 덜 걱정하셨나요?"

이런 상황들에 대해 탐색하는 시간이 주어지면, 참여한 개인과 집단은 더 좋았던 경험들과 그 경험들이 어떻게 발생했는지에 대한 목록을 작성할 수 있게 된다 (Hoskisson, 2003).

효과가 있었던 것을 함께 나누는 가운데 해결책이 만들어진다. 한 사람에게 효과가 있는 것이 다른 사람에게는 그렇지 않을 수도 있으나 변형되어 적용될 수도 있다. 때로는 한 사람이 효과가 있었다고 내놓은 해결책을 다른 사람이 효과가 없었다고 무시하면 힘든 분위기가 조성될 수도 있을 것이다. 그러나 한 가지 문제에 대해 한 가지 해결책만 있는 것이 아니고 한 사람에게 한 가지 해결책만 있는 것도 아니다. 집단에 속한 모든 사람에게 딱 들어맞는 해결책이 있는 것도 아니다. 다만 여러 문제에 들어맞으면서도 효과를 낼 수 있는 대강의 해결책 틀이 있을 뿐이다. 호스키슨(Hoskisson, 2003)은 이를 '대강의 해결책(skeleton solutions)'이라고 불렀다.

성공적이었던 사람들에게 어떻게 성공했는지를 탐색하도록 함으로써 이러한 '대강의 해결책'들을 이끌어 낼 수 있다. 그러고는 그 '대강의 해결책'이 자신에게 맞지 않는다고 느끼는 구성원에게는 상담자가 다음과 같이 질문함으로써 자신에게 맞는 해결책을 발견하도록 도와준다.

- "어떻게 상황이 달랐나요?"
- "만약 다시 노력해 본다면 어떻게 다르게 해 보실 것 같으세요?"
- "우리가 어떤 다른 것을 더 탐색해 보면 어머님에게 도움이 될까요?"

이러한 질문이 개인마다 고유한 해결책을 개발해 내는 데 도움이 된다. '우리가'라는 단어를 사용하는 것은 협력적인 분위기를 만드는 데 도움이 되며, '어머님' 개인을 언급하는 것은 개인의 중요성을 재확인시켜 준다.

공동 진행자가 개인이나 집단이 표현한 욕구나 강점, 변화를 관찰하고 기록하는 것은 매우 도움이 된다. 집단 세팅에서는 이러한 것을 놓치기가 쉬운데 공동 진행자가 있으면 상담자가 개인과 집단의 문제를 의식하면서 긍정적인 태도를 유지하는 데 도움이 된다. 개인과 집단의 강점, 기술, 자원에 대한 긍정적인 피드백을 주면 구성원들의 역량을 강화하는 데 많은 도움이 된다. 긍정적인 피드백에 의해 사람들은 이전에 생각했던 것처럼 자신이 그렇게 무기력하지 않다고 생각하게 된다. 거의 아무것도 말하지 않은 사람에게도 건설적인 피드백을 줄 수 있다. 예를 들어, "저는 어머님이 매우 집중해서 들으시는 것을 보았어요. 그리고 들은 것에 대해서 많이 동의하시는 것으로 보였어요."와 같은 말은 긍정적인 진술로서 그 사람의 참여를 확인해 준다. 수줍거나 위축되어 있는 구성원들도 그냥 거기 있는 것만으로도 참여하는 것이며 문제가 얼마나 어려운지를 함께 나누는 것이 된다. 그들이 혼자가 아니라는 발견은 그들을 편안하게 해 주고, 마침내는 자기 자신이 되게 하며 더 적극적인 참여를 하게 만든다. 어떤 구성원이 수줍거나 위축되어 있다고 해서 그 사람을 제외시킬 필요는 전혀 없다.

다음과 같은 질문을 통해 구성원들이 상담 회기 사이에 과제를 수행해 보도록 격려한다(Hoskisson, 2003).

- "이 회기에서 배운 것 중에 시도해 보고 싶은 것은 무엇인가요?"
- "여러분이 해 보고 싶은 간단한 것은 무엇인가요?"
- "과제를 좀 더 작은 부분들로 나눌 수 있을까요?"
- "거기에 도움이 될 만한 것으로 여러분이 할 수 있는 것은 무엇이 있을까요?"
- "여러분이 노력한 결과로 뭔가가 달라진다면 그것을 어떻게 알아챌 수 있을까요?"

척도질문은 구성원들과 상담자 모두가 회기를 평가하기에 좋은 도구다. 구성원들은 각기 자신의 감정과 상담목표에서의 변화를 측정할 수 있으며, 어떤 노력을 더 하고 싶은지 생각하는 기회가 된다. 상담자는 척도질문을 통해 구성원들이 원하는 것에 초점을 맞출 수 있고, 그들이 어려워하는 분야를 알 수 있을 뿐만 아니라 효과적인 것이 무엇인지도 모니터링할 수 있다.

2) 첫 회기 후

보통 둘째 회기부터는, 지난 회기 이후에 수행한 과제에 대해서 시작 부분에 다음처럼 얘기를 꺼낸다. "여러분 중 일부는 여러분이 정했던 과제를 수행하지 못했을 수도 있지만 지난 주간 동안에 일어난 변화에 대해서 들어보는 것은 매우 도움이 될 걸로 생각합니다." 변화가 있었다면 집단은 새로운 성공적인 전략에 대해 축하하고, 새로 발견한 해결책들이 어떻게 다른 상황으로 확대되어 적용될 수 있을 것인지에 대해서 탐색한다. 전략의 어떤 부분이 효과가 있었고 어떤 부분은 앞으로 수정되어야 하는지를 발견하는 데 어려움은 없었는지도 검토한다(Hoskisson, 2003).

집단 구성원들은 낮은 자존감이나 때로는 높은 기대감 때문에 자신이 사용한 성공적인 전략을 기억하지 못하거나 인정하지 않는 경우가 있다. 일이 잘된 것은 다른 사람이 잘한 덕분이라고 생각하고, 다른 사람의 성공은 눈에 보이되 자신의 성공은 보지 못하는 경우가 많다. 그런데 구성원들이 집단에서 서로에게 해결중심적인 질문을 하게 되면서, 이를 통해 성공을 인식하게 되는 경우가 많다. 집단이 발달함에 따라 이렇게 구성원들끼리 영향을 주고받게 되면 상담자는 뒤로 물러나 있는 것이 좋다.

마지막 회기와 추후(follow-up) 회기 사이에 4~8주의 시간 간격을 가진다. 마지막 회기는 그동안 무엇을 발견했으며 무엇이 효과적이기 시작했는지를 요약하는 시간이다. 첫 시간의 기록과 척도질문이 적힌 기록지, 집단 회기를 녹화한 동영상은 검토와 요약을 하기 위한 유용한 자료다. 구성원들이 이미 발견한 것을 요약하고 더 적절하고 필요한 목표와 전략을 생각하게 한다. 추후 회기까지의 시간은 현재 효과적인 것을 추후 회기 전까지 실험해 보는 기회로 삼는 때다. 이때 발전 양상을 파악하는 데 척도 사용을 권할 만하다.

추후 회기에서는 구성원들이 성취한 모든 차원의 변화와 성취를 부각시켜 주고 강점과 능력을 강화해 준다. 재발에 대한 두려움이 있는지 탐색해 보고, 혹시 있다면 그런 걱정은 정상적인 것임을 밝히며, 모든 구성원들이 힘을 합쳐 그에 관련된 방해물을 인식하고 극복할 수 있는 전략을 개발하게 한다. 집단에서의 경험을 다른 사람을 돕고 격려하는 데 쓰기 위해서 추후 회기가 끝난 후에도 집단 구성원들끼리 후에 다른 곳에서 계속해서 만나기로 결정하는 경우도 많이 있다.

3. 부모집단 프로그램의 개념

부모역할이란 부모가 부모로서 수행해야 하는 행동과업으로서 자녀를 보호·부양하고 사회화하는 모든 과정을 포함한다. 부모의 부모역할 활동은 자녀를 키우고 보살펴서 자녀가 성인으로 성장하여 사회의 일원으로 참여하고 개인적인 책임을 완수할 수 있도록 만드는 데 필요한 기술을 배울 수 있는 여건을 마련하고 제공하는 것이다. 그러나 우리는 대부분 부모가 되는 데에 필요한 준비를 하지 않은 채 부모가 된다. 우리 사회에는 부모로서의 역할이 무엇인지 가르치는 공적인 체계가 거의 없었다.

부모(역할)집단 프로그램은 부모역할을 보다 효과적으로 수행할 수 있도록 도움을 주고자 하는 집단 형태의 지원방식으로 기존 연구나 실천에서 부모역할 프로그램, 부모역할훈련 프로그램, 부모교육, 부모훈련, 부모집단 프로그램 등의 용어와 함께 혼용되어 왔다. 이렇게 명칭은 다르지만 기본적인 목적은 동일하다. 즉, 자녀가 신체 · 심리 · 사회적으로 건강하게 성장할 수 있도록 하는 데 필요한 지식과 기술을 부모에게 교육하거나 부모 자신이 습득할 수 있도록 도와주며, 궁극적으로는 건강하고 행복한 가족을 이루도록 도와주는 데 그 목적을 두고 있다. 이 장에서는 부모집단 프로그램이라고 칭하겠다.

기존에 전 세계적으로 자주 실시되어 온 부모집단 프로그램은 행동주의/사회학습 프로그램이거나, 아들러식 접근방식이라고 할 수 있는 부모효율성훈련(PET: Parent Effectiveness Training), 인본주의적 또는 로저스식 접근방식이라고 할 수 있는 STEP(Systematic Training for Effective Training) 등이 주를 이루었다(Sharry, 2005). 그런데 기존의 부모집단은 대부분 복잡하고 제한적인 동시에 순응적인 것이었다. 또 그러한 전략은 적어도 글을 아는 부모에게만 적합하며 부모 매뉴얼에 쓰인 전략의 비결은 일관성 있는 기계적인 반응을 제시한 행동치료 혹은 인지치료의 기본 원리에 근거하고 있었다. 따라서 유동적일 수 없었고, 이는 부모 개개인의 차이점을 인정하지 않는 문제점을 내포하게 된다(Metcalf, 1998, 김성천, 이소영, 장혜림 역, 2002).

위의 세 가지 접근방식 중에서는 행동주의/사회학습이론에 근거한 부모교육훈련이 수년에 걸쳐 자녀의 행동문제에 가장 효과가 있다고 입증되어 왔다. 이 훈련을 받은 부모의 3분의 2가, 자녀의 문제행동이 줄고 부모의 스트레스가 감소되었다고 보고한다(Sharry, 2005). 그러나 행동주의/사회학습이론에 근거한 프로그램이 잘 맞지 않는 가족도 있으며 수정된 행동이 유지되지 않는 경우도 많았다. 이런 문제를 개선하기 위하여 여러 가지 노력을 해 왔는데, 예를 들면 문맹이어도 프로그램에 참여할 수 있도록 시청각 자료를 많이 사용함으로써 어느 정도 이러한 문제점을 보완할 수 있었다.

최근에는 해결중심 접근에 기초한 집단 프로그램을 서구에서뿐 아니라 우리나라에서도 청소년 분야 등의 전문가들이 상당히 적극적으로 활용하고 있다. 상담 세팅이나 사회복지 실무자들 중 가장 많은 사람이 이미 학습한 상담 방법이자 앞으로 가장 배우고 싶은 상담 접근이 해결중심 접근이다(강현주, 김정화, 2016). 또한 해결중심 접근의 긍정적인 분위기와 강점을 강조하는 특성이 구성원의 역량을 강화하는 데 매우 적절한 방법이기 때문에 집단상담의 방법으로 많이 사용되고 있다.

이 장에서 해결중심 부모집단상담 프로그램에 대해 검토하고자 하는 이유는 앞에서 설명했듯이 종합사회복지관, 장애인복지관, 건강가정지원센터, 다문화가족지원센터 같은 기관에서 예방적인 사업으로 가장 자주 운영하는 프로그램 중의 하나가 부모교육집단이기 때문이다. 또한, 해결중심 접근이 상담자와 내담자의 협력에 바탕을 두고 있다는 점과 내담자의 강점과 자원을 사용한다는 점 때문에 기존의 부모집단의 단점을 보완할 수 있다는 장점도 있다.

4. 해결중심 부모집단상담 프로그램

이 절에서 소개하는 해결중심 부모집단상담 프로그램은 셀릭맨(Selekman, 2005, 김유순 역, 2015)의 부모집단상담 프로그램으로 구성된다. 해결중심적인 부모집단상담은 실제적인 부모 기술을 부모들에게 가르치려는 것뿐만 아니라, 양육 방식에 있어서 부모들의 강점과 자원을 좀 더 예민하게 인식할 수 있도록 도와준다는 점이 특징이다. 부모들은 또한 청소년기 자녀들의 강점과 긍정적인 행동을 강조하는 창의적인 전략도 배우게 된다.

이뿐만 아니라 최근에는 부모의 양육기술 향상을 위하여 가족 상호작용의 순환성이나 순환적 문제유지 흐름을 부모에게 알게 하는 것이 부모들에게 많은 도움이 되고 있다. 가족 상호작용의 순환성에 대하여 다음과 같은 내용으로 집단에서 다룬다.

1) 가족 상호작용의 순환성 교육

일반적으로 해결중심 부모집단에 처음 오는 참여 부모는 변화하길 바라는 자녀의 행동을 적은 긴 목록을 가지고 나타난다. 전형적인 경우 부모는 청소년 자녀를 여러 가지 치료에 데려가서 실패를 경험했고, 비관적이며, 집단의 상담자와 상호작용할 때 불평형 스타일을 보인다(Selekman, 2005, 김유순 역, 2015). 이들은 바로 자신이 가족 문제가 유지되는 이유 중에 하나라는 사실을 의식하지 못한다. 그래서 이 부모들은 처음에는 자신이 해결책을 구축하는 과정과 별로 상관이 없다고 생각한다. 실제로, 상담자를 찾아오는 대부분의 부모는 청소년 자녀를 고쳐 달라고 상담실에 데려와서 꼼짝 못하게 둔 채 자리를 뜨고 상담 시간 동안 심부름하는 역할만 하려고 한다. 첫 번째 집단회기가 시작될 때부터 순환성에 관한 체계론적 사고를 소개함으로써 이런 양육 방식이나 사고방식에 반격을 가할 필요가 있다. 즉, 집단의 상담자들은 부모가 자녀와 상호작용할 때 보이는 일련의 순환적 문제 유지 흐름을 차트나 칠판에 그린다. [그림 11-1]에 다루기 힘들고 반항적인 아들 문제에 대해서 부모가 문제를 유지시키는 상호작용 방식이 제시되었다. 부모의 통제 방식이 서로 다르면 다를수록, 아들의 반항적이고 무례한 행동은 좀 더 심각해진다는 사실을 분명하게 확인할 수 있을 것이다. 이 활동은 많은 부모에게 도움이 되는 정보가 된다. 부모들은, 바로 자신들도 깊이 개입되어 있는, 가족 문제를 유지시키는 구조를 바꾸려면, 문제 상황을 바라보는 관점을 바꿔야 할 뿐만 아니라 청소년 자녀와 상호작용하는 방식도 바꾸어야 한다는 사실을 첫 회기 때 벌써 깨닫기 시작한다.

대부분의 사람들은 시각적인 수단을 통해서 가장 효과적으로 학습한다. 두뇌 활동 중 80%는 시각 정보를 처리하는 과정과 관련이 있기 때문이다. 따라서 부모에게 문제를 유지시키는 상호작용의 흐름을 그림으로 보여 주거나, 이 주제와 관련된 역할극을 직접 해 보게 함으로써, 문제 해결에 도움이 되지 않는 방법을 포기하게 만들 수 있다. 즉, 비생산적인 행동에 빠져 옴짝달싹 못하는 부모에게 집단 교육을 하는 동안 그림을 이용하고 역할극을 실시하면 많은 도움이 된다. 이와 유사한 어

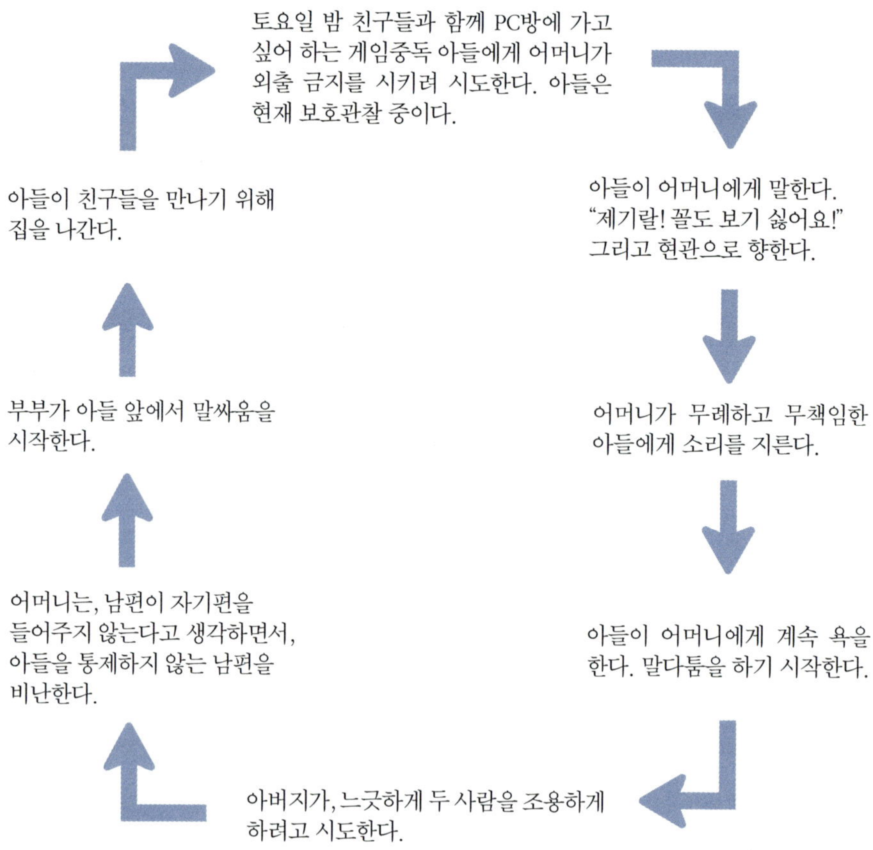

그림 11-1 부모의 순환적 문제 유지 방식

려움에 빠져 꼼짝 못하는 부모들이 경험하는 악순환을 깨뜨리기 위해서 그동안 시도해 왔던 방법에 대해서 함께 이야기를 나누기도 한다. 또한 상황을 개선해 나가고 있거나 이미 목표를 성취한 구성원을 초청하여, 해결책을 유지시키는 성공적 순환 방식을 칠판에 그리도록 함으로써 나머지 구성원들이 유용한 정보를 얻을 수 있게 한다.

매우 흥미롭게도, 많은 구성원들이 집단에 참여해서 제일 크게 도움이 된 부분으로 '순환적으로 생각하는 방법을 배운 것'을 꼽는다. 순환적인 사고의 효과를 체험하기 전에 어떤 부모는, 게임중독 문제를 가진 16세의 아들을 훈육할 때 아들이 보는 앞에서 서로 대립하고 싸웠으며 이로 인해, 두 사람의 싸움은 부모로서의 권위를 깎아내렸고, 아들은 계속 중독 상태였다. 하지만 문제를 유지시키는 순환 방식을 알게 됨으로써, 이 부모는 집단 안에서나 밖에서나 서로 싸우지 않으려고 노력하게 되었고, 이 일을 계기로 하나의 팀을 이루어서 아들의 게임중독 문제를 다루는 데 있어서 좀 더 단호한 태도를 취할 수 있게 되었다.

2) 집단 조직

해결중심 부모집단을 조직할 때, 자녀 연령대와 집단에서 다룰 문제에 있어 동질성 유지가 매우 중요하다. 12~15세 사이의 자녀를 두고 있는 부모는 그보다 나이가 더 많은 자녀를 둔 부모와 분리하여 집단을 조직한다. 한 가정의 어머니와 아버지가 모두 집단에 참석해야 하는 것은 아니며, 두 사람 중 자녀의 문제행동에 대해 무엇인가 해야겠다는 동기가 강한 부모가 참여하면 된다. 한 집단이 8명을 넘지 않도록 제한을 두며 폐쇄집단으로 운영한다.

3) 집단상담자의 역할

이상적으로는 성별 균형을 이루기 위해서 남성 한 명과 여성 한 명이 팀을 이룬 공동 상담팀이 집단을 운영하는 것이 좋다. 집단상담자는 변화를 일으키기 위한 치료적 분위기를 만들어야 하며, 라포 형성, 목적의식을 가진 체계적 인터뷰, 칭찬, 과제 부여, 부모가 이룩한 성과의 강화 등의 방법을 활용함으로써 치료적 분위기를 만든다. 상담자는 부모들이 부주의하게 문제를 방치하는 다양한 방식들을 보여 주고, 새로운 양육 전략을 가르치기 위해 역할극을 할 수도 있다. 상담자는 구성원들의 피드백과 창조적인 아이디어를 정기적으로 끌어내어 부모들이 서로의 전문성을 공유하게 한다. 이 방법은 정체 상황에 빠져 있거나 비관적인 부모에게 특히 효과적이다.

휴식 시간 동안 상담자는 혼자서 자신의 생각을 정리한다. 즉, 회기 중에 구성원들이 보여 준 창조성과 자원을 강조하기 위해서 칭찬할 내용을 준비하고, 자녀와 부모의 부정적인 행동에 대해서 긍정적으로 재명명하며, 궁금한 것에 대해 질문하고, 부모들이 다음 주에 수행할 치료적 과제를 결정한다. 이때, 부모들이 현재 준비단계에서 어느 위치에 있는지, 즉 상담자-내담자 관계를 주의 깊게 사정하는 시간을 가진다. 상담자는 이 중요한 정보에 기초하여 부모들과 어떻게 상호작용할 것인지, 특별히 어떤 치료적 질문과 과제를 적용할 것인지 결정한다.

휴식 시간 후, 집단 전체를 칭찬하고 구성원 전체를 개인별로 칭찬한다. 그리고 구성원들에게 간단한 다과를 제공한다. 마지막으로 매 회기의 마지막쯤 상담자-구성원 관계의 질과 집단 경험이 어떠했는지 피드백을 얻고자 다음과 같이 질문할 수 있다.

- "오늘 모임은 어땠나요?"
- "다음 주에 시도해 볼 계획을 세우시는 데 어떤 아이디어가 가장 도움이 되었나요?"
- "오늘 나온 주제나 아이디어 중에서 이해하지 못하셨거나 좀 더 분명하게 해야 할 필요가 있는 것이 있나요?"
- "오늘 다루지 않은 것 중에 다음번에 만나면 반드시 다루어야 할 양육 관련 주제가 있을까요?"
- "여러분 각자가 이 집단에서 지지받는 느낌을 받으시고 여러분의 기대가 충족되기를 바라기 때문에 여쭙습니다. 우리의 상호작용이나 집단 방식 중에서 여러분의 집단 경험을 좀 더 만족스럽게 하기 위해 바꿀 만한 것이 있을까요?"

이러한 중요한 피드백을 부모들로부터 끌어냄으로써 상담자는 자신의 태도를 조정하고 집단 구성원들과 좀 더 잘 협력하며 성공적인 부모 치료의 성과를 극대화할 수 있게 된다.

4) 집단 회기

이 절에서는 총 여섯 회기로 구성된 해결중심 부모집단 프로그램 내용을 제시하지만 필요와 형편에 따라 회기 수와 내용에 변화를 주는 것이 적절하다. 회기 사이의 간격은 부모들에게 새로운 양육 기술을 연습, 발전시킬 목적으로 길게 잡을 수 있으며 이는 부모들이 자녀의 행동 변화를 인식하고 일종의 확신을 가질 수 있는 기간이 된다. 회기별 주제는 다음과 같고 목표와 내용은 〈표 11-1〉과 같다.

- 해결지향 양육: 변화요원이 되도록 부모를 역량강화하기
- 작은 변화를 향해 나아가기
- 효과가 있다면 바꾸지 않기
- 효과가 없다면 다른 것을 시도해 보기
- 계속적인 변화 일으키기
- 변화 축하하기

표 11-1 프로그램의 구성과 회기별 내용

모임	목표	내용
1회	• 해결중심적인 관점과 행동방식 익숙해지기 • 부모 역량강화	• 친밀한 관계 형성 • 부모들의 기존의 재능과 양육 능력 나누기 • 지금 집단을 찾은 이유 나누기 • 해결중심 가정 강의 • 메시지 전달: 칭찬과 '첫 회기 과제 공식'
2회	• 부모-자녀 관계의 예외 발견하기: 목표 설정 • 실천 가능한 작은 목표 설정	• 발견한 부모-자녀 관계 예외 발표하기 • 예외 확인 못한 부모와 목표 설정 • 메시지 전달: 칭찬과 과제
3회	• 효과 있는 행동 지속하기 • 예외 상황과 원리 찾기	• EARS: 긍정적 변화의 발견, 확대, 강화, 다시 시작하기 • '효과 있었던 것을 더 많이 하기'의 중요성 강의/논의

		• 메시지 전달: 칭찬과 과제
4회	• 고착된 상태에서 벗어나기 • 예외 상황과 원리 찾기	• EARS: 긍정적 변화의 발견, 확대, 강화, 다시 시작하기 • 고착된 부모-자녀 관계 역할극/브레인스토밍 • '무언가 다른 일 행하기' 강의/논의 • 메시지 전달: 칭찬과 과제
5회	• 계속적인 변화 일으키기	• EARS: 긍정적 변화의 발견, 확대, 강화, 다시 시작하기 • 과거 행동과 새로운 행동 비교하기 • 메시지 전달: 칭찬과 과제
6회	• 변화의 유지와 발전 • 변화를 위한 축하 잔치	• 각자의 성과/칭찬 나누기 • 자신의 성장 소감 나누기 • 긍정적 결과 확대 강화하기 • 메시지 전달: 칭찬과 과제

출처: Selekman (2005), 김유순 역(2015)에서 재구성.

(1) 1회기: 변화요원이 되도록 부모를 역량강화하기

첫 번째 회기는 집단 구성원들 사이에 친밀한 관계 형성을 촉진하는 것으로 시작한다. 이를 위하여 부모들이 취미, 직업, 능력, 재능에 관한 정보들을 서로 교환하도록 하면 좋다. 상담자는 다양한 문제 영역에 활용될 수 있는 부모들의 특별한 양육 능력과 재능을 주의 깊게 들어야 한다. 모든 구성원들이 정보를 교환하고 나면, 상담자는 부모들과 함께 부모들이 '바로 지금' 부모집단을 찾게 된 이유를 탐색하고, 회기의 나머지 시간은 부모들에게 다음과 같은 일곱 가지의 중요한 해결중심적인 가정들을 교육하는 데 할애한다.

- 변화는 불가피하다.
- 협력은 불가피하다.
- 부모와 청소년기 자녀들은 변화할 수 있는 능력과 자원을 가지고 있다.
- 단지 작은 변화만이 필요할 뿐이다.

- 문제들은 어려움을 해결하기 위한 성공적이지 못한 시도들이다.
- 문제를 해결하기 위해서 그 문제에 대해 많은 것을 알아야 할 필요는 없다.
- 하나의 상황을 바라보는 방식은 여러 가지이므로, 어느 한 견해가 여타의 것보다 더 옳다고 할 수 없다.

상담자는 위의 각 가정의 핵심 사항을 설명하기 위해 가상의 사례를 통해서 명확하고 구체적인 방식으로 제시한다. 중요한 점을 강조하기 위해서 역할극을 하거나 칠판에 그림을 그려 활용할 수도 있다.

상담자는 부모들에게 개인들이 가지고 있는 강점과 자원에 대해서 칭찬하고, 부모들도 서로 간에 소중한 피드백을 나눌 수 있게 하면서 첫 번째 회기를 마친다. 변화를 위한 분위기를 고취하기 위해서 긍정적인 재명명과 정상화기법을 사용할 수도 있다. 긍정적인 재명명의 사례를 들자면 주의력 결핍장애(ADD: Attention-Deficit Disorder)라고 부정적인 꼬리표를 달고 있는 소녀를 능동적이고(Active), 역동적이며(Dynamic), 의지가 굳다(Determined)라고 새롭게 바라보게 하는 경우를 들 수 있다. 또 다른 사례로, '태도 문제'가 있는 소년에게 '자기 생각을 확실히 표현하려는 것'이라는 긍정적인 꼬리표를 붙일 수 있겠다.

회기 끝 부분에 상담자는 실험적으로 '첫 회기 과제 공식'(Selekman, 2005, 김유순 역, 2015)을 실행해 보는 과제를 다음과 같이 제안한다. 이에 따라 부모들은 일주일 동안 자신과 자녀와의 관계에서 일어나는 예외들을 관찰하여 기록하고, 다음 회기에 그 목록을 가지고 온다.

> "어머님이 청소년 자녀와 맺고 있는 관계에 대한 그림을 좀 더 분명하게 그려 내기 위해, 다음 주에 다시 만날 때까지 어머님이 마치 명탐정이 된 것처럼 상상의 돋보기를 사용해서 일상생활을 관찰하시기를 바랍니다. 어머님과 청소년 자녀 사이의 관계에서 앞으로도 계속해서 일어나길 바라는 일이 일어나는지를 관찰하는 겁니다. 그리고 나누어 드린 종이에 어머님이 관찰하여 발견한 중요한 점을 적어서 다음 주에 가져오십시오."

이 과제는 부모가 청소년 자녀와의 사이에서 무엇이 적절한 것이며 무엇이 잘 풀려 가고 있는지에 다시 초점을 맞춰 주의를 기울이게 하는 데 매우 효과적이다. 마지막으로 첫 번째 회기는 다음과 같은 피드백을 부모에게 요청하여 들으면서 마무리하게 된다. 즉, 오늘 모임에서 어떤 생각이나 전략이 가장 도움이 되었는지, 상담자가 수정하거나 추가적으로 다루어 주길 원하는 내용이나 관심가가 있는지 등에 관한 부모들의 피드백을 들으며 마무리한다.

(2) 2회기: 작은 변화를 향해 나아가기

상담자는 두 번째 집단 회기를 "자, 무엇이 더 좋아졌나요?"라는 질문으로 시작한다. 부모들은 자녀와의 관계에서 관찰한 예외를 발표할 기회를 가지게 된다. 상담자는 부모들이 경험한 예외에 대해서 말할 때 다음과 같이 격려한다.

- "대단하네요."
- "어떻게 그렇게 하셨어요?"
- "어떻게 그런 일이 일어나도록 하셨지요?"
- "아드님이 그런 행동을 한 건 좀 특별한 일이지요?"

연이어 상담자는 다음과 같은 예외지향질문이나 가상질문을 활용하여 부모들이 경험한 예외들을 더욱 확장시킨다.

- "그런 예외들이 더욱 자주 일어나게 하려면 어떤 일을 계속해야 할까요?"
- "그 외에 또 어떤 일들을 계속해야 할까요?"
- "만약 어머님이 저의 수정 구슬로 2주를 거슬러 올라가서 어머님과 따님 사이가 좀 더 좋아지고 있는 것을 본다면, 한 단계 더 나아진 모습은 어떤 모습일까요?"
- "또 어떤 것들이 달라져 있을까요?"

의미 있는 예외에 뒤따르는 부모의 자기 인식의 변화를 강조하기 위해서는 독창적인 설명과 재진술 질문들을 활용할 수 있다. 예외를 전혀 확인하지 못한 부모를 위해서는 기적질문을 활용한다. 회기의 나머지 시간 동안, 상담자는 부모들과 구체적이고 실질적인 치료 목표에 대해 상의한다. 이때 부모들이 목표를 정하도록 돕는데 유용한 도구인 척도질문을 사용한다. 집단 전체와 개별 구성원들을 칭찬한 뒤에, 상담자는 부모들에게 2주 동안에 해야 할 다음과 같은 과제를 제안한다.

- "목표를 성취하기 위해 여러분이 시도한 다양한 방법들을 기억하시기 바랍니다. 그리고 여러분이 중요한 방법을 실행할 때 자녀가 보인 반응을 주의 깊게 관찰하세요. 다음 시간에는 여러분이 시도한 중요한 방법과 자녀의 반응에 대해 토론하려고 합니다."

(3) 3회기: 효과가 있다면 바꾸지 않기

2주 후에 상담자는 다음과 같은 질문으로 모임을 시작한다. '자, 무엇이 좀 더 나아졌는지 말씀해 주시겠어요?' 상담자는 부모들이 발견한 모든 예외와 변화에 대해 격려해 주면서 이 예외들을 더욱 확장시키는 시간을 가진다. 고착 상태에 빠져서 자녀들의 변화에 영향을 미치지 못했다고 느끼는 부모들에게는 상담자가 다음과 같이 질문한다.

- "어떻게 해서 사정이 더 나빠지지 않았나요?"
- "어머님은 사정이 더 악화되지 않도록 하기 위하여 특별히 무엇을 하고 계신가요?"

이와 같은 대처질문들은 가끔씩 해결책을 구축하는 과정에서 확장되거나 활용될 수 있는 중요한 예외를 끌어내기도 한다. 모임의 나머지 시간 동안 상담자는 부모들에게 '현재 잘되어가고 있는 것을 더 많이 실행하는 것'의 중요성에 대해서 교육한다. 상담자는 부모들에게 예전에 자녀 문제를 해결하기 위해 사용했던 방법 중에서 효과가 있었고 현재의 문제에도 도움이 될 만한 것들을 생각해 낼 수 있는지 질문하고 의논한다. 부모들이 과거에 거둔 성공이 현재나 미래의 성공을 위한 본보기가 될 수 있다는 것을 아는 것이 중요하기 때문이다.

상담자는 부모와 자녀 사이의 상호작용에서 효과적으로 기능하는 것은 무엇이며, 예외지향적인 상호작용을 중단함으로써 생기는 결과를 명확하게 보여 주기 위하여 부모와 자녀 사이의 상호작용 상황 중의 하나를 골라 역할극을 하기도 한다. 회기를 마무리하면서 상담자는 집단 전체와 부모 개개인을 칭찬하고, 부모들에게 '잘되어가고 있는 것을 더 많이 실행하세요'라고 제안한다. 부모들은 좀 더 확신을 갖기 위하여 3주간 집단을 쉬게 된다.

(4) 4회기: 효과가 없다면 다른 것을 시도해 보기

네 번째 회기에서 상담자는 부모들의 목표 수행 과정에서 진일보한 측면과 자녀들의 행동에서 발생한 예외들에 대해 질문을 한다. 이때 부모들의 자기 인식 상의 긍정적 변화를 강조하기 위해서 다음과 같은 '확대하기 질문'을 활용할 수 있다.

- "상황을 반전시키기 위해서 어떻게 이런 중요한 조치를 취하셨나요?"
- "어머님은 이런 큰 조치를 취하기 위해 스스로에게 무엇이라고 말씀하셨나요?"
- "이 일로 어머님은 자신이 어떤 사람이라고 새롭게 중요한 것을 알게 되셨나요?"
- "다른 사람들이 알아주었으면 하는, 부모로서의 어머님 자신의 새로운 모습은 어떤 것인가요?"

세 번째나 네 번째 모임에 이르면 상담자의 도움 없이도 부모들 자신이 자발적으로 서로를 격려하고 칭찬한다. 부모들이 성취한 것을 확대하고 강화한 뒤에 모임의 나머지 시간 동안에는, 시도했던 해결책으로 효과를 보지 못한 부모들을 위해서, '무언가 다른 일 행하기'(de Shazer, 1985)의 중요성을 가르치는 데 활용한다.

시도했던 해결책으로 효과를 보지 못한 부모를 위해, 그 부모와 상담자가 역할극을 하고, 나머지 부모들은 잠재적인 해결책에 대한 브레인스토밍을 하면서 해결책 목록을 칠판에 적는다. 이 활동에서 부모들은 독창적인 재능을 보이곤 하며 고착

상태에 있는 부모들에게는 역량을 강화하는 경험이 된다. 이 활동은 새로운 가능성을 발견하는 계기가 되는 경우가 많고, 현재 기능을 잘하고 있는 다른 부모들이 이전에 동일하게 겪었던 고착 상태를 이겨 낸 '실질적인' 전략을 고착된 부모들에게 제공하게 한다.

과제를 제안하기 전에 상담자는 부모들이 그동안 진전을 이룬 것에 대해 집단 구성원 전체와 개인별로 칭찬한다. 고착되었다고 느끼는 부모들에게는 '무언가 다른 일 행하기'(de Shazer, 1985) 과제를 다음과 같은 방식으로 제안한다.

> "자녀들은 여러분의 마음을 이미 간파했습니다. 이 아이들은 여러분이 내는 목소리와 얼굴 표정만 봐도 부모님이 그다음에 어떤 행동을 하실지 알 수 있습니다. 여러분은 너무 예측 가능하게 행동하고 계신 겁니다! 다음 한 주 동안에는, 자녀가 여러분의 화를 부추기거나 여러분이 자녀에게 너무 지나치게 신경을 쓰거나 애쓰고 싶은 유혹이 들 때마다, 이전과는 다른 무언가를 시도해 보시면 좋겠습니다. 그것이 이전에 여러분들이 취하던 행동 패턴과 다르면 됩니다. 다소 엉뚱한 행동이 될 수도 있겠습니다. 이전과 다른 행동으로 여러분이 청소년 자녀의 마음에 충격을 주시길 바랍니다!"

이 과제를 제안받게 되면, 통상적으로 부모들은 미소를 짓거나 다음 주에 자신이 저지를 새로운 행동에 열의를 불태운다. 한편, 이미 목표를 성취했거나, 목표 달성을 향해 순조롭게 진행 중인 부모들에게는 '효과를 거두고 있는 것을 잘 유지하고 계속해서 실천하세요'라고 제안한다. 좀 더 확신을 갖기 위하여 부모들은 이번에는 4주 정도 모임을 가지지 않게 된다.

(5) 5회기: 계속적인 변화 일으키기

다섯 번째 회기에서는 부모들이 경험한 변화를 확장하고 강화시키는 데 주력한다. 상담자는 부모들의 중요한 변화를 강조하고, 부모들로 하여금, 자신의 과거 행동 유형과 자녀와의 새로운 상호작용을 구별하고 비교해 보게 한다. 상담자는 부모들에게 다음과 같은 질문을 한다.

- "과거로 후퇴한다면 어떤 행동을 해야 할까요?"
- "부모로서 큰 퇴보를 방지하려면 무엇을 해야 할까요?"
- "현재의 변화를 지속시키기 위해서는 무엇을 계속하실 건가요?"
- "제가 6개월 후에 어머님 집의 거실 벽에 붙어서 어머님과 자녀를 관찰하고 있는 파리라고 가정해 봅시다. 어머님과 자녀의 관계가 긍정적으로 변화한 증거로서 제가 어떤 모습을 관찰할 수 있을까요?"
- "만약 어머님이 다음에 구성될 부모집단에 전문 상담가로 초대된다면, 어머님은 그 부모님들에게 도움이 될 만한 조언이나 충고로 무엇을 말씀해 주시겠어요?"

이러한 질문들은 '변화된 새로운 것들'을 부모로부터 끌어내고 부모들이 성취한 것을 강화하는 데 도움이 된다. 상담자는 무언가 새로운 것을 실행하는 과제를 부여받은 부모들에게 독창적인 부모 전략을 사용하도록 격려한다.

종종, 집단의 일부 부모들은 이전에 고착 상태에 빠졌던 다른 부모들이 자녀들과 해결 쪽으로 중요한 조치를 취한 것에 대해서 자발적으로 격려를 보내기도 한다. 때로는 고착 상태에 빠진 부모들이 네 번째 회기에서 동료들이 제시한 창의적인 전략을 성공적으로 수행해 내기도 한다. 마지막으로 집단상담자는 모임을 종결하면서 집단 전체와 부모 한 명 한 명씩을 칭찬하고, '효과가 있는 것을 계속하세요'라는 과제를 제안하며, '해결중심 부모'가 된 것을 축하하는 자축파티가 다음 회기에 있음을 알린다.

여전히 고착 상태에 있고, 예외를 경험하지 못한 부모들을 위해서, 상담자는 '기적이 일어난 것처럼 가장하는' 과제를 제안한다. 기적행동을 하는 동안에, 부모들은 자신의 다른 행동에 대해 자녀들이 어떻게 다르게 반응하는지 관찰하여야 한다.

(6) 6회기: 변화 축하하기

마지막 회기에서는 부모들이 자녀와 문제에 빠진 상태로부터 변화의 상황으로 옮겨 간 것을 축하하는 파티를 개최한다. 축하파티는 집단에서 일어난 부모들의 변화를 강조하고 강화하기 위한 중요한 기념비 역할을 한다. '기적이 일어난 것처럼 가장하는' 임무를 부여받았던 부모들을 위해서는, 기념식의 한 순서로 긍정적인 결과들을 확대하고 강화하는 시간을 가진다. 상담자는 다과와 음료, 종이로 만든 커다란 케이크를 준비하고 그 종이 케이크에는 '축하합니다! 해결중심적 부모님!'이라고 쓴다. 축하의식의 한 순서로, 부모들은 '해결중심 부모집단 수료증'을 받고 부모로서 자신의 성장에 대한 소감을 간단히 발표한다. 수료증을 받게 되면, 부모들은 상담자의 '해결중심 부모 동창회'에 공식적으로 가입하게 된다. 상담자가 요청하면, 졸업생들은 차기 부모집단에 도움을 주는 자문으로 봉사하기도 한다. 상담자는 부모들이 이룩한 성과에 대해 요약하면서 축하의식을 종결짓는다. 성과를 요약하면서 이미 이루어진 진전을 강화하기 위해서 다음과 같은 질문을 사용할 수 있다.

- "우리 집단에 들어오기 이전과 비교할 때, 부모로서 여러분의 현재 모습을 어떻게 다르게 보십니까?"
- "다음번에 진행될 해결지향 양육 집단에 여러분을 선배로서 초청했다고 해 보죠. 새로 집단에 참여한 부모들에게 어떤 충고나 조언을 나누어 주실 건가요?"
- "만약 여러분의 청소년 자녀가 옆 자리에 앉아 있고, 우리가 그 자녀에게 여러분(부모)이 집단에 참여하면서 만들어 낸 변화 중에서 어떤 것이 가장 감사한 점이냐고 묻는다면, 자녀들이 뭐라고 답할까요?"

집단 구성원 중 소수의 경우 집단이 종결될 때까지도 여전히 자녀들이 문제행동을 가지고 있다. 이러한 부모들이 있더라도 집단의 실패로 볼 필요는 없다. 부모와 자녀들에게 보다 더 직접적인 개입이 요구되는 특별한 사례로 보는 것이 좋을 것이다. 그러나 이들 부모들은 단지 해결중심 부모집단에 참가하는 것만으로도 부모로서 더 성숙하고, 가족상담을 받을 준비도 잘되어 있는 경향을 보인다(Selekman, 2005, 김유순 역, 2015).

요약

해결중심 집단 프로그램의 일반적인 특성과 지침을 논의하고 해결중심 접근에 기초한 부모집단 프로그램을 소개하였다. 소개한 프로그램은 내담자의 강점과 자원과 성공경험을 기반으로 하여 문제를 해결하려고 하는 접근법으로, 그 목적을 '문제'로부터 '해결'로의 이동에 두고 있다. 즉, '문제'가 되는 잘못된 양육방식을 가진 부모에게 새로운 양육방식을 가르치려고 하는 대부분의 부모교육 프로그램과는 달리, 해결중심 부모집단에서는 해결책을 찾아내기 위하여 부모의 강점과 자원을 이용하며, 부모가 자녀들에게 어떤 면에서 잘못하고 있는가보다는, 부모가 자녀양육에서 효과적으로 행한 것이 무엇인가를 발견하는 데 강조점을 둔다. 이러한 특성으로 인하여, 자녀 양육에서 실패 경험이 많은 부모에게는, 이 집단에 참여하는 것이 무엇보다도 격려를 받는 경험이 됨을 알 수 있다.

제12장

해결중심상담 슈퍼비전

상담수련생과 상담자는 필요에 따라 슈퍼비전을 받게 되는데, 슈퍼비전의 내용과 방법은 그들이 기초로 하는 상담이론과 상담 유형에 따라 다르다. 이 장에서는 한국가족치료의 원형이 되는 미국부부가족치료학회의 슈퍼비전에 대해 먼저 살펴보기로 한다. 구체적으로 가족상담 슈퍼비전의 연대별 동향, 목적, 내용, 방법, 평가에 대해 살펴본 다음 해결중심상담 슈퍼비전의 원칙, 과정과 기법, 유형, 효과를 설명한다. 마지막으로 해결중심상담을 주축으로 하되 반영팀을 활용하여 슈퍼비전한 사례를 소개한다.

1. 가족상담 슈퍼비전

미국부부가족치료학회(American Association for Marriage and Family Therapy: AAMFT)는 실무의 범위를 규정하고 기준과 지침에 따라 슈퍼비전을 실시하도록 해 왔으며 과거 경험에 기초하여 슈퍼비전을 체계화시켜 왔다. 그리하여 자격을 갖춘 슈퍼바이저들이 전문적인 부부상담과 가족상담의 교육과 훈련에 중요한 역할을 할 수 있게 하였다. 임상 슈퍼바이저는 이론적 지식과 임상적 기술뿐만 아니라 가족상담 문화에서의 가치와 규범을 전달하는 주요한 전문가의 역할을 해 왔다. 미국부부가족치료학회가 1975년부터 실제로 어떤 상황에서 어떠한 형식과 방법으로 슈퍼비전이 실시되어 왔는지 파악하고 미래를 예측하는 다양한 조사연구를 실시해 온 자료(Lee, Nichols, Nichols, & Odom, 2004)를 참고하여 연대별 슈퍼비전의 동향을 간단히 살펴보면 다음과 같다.

1) 연대별 동향

1980년대부터 대표적인 가족상담 모델들은 주창하는 이론적 가정, 주요 개념, 방법, 기술이 서로 달랐다. 이러한 경향은 슈퍼비전에도 영향을 주었는데, 초점을 두는 영역모델에 따라 슈퍼비전의 내용과 방법이 다르게 나타났다. 예를 들면, 구조적 가족치료 모델의 슈퍼비전에서는 가족 구조와 조직에 초점을 두도록 교육하였으며 슈퍼바이저, 상담자, 내담자 간에 위계와 경계의 유지를 강조하였다. 그러나 통합적 슈퍼비전 접근에 대한 필요성이 대두되면서 슈퍼비전이 체계적 패러다임의 한계를 벗어나 개인, 집단, 네트워크 그리고 좀 더 큰 사회 단위로 확대되기 시작하였다.

1990년대에는 상담뿐 아니라 슈퍼비전에도 통합적 접근법이 중요하게 부각되었다. 그리하여 훈련과 슈퍼비전에 원가족 작업을 포함하는 것은 거의 표준화되었으며 성과 다양한 문화에 관한 쟁점들도 포함되었다. 그 외에 사정 문제, 슈퍼비전 기법, 슈퍼비전의 단계, 효과적인 슈퍼비전에 장애가 되는 요인 등에 관심을 두었다.

2000년대에는 다양한 문화와 상황에 처한 내담자들을 돕기 위한 상담적 접근이 더욱 필요할 것이 예상되어 미국가족치료학회에서는 이러한 내담자들을 돕기 위한 가족상담사 교육과 훈련이 매우 중요하게 되었다.

포스트모더니즘은 가족상담 이론을 크게 변화시켰다. 구성주의를 기초로 하는 상담은 문제 상황을 유지하는 것과 변화를 이해하는 것에 초점을 두었다. 구성주의자들은 인간의 성장과 적응에 관해 과거와는 다른 견해를 갖고 있기 때문에 기존의 가족상담 훈련이나 슈퍼비전과는 다르게 접근하며 다른 가정과 원칙, 기법 등을 적용하고 있다. 이전의 슈퍼비전이 지식을 전달하는 것이었다면, 구성주의자들은 슈퍼비전에서 상담자를 지도하며 공감하는 분위기를 만들어 내는 데 초점을 둔다. 현대 슈퍼비전의 목표는 협동적, 비지시적, 평등한 슈퍼비전 관계 속에서 상담자의 자신감을 향상시키고 문제 해결을 통해 성공을 경험하게 하는 것이다.

2) 가족상담 슈퍼비전의 목적

가족상담 슈퍼비전과 훈련의 궁극적인 목적은 상담자가 능력 있는 전문가로 성장하도록 돕고, 가족상담 서비스 수준을 향상시키며, 가족상담과 관련된 새로운 개념, 이론, 방법의 발전에 기여하는 것이다.

가족상담 슈퍼비전의 목적을 달성하는 데 도움이 되는 지침은 다음과 같다. 첫째, 슈퍼바이저는 상담자가 자신의 능력을 발견하고 활용하도록 하며, 잘하고 있는 것을 확인하여 강화하고 확대하도록 돕는다. 둘째, 단정적인 언어보다는 가정적인 언어를 사용하고, 상담자가 자신의 학습과 성장에 책임을 지도록 돕는다. 셋째, 신뢰할 수 있으며 개방적인 상호관계를 형성할 수 있는 안정된 분위기 속에서 격려하고 지지하는 의사소통을 한다. 넷째, 능력을 키워 나가고자 하는 상담자의 열정과 자원을 활용하며 협동적 관계를 발전시키고 꾸준히 지속적이고 상호적인 평가를 한다.

통합적 가족상담 슈퍼비전에서 제시하는 목적도 위와 유사하지만 핵심을 간추려 보면 〈표 12-1〉과 같다(Anderson, Rigazio-DiGilio, & Kunkler, 1995).

표 12-1 슈퍼비전의 목적

- 상담자가 인간적으로 성장하도록 돕는다.
- 가족치료에 대한 이론과 개념을 발전시킨다.
- 기법과 개입방법을 강화하고 확장하며 발전시켜 나간다.

- 이론적 모델과 접근법을 분류할 수 있는 이론적인 구조를 구축하게 한다.
- 최선의 것을 결정하고 내담자 중심의 서비스를 제공할 수 있는 유능한 전문가로서 성장하도록 돕는다.
- 궁극적으로 같은 전문직 동료가 되도록 돕는다.

3) 가족상담 슈퍼비전의 내용

가족상담 슈퍼비전의 일차적 목적은 상담자의 능력 향상이기 때문에 슈퍼비전 관심의 초점은 사례나 문제가 아니라 상담자다. 슈퍼비전을 받는 상담자는 유능감, 자신감, 명확성이 부족할 수 있으므로 자기 능력에 대한 자신감과 자원에 관한 확신을 갖게 하는 방향으로 슈퍼비전을 진행하는 것이 좋다. 상담자의 강점과 성공에 초점을 두는 것은 지지적이고 편안한 분위기를 만들게 하는데, 이러한 분위기는 개방적이고 신뢰하는 관계를 구축하는 데 도움이 된다. 상담자의 욕구를 발전적인 방향으로 구체화하고 개별화시키며, 자신의 경험을 일반화하여 내담자에게 적용할 수 있도록 돕는다. 상담자의 잠재적인 능력과 자원에 관해 충분히 이야기함으로써 자신에 대해 새롭게 인식하도록 돕는다. 슈퍼바이저는 상담자가 경험하는 어려움에 대해 해답을 주기보다는 해결방안을 함께 만들어 간다. 이러한 슈퍼비전의 원리는 가족상담의 철학과 가치에 부합된다.

통합적 가족상담 슈퍼비전에서는 구조, 전략, 원가족, 가족생활주기 등의 개념이 기초가 되며, 기본적으로 원가족 작업을 포함한다. 이 접근은 슈퍼바이지의 학습 형태, 발달단계, 개인적인 특성, 훈련 상황의 필수적인 요소를 평가하는 데 유용하다. 여기에는 구체적인 훈련 형태(실제 상황 슈퍼비전, 비디오테이프 검토), 훈련 전략(교훈, 역할극, 자신의 원가족을 통한 학습), 가장 적합한 구체적 개입기술 등을 평가하는 것이 포함된다.

4) 가족상담 슈퍼비전의 방법

미국부부가족치료학회와 한국가족치료학회에서는 가족상담 슈퍼비전의 표준화된 지침을 만들기 위해 노력해 왔다. 현재 한국가족치료학회에서 사용하는 가족상담 슈퍼비전 지침은 〈부록 4〉를 참고한다.

슈퍼바이저가 되기 위한 자격기준은 임상경험, 슈퍼비전 관련 과목 이수, 슈퍼바이저로서의 경험, 슈퍼비전 경험 등이다. 대부분의 가족상담 슈퍼비전은 일반상담의 슈퍼비전과 마찬가지로 일주일에 한두 시간 실시되며 사례를 직접 발표하고 설명하는 사례 발표, 비디오나 녹음테이프의 검토, 실제 사례에 대한 라이브 슈퍼비전 등의 방법으로 진행된다. 라이브 슈퍼비전은 일종의 협동치료인데 상담자가 상담하는 현장에서 슈퍼바이저가 일방경 뒤에서 관찰하면서 직접 슈퍼비전을 하는 것이다. 이때 슈퍼바이저는 상담자뿐 아니라 내담자에게 직접 개입하기도 한다. 상담 회기에서 상담자와 슈퍼바이저가 함께 참여하는 공동상담은 상담자가 슈퍼바이저와 작업하면서 지도받을 수 있는 기회가 된다. 공동상담을 통해 상담자는 가족의 상담에 전적으로 책임지지 않으면서 슈퍼바이저의 상담적 접근법을 배울 수 있고, 어려움에 처했을 때 슈퍼바이저의 기술적 지지를 구할 수 있다는 이점이 있다. 그러나 상담자가 자신의 스타일을 개발하지 않고 슈퍼바이저의 스타일을 모방하기만 하거나 슈퍼바이저에게 지나치게 의존하는 문제가 생길 수 있다. 슈퍼비전의 내용과 훈련과정은 상담자의 성향에 따라 다를 수 있으나, 일반적으로 슈퍼바이저는 상담적 상호작용에 영향을 줄 수 있는 사정, 개입, 평가에 적극적으로 참여한다.

5) 가족상담 슈퍼비전의 평가

앤더슨과 동료들(Anderson, Schlossberg, & Rigazio-DiGilio, 2000)은 잘되었거나 잘되지 못한 슈퍼비전에 대해 평가하였는데 이 평가는 슈퍼비전의 구조화, 교육과 훈련 내용, 평가와 피드백 그리고 상담자와의 상호 관계의 네 가지 측면에 근거하였다. 자세한 내용은 〈표 12-2〉와 같다.

표 12-2 슈퍼비전 평가의 판단기준

슈퍼비전 평가 기준	세부 항목
슈퍼비전의 구조화	슈퍼비전을 위한 시간 계획
	슈퍼비전 취소 횟수
	중단 횟수
	사용한 모델
	개인 성장에 기여한 시간
	기법 훈련에 기여한 시간
교육과 훈련 내용	교육실천 기술
	시범
	읽어야 하는 자료 제공
평가와 피드백	명확하게 의사소통할 수 있다는 기대
	실수를 학습경험으로서 받아들이는 것
슈퍼바이지와의 상호 관계	친절함, 호감, 사회성, 따뜻함
	경험, 전문성, 기술
	정직성, 신뢰성, 진지함, 준비성, 타당성
	가치 차이의 수용
	상담자의 개인적인 것에 관한 존중
	슈퍼바이저가 상담자를 동료로 대우하는 것

슈퍼비전을 성공적으로 이끄는 슈퍼바이저의 행동 특징(Anderson et al., 2000)은 우선적으로 슈퍼비전의 분위기를 개방적으로 만드는 것이다. 구체적으로 첫째, 실수를 학습경험의 일부로 수용하며, 자유롭게 피드백을 주고, 다른 가치를 존중하며, 새로운 아이디어와 상담기술을 탐색하고, 다른 사람이 실시하는 것을 관찰할 수 있는 기회를 제공한다.

둘째, 개념적, 기술적 지침과 방향 제시를 매우 중요시한다. 구체적으로 내담자를 더 이해할 수 있는 개념적인 틀을 제공하고, 실질적인 기법을 훈련하며, 자신의 상담적 기술을 시범 보이고, 방향을 제시하며 솔직한 피드백을 준다.

셋째, 원활한 의사소통을 위해 존중, 지지, 격려를 중요시한다. 슈퍼바이저의 직접적인 보상과 격려, 상담자를 동료로 대우하는 것, 슈퍼비전만을 위한 시간 배정, 슈퍼바이지의 시간 존중, 정기적인 슈퍼비전 시간 배정 등이 포함된다.

넷째, 상담자의 개인적인 성장을 중요시한다. 상담자의 개인적인 성장을 격려하며 상담자가 보지 못하는 측면에 직면할 수 있도록 한다.

2. 해결중심상담 슈퍼비전

해결중심상담 슈퍼비전은 문제에 관심을 가지며 문제의 원인을 분석하기보다는 문제가 없는 상황에 초점을 맞추는 해결중심 접근을 슈퍼비전에 적용한 것이다. 해결중심 접근은 내담자의 문제 해결에 효과적인 것처럼 슈퍼비전에서도 매우 효과적이다. 일반적으로 상담자가 슈퍼비전을 요청할 때, 슈퍼바이저는 상담자에게 조언을 하고 부족한 면을 지적하는 것을 자신의 역할로 생각하기 쉽다. 그러나 호기심을 갖고 상담자의 이야기를 들어주는 것은 지시하는 것보다 더 효과적이다. 해결중심상담자가 내담자의 기적을 이해하는 데 시간을 투자하듯이, 해결중심 슈퍼비전도 상담자의 기적, 즉 상담자가 전문가로서 지향하는 목표를 이해하는 것이 중요하다.

1) 해결중심 슈퍼비전의 원칙

해결중심 슈퍼비전에서 슈퍼바이저는 상담자가 스스로 성장할 수 있는 잠재능력과 자원을 갖고 있다고 믿으며 그의 이야기를 귀 기울여 듣는다. 이를 통해 상담자는 자신만의 독특한 상담기법과 스타일을 찾을 수 있게 된다.

해결중심 슈퍼비전에서는 상담자가 자기 문제에 대한 해결책을 스스로 찾는 데 도움이 되는 질문을 한다. 이 질문은 상담자의 시각을 긍정적으로 전환하고 문제 해결에 유용한 생각들을 촉진한다. 특히, 슈퍼비전의 시작에서 좋은 질문은 "오늘 내담자와 함께 작업하면서 가장 잘했던 것은 무엇이었나요?" "요즘 상담을 하시면서 뭐가 좀 더 잘되고 있는 것 같아요?" 등이 있다. 상담자는 이런 질문에 대한 답을 생각하는 동안 자연스럽게 자신의 긍정적 행동에 초점을 맞추게 된다.

토머스(Thomas, 1996)가 제시한 이상적인 해결중심 슈퍼비전을 위한 여섯 가지 원칙들을 살펴보면 다음과 같다.

첫째, 교훈적이 되지 않는다. 상담자가 독립적으로 사고하고 스스로 통찰하여 변화를 일으킬 수 있도록 슈퍼바이저가 전문가가 되어야 한다는 틀을 깨어야 한다.

둘째, 저항을 '정체(stuckness)'로 간주한다. 상담자가 슈퍼바이저의 피드백과 제안에 저항을 보이면 기존의 슈퍼비전에서처럼 이를 극복하기보다는 새로운 대안과 가능성에 대해 개방할 수 있는 협력적인 분위기를 만든다.

셋째, 상담자의 긍정적인 행동변화에 주목한다. 상담자가 잘 못하는 것이나 실수, 행동상의 문제점에 주목하기보다는 잘하고 있는 것과 문제 행동이 나타나지 않을 때를 포착하여 강화한다.

넷째, '눈덩이' 효과와 파급 효과를 이용한다. 짧은 시간에 슈퍼비전 효과를 극대화시키기 위해서는 작은 변화에 주목한다. 여기에서 작은 변화란 간단한 것을 가능하게 한 것을 말한다.

다섯째, 성격을 변화시키려 애쓰기보다는 가능한 것만 다룬다. 슈퍼비전은 상담자를 상담하는 시간이 아니라 상담자가 상담을 더 잘할 수 있도록 도와주는 것이다. 상담자의 개인적인 과거 경험이나 문제에 몰두하기보다는 상담이 성공하기 위해서 어떤 것들이 가능한지를 살펴보는 것이 더 중요하다.

여섯째, 정답은 하나가 아니다. 해결중심 접근은 사회구성주의 관점처럼 정답이 하나만 있는 것이 아니라 다양한 해결책이 가능하다. 슈퍼바이저가 상황에 대해 조언을 하는 것은 자신의 시각에서 하나의 정답만 있다고 가정하는 것과 같다.

한편 피쇼와 돌런(Pichot & Dolan, 2003)은 다른 접근을 사용해 온 기관에서 해결중심 슈퍼비전을 도입할 때 지켜야 할 원칙들을 제시하고 있다. 해결중심 접근은 파급 효과가 크기 때문에 도입 시 다음의 원칙을 잘 지킨다면 큰 효과를 거둘 수 있을 것이다.

첫째, 상담자에게 슈퍼바이저의 기대를 분명히 한다. 슈퍼바이저는 언제 정보를 제공하고 언제 듣기만 하는 것이 더 효과적인지를 구분하고, 상담자에게 현재 상황에 대해 솔직하게 이야기해 주기를 원한다는 사실을 알려야 한다. 서로에 대한 기대를 분명히 함으로써 상담자와 슈퍼바이저 사이에 신뢰가 자리 잡을 수 있다.

둘째, 자신과 상담자의 목표를 높이 잡고 기적을 기대한다. 슈퍼바이저와 상담자가 기적과 목표를 공유함으로써 이를 위해 장기적으로 꾸준히 변화할 수 있다는 신뢰를 갖게 된다.

셋째, 천천히 진행한다. 드 세이저(de Shazer, 1985: 16)는 "한 사람의 작은 행동의 변화가 관련된 다른 사람들의 행동에 심오하고 광범위한 변화를 초래할 수 있다."라고 했다. 작은 영역부터 접근하면 상담자는 부담을 덜 느끼고 순차적으로 나아갈 수 있다.

넷째, 모든 것을 질문한다. 해결중심상담의 효과를 알기를 원한다면 상담자에게 다음과 같이 묻는다. "효과가 좀 있었어요?" 이 질문에 '그렇다'고 대답하면 계속하라고 용기를 북돋아 주고, '아니요'라고 대답하면 '무엇이 더 효과가 있을지' 묻는다. 상담자가 상담에서 개입이 실패할 때에는 직접 상담자에게 해야 할 것을 알려 주기보다는 질문을 통해 상담자가 내면의 지혜를 끌어내어 효과적으로 전문가로서의 도전정신과 통찰력을 갖도록 도울 수 있다.

다섯째, 실수를 용납하는 분위기를 만든다. 해결중심 접근은 배움과 발견의 가치를 소중히 여기기 때문에 실수는 있을 수 있으며 성장을 위한 기회라고 본다.

여섯째, 해결중심상담에 대해 논쟁하거나 방어하지 않는다. 해결중심 접근의 효과와 유용성에 대해 굳이 설득할 필요는 없다. 상당한 헌신과 인내, 창의성, 해결중심 접근의 힘에 대한 믿음으로 직접 효과를 증명하는 것이 필요하다.

일곱째, 정기적으로 상담자들에게 피드백을 구한다. 이를 통해 슈퍼바이저는 슈퍼바이저로서 무엇을 하거나 하지 않는지에 대한 정보와 통찰력을 얻고, 상담자들은 자신의 생각을 표현하는 것이 안전하다는 것을 배운다.

여덟째, 상담자의 말을 끝까지 듣는다. 슈퍼바이저는 상담자의 이야기를 듣는 시간을 마련하여 상담자의 이야기에 반사적으로 반응하지 않고 듣는다. 상담자는 슈퍼바이저가 자신의 말을 듣기를 원한다는 것을 알면 자신의 견해가 쉽게 받아들여지지 않더라도 좀 더 참을성 있게 기다릴 수 있다.

아홉째, 현재 상황이 힘겨울 때라도 긍정적인 면에 초점을 맞춘다. 예를 들면, 해결중심 접근과 잘 맞지 않는 상담자들이 기관을 떠나려 한다면 다른 훌륭한 해결중심상담자를 영입할 수 있는 기회로 본다. 새로운 상담자를 뽑는 기준은 호기심, 투철한 직업윤리 의식, 피드백에 대한 개방성, 지식 부족의 인정, 전문가다운 성장욕구다.

열째, 항상 '위대한 계획'을 세운다. 슈퍼바이저가 나쁜 소식을 전달해야 할 때에는 기적의 맥락 속에서 다루어야 한다. 희망을 갖고 헤쳐 나갈 방법이 있다는 것을 상담자에게 재확인시키는 것이다. 이로 인해 상담자들은 두려움을 접고 기적을 향해 다가가려는 결정을 내리며 경청할 준비를 하게 된다.

2) 해결중심 슈퍼비전의 과정과 기법

(1) 첫 상담 전 슈퍼비전

첫 상담 전 슈퍼비전(pre-session supervision)은 상담자가 첫 회 상담을 하기 전에 실시하는 것으로 상담자가 자신감과 안정감을 찾을 수 있도록 돕는다(Juhnke, 1996). 구체적으로 상담자의 임상적, 상담적 기법이나 경청하는 태도, 자신감을 고취시킬 수 있는 행동 등을 점검하며, 상담에 도움이 되는 상담자의 강점과 자원을 점검하고 강화한다.

(2) 상담자의 목표 설정

슈퍼바이저는 상담자와 함께 시간목표와 회기목표 설정을 함으로써 앞으로 전문가로서 자신만의 목표를 설정하고 발전해 나갈 수 있도록 도울 수 있다. 시간목표 설정이란, 상담자가 어떤 목표를 특정 시간 내에 완수하겠다는 목표를 세우는 것이다. 슈퍼바이저는 상담자가 구체적이고 현실적인 목표를 세울 수 있도록 도와야 한다. 예를 들어, 상담자가 '넉 달 후 좀 더 자신감을 가지고 상담을 한다'는 목표를 세운다면, 슈퍼바이저는 '자신감 있는 태도'를 구체적인 행동으로 묘사하도록 돕는다. 상담자에게 척도질문을 사용하여 목표가 얼마나 성취되었는지 확인할 수도 있다. 회기목표 설정은 매 상담 회기에서 달성해야 할 목표를 수립하는 것을 말한다. 예를 들어, 자신의 말이 빠르다고 생각하는 상담자는 '다음 회기에는 말을 좀 더 느리게 하는 것'을 목표로 삼을 수 있다. 슈퍼바이저는 상담자가 목표를 갖도록 도와주고, 그 목표를 이루기 위해 어떤 일을 해야 하며, 목표가 성취된 것을 어떻게 알 수 있을지에 대해 생각하도록 도와야 한다.

(3) 해결중심 슈퍼비전의 질문기법

해결중심상담에서 사용되는 질문기법들은 해결중심 슈퍼비전에서도 사용될 수 있다. 슈퍼비전 과정에서 각 질문기법이 어떻게 활용될 수 있는지 살펴본다.

① 기적질문

드 세이저는 "일어날 것으로 기대하는 일은 실제로 그 기대만으로도 우리의 행동에 영향을 미친다."(de Shazer, 1985: 45)고 하였다. 기적질문은 상담자가 전문가로서 성장하기 위한 목표를 설정할 때에 유용하게 사용될 수 있다. 또한 상담자가 문제의 해결책보다 문제의 원인에 초점을 맞추고 있을 때에도 효과적으로 사용될 수 있다.

다음과 같이 슈퍼비전에서 기적질문이 사용되는 상황을 살펴보자.

기적질문의 예

"오늘밤 기적이 일어났다고 생각해 보세요. 선생님이 지금 상담을 하면서 고민하고 있는 일들이 모두 사라지고 오로지 기대하는 일만 생긴 겁니다. 그러나 선생님은 잠들어 있었기 때문에 기적이 일어난 것을 모릅니다. 내일 아침 일어나 상담소에 나와서 상담을 할 때 선생님의 어떤 행동을 보면 기적이 일어난 것을 알 수 있을까요?"

② 척도질문

척도질문은 상담자가 자신의 행동에 문제가 있다고 생각할 때(Presbury, Echterling, & McKee, 1999), 자신이 진행한 상담의 효과와 자신의 발전 정도를 측정해 보고자 할 때(Juhnke, 1996) 사용될 수 있다. 예를 들어, 상담자로서 자신의 능력에 회의적인 상담자가 있다고 하자. 이 상담자에게 10점 척도상에 목표점수를 표시하게 하고 그것을 성취할 수 있는 방법을 물어봄으로써 능력 향상방법을 모색하는 데 집중하게 할 수 있다.

다음은 상담자가 상담의 효과를 스스로 평가해 보도록 척도질문을 사용한 예다.

척도질문의 예

"1점은 상담을 정말 못한 최악의 상태이고 10점은 상담을 정말 잘 진행한 최상의 상태라고 할 때, 선생님은 지금 몇 점 정도에 있습니까?"
"몇 점이 되기를 원하십니까? 어떻게 하면 목표점수에 도달할 수 있습니까?"

슈퍼바이저는 상담자의 척도점수가 한 단계씩 올라갈 수 있도록 작은 변화에도 민감하게 반응하고 격려해야 한다.

③ 예외질문

예외질문은 상담자가 자신에게 문제가 있다고 생각하고 변할 수 있다는 자신감을 갖지 못할 때 사용될 수 있다(Presbury et al., 1999). 이런 경우 상담자는 자신의 행동을 문제로 생각하고 그것에 집착하거나 좌절하게 되지만 예외는 분명 있게 마련이다. 슈퍼바이저의 역할은 바로 예외 상황을 찾아내어 그때는 어떻게 다르게 행동했는지를 탐색하도록 도와주는 것이다.

상담을 마친 후 자신의 행동에 문제가 있다고 생각한 상담자가 상담 후 슈퍼비전(post-session supervision)을 받는다고 하자. 이때 슈퍼바이저는 예외질문을 통해 상담 회기 중 상담자의 문제행동이 언제 나타나지 않았는지를 묻고, 문제가 없었던 상황에서 했던 행동을 발견하도록 돕고 지지한다.

예외질문의 예

"선생님이 생각하는 문제행동이 상담 중 나타나지 않은 때는 언제입니까?"

3) 해결중심 슈퍼비전의 유형

해결중심 슈퍼비전에는 개인 슈퍼비전, 집단 슈퍼비전, 일일 집단 슈퍼비전, 열린 슈퍼비전, 반영팀을 활용한 슈퍼비전이 있다. 다른 상담과 달리 해결중심 접근이 적용된 슈퍼비전은 유형별로 다음과 같은 특성이 있다.

(1) 개인 슈퍼비전

정기적인 개인 슈퍼비전은 일반적으로 주 1회 진행되는데, 이는 상담자의 임상적, 전문가적 쟁점을 개인적으로 탐색할 수 있는 시간이 되므로 매우 중요하다. 슈퍼바이저는 장기적인 슈퍼비전을 통해 상담자가 내담자에게 최선의 것이 무엇인지를 아는 지식의 대가보다는 변화과정에 대한 전문가가 될 수 있도록 돕는다.

개인 슈퍼비전은 상담자들이 슈퍼바이저에게 마음 놓고 어려움을 의논할 수 있는 안전한 분위기가 조성되어야 하지만 불평과 불만을 토로하는 시간이 되어서는 안 된다. 해결중심 모델에서 슈퍼바이저는 상담자에게 그 자신이 원하는 결과를 인식하게 하고, 원하는 결과가 나타났을 때 어떻게 행동할 것인지를 물어봄으로써 상담자가 불평 대신 생산적인 작업에 몰입하는 데 초점을 맞춘다. 원하는 결과와 책임에 초점을 맞추는 것은 상담자가 스스로를 평가하게 하고, 개인적인 책임을 명확하게 하여 목표에 집중할 수 있게 도와준다. 부가적으로 상담자에게 불평과 불만이 많은 내담자에 대처하는 방법을 보여 주는 모델을 제공한다.

(2) 집단 슈퍼비전

정기적으로 1주 또는 2주에 한 번 만나는 집단 슈퍼비전은 팀의 전반적인 문제, 해결중심 역할극 시연, 이론 토론, 해결중심상담의 원칙에 반대되는 상담자의 병리 중심 가설 점검 등을 하기에 적합하다.

해결중심접 근법을 익히는 것은 전통적인 전문가 역할에 대한 신념에 도전하는 것일 수 있기 때문에 상담자는 자신의 생각과 고민, 경험들을 집단에서 나누고 싶어 할 수 있다. 이런 주제로 슈퍼바이저나 다른 상담자와 대화하는 것은 상담자의 에너지가 소진되는 것을 막아 주며, 해결중심 접근의 효과와 유용성을 확인하는 기회가 된다. 또한 집단 슈퍼비전은 상담자 각자의 사례에 대한 다른 상담자의 의견을 들어볼 수 있는 좋은 기회다. 각각 상담자와 내담자의 역할을 맡아 앞으로의 상담을 예상하고 미리 실습해 보는 자리를 마련해 볼 수도 있다.

(3) 일일 집단 슈퍼비전

집단 슈퍼비전의 다른 형태로 일일 집단 슈퍼비전이 있는데 상담자들이 매일 함께 모여 그날의 상담에 대해 30분 정도 간단하게 의논하는 형태의 슈퍼비전을 말한다. 일일 집단 슈퍼비전은 차후 발생할 수 있는 문제 예방에 효과적이다.

상담자는 해결중심 접근을 적용하여 슈퍼바이저와 동료로부터 지지를 받고 지식을 공유할 수 있으며, 업무에 관한 아이디어나 피드백을 즉각적으로 주고받을 수 있다. 이 과정에서 슈퍼바이저도 내담자의 최근 변화, 내담자 복지에 관한 정보 등을 얻게 된다. 여기에서 간략하게 나온 정보는 추후 집단 혹은 개인 슈퍼비전에서 더 깊이 다룰 수 있다.

(4) 라이브 슈퍼비전

라이브 슈퍼비전은 상담자와 슈퍼바이지가 상담 현장에서 협동으로 진행하는 슈퍼비전을 말한다. 실제 상담 과정에서 상담자가 슈퍼바이저의 직접적인 개입이나 지도를 받는 경우가 있는가 하면 상담자가 상담할 때 슈퍼바이저가 일방경 뒤에서 관찰하면서 상담실 안의 인터폰을 통하여 지도감독하는 경우가 있다. 일방경 뒤에서 슈퍼비전하는 경우 상담자의 동료들이 슈퍼바이저와 함께 상담을 관찰하면서 피드백 전달에 참여하기도 한다.

(5) 열린 슈퍼비전

열린 슈퍼비전은 상담자가 시간에 구애받지 않고 슈퍼비전을 받는 것으로 무엇보다도 슈퍼바이저의 개방적인 태도가 중요하다. 열린 슈퍼비전의 구체적인 예로 상담자가 기관 내에서 슈퍼바이저와 마주쳤을 때 즉석에서 슈퍼바이저의 도움을 구하는 '복도 슈퍼비전(hallway supervision)', 상담자가 필요할 때 언제든지 슈퍼바이저의 연구실 문을 두드릴 수 있게 하는 '열린 문 정책(open-door policy)' 등이 있다(Pichot & Dolan, 2003). 급박한 상황에서 슈퍼바이저와의 5분 대화는 자칫 상담자가 범할 수 있는 임상적 실수를 피할 수 있게 해 준다. 최적의 순간에 도움을 주는 열린 슈퍼비전은 상담자가 계속 실험하고 학습할 수 있게 하는 지지적인 기능을 한다.

(6) 반영팀을 활용한 슈퍼비전

반영팀을 활용한 슈퍼비전이란 슈퍼바이저 외 여러 사람들로 구성하여 실시하는 슈퍼비전으로, 상담자의 태도와 상담 내용뿐 아니라 내담자와 가족의 입장에서 생각의 초점을 맞추어 이야기 나누는 것을 말한다.

반영팀을 활용한 슈퍼비전은 두 가지 방법으로 실시될 수 있는데, 실제 상담 상황에서 일방경 뒤에 반영팀을 구성하여 슈퍼비전하는 반영팀 라이브 슈퍼비전과 상담자가 상담한 사례를 집단에서 발표하는 상황에서 집단원들이 반영팀을 구성해 슈퍼비전을 하는 방법이 있다(Todd & Storm, 2002).

사례 발표를 통한 슈퍼비전은 반영팀 라이브 슈퍼비전과는 달리 반영팀이 상담 현장에 없었기 때문에 상담자가 반영팀에게 상담에 대한 주요 정보를 제공해야 한다. 구체적으로 상담자는 반영팀이 내담자의 가족사항에 대해 알 수 있도록 가계도와 가족에 대한 정보 및 상담과정을 간략하게 준비한다. 집단원들은 일반적으로 사례발표를 듣기 전에 반영팀을 구성하는데, 그들은 상담자 반영팀, 가족 구성원 각각에 대한 반영팀을 구성한다. 사례 발표를 들은 후 각 반영팀은 각자 들었던 내용에 대해 반영한다. 그리고 슈퍼바이저는 이에 대해 반영하며 상담자가 슈퍼비전 받기를 원했던 내용들에 대해 지도감독을 한다.

4) 해결중심 슈퍼비전의 효과

상담자에게 해결중심 슈퍼비전을 실시하는 것은 초보 상담자의 불안을 감소시키고 해결중심 접근에 대한 신뢰를 높이는 것으로 알려져 있다(Watkins, 1996). 해결중심 슈퍼비전은 협동, 격려, 발견을 강조하기 때문에 상담자의 행동이나 언어 사용의 실수보다는 내적인 자원에 더 주의를 기울이게 하여 내적 통찰력(inner vision) 증진에 도움이 된다(Presbury et al., 1999). 내적 통찰력은 상담자의 자기효능감, 자신감, 신뢰 등 현재에 초점을 맞추는 것과 전문가로서의 미래에 초점을 맞추는 것에 대한 통찰을 의미하는데, 이것은 긍정적인 자원을 강조하기 때문에 슈퍼바이저와의 신뢰 형성에도 기여한다.

3. 한국 가족상담 슈퍼비전의 실제

1) 한국 가족상담 슈퍼비전 사례

다음은 해결중심 접근을 중심으로 상담한 사례에 반영팀을 활용하여 슈퍼비전한 것이다. 슈퍼비전에 대한 개요를 제시하기 전에 상담자가 보고한 사례의 기초 정보와 상담 과정, 상담자의 자기 평가를 기술한다.

(1) 사례 개요

① 기초 정보

이 사례는 복지관 근처에 있는 어느 공부방 교사의 요청으로 사회복지사가 맡아 상담한 것이다. 상담 초반에는 42세 주부인 내담자와 초등학교 3학년인 둘째 딸을 개별적으로 상담하였고, 후반에는 가족을 함께 상담하였다. 문제의 중심에 내담자의 첫째 딸이 있었으나 가족상담을 거부하였으므로, 이 딸이 다니는 학교의 사회복지사가 첫째 딸의 상담을 맡고, 상담 내용을 공유하기로 하였다. 공부방, 학교, 복지관이 협력체계를 구축하여 각각의 현장에서 수집된 정보를 나누었으며 내담자 가족을 위한 상담과 서비스를 지원하였다. 구체적으로, 복지관에서는 내담자와 둘째 딸의 상담과 복지 서비스를 제공하였으며, 공부방에서는 둘째 딸을 방과 후에 관찰하며 보호하는 역할을 맡았고, 학교에서는 첫째 딸의 상담과 지도를 담당하였다.

② 제시한 문제

어머니가 제시한 문제	둘째 딸이 제시한 문제
• 큰 딸의 비행으로 인한 어려움 • 큰 딸과의 의사소통이 어려움 • 자신의 술 문제 • 둘째 딸에 대한 죄책감	• 엄마의 술 문제로 인한 심리적 어려움 • 언니와의 갈등 • 아빠에 대한 그리움 • 불안정한 가정환경 속에서 느끼는 심리적인 불안

③ 가족관계

남편(48세): 고졸. 알코올중독 환자로 병원에서 2년째 입원치료 중임. 특별한 기술이 없는 일용직 노동자로 동료들과 어울려 거의 매일 술을 마셨음. 내담자에게 폭력을 자주 행사하였음. 국민기초생활보장 수급자로서 생계비를 지원받고 있음.

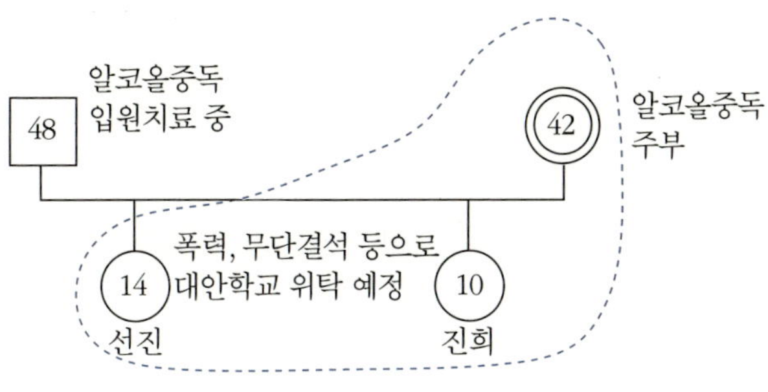

내담자(42세): 중졸. 주부. 남편의 알코올중독으로 어려움을 겪었으나, 현재는 자신이 알코올중독임. 꾸준하거나 성실하지 못하고 아이들이나 자신에 대해서 다소 무책임함. 자녀를 잘 키우고 싶은 의지는 있으나 방법을 잘 모르며 자녀와의 의사소통에 어려움을 겪고 있음. 남편을 무책임하고 폭력적인 사람이라고 보고함.

선진(가명, 14세, 첫째 딸): 중학교 1학년. 학교에서 '짱'으로 불리고 있음. 금품 갈취, 폭행, 가출로 계속 징계처분을 받고 있어 2학년이 되면 대안학교로 전학할 예정임. 친구들 사이에서 주도적 역할을 하는 리더십이 있음. 상황에 대한 대처능력이 좋아 만나는 사람에 따라 어떠한 태도를 취해야 하는지 잘 파악하고 행동함.

진희(가명, 10세, 둘째 딸): 초등학교 3학년. 공부방이나 학교에 무난하게 적응하고 있는 것으로 보임. 가족들의 적절한 보호와 지지를 받고 있지 못하여 심리적으로 위축되고 불안해 보임. 의사표현을 잘 못하며 다른 사람의 눈치를 살피는 등 의존적으로 행동함. 가족들을 걱정하는 마음이 크며 엄마와 언니 사이의 중재 역할을 함. 아빠가 술을 많이 마셔서 걱정이 된다고 하며, 아빠는 자신이 원하는 것을 다 사 주었다고 함.

(2) 상담자의 치료적 접근

해결중심상담을 기본으로 하되 이야기치료를 적용한 이 사례에서는 해결중심 가족상담의 기본 원리, 목표 설정, 해결지향적 질문 등이 활용되었고, 이야기치료의 외재화, 문제의 영향 알아보기, 문제의 영향 평가하기와 정당화하기 등이 사용되었다.

(3) 상담 과정

① 1회

- 장소: 상담실
- 참석자: 진희

진희는 학교에 잘 다니며 공부방에서는 친구들과 잘 지냄. 집에는 아빠가 없고 엄마와 언니는 자주 싸우며 언니가 때린다고 함. 공부방 선생님은 간식 나누어 줄 때 잘 도와주는 것, 엄마는 엄마가 아플 때 먹을 것 잘 챙겨 주는 일을 진희가 잘한다고 할 것 같다고 함. 다음 상담에 오고 싶은 마음을 8점(척도질문: 1~10점)이라 함.

② 2회

• 장소: 진희 집 • 참석자: 어머니

집은 깨끗하지 않았으며, 어머니는 진희의 언니인 선진이 문제로 괴롭다고 함. 선진이는 예전에는 똑똑하고 예뻤는데, 5학년쯤부터 이상한 아이들과 어울리면서 말 안 듣는 아이가 되어 버려 속상하다고 함. 남편은 알코올중독으로 입원 중인데, 입원 전에는 술만 마시고 폭력을 행사하였음.

③ 3회

• 장소: 상담실 • 참석자: 진희

진희는 엄마가 걱정되어서 공부방에 못 나간 적이 있었는데 공부방 선생님은 진희가 공부방에 나오는 것을 원할 것 같다고 말함. 엄마를 걱정하는 마음을 칭찬하였으며 앞으로 같은 일이 일어난다면 학교에는 못 가도 공부방에는 갈 수 있을 것이라고 격려함. 언니가 때리지 않는 예외 상황을 탐색함. 언니와 싸우지 않기 위한 것에 관해 다시 이야기하기로 함.

④ 4회

• 장소: 진희 집 • 참석자: 어머니

선진이의 어릴 적 장점에 대해 이야기 나눔. 남편이 많이 힘들게 한 상황에서도 어머니가 아이들을 잘 키운 것에 대해 인정해 줌. 어머니는 선진이가 가출하지 않고 학교에 잘 다니는 것 등 선진이의 장점을 말하면서 칭찬함. 선진이가 가출한 아이들을 보살피는 것이 기특하게 생각되나 가출한 친구들과 어울리지 않으면 선진이와 더 잘 지낼 수 있을 것이라고 하며 선진이와 잘 지내는 순간들을 더 관찰해 오는 과제를 주고 다시 만나기로 함.

⑤ 5회

• 장소: 상담실 • 참석자: 진희

지난번 상담 후 언니와 지내는 데 별로 달라진 것이 없다고 하였으나, 언니가 덜 때리고 컴퓨터나 공부를 가르쳐 주기고 하고 밥도 챙겨 주었다고 함. 아빠가 예전에 집에서 술을 많이 마셨어도 자기를 많이 예뻐해 주어서 그때가 좋았으며 아빠를 보러 가고 싶다고 함. 엄마가 요즘 술을 많이 마시게 되어 걱정된다고 하면서, 특히 동네 아저씨와 아줌마들이 집에 와서 함께 술 마시는 것이 너무 싫다고 함.

⑥ 6회

• 장소: 상담실 • 참석자: 진희 → • 장소: 진희 집 • 참석자: 어머니

상담실에서 진희와 상담을 함. 언니가 가출을 했고 엄마는 술을 많이 마셨다고 함. 어머니가 걱정이 되어 상담을 중단하고 진희와 함께 진희 집을 방문함. 어머니는 술에서 금방 깨어나지 못하였으며 집도 지저분하였음. 이야기 도중 진희의 학교 친구 어머니가 찾아와 진희를 내보냄. 어머니의 건강에 대해서만 이야기하자 상담자가 걱정해 주는 것에 대해 고맙다고 함.

⑦ 연계회의

6회까지 상담 이후 관계자들과 연계회의를 가짐. 선진이의 가출문제와 어머니의 술 문제에 대해 담당자들은 역할은 그대로 하되 접촉을 더 자주 하기로 함. 수소문해 본 결과 선진이 위치가 추적되어 방과 후에 찾아가 보기로 하였고, 어머니의 술 문제에 대해 진지하게 접근하기로 하였음. 각 기관에서 자원이 될 수 있는 곳을 확

인한 후 정보를 교류하기로 함. 진희 담임교사와의 면담을 통하여 진희의 집으로 진희 친구의 어머니를 보내 준 것과 진희의 학교생활에 대해서 확인함. 진희를 상담하면서 진희에게 필요한 것들에 대해 이야기하기로 함.

⑧ 7회

• 장소: 진희 집 • 참석자: 어머니

6회 상담 이후 어머니의 건강 여부를 전화로 매일 확인함. 어머니는 술은 먹지 않았고 건강을 회복하였으며 집 청소도 함. 7회 상담에서 술에 관한 이야기를 나눔. 남편의 입원 후 술을 마시기 시작하여 차츰 동네 사람들과 어울려서 자주 마시게 되었다고 함. 어머니가 동네 사람들과 함께 집에서 술 마시는 것을 진희가 싫어한다고 했더니, 어머니는 눈물을 보이면서 동네 사람들을 집에 못 오게 하겠다고 함. 진희가 한 말을 실천에 옮기려고 결심한 것을 칭찬하고 진희와 함께 상담을 받기로 함.

⑨ 8회

• 장소: 진희 집 • 참석자: 어머니, 진희

술 마시는 것에 대해 이야기를 나눔. 진희는 '엄마에게 술을 마시게 하는 것'을 그림으로 표현하고 그것을 '술마녀'라고 이름 붙임. 어머니는 동네 사람들이 찾아올 때 '술마녀'가 찾아오고 선진이가 가출하기 전에는 '술마녀'가 찾아오지 않았다고 설명함. 어머니는 술을 마시면 모든 것을 잊을 수 있어 좋지만 술에서 깨면 엉망이라고 함. 진희는 '술마녀'가 오지 않으면 엄마가 밥을 해 주고 아침에 자기를 깨워줘서 좋다고 함.

⑩ 9회

• 장소: 진희 집 • 참석자: 어머니, 진희

일주일간 어머니가 진희에게 아침을 매일 챙겨 주었다 하여 크게 칭찬함. 진희도 너무 좋아 학교에서 잘 지낼 수 있었으며 엄마를 더 많이 사랑하게 되었다고 함. 어머니는 '술마녀'가 찾아오긴 했지만, 동네 사람들을 못 오게 하는 등의 노력을 통해 견뎌 냈다고 하며 계속 술 마시면 자신도 남편처럼 될 것이라고 말함. 선진이가 집으로 돌아왔는데, 어머니는 일부러 혼내지 않았다고 함. 상담자가 진희와 어머니에게 일주일에 두 번 30분씩 가족화목활동을 할 것을 제안함.

이 사례는 이후 좀 더 진행될 예정이었으며 상담에 대한 슈퍼비전은 1~9회에 대해 이루어졌다.

(4) 상담에 대한 상담자의 자기 평가

이 상담에서 내담자의 목표성취에 대한 상담자의 자기 평가는 다음과 같다.

첫째, 내담자는 자신이 겪고 있는 알코올 문제에 대해서 아이들을 위해서라도 술을 덜 마시기를 희망하였고 알코올 문제로 인해 생활의 패턴이 깨지는 것을 걱정하였는데, 선진이의 가출 이후 짧은 시기(3주)이지만 현재까지는 술을 마시지 않고 있다. 동네 사람들의 방문도 거절하고 알코올 문제를 개선하기 위해서 나름대로 노력하고 있다.

둘째, 내담자는 부모역할을 잘 해내지 못한 것에 미안한 마음을 갖고 있었으며 자녀에게 잘 해 주고 싶은 의지를 표현하였다. 이를 위해 진희와 함께 상담에 참여하고 아침에 일어나 식사를 챙겨 주는 등 노력을 하고 있었으며, 선진이와 잘 지낼 수 있는 방법에 대해서도 고민하고 있었다.

셋째, 내담자는 선진의 비행행동이 개선되고 선진과의 의사소통이 원활해지기를 희망하였는데, 이 부분은 아직까지 성취되지 못하였으므로 더 다루어져야 할 것이다.

(5) 슈퍼비전 개요

이 사례에 대한 슈퍼비전은 해결중심 가족상담과 이야기치료에 초점을 맞추었고 반영팀을 활용하였다. 사례 발표는 가족상담을 전공하는 대학원생들의 슈퍼비전 수업시간에 이루어졌다. 이 사례에 대한 가족의 정보와 문제에 대하여 상담자가 설명을 한 후 집단 구성원들은 어머니 반영팀, 첫째 딸 반영팀, 둘째 딸 반영팀으로 나뉘어 상담 과정을 들었다. 사례발표 후 각 반영팀은 각자의 입장에서 상담 과정을 반영하였으며, 슈퍼바이저는 이에 대해 반영하고 슈퍼비전하였다. 아울러 상담자가 지도감독 받고자 한 문제들을 다루었는데, 구체적으로 알코올 상담을 효과적으로 하는 방법과 내담자의 자기 비하를 다루는 것에 대한 것이었다. 각 팀의 구성원은 이 상담 과정을 통해 느낀 점을 표현하고 공유하였다. 상담자가 슈퍼비전 받은 주요 사항과 반영팀에서 토론한 내용은 다음과 같다.

① 어머니 반영팀

첫째, 상담자가 주 내담자를 자녀에서 어머니로 바꾸면서 어머니를 많이 만나고 이야기를 잘 들어주며 격려하고 따뜻하게 대해 준 것이 가족에게 많이 도움이 된 것 같다. 가족상담 중에 가장 중요한 구성원을 주 내담자로 정하는 통찰력과 유연성이 가족상담자에게 중요하다는 것을 알게 되었다.

둘째, 병원에 있는 남편을 상담에 활용하면 어떨까라는 생각을 했는데, 어머니가 남편을 받아들일 여유가 생긴 후 스스로 찾아갈 수 있도록 하는 편이 좋겠다는 것을 배웠다. 또한 상담자는 "엄마는 네가 그렇게 아빠를 보고 싶어 하는 것을 알고 계시니?"의 관계성 질문으로 자녀가 어머니의 지각을 알게 하고 한 걸음 더 나아가 자기 마음을 어머니에게 전달하게 할 수 있다는 것을 배웠다.

셋째, 슈퍼비전을 통해 "어머니가 술을 마시는 것을 일주일간 멈췄을 때, 어떻게 거기서 멈출 수 있었나요?"와 같은 질문으로 내담자의 자원과 힘을 북돋아 줄 수 있다는 것이 매우 인상 깊었다.

② 첫째 딸 반영팀

첫째, 엄마, 아빠가 다 알코올 문제로 힘든데 첫째 딸까지 학교에서 금품 갈취, 폭행, 무단결석 등으로 문제를 일으키는 것이 내심 원망스러웠으나, 첫째 딸이 자원이라는 슈퍼바이저의 의견을 들은 후 어려운 상황에서도 가출을 안 하고 대안학교로 가려고 하는 등 학교생활을 유지하는 것을 칭찬거리와 자원으로 활용할 수 있다는 것을 알게 되었다.

둘째, 상담에 참여하지 않은 첫째 딸을 상담에 어떻게 개입시킬 수 있을지 궁금했는데, 상담자가 관계성 질문과 첫째 딸에 대한 간접적인 칭찬을 통해 상담에 첫째 딸을 개입시킨 점이 인상 깊었다.

③ 둘째 딸 반영팀

첫째, 상담자는 어른의 옷을 입고 있는 둘째 딸의 행동(술에 취한 어머니를 돌보기)에 대해 칭찬해 주는 것으로 대처하였지만, 슈퍼비전 과정에서 어쩌면 둘째 딸은 이런 칭찬이 별로 달갑지 않을지도 모른다는 의견을 들었을 때 둘째 딸은 어쩔 수 없이 보살펴 주어야 하는 입장에서 벗어나고 싶었을지도 모른다는 생각이 들었다. 오히려 칭찬보다는 그 상황이 쉽지 않았을 것에 대한 공감과 그런 둘째 딸의 가족 구성 내에서의 역할을 가족들이 직면하게 하는 일이 꼭 필요하다는 것을 배웠다.

둘째, 술이라는 어려운 문제를 '술마녀'로 외재화함으로써 어머니의 죄책감과 딸의 미움의 대상을 객관화시켜 어려운 문제에 쉽게 접근할 수 있는 방법을 배웠다. 특히 이 방법은 청소년 상담에서 잘 활용될 수 있을 것 같다.

셋째, 어머니의 술 문제라는 큰 문제 앞에 선진의 심리적인 어려움이 간과될 수도 있었다. 상담자는 사물을 꿰뚫어 보는 예지력을 지녀야 함을 깨닫게 되었다.

넷째, 내담자인 어머니의 술 문제를 주로 다루고 있지만, 방어가 강하고 착한 진희에게 상담의 초점을 유지시키기 위해서는 지속적인 관심과 방어벽을 허무는 작업이 필요함을 배울 수 있었다.

④ 상담자의 질문에 대한 슈퍼비전

이 사례에 대해 상담자가 슈퍼비전을 받고자 한 내용과 지도내용은 다음과 같다.

해결중심에서 알코올 상담을 효과적으로 다루는 방법 문제중심 상담에서처럼 '술을 얼마나 마셨는지' '술을 언제 마셨는지'를 탐색하기보다는 '술을 언제 마시지 않았는지' '조금이라도 덜 마신 적은 있었는지'에 대한 예외질문들을 사용하면서 내담자에게도 술을 마시지 않으려는 의지와 힘이 있다는 것을 부각시키고, 그러한 예외행동을 강화시키는 방법을 탐색할 수 있다. 만약 내담자가 다시 술을 마시게 되었다면 "어떻게 더 마시지 않고 거기서 멈출 수 있었나?"와 같은 질문을 통해 내담자가 더 마시지 않았던 것을 생각하게 하고 이를 확장해 나갈 수 있게 된다.

내담자의 부정적 진술이나 자기비하를 다루는 방법 알코올 문제로 힘들어하고 문제중심적 사고를 하는 내담자에게 내담자 자신이 가지고 있는 자원들과 강점들을 발견하고 부각시켜 줌으로써 내담자로 하여금 변화될 수 있다는 희망을 주고, 자기 자신과 상황을 긍정적으로 바라볼 수 있게 하며 자신의 자원을 활용해 볼 수 있는 용기를 줄 수 있다.

내담자 격려방법 상담자의 입장이 아닌 내담자의 입장에서 내담자를 격려하는 것은 매우 중요하다. 내담자의 잘못된 행동을 무조건적으로 비난하는 등 내담자에게 도움이 되지 않는 행동보다는 내담자를 걱정해 주고 챙겨 주는 작은 이해와 격려가 필요하다.

연계회의의 중요성 연계회의를 통하여 각 기관이 잘할 수 있는 부분을 담당하게 한 것이 적절하고 효과적이었다. 가족의 문제 중 가장 커다란 부분인 선진의 문제까지 상담자의 몫이었다면 쉽게 소진되고 역부족이었을 것이다. 그러나 이 부분을 학교 관계자가 담당해 줌으로써 상담자는 내담자와 진희에게 집중할 수 있었던 것 같다. 앞으로도 유관기관과의 연계를 통해 정보를 공유하고 함께 방향을 설정해 감으로써 가족에게 더 큰 도움이 되는 방향으로 상담이 진행될 수 있을 것으로 기대된다.

요약

슈퍼비전은 상담자의 상담수행을 지도 또는 감독하는 활동이다. 이것은 일반적으로 평가적인 것으로 장기간 지속된다. 경험이 적은 상담자의 직무수행 능력을 향상시키려는 목적을 가지고 내담자에게 제공하는 서비스의 수준을 감독하는 활동이다.

미국가족치료학회는 슈퍼비전에 중요한 역할을 담당해 왔으며 슈퍼비전을 체계화시켜 왔다. 1980년대부터 대표적인 가족상담 모델들은 각 모델마다 기본적인 이론적 가정, 주요 개념, 방법, 기술이 있으며 이는 슈퍼비전에도 영향을 주었기 때문에 모델에 따라 슈퍼비전의 내용과 방법 및 초점이 다르다. 1990년대는 통합적 접근법의 중요성이 더욱 강조되면서 상담과 슈퍼비전에 적용되기 시작하였다. 포스트모더니즘은 가족상담 이론을 크게 변화시켰는데, 이 영향을 받은 슈퍼비전의 목표는 자신감을 향상시키고 협동적, 비지시적, 평등한 슈퍼비전 관계 속에서 상담자의 문제를 해결함으로써 성공을 경험하게 하는 것이다.

해결중심 슈퍼비전은 문제에 관심을 가지며 문제의 원인을 분석하기보다는 문제가 없는 상황에 초점을 맞춘다. 해결중심 슈퍼비전은 상담자가 스스로 성장할 수 있는 잠재된 능력과 자원을 갖고 있음을 가정하고 그들의 이야기에 귀 기울임으로써 상담자가 자신만의 독특한 상담 기법과 스타일을 찾아가는 데 도움을 준다. 해결중심 슈퍼비전에서는 상담자가 자기 문제에 대한 해결책을 찾는 방법으로 질문기법을 사용한다. 이러한 질문은 주로 긍정적인 측면에 초점을 맞춰 자신의 시각을 긍정적으로 전환하고 문제 해결방법에 대한 생각을 촉진하는 역할을 한다. 상담자는 이 질문에 대한 답을 생각하는 동안 자연스럽게 자신의 긍정적 행동에 초점을 맞추게 된다. 해결중심 슈퍼비전은 초보 상담자의 불안감을 감소시키고 상담자의 자원과 성공적 경험에 더 주의를 기울이게 하여 상담자의 내적 통찰력을 증진하는 데 도움을 주며 효능감을 증대시킨다.

부록 1

해결중심단기치료 슈퍼비전: 상담에 대한 슈퍼바이지의 평가[1)]

내담자명(가명)/사례 번호: /

가족치료 실습 기관 명:

슈퍼바이지 명:

슈퍼비전 장소/일시: / 년 월 일 (요일)

내담자의 목표성취와 상담효과에 관한 다음의 질문에 대하여 내용을 적어 주십시오.

질문	내용
1. 내담자의 목표는 무엇이고 어떻게 성취되었습니까?	
2. 목표가 성취된 증거는 무엇입니까?	
3. 목표를 좀 더 잘 성취하기 위해 할 수 있는 것이 있었다면 무엇입니까?	
4. 주로 사용한 기법은 무엇이며, 내담자는 무엇이 도움이 되었다고 말할까요?	

5. 치료가 성공적이었다고 생각되는 근거는 무엇입니까?	
6. 내담자와 어떻게 종결하였습니까?	
7. 이 사례를 통하여 학습한 것에 관한 종합적인 평가를 적어 주십시오.	

1) 한국단기가족치료연구소 단기가족상담전문가 과정 자료집에서 발췌.

부록 2

해결중심단기치료 슈퍼비전: 슈퍼바이지의 자기평가[2)]

슈퍼바이지 명:

내담자명(가명)/사례 번호: /

슈퍼바이저 명:

슈퍼비전 장소/일시: / 년 월 일 (요일)

질문	내용
1. 슈퍼비전을 통해 학습한 이론, 전략, 기술은 무엇입니까?	
2. 슈퍼비전을 통해 학습한 인간관계, 동료 관계, 슈퍼바이저 관계는 무엇입니까?	
3. 해결중심치료에 관한 자신감이 상담을 처음 시작할 때가 1점이고 최고 점수를 10점이라고 한다면 현재는 몇 점이며 그 근거는 무엇입니까?	
4. 10점의 상태는 어떠한 것입니까? 본인이 희망하는 점수는 몇 점이며 그 점수에 도달하기 위해 필요한 것은 무엇입니까?	
5. 전문가로 성장하는 데 슈퍼비전이 어떤 측면에서 도움이 되었습니까?	

6. 앞으로 관심을 갖고 좀 더 훈련을 받고 싶은 영역은 무엇입니까?	
7. 슈퍼비전이 현장에서 어떻게 도움이 될 것 같습니까?	

2) 한국단기가족치료연구소 단기가족상담전문가 과정 자료집에서 발췌.

부록 3

슈퍼바이지에 대한 슈퍼바이저의 평가[3)]

슈퍼바이지 명: 날짜: 년 월 일 (요일)

사례 회기: 슈퍼바이저 명:

가족 상황	이번 회기의 치료 계획

기술	필요 없음	필요 하나 미사용	초보 수준	유능한 수준	매우 좋은 수준	창조적, 유연한 수준	비고
1. 관계 맺는 기술	0	1	2	3	4	5	
2. 추적 기술	0	1	2	3	4	5	
3. 전반적인 평가(문제/목표/시도한 해결책/알코올/세계관/발달단계)	0	1	2	3	4	5	
4. 탐색적, 유연한 질문 사용(순환성/중립성/가설 세우기/전략 짜기)	0	1	2	3	4	5	
5. 명료화, 직면	0	1	2	3	4	5	
6. 교류를 지시	0	1	2	3	4	5	
7. 전환기적 유형 점검	0	1	2	3	4	5	

8. 직접적 개입	0	1	2	3	4	5	
9. 간접적 개입	0	1	2	3	4	5	

기타 의견:

3) AAMFT Forms Book VI-2를 번안함.

부록 4

한국가족치료학회 부부가족상담 슈퍼바이저의 역할(2017. 01.)

1) 부부가족상담 관련 다양한 슈퍼비전 모델에 대한 전문 지식의 교육과 지도

2) 자신의 주요 슈퍼비전 모델의 철학적 · 실천적 시사점에 대한 비판적 사고와 실천

3) 다양한 슈퍼비전 상황에서 슈퍼비전의 구조화와 지도감독

4) 슈퍼비전 및 슈퍼비전에 대한 슈퍼비전 맥락에서 제기되는 전문적 쟁점(예: 문화, 성, 계층, 윤리, 경제, 법적 쟁점)에 대한 인식 및 지도감독

5) 부부가족상담 관련 연구 수행 및 지도

6) 부부가족상담 관련 기관 설립 및 운영을 위한 전문 인력 양성과 교육 · 훈련

7) 중앙 및 지방정부와 기업체 및 기관 등 관련 전문조직의 부부가족상담 활동에 대한 정책적 참여와 자문

참/고/문/헌

가족치료연구모임 역(1996). 단기가족치료: 해결중심으로 되어가기[Walter, J. L., & Peller, J. E. (1992). *Becoming solution-focused in brief therapy*]. 서울: 하나의학사.

가족치료연구모임 역(2001). 해결중심적 단기가족치료[Berg, I. K., & Miller, S. D. (1992). *Working with the problem drinker: A solution-focused approach*]. 서울: 하나의학사.

강현주, 김정화(2016). 사회복지상담 교육콘텐츠 개발을 위한 기초연구: 아동복지 실천현장을 중심으로. 서울: 한국보건복지인력개발원.

김남희(2011). 그것은 몸에서 일어나는 일이다. 트라우마 치료 심화과정 워크숍 자료집. 2011년 10월 15일. 서울EMD연구소, 13-23.

김성천, 이소영, 장혜림 역(2002). 해결중심집단치료[Metcalf, L. (1998). *Solution focused group therapy*]. 서울: 청목출판사.

김소야자, 송성자, 김윤희, 양수(2006). 이혼상담 3회기 모델. 한국상담전문가연합회 편. 이혼상담 법제화를 위한 제2회 전국상담전문가 교육대회 자료집.

김영애, 김정택, 송성자, 심혜숙, 정문자, 제석봉 역(2011). 가족치료: 개념과 방법[Nichols, M. P. (2010). *Family therapy: Concepts and methods*]. 서울: 학지사.

김유순 역(2001). 가족치료: 다루기 어려운 청소년을 위한 해결지향 모델[Selekman, M. D.

(1993). *Pathways to change: Brief therapy solutions with difficult adolescents*]. 서울: 박학사.

김유순 역(2015). 변화로 가는 길: 다루기 어려운 청소년을 위한 단기치료[Selekman, M. D. (2005). *Pathways to change: Brief therapy with difficult adolescents*]. 서울: 박학사.

김유순, 김은영, 어주경, 최중진 역(2013). 해결중심 집단상담[Sharry, J. (2007). *Solution-focused group work*]. 서울: 학지사.

김은영(2011). 외도 경험 가족에 대한 해결 중심적 가족치료. 트라우마와 가족치료. 제31회 추계 학술대회 자료집. 한국가족치료학회.

김은영, 김솔 역(2013). 해결중심 코칭[Szabó, P., & Meier, D. (2008). *Coaching Plain & Simple: Solution-focused Brief Coaching Essentials*]. 서울: 학지사.

김준기(2011). 트라우마 관점에서 보면 환자가 다르게 보인다. 트라우마 치료 심화과정 워크숍 자료집. 2011년 10월 15일. 서울EMD연구소, 1-11.

김춘경(2004). 아동상담-이론과 실제-. 서울: 학지사.

김효정, 장환일, 김경빈(1999). 한국어판 공동의존 척도의 개발과 표준화 연구. *J. Korean Academy of Addiction Psychaitry, 3*(2), 148-159.

노혜련, 김윤주(2014). 강점관점 해결중심 사례관리. 서울: 학지사.

노혜련, 허남순 역(2015). 해결을 위한 면접[De Jong, P., & Berg, I. K. (2012). *Interviewing for solutions*]. 서울: 박학사.

변화순, 장혜경, 김혜영, 전영주, 정재동, 구선영(2005). 가족 · 성별 갈등현황 및 정책과제. 한국여성개발원.

서진환 역(2007). 이혼상담 워크북[Rich, P. (2002). *Divorce Counseling: Home Work Planner*]. 서울: 학지사.

서진환, 이선혜, 신영화(2004). 한국의 가족치료 임상현장: 전국 현장조사. 한국가족치료학회 제19회 추계학술대회 발표 자료집. "한국가족치료 어디까지 왔나?"

성정현 역(2001). 언제라도 너는 행복해야 한다[Everett, C., & Everett, S. V. (1998). *Healthy divorce*]. 서울: 함께 읽는 책.

성정현(2002). 이혼 후 적응을 위한 집단 프로그램의 개발. 한국가족복지학, 9, 31-53.

손현숙(2007). 이혼여성의 자립과정에서의 갈등과 대응. 숙명여자대학교 대학원 석사학위 논문.

송성자(2003). 강점관점과 해결중심치료 접근법을 통합한 가족치료 접근법 개발에 관한 연구. 한국가족사회복지학, 7, 100-125.

송성자, 김유순, 어주경, 정윤경, 최중진(2013). 가정폭력 피해대상 유형별 치료 · 회복 프로그램 개발 2권. 서울: 여성가족부.

송성자, 최중진(2003). 강점관점의 사회복지 실천을 위한 해결지향적 질문기법. 한국가족치료학회지, 11(2), 1-27.

신라대학교가족상담센터 편역(2005). 이혼조정 매뉴얼. 서울: 양서원.

양소영, 전영주(2002). 아동을 대상으로 한 해결중심 집단상담 프로그램 개발과 편부모 가족 아동에의 적용. 한국가족치료학회지, 10(2), 75-103.

양옥경, 김미옥, 최명민 역(2002). 가족과 레질리언스[Walsh, F. (1998). *Strengthening family resilience*]. 서울: 나남출판사.

양유성(2008). 외도의 심리와 상담. 서울: 학지사.

유계숙, 장보현, 한지숙(2006). 이혼 전·후 가족상담 운영 매뉴얼. 중앙건강가정지원센터.

이명우 역(2015). 상담실무자를 위한 사례개념화 이해와 실제[Sperry, L., & Sperry, J. (2012). *Case Conseptualization: Mastering this Competency with Ease and Confidence*]. 서울: 학지사.

이영분, 김기환, 윤현숙, 이원숙, 이은주, 최현미, 홍금자(2001). 사회복지실천론. 서울: 동인.

이영분, 최영신 역(2006). 낭비와 중독에서 벗어나기[西戸智昭(2001). 今日からできる浪費お止める小さな習慣]. 서울: 함께 읽는 책.

이용준(2004). 탄력적인 아동의 보호요인 연구: 아동의 성과 지능, 어머니의 양육행동 및 사회경제적 지위를 중심으로. 연세대학교 대학원 석사학위논문.

이윤주, 양정국(2007). 밀턴 에릭슨 상담의 핵심-은유와 최면. 서울: 학지사.

이재훈 역(1998). 그림놀이를 통한 어린이 심리치료[Winnicott, D. W. (1971). *Therapeutic consultations in child psychiatry*]. 서울: 한국심리치료연구소.

이정연 역(2004). 부부상담과 치료[Young, M. E., & Long, L. L. (1998). *Counseling and therapy for couples*]. 서울: 시그마프레스.

이홍표(2002). 도박의 심리. 서울: 학지사.

임선영(2013). 외상적 관계상실로부터 성장에 이르는 과정에 대한 질적 연구. 한국심리학회지: 상담 및 심리치료, 25, 745-772.

정문자(2015). 해결중심 상담개념화. 해결중심치료학회 워크숍 강의 노트.

정문자 역(2000). 가족생활주기와 치료적 개입[Carter, B., & McGoldrick, M. (1989). *The changing family life cycle: A framework for family therapy*, 2nd ed.]. 서울: 중앙적성출판사.

정문자, 김은영(1999). 이혼가족 아동의 적응을 돕기 위한 사회적 지원 체계의 탐색. 생활과학논집, 13, 108-119.

정문자, 김은영(2005). 이혼부모와 자녀의 건강한 사회적응을 위한 통합적 집단치료 모형 개발. 대한가정학회지, 43(3), 161-183.

정문자, 김진이, 이현주(2005). 이혼 가정의 아동과 어머니의 사회적응을 위한 통합적 집단 치료의 효과성 연구. 대한가정학회지, 43(6), 145-169.

정문자, 송성자, 이영분, 김유순, 김은영(2008). 해결중심단기치료. 서울: 학지사.

정문자, 송성자, 이영분, 김유순, 김은영, 어주경(2006). 해결중심 가족치료 사례집. 서울: 학지사.

정문자, 정혜정, 이선혜, 전영주(2012). 가족치료의 이해(2판). 서울: 학지사.

정혜정 역(2016). 가족치료 사례개념화[Reiter, M. D. (2014). *Case conceptualization in family therapy*]. 서울: 학지사.

천성문, 송재홍, 윤치연, 윤호열, 이영순, 박천식, 김경일, 하영자, 김상희, 원요한 역(2001). 아동상담의 이론과 실제[Thomson, C. L., & Rudolph, L. B. (2000). *Counseling Children*, 5th ed.]. 서울: 시그마프레스.

최성재, 조홍식, 한인영, 김경미, 이영분, 윤현숙, 유수현, 김성천, 최혜지(2013). 한국 사회복지실천의 고유성. 서울: 집문당.

하정혜(2014). 중년여성 한부모의 성역할 갈등, 사회적 지지, 삶의 의미와 외상 후 성장. 홍익대학교 대학원 박사학위논문.

한국단기가족치료연구소 역(2011). 해결중심 가족치료의 오늘: 기적 그 이상의 것[de Shazer, S., Dolan, Y., Korman, H., Trepper, T., McCollum, E., & Berg, I. K. (2007). *More than miracles: The state of the art of solution-focused brief therapy*]. 서울: 학지사.

한국단기가족치료연구소(2015). 해결중심치료 중급 워크숍 자료집.

한정숙, 최윤경(2014). 이혼경험자의 인지적 유연성이 역경 후 성장에 미치는 영향: 시간관의 매개효과. 인지행동치료, Vol. 14(2), 217-237.

Alcoholics Anonymous (1976). *The story of how more than one hundred men have recovered from alcoholism*. New York: Alcoholics Anonymous World Service.

American Society of Addiction Medicine, Inc. (1996). *Patient placement criteria for the treatment of substance-related disorders* (2nd ed.). Chevy Chase, MD: Author.

Anderson, H., & Goolishian, H. (1992). The client is the expert: A not-knowing approach to therapy. In S. McNamee, & K. Gergen (Eds.), *Therapy as Social Construction*. Newbury Park: Sage Publications.

Anderson, S. A., Rigazio-DiGilio, S. A., & Kunkler, K. P. (1995). Training and supervision in family therapy: Current issues and future directions. *Family Relations, 44*(4), 489-500.

Anderson, S. A., Schlossberg, M., & Rigazio-DiGilio, S. A. (2000). Family therapy trainees evaluations of their best and worst supervision experiences. *Journal of Marital & Family Therapy, 26*(1), 79-92.

Atwood, J. D., & Genovese, F. (2013). Therapy with single parents. *A social constructionist approach.* London & NY: Routledge.

Bandler, R., & Grinder, J. (1979). *Frogs into princes: Neuro linguistic programming.* UT: Real People Press.

Berg, I. K. (1989). Of visitors, complainants, and customers: Is there really such thing as resistance? *Family Therapy Networker, 13*(1), 21.

Berg, I. K. (1994a). *Family based services: A solution-focused approach.* New York: W. W. Norton.

Berg, I. K. (1994b). Psychotherapy and substance abuse. In A. M. Washton (Ed.), *A practitioner's handbook.* New York: The Guilford Press.

Berg, I. K., & De Jong, P. (1996). Solution-building conversation: Co-constructing a sense of competence with clients. *Families and Society, 77*(6), 376-391.

Berg, I. K., & de Shazer, S. (1993). Making numbers talks: Language in therapy. In S. Friedman (Ed.), *New language of change.* New York: Guilford Press.

Berg, I. K., & Dolan, Y. (2001). *A collection of hope-inspiring stories.* NY: W. W. Norton.

Berg, I. K., & Gallagher, D. (1991). Solution-focused brief therapy with adolescent substance abusers. In T. C. Todd, & M. D. Selekman (Eds.), *Family therapy approaches with adolescent substance abusers* (pp. 93-111). Needham Heights, MA: Allyn & Bacon.

Berg, I. K., & Miller, S. (1992). *Working with the problem drinker: A solution-focused approach.* NY: Norton.

Berg, I. K., & Ruess, N. H. (1998). *Solutions step by step: A substance abuse treatment manual.* New York: W.W. Norton & Company, Inc.

Berg, I. K., & Steiner, T. (2000). 아동 · 청소년에 대한 해결중심치료의 적용. 해결중심단기가족치료 숙련과정 워크북. 서울: 단기가족치료센터.

Berg, I. K., & Steiner, T. (2003). *Children's solution work.* NY: W. W. Norton & Company.

Blackborn, C. (1995). Relapse and the family. *The counselor,* 11-20.

Borovoy, A. (2001). Recovering from co-dependence in Japan. *American Ethnologist,*

28(1), 94.

Braver, S. L., Salem, P., Pearson, I., & DeLuse, S. R. (1996). The content of divorce education programs: Results of a survey. *Family and Conciliation Courts Review, 34*, 41-59.

Brown, E. M. (1991). *Patterns of Infidelity and their treatment.* NY: Brunner/Mazel.

Cade, B., & O' Hanlon, W. H. (1993). *A brief guide to brief therapy.* NY: W. W. Norton.

Cecchin, G. (1987). Hypothesizing, circularity, and neutrality revisited: An invitation to curiosity. *Family Process, 26,* 405-413.

Corcoran, J. (2001). Solution-focused therapy. In P. Lehmann, & N. Coady (Eds.), *Theoretical perspectives for direct social work practice.* New York: Springer Publishing Company.

De Jong, P., & Berg, I. K. (2001). *Interviewing for solutions.* Pacific Grove, CA: Brooks/Cole Publishers.

De Jong, P., & Berg, I. K. (2012). *Interviewing for solutions.* Pacific Grove, CA: Brooks/Cole.

De Jong, P., & Miller, S. (1995). How to interview for client strengths. *Social Work, 40*(6), 729-736.

de Shazer, S. (1982). *Patterns of brief family therapy: An ecosystemic approach.* New York: Guildford Press.

de Shazer, S. (1985). *Keys to solution in brief therapy.* New York: W. W. Norton.

de Shazer, S. (1988). *Clues: Investigating solutions in brief therapy.* New York: W. W. Norton.

de Shazer, S. (1991). *Putting difference to work.* New York: W. W. Norton.

de Shazer, S., & Berg, I. K. (1995). The brief therapy tradition. In J. Weakland, & W. Ray (Eds.), *Propagations-thirty years of influence from the mental research institute.* The Haworth Press, Inc.

de Shazer, S., & Berg, I. K. (1997). What works? Remarks on research aspects of solution-focused brief therapy. *Journal of Family therapy, 19*, 121-124.

de Shazer, S., Berg, K., Lipchik, E., Nunnally, E., Molnar, A., Gingerich, W., & Weiner-Davis, M. (1986). Brief therapy: Focused solution development. *Family Process, 25*(6), 214-218.

Dolan, Y. (1991). Resolving sexual abuse. *Solution-focused therapy and Ericksonian hypnosis for adult survivors.* NY: Norton & Company.

Dolan, Y. (2009). Schritt fuer Schritt zur Freude zurueck. *Das Leben nach traumatischen Erfahrungen meistern.* Heidelberg: Carl-Auer Verlag.

Dunlop, R., Burns, A., & Bermingham, S. (2001). Parent-child relations and adolescent self-image following divorce: A 10 year study. *Journal of Youth and Adolescence, 30*(2), 117-134.

Durrant, M., & Coles, D. (1991). The Michael White approach. In T. C. Todd, & M. D. Selekman (Eds.), *Family therapy approaches with adolescent substance abusers* (pp. 135-175). Needham Heights, MA: Allyn & Bacon.

Early, T., & GlenMaye, L. (2000). Valuing families: Social work practice with families from a strengths perspective. *Social Work, 45*(2), 118-130.

Fife, S. T., Weeks, G. R., & Stellberg-Filbert, J. (2011). Facilitating forgiveness in the treatment of infidelity: an interpersonal model. *Journal of Family Therapy, 2011*, 1-25.

Fisch, R., Weakland, J., & Segal, L. (1982). *The tactics of change: Doing therapy briefly.* San Francisco: Jossey-Bass.

Franklin, C. (1998). Distinction between social constructionism and cognitive constructivism: Practice applications. In C. Franklin, & P. Nurius (Eds.), *Constructivism in practice: Methods and challenges* (pp. 57-94). Milwaukee, WI: Families International, Inc.

Franklin, C., & Jordan, C. (1999). Solution-focused brief family therapy. In *Family practice: Brief systems methods for social work* (pp. 105-141). Pacific Grove, CA: Brooks/Cole Publishing Company.

Franklin, C., Biever, J., Moore, K., Clemons, D., & Scamardo, M. (2001). The effectiveness of solution-focused brief therapy with children in a school setting. *Research on Social Work Practice, 11*(4), 411-434.

Franklin, C., Trepper, T. S., Gingerich, W. J., & McCollum, E. (2012). Solution-focused brief therapy: A handbook of evidence-based practice. New York: Oxford University Press.

Fthenakis, W. E., Walbiner, W., & Wolf, J. (1995). *Gruppen interventions programm für Kinder mit getrennt lebenden oder geschiedenen Eltern.* Weinheim und Basel: Beltz.

Furman, B., & Ahola, T. (1994). Solution talk: The solution-oriented way of talking about problems. In M. F. Hoyt (Ed.), *Constructive therapies* (pp. 41-66). New York:

Guilford Press.

Garfield, C. (1984). *Peak performance.* Los Angeles: Jeremy Farcher, Publisher.

Gergen, K. (2009). *An Invitation to Social Construction* (2nd ed.) London: Sage.

Gil, E. (1994). *Play in Family Therapy.* NY: The Guilford Press.

Gilligan, S. G. (1987). *Therapeutic trances: The cooperation principle in ericksonion hypnotherapy.* New York: Brunner/Maze.

Glass, S. P. (2004). *Not "Just Friends".* New York: Free Press.

Glass, S. P., & Wright, T. L. (1992). Justification for extramarital involvement: The association between attitudes, behavior, and gender. *Journal of Sex Research, 29*(3), 1-27.

Goldenberg, H., & Goldenberg, I. (2002). *Counseling Today's Families.* CA: Brooks/Cole.

Goldenberg, I., & Goldenberg, H. (2000). *Family therapy: An overview* (5th ed.). U.S.A: Brooks/Cole.

Gordon, K. C., Baucom, D. H., & Snyder, D. K. (2000). *The Use of Forgiveness in Marital Therapy, in: Practice.* New York: The Guilford Press.

Gottman, J., & Siver, N. (2012). *What makes love last?* (최성애 역, 2014, 부부 감정치유, 서울: 을유문화사)

Guttman, H. A. (1991). Systems theory, cybernetics, and epistemology. In Gurman, A. S. & Kniskern, D. P. (Eds.) *Handbook of family therapy.* Volume II, pp. 41-62. Brunner/Mazel. NY: NY.

Haley, J. (1973). *Uncommon therapy: The psychiatric techniques of Milton H. Erickson, M. D.* New York: W. W. Norton.

Hertlein, K. M., Wetchler, J. L., & Piercy, F. P. (2005). Infidelity: An Overview. *Handbook of the clinical treatment of infidelity.* The Haworth Press, 5-16.

Hester, K. R., & Miller, R. W. (1989). *Handbook of alcoholism treatment approach: Effective alternatives.* New York: Pergamon Press.

Hetherington, E. M. (2003). Social support and the adjustment of children in divorced and remarried families. *Childhood, 10*(2), 217-236.

Hoskisson, P. (2003). Solution-focused groupwork. In B. O'Connell, & S. Palmer (Eds.), *Handbook of solution-focused therapy* (pp. 25-37). CA: Sage.

Johnson, V. (1973). *I'll quit tomorrow.* New York: Harper & Row.

Joseph, S., & Linley, P. A.(2008). *Trauma, recovery, and growth: Positive psychological perspectives on posttraumatic stress.* Hoboken, NJ: Wiley.

Juhnke, G. A. (1996). Solution-focused supervision: Promoting supervisee skills and confidence through successful solutions. *Counselor Education and Supervision, 36,* 48–57.

Kelly, J. B. (2000). Children's adjustment in conflicted marriage and divorce: A decade review of research. *Journal of the American Academy of Child and Adolescent Psychiatry, 39*(8), 963–973.

Kim, E. Y. (1995). Norbert Elias im Diskurs von Moderne und Postmoderne. *Ein Rekonstruktionsversuch der Eliasschen Theorie im Licht der Diskussion von Foucault und Habermas.* Marburg: Tectum Verlag.

Kim, S. W. (2006). Examining the effectiveness of solution-focused brief therapy: A meta-analysis using random effects modeling. *Unpublished doctoral dissertation.* The University of Texas at Austin.

Kitson, G. E., & Morgan, L. (1991). Consequence of divorce. In A. Booth (Ed.), *Contemporary families: Looking forward, looking back.*

Kral, M. S. (1988). *Techniques for solution in the schools.* BFTC.

Krumrei, E. J., Mahoney, A., & Pargament, K. I. (2011). Spiritual stress and coping model of divorce: A longitudinal study. *Journal of Family Psychology, 25,* 973-985.

Krumrei, E. J., Mahoney, A., & Pargament, K. I. (2009). Divorce and the Divine: The Role of Spirituality in Adjustment to Divorce. *Journal of Marriage and Family, 71*(2), 373–383.

Lankton, S. R., & Lankton, C. H. (1983). *The answer within: A clinical framework of ericksonian hypnotherapy.* New York: Brunner/Maze.

Lee, R. E., Nichols, D. P., Nichols, W. C., & Odom, T. (2004). Trends in family therapy supervision: The past 25 year and into the future. *Journal of Marital and Family Therapy, 30*(1), 61–69.

Leon, K. (2003). Risk and protective factors in young children's adjustment to parental divorce: A review of the research. *Family Relations, 5*(3), 258–270.

Lipchik, E. (2002). *Beyond technique in solution focused therapy.* New York, NY: The Guilford Press.

Lipchik, E., Derks, J., Lacourt, M., & Nunnally, E. (2012). The evolution of Solution-Focused Brief Therapy. In Franklin, C., Trepper, T. S., Gingerich, W. J. & McCollum, E. E. (Eds) *Solution-focused brief therapy: A handbook of evidence-based practice,* pp. 3–19. Oxford Press.

Long, L. L., & Young, M. E. (2007). *Counseling and therapy for couples* (2nd ed.) Thomson. (이정연 역, 2009, 부부상담과 치료, 서울: 시그마프레스)

Lynn, S. (1991). Brief therapy: The MRI approach. In Gurman, A. S. & Kniskern, D. P. (Eds.) *Handbook of family therapy. Volume II*, pp. 171-199. Brunner/Mazel. NY: NY.

Marks, N. E. (1996). Flying solo at midlife: Gender, marital status, and psychological well-being. *Journal of Marriage and the Family, 58*, 917-932.

Marlow, L., & Sauber, S. R. (1990). *The handbook of divorce mediation*. NY: Plenum.

Metzger, L. (1988). *From denial to recovery*. San Francisco: Jossey-Bass.

Miller, R. W., & Hester, R. (1986). Inpatient alcoholism treatment: Who benefits? *American Psychologist, 41*(7), 794-805.

Miller, S. D., & Berg, I. K. (1991). Working with problem drinker: A solution-focused approach. *Arizona Counseling Journal, 16*.

Murphy, J. (1996). Solution-focused brief therapy in the school. In S. Miller, M. Hubble, & B. Duncan (Eds.), *Handbook of solution-focused brief therapy* (pp. 184-204). San Francisco: Jossey-Bass Publishers.

O' Connell, B. (2003). *Handbook of solution-focused therapy*. London Thousand Oaks: SAGE.

O' Hanlon, W. H. (1987). *Taproots: Underlying principles of Milton Erickson's therapy and hypnosis*. New York: Norton.

O' Hanlon, W. H., & Weiner-Davis, M. (1989). *In search of solutions: A new direction in psychotherapy*. New York: W.W. Norton.

Olson, M. M., Russell, C. S., Higgins-Kessler, M., & Miller, R. B. (2002). Emotional processes following disclosure of an extramarital infidelity. *Journal of marital and family therapy, 28*, 423-434.

Palazzoli, M. S., Boscolo, L., Cecchin, G., & Prata, G. (1980). Hypothesizing-cicularity-neutrality: Three guidelines for the conductor of the session. *Family Process, 19*(1), 3-13.

Peake, T. H., Borduin, C. M., & Archer, R. P. (1988). *Brief psychotherapies: changing frames of mind* (The Aster Work Series). New York: Jason Aronson.

Pichot, T., & Dolan, Y. M. (2003). *Solution-focused brief-therapy: Its effective use in agency settings*. Binghamton, NY: The Haworth Clinical Practice Press.

Presbury, J., Echterling, L. G., & McKee, J. E. (1999). Supervision for inner vision:

Solution-focused strategies. *Counselor Education and Supervision, 39,* 146-155.

Quick, E. (1996). *Doing what works in brief therapy: A strategic solution focused approach.* San Diego, CA: Academic Press, Inc.

Quick, E. K. (2012). *Core competencies in the solution-focused and strategic therapies: Becoming a highly competent solution-focused and strategic therapist.* NY: NY Routledge.

Regev, V. R., & Ehrenberg, M. F. (2012). A pilot study of a support group for children in divorcing families: Aiding community program development and marking pathways to resilience. *Journal of Divorce and Remarriage, 53,* 220-230.

Reiter, M. D. (2014). *Case conceptualization in family therapy.* Pearson Education Inc. (정혜정 역, 2016, 가족치료 사례개념화, 서울: 학지사)

Rogers, C. R. (1959). A theory of therapy, personality and interpersonal relationships as developed in the client-centered framework. In S. Koch (Ed.), *Psychology: A study of a science, Vol III, Formulations of the oerson in the social context.* New York: McGraw-Hill.

Rush, B. R., & Ogborne, A. C. (1986). Acceptability of non-abstinence treatment goals among alcoholism treatment programs. *Journal of Studies on Alcohol, 47,* 146-149.

Saleebey, D. (2002). *The strengths perspective in social work practice* (3rd ed.). Boston: Allyn and Bacon.

Saleebey, D. (2009). *The strengths perspective in social work practice.* Boston: Pearson.

Salts, C. J. (1985). Divorce stage theory and therapy: Therapeutic implications throughout the divorcing process. In D. H. Sprenkle (Ed.), *Divorce therapy.* New York: The Haworth Press.

Schaef, A. W. (1992). *Co-Dependence: Misunderstood, mistreated.* Harper-Collins.

Schmidt-Denter, U., & Beelmann, W. (1995). *Familiäre Beziehung nach Trennung und Scheidung: Veränderungsprozesse bei Müttern, Vätern und Kindern.* Forschungsbericht, Universität Köln.

Selekman, M. D. (1997). *Solution-focused therapy with children.* NY: The Guilford Press.

Selekman, M. D. (2015). 다루기 어려운 청소년 사례를 위한 해결중심 단기치료. 해결중심치료학회 2015년 춘계 국제 워크숍 자료집.

Sharry, J. (2005). Solution-focused parent training. In B. O'Connell, & S. Palmer (Eds.), *Handbook of solution-focused therapy* (pp. 48-60). CA: Sage.

Snyder, D. K., Baucom, D. H., & Gordon, K. C. (2007). *Getting past affair: A program to helf you cope, heal, and move on-togeher or apart.* The Guilford Press. (권정혜, 오현주, 정정숙 역, 2010, 다시 행복할 수 있을까, 서울: 학지사)

Sperry, L., & Sperry, J. (2012). *Case Conseptualization: Mastering this Competency with Ease and Confidence.* Taylor & Francis Group LLC. (이명우 역, 2015, 상담실무자를 위한 사례개념화 이해와 실제, 서울: 학지사)

Sprenkle, D. H., & Storm, C. L. (1983). Divorce therapy and outcome research: a substantive and methodological review. *Journal of Marriage and the Family, 9,* 239-258.

Steiner, T. (2014). *Working with children and adolescents.* 솔루션센터 놀이 & 도구 활용하기 워크숍 자료집.

Steiner, T., & Berg, I. K. (2016). *Handbuch lösungsorientiertes Arbeiten mit Kindern.* Heidelberg: Carl-Auer Verlag.

Thomas, F. N. (1996). Solution-focused supervision: The coaxing of expertise. In S. D. Miller, M. A. Hubble, & B. L. Duncan (Eds.), *Handbook of solution-focused therapy* (pp. 128-151). San Francisco: Jossey-Bass.

Thomas, F. N. (2007). Possible limitations, misunderstandings and misuses of solution-focused brief therapy. In T. S. Nelson & F. N. Thomas (Eds.), *Handbook of solution-focused brief therapy: Clinical applications* (pp. 391-408). New York: The Haworth Press.

Todd, T. C., & Storm, C. L. (2002). *The complete systemic supervisor.* Lincoln, NE: Authors Choice Press.

Wallerstein, J. S. (2005). Growing in the divorced family. *Clinical social work journal, 33*(4), 401-418.

Walsh, F. (1993). *Normal family process.* New York: The Guilford Press.

Walsh, F. (1998). *Strengthening family resilience.* New York: The Guilford Press.

Wang, H., & Amato, P. R. (2000). Predictors of divorce adjustment: stressors, resources, and definitions. *Journal of Marriage and the Family, 62,* 655-668.

Watkins, C. E. (1996). On demoralization and awe in psychotherapy supervision. *Clinical Supervisor, 14,* 139-148.

Watzlawick, P., Weakland, J., & Fisch, R. (1974). *Change: Principles of problem formation and problem resolution.* New York: Norton.

Weick, A. (1992). Building a strengths perspective for social work. In D. Saleebey (Ed.), *The strengths perspective in social work practice.* New York: Longman.

Weick, A., Kreider, J., & Chamberlain, R. (2009). Key demension of the strengths perspective in case management, clinical practice, and community practice. In D. Saleebey (Ed.), *The strengths perspective in social work practice*. Boston: Pearson.

Whitfield, C. L. (1989). Co-dependence: Our most common addiction. *Alcoholism Treatment Quarterly, 6*, 19.

Zeig, J. K. (1980). *A teaching seminar with Milton H. Erickson*. New York: Brunner/Mazel.

찾/아/보/기

〈인명〉

西戶智昭 223

가족치료연구모임 48, 50, 80, 95, 103, 132, 143, 152, 158, 214
강현주 312
김경미 43
김기환 80
김성천 43, 311
김솔 206, 253
김유순 59, 82, 112, 159, 160, 161, 202, 206, 302, 312, 313, 318, 325
김윤주 41
김은영 59, 82, 191, 198, 206, 253, 275, 290, 291, 302
김정화 312

노혜련 41, 65, 109, 113

단기가족치료센터(BFTC) 13, 25, 95
단기치료센터 13, 22
단주회(AA) 213, 220

미국부부가족치료학회(AAMFT) 327, 331, 359

서진환 43
송성자 41, 59, 82, 112, 121
신영화 43

어주경 59, 112, 302
유수현 43
윤현숙 43, 80
이명우 72
이선혜 12, 43
이소영 311
이영분 43, 59, 80, 82, 223
이원숙 80
이은주 80

장혜림 311
전영주 12
정문자 12, 41, 59, 75, 82, 191, 198, 275, 290, 291
정신건강연구소(MRI) 9, 11, 13, 18, 21, 22, 105
정윤경 112
정혜정 12, 72
조홍식 43

최성재 43
최영신 223
최중진 112, 302
최현미 80
최혜지 43

한국가족치료학회 43, 331
한국단기가족치료연구소 42, 46, 139, 140, 156, 158, 196, 248, 355, 357
한인영 43
허남순 65, 83, 109, 113
홍금자 80

Adler, A. 311
Ahola, T. 23
Anderson, H. 33, 65
Anderson, S. A. 329, 331
Archer, R. P. 22

Bandler, R. 60
Bateson, G 15, 17
Baucom, D. H. 247
Berg, I. K. 11, 13, 14, 17, 18, 20, 25, 34, 43, 49, 64, 65, 82, 83, 86, 89, 95, 105, 106, 107, 108, 109, 111, 113, 117, 120, 121, 135, 139, 140, 152, 158, 163, 166, 182, 186, 214, 301
Blackborn, C. 225
Bodin, A. 22
Borduin C. M. 22
Boscolo, L. 161
Brown, E. M. 243

Cade, B. 106, 108
Carter, B. 269
Cecchin, G. 137, 161
Chamberlain, R. 41
Coles, D. 171
Corcoran, J. 118

De Jong, P. 14, 34, 65, 83, 106, 109, 112, 113, 121, 182, 301
de Shazer, S. 11, 13, 14, 17, 20, 23, 25, 30, 32, 33, 36, 43, 62, 64, 76, 82, 89, 106, 105, 107, 109, 111, 135, 139, 172, 207, 263, 322, 323, 335, 337
Derks, J. 17
Dolan, Y. 14, 17, 117, 139, 140, 247, 248, 251, 260, 264, 301, 303, 305, 306, 334, 341
Durrant, M. 171

Echterling, L. G. 338
Erickson, M. 11, 18, 26, 30, 54

Fisch, R. 21, 22
Franklin, C. 14, 35, 107
Fry, W. 16
Furman, B. 23

Gallagher, D. 163, 166
Garfield, C. 49
Gehart, D. 72
Gergen, K. 33, 34
Gilligan, S. G. 54
Gingerich, W. J. 89, 107, 135
Glass, S. P. 243, 244, 247
Gleitman, H. 53
Goolishian, H. 33, 65
Gordon, K. C. 247
Grinder, J. 60
Gurman, A. S. 23
Guttman, H. A. 15, 17, 22

Haley, J. 17, 21, 26
Heracleitos 51
Hester, K. R. 81
Hoskisson, P. 300, 304, 307, 309

Jackson , D. 16, 21
Jordan, C. 14
Juhnke, G. A. 336

Kim, E. Y. 32
Korman, H. 17, 139, 140
Kral, R. 14, 64
Kreider, J. 41
Kunkler, K. P. 329

Lacourt, M. 17
Lankton, S. R. 54
Lee, R. E. 328
Lipchik, E. 14, 17, 25, 89, 135
Long, L. L. 270
Lynn, S. 18, 22

McCollum, E. 17, 107, 139, 140
McGoldrick, M. 269
McKee, J. E. 338
Meier, D. 253
Metcalf, L. 311
Metzger, L. 81
Miller, S. D. 14, 49, 64, 81, 82, 83, 95, 106, 108, 112, 120, 121, 152, 158, 214
Molnar, A. 25, 89, 135

Nichols, M. 16, 21, 328
Nunnally, E. 17, 25, 89, 135

O'Connell, B. 107
O'Hanlon, B. 14, 54, 106, 108, 160, 164, 169, 207
Odom, T. 328

Palazzoli, M. S. 161
Peake, T. H. 22
Peller, J. E. 48, 80, 95, 103, 132, 143
Pichot, T. 301, 303, 305, 306, 334, 341
Prata, G. 161
Presbury, J. 338
Procrustes 63

Quick, E. 17, 146

Reiter, M. D. 72
Rich, P. 284
Rigazio-DiGilio, S. A. 329, 331
Riskin, J. 21
Rogers, C. 71, 80, 311

Saleebey, D. 38, 39, 41
Satir, V. 21
Schlossberg, M. 331
Segal, L. 22
Selekman, M. D. 159, 160, 161, 166, 167, 169, 170, 173, 188, 202, 206, 208, 305, 312, 313, 318, 319, 325
Sharry, J. 302, 311
Snyder, D. K. 247
Sperry, J. 72
Sperry, L. 72
Steiner, T. 184, 186, 198
Storm, C. L. 341
Szabó, P. 253

Thomas, F. N. 83, 334
Todd, T. C. 341
Trepper, T. 17, 107, 139, 140

von Bertalanffy, L. 16

Wallerstein, J. S. 275
Walsh, F. 39
Walter, J. L. 48, 80, 95, 103, 132, 143
Watkins, C. E. 342
Watzlawick, P. 21, 22
Weakland, J. 17, 21, 22
Weick, A. 41
Weiner-Davis, M. 89, 135, 160, 169, 207
Wiener, N. 15
Wittgenstein, L. 36

Young, M. E. 270

Zeig, J. K. 26

〈내용〉

EARS 156, 317, 318
MRI 단기치료 모델 21
MRI 모델 18

가계도 20
가상질문 115, 116, 160, 285, 320
가상질문의 예 117
가소성 38
가족 레질리언스 272, 273

가족 상호작용의 순환성 312
가족 상호작용의 순환성 교육 313
가족인형 면접 191
가족체계이론 15
간접적인 칭찬 128
갈등 회피 외도 243
감정카드 195, 196
강점 63, 138
강점관점 38, 40, 41, 46
강화 302
같은 것을 더 많이 하기 144
개인 슈퍼비전 339
견고화 질문 160, 169
결별을 위한 외도 243
경계선 18
경청 66, 67
고객형 82
고착 321, 323, 324
고착화 173
공감 67, 70
공감적 관계 80
공동상담자 300
공동알코올중독 222
공동의존 222, 223
공동의존자 214, 223, 233
공통 메시지 146
과정 66, 70
과정형 99
과제 131, 134, 135, 308
과제의 기능 132
과제 작성의 지침 143
관계성 질문 19, 46, 108, 114, 122, 182
관계성 질문의 예 123
관계 형성 189
관찰과제 139, 152
교육적 기능 132
구성주의 328
구조화된 가족싸움 과제 172
구체화 283
규칙 24, 304
그 외에 또 무엇이 있나요 129
금단반응 212, 213
긍정적인 반응 83
긍정적인 재명명 319
긍정적인 피드백 308
기본 원리 179
기적 그림 197
기적이 일어난 것처럼 가장 325
기적질문 106, 108, 113, 114, 123, 144, 196, 219, 220, 261, 303, 306, 321, 337
기적질문의 목적 113
기적질문의 예 115
기적척도 263
기타 질문기법 124

내담자 중심 79, 95
눈덩이 효과 334

단도박 가족모임 224
단절된 가족 168
단주 220
단주상담 226
단주 프로그램 219
대강의 해결책 307, 308
대처질문 106, 108, 120, 253, 254, 321
대처질문의 목적 121
대처질문의 예 122
대처질문의 특징 121
도박 212
도박의존 223
도입질문 303
동기 139
동사섭(同事攝) 55
동전 던지기 152, 170, 222, 224
또래 반영팀 173, 208

라이브 슈퍼비전 340
라포 79
라포 형성 190
레질리언스 38, 39, 272, 274

마약 212
만성적 재발 상담 225
만성적 재발자 226
맥락 24
메시지 131, 135, 140, 285
메시지의 구성요소 141
명료화 283
모더니즘 12, 32
목적 108
목표 138
목표 달성 142
목표 달성 단계 293
목표 설정 95
목표지향적 215

몰래 놀래주기 과제 161
무언가 다른 일 행하기 322, 323
문제중심 112, 114
문제중심 대화 302
문제중심상담 125
문제중심적 사고 111
문제중심적 질문 127
문제 파악을 위한 질문 125
물질남용 221
미래 동영상 질문 306
미래지향질문 303

바꾸어 말하기 66, 69
반영팀 342
반영팀을 활용한 슈퍼비전 341
방문형 82
방어기제 141
방어자 214
변화 강화하기 160
변화 끌어내기 155, 156, 157
변화성 20
변화 확대하기 159
병리적 62
보람질문 110
보호요인 274, 275, 277
부모역할 310
부모(역할)집단 프로그램 311
부모의 순환적 문제 유지 방식 314
부모집단상담 프로그램 312
부모집단 프로그램 299
부모집단 프로그램의 개념 310
부모효율성훈련(PET) 311
부부상담 278
분노 완화 231
불평형 82
비관적 순서 질문 163, 166, 167
비규범 63
비디오테이프 169
비밀스럽게 놀래 주기 170
빈 둥지 외도 243

사고 지향적 132
사례개념화 72, 73
사이버네틱스 15, 16
사이버 외도 244
사회구성주의 12, 31, 32, 33, 46
사회적 지지 276
상담목표 132
상담자-내담자 관계 316
상담 후 슈퍼비전 338
상호 보완적 46
새로운 의미의 기능 132
생활주기 27
선긋기 놀이 194
성중독 외도 243
소속감 39
쇼핑 212
수정 구슬 169, 320
수정 구슬 기법 30
순환적 상호작용 24
순환적 인과성 18, 19
순환적인 사고 314
슈퍼비전 327
습관조절 의식 171
시작에 초점 101
시작을 위한 질문 126
신체적 의존 212
실험과제 170
심리적 의존 212

아동과 청소년 179
악몽질문 127, 220
알아채기 과제 307
알지 못함 65
알지 못함의 자세 74, 204, 217, 249
알코올 212
알코올 의존 223
알코올중독 215
양육 태도 276
언어게임 36, 37
역기능 58
역량 302
역량강화 318
역할극 313, 315, 322
연결문 131, 135, 138
연계회의 351
열린 슈퍼비전 341
예방적인 프로그램 300
예외 138, 139, 144
예외지향질문 320
예외질문 105, 108, 111, 123, 256, 257, 282, 283, 338
예외질문의 목적 111
예외 탐색 92
예측 실험 206
외도 239, 240, 243
외도상담 247, 248

외도자 244, 245
외도피해 배우자 244
외상 256
외상 후 스트레스 247, 248
외재화 171
위험요인 274, 275, 277
유형개입 164, 165
은유 27
의사소통 24
의존증 212
의존행위 212
이혼 268
이혼가족의 생활주기 269
이혼가족의 자녀 275
이혼 단계 277
이혼상담 278
이혼의 개념 268
이혼의 과정 268, 270
이혼 재구조화 단계 287
이혼 전 의사결정 단계 278, 279
이혼조정 287
이혼 후 회복 단계 290
인식론 32
인지행동모델 231
인터넷 212
일반체계이론 15, 16
일방경 173
일일 집단 슈퍼비전 340
임파워먼트 38, 39

자기 개방 66, 69
자기교정 16
자기교정 피드백 15
자기 노출 189, 205
자문가 203
자원 63
작은 변화 106
잘 형성된 상담목표 163
재경험 245, 256, 259
재발 27
재정의 24
저항 27, 109
적응 275
전달방법 141
전략적 가족치료 105
전략적 치료 15, 26
절주 220
정상화 133, 137, 304
정상화 기능 132
정상화기법 319
조율상담 167
조정 287
종결 168
종결 단계 293
중독 211, 212
중독 문제 215
중독상담 211
중독자 211
중독증 212
중독치료 211
중독행동 212
증상 63
질문기법 105, 108
질문기법의 기능 106
질문기법의 종류 108
질문기법의 특성 107
질문의 기능 107
질문의 목적 108
질문의 활용목적 107
집단상담자의 역할 315
집단상담 프로그램 291
집단 슈퍼비전 340
집단 조직 315
집단 프로그램 290
집단형성 단계 293
집단 회기 317

척도질문 106, 108, 117, 123, 168, 198, 200, 283, 284, 303, 309, 321, 338
척도질문의 목적 118
척도질문의 예 119
첫 상담 전 슈퍼비전 336
첫 상담 전의 변화에 관한 질문 109
첫 회기 과제 공식 317, 319
청소년의 특성 200
체계론적 사정 75
초기 관계 형성을 위한 질문 124
추후(follow-up) 회기 310
치료적인 프로그램 300
치료적 피드백 140
치유 40
치유의 편지 260
친밀감 회피 외도 243
침묵 66, 69
침묵을 존중하기 205
칭찬 66, 70, 131, 135, 137

카타르시스 301
콜롬보식 접근 204

타임머신 196, 197
탈이론 63
통합적 가족상담 슈퍼비전 329
트라우마 249
팀의 양분된 의견 286
팀회의 140

파급 효과 334
편지 쓰기 171
포스트모더니즘 12, 31, 32, 74, 328
피드백 131

한 단계 아래의 자세 23
한 발짝 뒤에서 37
항상성 16, 20, 24
해결을 강요하는 분위기 302
해결중심 대처질문 304
해결중심 대화 302
해결중심 부모집단 299
해결중심상담 13, 46, 125, 200, 211
해결중심상담 모델 47
해결중심상담 슈퍼비전 333
해결중심적 대화 67, 71
해결중심적 사고 111
해결중심적인 가정 318
해결중심적인 질문 310
해결중심 접근 105
해결중심 접근의 기본 원리 106
해결중심 집단상담 299
해결중심 집단상담의 특성 300
해결중심 집단의 단계 303
해결지향적 개입 76
해결책 105
해결책 구축 107
핵심 용어 66, 67
행동과제 139, 148, 152
행동적 용어 97
행동주의/사회학습 프로그램 311
행동중독 221
행동 지향적 132
현재와 미래 지향 106
협동 작업 76
협력 65
협력관계 201
협력적 관계 106
형태발생 20
환기 301
회복척도 251, 252
휴식시간 140

저/자/소/개

정문자(Chung, Moon Ja)
미국 Syracuse 대학교 아동 · 가족학과, Ph.D.
현 연세대학교 아동 · 가족학과 명예교수

〈자격증〉
상담심리 전문가(한국심리학회 · 한국상담심리학회)
부부가족상담 슈퍼바이저(한국가족치료학회)
부부가족상담 수련감독급 전문상담사(한국상담학회 · 부부가족상담학회)

〈주요 저술〉
다세대 발달관점의 가족관계(공역, 서울: 학지사, 2016)
아동상담의 이해-유아기에서 학령기까지(공저, 서울: 학지사, 2016)
가족치료의 이해(공저, 2판, 서울: 학지사, 2012)

이영분(Lee, Young Boon)
이화여자대학교 대학원 사회사업학과, 사회복지학 박사
현 건국대학교 사회복지학과 명예교수

〈자격증〉
부부가족상담 슈퍼바이저(한국가족치료학회)
부부가족상담 수련감독급 전문상담사(한국상담학회 · 부부가족상담학회)
해결중심전문상담 슈퍼바이저(해결중심치료학회)

〈주요 저술〉
사례로 배우는 가족상담과 가족치료(공저, 서울: 학지사, 2015)
노인학대 방지를 위한 가족지원기술(공역, 서울: 학지사, 2015)
가계도-사정과 개입(공역, 서울: 학지사, 2005)

김유순(Kim, Yu Soon)
미국 플로리다 주립대학교 사회사업대학원, Ph.D.
현 성공회대학교 사회복지학과 교수

〈자격증〉
부부가족상담 슈퍼바이저(한국가족치료학회)
해결중심전문상담 슈퍼바이저(해결중심치료학회)
내러티브 상담사 전문가(한국이야기치료학회)

〈주요 저술〉
사례로 배우는 가족상담과 가족치료(공저, 서울: 학지사, 2015)
변화로 가는 길: 다루기 어려운 청소년을 위한 단기치료(역, 서울: 박학사, 2015)
정서지향 해결중심치료(공역, 서울: 학지사, 2015)

김은영(Kim, Eun Young)
독일 Bochum 대학교 사회과학부, Dr. rer. soc.
현 한신대학교 사회복지학과 초빙강의교수

〈자격증〉
해결중심전문상담 슈퍼바이저(해결중심치료학회)
내러티브 상담사 전문가(한국이야기치료학회)
부부가족상담 전문가 1급(한국가족치료학회)

〈주요 저술〉
해결중심 코칭(공역, 서울: 학지사, 2013)
빈곤아동의 심리사회적 적응 향상을 위한 해결중심 집단프로그램의 효과성 연구
(공저, 한국가족치료학회지, 17(2), 2009)
미혼부모의 사회통합방안 연구(공저, 한국여성정책연구원, 2009)

해결중심 가족상담

Solution-Focused Family Counseling

2017년 9월 1일 1판 1쇄 발행
2023년 9월 20일 1판 5쇄 발행

지은이 • 정문자 · 이영분 · 김유순 · 김은영

펴낸이 • 김 진 환

펴낸곳 • (주) 학지사

04031 서울특별시 마포구 양화로 15길 20 마인드월드빌딩 5층

대표전화 • 02) 330-5114 팩스 • 02) 324-2345

등록번호 • 제313-2006-000265호

홈페이지 • http://www.hakjisa.co.kr
인스타그램 • https://www.instagram.com/hakjisabook

ISBN 978-89-997-1308-8 93180

정가 20,000원